조선의 유학자들,
켄타우로스를 상상하며 理와 氣를 논하다

한국철학총서 34

조선의 유학자들,
켄타우로스를 상상하며 理와 氣를 논하다

지은이 | 이향준
펴낸이 | 오정혜
펴낸곳 | 예문서원

편집/교정 | 유미희
인쇄 및 제본 | 주) 상지사 P&B

초판 1쇄 | 2011년 12월 27일

출판등록 | 1993. 1. 7 제6-0130호
주소 | 서울시 성북구 안암동 4가 41-10 건양빌딩 4층
전화 | 925-5914 / 팩스 | 929-2285
홈페이지 | http://www.yemoon.com
전자우편 | yemoonsw@empas.com

ISBN 978-89-7646-282-4 93150
ⓒ 李向俊 2011 *Printed in Seoul, Korea*

YEMOONSEOWON #4 Gun-yang B,D 41-10 Anamdong 4-Ga Seongbuk-Gu Seoul KOREA 136-074
Tel) 02-925-5914 Fax) 02-929-2285

값 25,000원

한국철학총서 34

조선의 유학자들,
켄타우로스를 상상하며 理와 氣를 논하다

이향준 지음

예문서원

감사의 글

누구보다 어머니와 큰형님 내외분께 감사드린다. 가난한 시골 농사꾼의 4남 3녀 가운데 막내를 대학원에서 공부할 수 있도록 자신들을 헌신하신 것에 대한 감사는 언어로 표현할 수 없는 것이다. 전남대 철학과의 여러 선생님들, 특히 출발부터 체험주의와 성리학의 결합이라는 생소한 아이디어를 믿고 격려해 준 노양진 선생님과 전주대 오종일 선생님께 감사드린다. 일일이 이름을 거론할 수 없지만 철학적 사고가 편협해지지 않도록 이끌어 준 '청년글방' 세미나 팀의 다양한 구성원들과 주변의 대학원 동료들에게도 감사드린다. 마지막으로 당연히 감사의 인사를 누릴 자격이 차고 넘치는 아내 이선미와 현호, 준호 두 아이에게도 고마운 마음을 전한다. 이들 모두가 없었다면 이 책은 결국 태어나지 못했을 것이다.

시작하면서

1.

　이 책은 최근 10여 년 동안 성리학의 몇몇 주제들을 체험주의(experientialism)의 개념적 은유이론(conceptual metaphor theory)에 기초하여 연구한 결과물을 모은 것이다. 동양철학—이 책의 경우에는 성리학—을 연구하는 하나의 방법론으로서의 체험주의의 이론적 특징을 간명하게 보여 주는 것은 '제2세대 인지과학'을 경유해서 얻어진 아래의 세 가지 전제다.

　첫째, 마음은 본유적으로 신체화되어 있다.
　둘째, 사고는 대부분 무의식적이다.
　셋째, 추상적 개념들은 대체로 은유적이다.

　신체화된 마음(embodied mind)에 기반을 둔 무의식적 사고 및 추상적 사고의 은유적 성격이라는 조합은 이제까지 보지 못했던 한 가지 방법론을 함축한다. 즉, 추상적 개념들이 대체로 은유적이라면, 우리는 추상적 개념들로 이루어진 문장과 문단들, 그것의 결합체로서의 복잡한 담론의 체계를 은유적 사고의 통로를 따라서 분석할 수 있을 것이다. 그 은유적 사고가 대부분 무의식적으로 이루어진 것이라면, 이제 담론에 대한 분석은 추상적 개념과 진술을 구축하는 무의식적인 은유적 사고의 분석이라는 성격을 갖게 된다.

또한 무의식적 사고의 배경이 신체화된 마음이라면, 우리의 분석은 신체화된 마음이 창발하는 근원으로서의 신체적 활동의 고유한 특성을 기반으로 삼아야 한다. 다시 말해 자연적·문화적 조건 속에서 우리의 몸을 매개로 하는 일상적인 체험과 이 체험에 대한 우리 자신의 구조화 방식과 그 과정에 개입된 인지적 이해 방식을 통해서 이루어져야 한다. 동양철학이 이러한 방법론을 근거로 하는 비판적 분석에 노출된 적은 이제껏 없었다.

어떤 측면에서 이것은 당연한 일이기도 하다. 왜냐하면 이 탐구 방식은 비교적 최근에 서로 다른 인접 학문의 융합에 의해 발생했고, 아직까지도 그 학문적 확장이 어느 분야로까지 파급될지를 예단하기 어려운 상황이기 때문이다. 레이코프(G. Lakoff)와 존슨(M. Johnson)은 언어학과 철학이라는 서로 다른 분야에서 활동하며 '따로 또 같이'라는 말처럼 개별적으로 혹은 공동의 작업을 통해 '체험주의'라고 불리는 철학적 입장을 정교하게 가다듬어 왔다. 둘이 함께 작업할 때, 그들은 『삶으로서의 은유』(*Metaphors We Live By*)를 통해 인지언어학에 기반을 둔 일상어의 숨겨진 개념체계 분석의 풍부한 사례를 보여 주었고, 이 책은 제2세대 인지과학의 성과에 기댄 개념적 은유이론의 내용이 무엇이고, 그것이 의미하는 철학적 함축이 무엇인지를 널리 알리는 계기가 되었다. 나아가 『몸의 철학』(*Philosophy in the Flesh*)을 통해 체험주의적 관점에서 서양철학사 전체를 비판적으로 재해석하는 것이 가능하다는 점을 보여 주었고, 나아가 체험주의적 해석의 잠재력이 단순히 언어학이나 철학의 한 분야에 그치는 것이 아니라, 언어와 연관된 문화 일반에 대한 비판적 해석의 도구가 될 수 있다는 사실을 시사해 주었다.

개별적일 때 레이코프는 『인지의미론』(*Women, Fire, and Dangerous Things*)을 통해 래내커(R. Langacker), 탈미(L. Talmy) 등과 함께 촘스키(N. Chomsky)의 생성문

법에 대비되는 범주화와 개념화에 대한 새로운 이해를 축으로 하는 새로운 인지언어학적 견해를 확립하는 데 기여했다. 그는 범주가 공통된 속성들의 집합이라는 고전적 견해를 반대하고, 신체화에 기반을 둔 인간의 포괄적인 경험과 상상력의 산물이라고 주장했다. 이러한 견해는 필연적으로 범주에 대한 객관주의적 해명, 나아가 진리에 대한 객관주의적 해명을 반대하는 철학적 견해를 표명하게 되는데, 그는 신체화에 기반을 둔 의미의 발생과 이해, 나아가 이것이 가져다주는 비객관주의적 성격을 체험주의라는 단어를 통해 표현했다. 나아가 그는 독자적으로 개념적 은유의 복합 체계를 통해 사회의 정치·경제적 현실에 대한 사람들의 이해와 행동양식을 거대하게 조직화하는 프레임이론(Frame Theory)이라는 방향으로 인지언어학적 통찰을 확산시켜 나가면서, 『코끼리는 생각하지마』나 『프레임 전쟁』과 같은 대중적인 저술을 통해 지적 반향을 불러일으키기도 했다.

한편, 존슨은 체험주의라고 불리게 된 철학적 주장의 인식론적 정당화 문제를 『마음 속의 몸』(The Body in the Mind)을 통해 다루었다. 그는 이 책을 통해 의미, 상상력, 이성이 모두 신체적 근거를 가진다는 점을 영상도식, 상상력, 은유적 투사, 신체화된 실재론 등의 논제를 중심으로 전개했다. 나아가 그는 전통철학에 대한 체험주의적 접근이 도덕이론의 영역에서 가져다줄 수 있는 방향 전환의 가능성을 『도덕적 상상력』(Moral Imagination)을 통해 제시한 후, 최근작인 『몸의 의미』(The Meaning of the Body)에서 이러한 철학적 통찰을 미학적인 차원으로까지 확장시키고 있다.

이들의 철학적 관점은 한마디로 '경험적으로 책임 있는 철학'(empirically responsible philosophy)이란 논제로 수렴되는데, 그것은 흄에서 논리실증주의에 이르는 전통적인 경험주의를 넘어선, 몸의 중심성을 배경으로 방사상으로

8

확장되는 정신적 활동의 창발적 구조에 대한 비판적인 접근법을 포함하고 있다. 이러한 비판적 접근의 가능성을 대변하는 낱말이 바로 '개념적 은유'(conceptual metaphor)인 것이다.

개념적 은유라는 표현은 아리스토텔레스가 정의했던 '수사학으로서의 은유'를 넘어선 '개념적 사고로서의 은유'를 다룬다는 면에서 전통적인 은유이론의 한계를 뛰어넘는다. 이제 은유에서 문제가 되는 것은 언어가 아니라, 그런 은유적 언어 표현을 가능하게 만드는 '개념적 은유'의 존재다. 이것을 들춰내고, 그것이 철학이론의 구성화와 동시에 그런 구성화의 약점과 장점에 대해 어떤 의미를 갖는지에 대해 평가하고 비평하는 일이 중요해지는 것이다. 커베체쉬(Z. Kövecses)는 '은유에 대한 인지언어학적 견해'라고 알려진 개념적 은유의 특징을 다음과 같이 요약했다.

(1) 은유는 낱말의 속성이 아니라 개념의 속성이고,
(2) 은유의 기능은 단지 예술적 혹은 미적 목적뿐만 아니라 어떤 개념을 더 잘 이해하기 위한 것이며,
(3) 은유는 종종 유사성에 기초하지 않고,
(4) 은유는 특별한 재능을 가진 사람들뿐만 아니라 평범한 사람들도 일상생활에서 별다른 노력 없이 사용할 수 있다.
(5) 은유는 불필요하지만 마음을 흡족하게 하는 언어 장식이 아니라, 인간의 사고와 추론의 불가피한 과정이다.

우리가 은유를 인간의 사고와 추론의 불가피한 과정으로 받아들인다면, 바로 이러한 과정의 인지적 구조에 대한 이해 없이 인간의 사고와 추론의 결과물들을 이해한다는 것은 불가능한 일이다. 이것은 거꾸로, 만일 우리가

어떤 철학 저술의 담론을 이해했다고 말한다면, 사실상 그것은 의식 수준에서이건 무의식 수준에서이건 불가피한 사고의 과정으로서의 은유적 사고의 구조에 대한 이해에 도달했다는 것을 의미한다.

이 책의 내용들은 바로 이러한 관점에서 몇몇 성리학 담론들을 은유적 사고의 구성물이라고 가정하고, 그 속에 함축된 개념적 구조를 중심으로 성리학 담론의 제반 형태들을 재해석한 것들이다. 장재張載의「서명西銘」이나 권근權近의「천인심성합일지도天人心性合一之圖」, 주희朱熹의『논어집주論語集註』의 첫 부분, 리기 관계에 대한 성리학의 '인승마人乘馬' 은유, 이황李滉과 이이李珥의 리기론적 견해 등은 모두 같은 이유에서 논의의 대상으로 선택되었다.

이 자리에서 더 이상 개념적 은유이론에 대한 개요를 서술하지 않는 것은 본문 속에서 반복적으로 제시되기도 하거니와, 독립적으로 이황의 리발설理發說을 해명하기에 앞서서 개념적 은유이론에 근거한 탐구가 어떤 성격의 것이 될 것인지에 대한 개요를 언급한 적이 있기 때문이다. 민감한 독자들은 이 책 제2부의 첫 글이자 시기적으로 최초의 글인「인승마 은유의 형성과 변형 1」을 통해 체험주의적 탐구의 최초 모습이 어떤 것인지를 확인하는 동시에, 제3부의 첫 글인「리발설과 은유: 체험주의적 분석의 필요성」을 통해 성리학에 대한 체험주의적 접근의 이론적 가능성과 의의에 대해 나름의 시각을 확보할 수 있을 것이다.

2.

이 책에 실린 글들은 지난 2004년부터 2011년까지 썼던 11편의 논문을 한자리에 모은 것이다. 모든 글들은 체험주의와 개념적 은유이론이라는 방법론을 배경으로 하고 있다는 일관성이 있다. 이 논문들은 글의 매끄러운 연결을 위해 각 장의 첫 부분을 다소 수정하는 등 단행본으로 출판하기 위한 최소한의 변경을 제외하고는 대부분 큰 변화를 주지 않았다. 본문에 수록된 순서대로 글들의 출처를 밝히자면 다음과 같다.

(1) 「「서명西銘」의 은유적 구조」, 『철학』 84집(한국철학회, 2005), 7~32쪽.
(이 글은 2007년 도서출판 책세상에서 출판한 '한국지식지형도' 시리즈의 하나로 이승환·이동철이 엮은 『한국지식지형도 05: 중국철학』, 220~245쪽에도 수록되었다.)
(2) 「주자朱子 이일분수理一分殊의 은유 분석」, 『동양철학』 24집(동양철학회, 2005), 65~91쪽.
(3) 「구석진 여백」, 『범한철학』 53집(범한철학회, 2009), 51~77쪽.
(4) 「잃어버린 보물」, 『철학연구』 111집(대한철학회, 2009), 51~78쪽.
(5) 「인승마人乘馬 은유의 형성과 변형 1」, 『철학』 79집(한국철학회, 2004), 29~53쪽.
(6) 「인승마 은유의 형성과 변형 2」, 『동양철학』 27집(동양철학회, 2007), 1~28쪽.
(7) 「말타기에 대하여: 인승마 은유와 이이의 리理」, 『범한철학』 50집(범한철학회, 2008), 93~120쪽.
(8) 「이발설理發說과 은유: 체험주의적 분석의 필요성」, 『범한철학』 43집(범한철학회, 2006), 47~76쪽.
(9) 「이발설의 은유적 해명」, 『철학』 91집(한국철학회, 2007), 23~50쪽.
(10) 「이이李珥의 기묘함(妙)에 대하여」, 『범한철학』 51집(범한철학회, 2008), 25~51쪽.
(11) 「이이: 켄타우로스를 상상한 유학자」, 『철학연구』 118집(대한철학회, 2011), 197~221쪽.

제1부에서는 독자들이 체험주의적 탐구의 구체적 양상을 쉽게 이해할 수 있도록 독립적인 네 가지 분석 사례를 제시했다. 구체적으로 장재의 「서명」, 주희의 리일분수理―分殊에 대한 진술, 권근의 「천인심성합일지도」, 주희의 『논어집주』의 첫 구절을 대상으로 삼아, 이것들이 각각 독특한 개념적 은유를 기반으로 구축되었다는 사실을 드러내려고 애썼다. 그 결과 「서명」의 내용이 개념적 은유의 3중 구조로 이해될 수 있다는 것, 주희의 리일분수에 네 가지 개념적 은유가 복합적으로 작용하고 있다는 것, 「천인심성합일지도」의 구석진 여백이 어떤 개념적 은유의 시각적 표현이라는 것, 주희의 '배움'(學)이란 글자에 대한 해석이 '잃어버린 보물'이라는 원형적 은유를 배경으로 한다는 점을 지적할 수 있었다. 이런 사례들을 일괄하고 나면 성리학에 대한 자연주의적 접근의 하나로서 체험주의적 분석이 왜 도입되어야 하는지, 또한 그 도입의 양상들은 어떤 형태가 될 것인지에 대한 개요를 파악할 수 있을 것이다.

제2부에서는 성리학의 리기 관계를 묘사하는 것으로 널리 알려진 '인승마' 은유를 대상으로 서로 연관된 세 편의 글을 실었다. '인승마' 은유는 성리학과 개념적 은유 분석 사이의 가교 역할을 한 최초의 사례였기 때문에, 나는 '인승마' 은유가 갖는 철학적 의미에 대해 지속적인 관심을 갖고 있었고, 그 결과 「인승마 은유의 형성과 변형」 1·2라는 글과 「말타기에 대하여」라는 일련의 성과물을 추려낼 수 있었다. 나아가 제2부 전체의 내용은 이 책의 마지막 장이 어째서 켄타우로스를 상상한 유학자로서의 이이를 다루게 되었는지에 대한 암시를 담고 있다. 마지막 장의 제목은 주희에게서 발원한 '인승마' 은유가 한국 성리학의 전개 과정에서 이황을 거쳐 이이에게 변형 수용되는 과정에, 켄타우로스의 이미지가 함축될 수밖에 없다는 결론

으로부터 유도된 것이기 때문이다. 독자들이 이러한 장들의 상호 연관을 조망할 수 있다면 '인승마' 은유가 사실상 성리학에서 주변적이고 일회적인 비유가 아니라, 성리학의 내적 논리를 지배하는 뿌리 은유(root metaphor) 가운데 하나라는 사실을 파악하게 될 것이다.

제3부에서는 한국 성리학을 대표하는 이황과 이이에 대한 체험주의적 분석의 사례를 네 편 실었다. 이 네 편의 글은 각각 두 편씩 이황과 이이를 다루고 있는데, 이것들은 그 자체로 제2부의 탐구가 이론적으로 확장된 결과물이다. 즉 제3부는 '인승마' 은유에 대한 체험주의적 분석이 가져다 준 이론적 귀결을 바탕으로 이황과 이이를 다시 독해한 결과물들이다. 네 편의 글은 공통적으로 두 사람의 핵심 이론을 은유복합체로 보고, 다수의 은유들이 어떻게 그들의 리기론적 주장을 정당화하는 이론적 기초가 되며, 그렇게 형성된 이론의 재귀적 의미들이 무엇인지를 다루고 있다. 첫 번째 글인 「리발설과 은유: 체험주의적 분석의 필요성」은 리발설에 대한 체험주의적 필요성을 다룬 것이라는 표면적 목적을 띠고 있지만, 실제로는 성리학 전체에 대한 체험주의적 접근의 필요성을 이론적으로 다룬 것이다. '리발설'을 논의 대상으로 하기 때문에 목차의 편의상 이곳에 실어 놓았지만, 전체적으로는 「인승마 은유의 형성과 변형」 1과 함께 체험주의적 분석의 이론적 특징이 가장 잘 드러나 있기 때문에 독립적으로 먼저 읽어도 상관이 없다. 「리발설의 은유적 해명」은 이황의 사단칠정론의 핵심인 리발설이 다섯 가지 은유의 복합으로 이루어졌고, 그 귀결이 '통속적인 양심 개념의 추상화로서의 리'라는 은유적 개념으로 나아간다고 제안하고 있다. 「이이의 기묘함에 대하여」라는 세 번째 글은 은유적 관점에서 기이하게 보이는 이이의 철학적 사유 구조를 일종의 은유 융합이나 개념 혼성, 혹은 이중구조 개념체계

의 부분적인 해체와 재결합이라는 차원에서 독해하고 있다. 나아가 마지막 글인 「이이: 켄타우로스를 상상한 유학자」에서는 이이의 기발리승일도설이 함축하는 리 개념이 이황의 리 개념과는 달리 '이상화된 사회적 질서로서의 리'라는 은유적 개념으로 귀착된다는 사실을 주장하고 있다. 이황과 이이의 리 개념이 이렇게 서로 다른 은유적 개념들에 근거하고 있다는 결론은 이황과 이이에 대한 기존의 독해와는 상이한 것이다. 그리고 바로 이 차이를 빚는 지점에 이 책이 멈추고 있다는 점에서, 이 글은 미래의 체험주의적 탐구가 한국 성리학을 분석해 나아가야 할 한 방향을 제시하고 있다.

3.

결과적으로 인지과학이라는 경험적 탐구의 성과들에 근거하고 있는 인지언어학과 언어철학의 만남에 의해 형성된 체험주의적 주장과 동양철학, 특히 성리학을 대면시켰을 때 나타날 수 있는 몇몇 이론적 귀결들이 이 책의 주된 내용을 이루고 있다. 이러한 시도는 현재의 시점에서는 낯선 것이지만, 그 이론적 속성은 사람들에게 익숙한 것이다. 왜냐하면 이것은 오늘날 자주 사람들의 입에 오르내리는 학제간 연구, 통섭 또는 융합이라고 불리는 학문적 경향의 한 사례일 뿐이기 때문이다.

이러한 학문적 탐구는 나름의 학술적 의미를 갖는다. 무엇보다 체험주의 자체는 인지과학적 탐구에 기반을 둔 여러 출발점을 가정하고 있다. 이 책의 탐구는 성리학에 대한 일종의 자연주의적 해석이라는 성격을 갖는다. 당연한 결과로, 이러한 이론적 입장은 리기理氣와 심성心性을 중심으로 하는 성리학적 진술들이 의지하는 초월적이거나 선험적인 근거들에 대해 비판적이다. 예를 들어, 이 책에서는 「서명」을 리일분수로 이해한다는 전통적인 해석에서 벗어나 신체적 기반을 갖는 개념적 은유의 복합체로 다루고 그 은유의 구조를 구체화시키려고 노력했다. 이황의 리발설이나 「천인심성합일지도」의 이론적 구조 역시 동일한 시각에서 분석되었다. 이런 점에서 이 책의 내용들은 성리학에 대한 경험과학적 탐구에 기반을 둔 비판적 분석의 방법론 자체를 소개하는 동시에, 그러한 방법론이 적용되었을 경우에 나타날 수 있는 이론적 귀결, 다시 말해 성리학에 대한 자연주의적 해석 가능성을 묻고 있다.

성리학에 대한 현대적인 분석 방법론의 한 모형을 제공하는 것이 이 책이 갖는 한 가지 학술적 기여라면, 두 번째 기여는 성리학에 대한 자연주의적 해석이 갖는 철학적 의의이다. 이 책의 내용들은 성리학에 대한 형이상학적 정당화를 거부한다는 점에서 경험적이며, 한편으로는 성리학의 철학적 진술들 사이에 잠재되어 있는 초월적, 선험적 가정들 일반을 거부한다는 점에서 기존의 성리학 체계에 대해 해체적이다. 그러나 해체는 이 책의 내용이 갖는 일면이다. 이 책은 오히려 일반적으로 형이상학화된 유학이라고 알려져 있는 성리학에서 그 형이상학적 성격을 배제했을 경우, 다시 말해 자연주의적 시각에 의해 성리학이 비판적으로 다루어졌을 경우에 버티지 못하는 것과 여전히 제자리를 지킬 수 있는 것이 무엇인지에 관해 묻고 있기 때문이다.

정말로 중요한 귀결들은 바로 이 지점에서 갈린다. 21세기에 유학 혹은 성리학과 같은 철학 사조를 연구하고 성리학적 주장들을 정당화하려는 탐구자들이 정확하게 오늘날의 학술적 탐구 일반이 제시하는 기준들을 넘어설 수 있어야 한다는 것은 자명한 것이다. 형이상학적 탐구에서 경험적 탐구로의 전환은 이미 현대적인 철학적 반성을 거쳐 한결같은 탐구의 흐름을 이루고 있다. 이런 점에서 유학의 주장이 오늘날에도 유효한 것으로 우리 사회의 구성원들에게 주장되려면, 그 이전에 그 주장 속에 포함된 경험적인 것과 초월적인 것의 착종과 그로부터 야기된 이론적 혼란들이 어떤 방식으로든 극복되어야 한다. 그것들이 여전히 정당화 가능한 주장들과 더 이상 그렇지 못한 주장들로 분리되어야만 한다는 것은 거의 선결문제의 해결에 해당하는 일이다. 이 책은 비록 단편적인 몇 가지를 대상으로 하고 있지만, 그와 같은 선결문제에 대해 수용 가능한 한 가지 분석의 형태를 보여 주고 있다. 결국 형이상학적인 요소들의 뒤얽힘을 극복하고 나면, 우리들은 여전히 현재뿐만 아니라 미래에까지도 살아남을 유학적 주장들이 어떤 것인지를 발견하게 될 것이다. 다만 이 책은 그러한 것에 대한 단편적인 이미지와 이론적 암시를 제공하는 데 멈추고 있다는 불철저함을 갖고 있다.

그런 불철저성은 예를 들자면 이렇게 나타난다. 이 책의 제3부는 조선의 뛰어난 두 성리학자인 이황과 이이를 다루면서, 그들의 리발설과 기발리승일도설이라는 핵심적 주장이 서로 다른 리理 개념을 근거로 삼는다고 제안한다. 이러한 결론은 현재의 수준에서도 당장 '이황과 이이의 리 개념이 서로 다르다고 제안하는 것은 철학적으로 무엇을 의미하는 것인가?'라는 후속 질문을 야기한다. 아직 이 대답은 주어지지 않았다. 이 책은 다만 체험주의적 분석이 한국의 가장 저명한 두 명의 성리학자를 특징짓고 차별화할 수 있는 새로운 방식의 한 갈래임을 암시하고 있다.

4.

이 모든 것과 연관해서 가장 중요한 것은 인지과학의 경험적 탐구에 기반을 둔 철학적 분석의 방향성이 처음에는 모호했지만, 이 시점에 와서는 더 이상 외면할 수 없는 어떤 것으로 변했다는 점이다. 우리들 자신의 인지활동에 대한 보다 깊은 이해가 그러한 인지능력에 기반을 둔 철학적 활동과 그 결과물들에 대한 깊은 이해를 동반하리라는 것은 불문가지의 사실이다.

20세기 후반에 들어서야 비로소 인류는 우리 자신이 어떻게 세계와 자신을 경험하고 사유하며, 나아가 신체화된 마음에 기반을 둔 상상적 합리성(imaginative rationality)을 바탕으로 어떻게 자아와 세계를 창발하고 변화시켜 나가는지를 보다 구체적으로 이해하기 시작했다. 이런 이해를 바탕으로 상상적 합리성의 과거와 현재, 그리고 미래를 재구성하고 창발하는 것은, 여태까지 모든 철학이 그랬던 것처럼 세계와 인간에 대한 우리 자신의 사유와 행위를 재조직하는 과정이 될 것이다.

나로서는 이 책의 내용이 이러한 방향성을 예증하는 성리학적 사례로서 아직 태어나지 않은 다른 수많은 책들의 전조이기를 바랄 뿐이다. 그들 모두는 분야가 다르고, 분석의 범위와 제안하는 내용이 다르겠지만, 미래의 언젠가 회고적으로 돌이켜 보았을 때, 서로 다른 길을 따라 같은 방향으로 가고 있었음이 드러날 것이다.

2011. 11.

龍鳳洞 持敬齋에서

차례

[제1부]

사례들

· ·

·

제1장 「서명」의 은유적 구조

하늘을 아버지라 하고 땅을 어머니라 한다.

乾稱父; 坤稱母. 〈張載〉

‥

1.

전통적으로 장재張載(1020~1077)의 「서명西銘」은 짤막한 길이에도 불구하고 성리학적 도덕이론의 한 이상을 묘사한 것으로 평가되어 왔다. 여기서는 「서명」이 표방하고 있는 도덕성에 대한 주장, 특히 '효孝'에 대한 주장을 체험주의적 분석이 어떻게 해명하는지를 보여 주고자 한다.[1) 동시에 이 분석에 근거해서 「서명」과 장재 기론氣論의 관계 및 이들에 대한 정이程頤(1033~1107)의 평가를 재검토하고자 한다. 나는 이 과정을 통해 두 가지 체험주의적 주장, 즉 도덕성이 인간 삶의 체험적 조건에 기반을 두고 은유적으로 구성되었다는 것과 형이상학적 개념들은 경험을 초월한 근거를 갖는다기보

---

1) 체험주의의 철학적 특징에 대해서는 노양진, 「체험주의의 철학적 전개」, 『범한철학』 10집(범한철학회, 1995), 341~376쪽을 참조. 체험주의에 근거한 은유이론에 대한 보다 구체적인 개요는 나익주, 「은유의 신체적 근거」, 『담화와 인지』 제1권(담화·인지 언어학회, 1995), 187~213쪽을 참조.

다는 삶의 체험적 조건들과 밀접한 연관 속에서 발생한 것이라는 두 가지 주장의 구체적 사례로 「서명」과 장재의 기론을 제시하고자 한다.

　이와 같은 가정을 논증하기 위해 「서명」이 표방하는 도덕성의 근거를 가정에서의 출산－양육이라는 체험적 조건들로 설정하고, 이들로부터 유도된 위계화된 은유적 구조들이 존재하며, 다시 이들을 통합하는 특정한 가정 모형을 중심으로 '효'라는 도덕성이 정당화된다는 점을 드러내려고 한다. 이 과정에서 「서명」을 비롯한 유가 도덕성 일반이 추구하는 이상이 '엄격한 아버지'(Strict Father) 은유에 근거하고 있다는 점과 도덕성에 대한 은유적 사유가 기氣라는 형이상학적 실체에 대한 사유로까지 이어지는 매개고리라는 점을 지적하고자 한다. 나아가 장재 사상은 두 가지 사고 경향, 즉 가정의 도덕성을 기반으로 보편적인 도덕성에 대한 수렴을 시도한 「서명」류의 사고방식과 기로부터 모든 것을 유도하는 존재론적 사고방식의 불일치 때문에 자체적 갈등을 빚었는데, 바로 이 지점에서 정이가 장재의 기론을 비판하면서 「서명」의 근본정신을 '리일분수理一分殊'라고 규정할 수 있었던 논리적 근거를 설명할 수 있을 것으로 기대한다. 결국 이 글은 「서명」에 대한 분석을 통해 리일분수라는 성리학적 사유 방식의 형성 과정을 탐구하는 형태로 진행될 것이다.

2.

　「서명」의 첫 구절은 '하늘 = 아버지, 땅 = 어머니'라는 주장에 근거를 두고 논의를 시작하고 있는데, 이것은 두말할 나위 없이 하나의 은유이다.[2] 장재 본인에게도 「서명」의 구조가 은유적이라는 것은 명백한 사실이었다.

「정완訂頑」은 단지 학자들을 위해서 말하려고 만들었기 때문에 '완고함을 바로 잡는다'(訂頑)고 한 것이다. 천지가 어떻게 아버지・어머니로 나뉠 수 있겠는가? (이렇게 말한 것은) 다만 학자들이 천도天道에 마음 쓰기를 바란 것일 뿐이다. 만일 도를 말하려 한다면 반드시 이렇게 말할 필요는 없다.[3]

정이의 해석에 따르면 '리일분수'의 도리를 설파했다고 하는 「서명」이 어째서 아버지와 어머니에 대한 은유적 가설로부터 출발하는가? 체험주의에 의하면 인간은 '신체화된 사회적 존재이며, 인간의 전 경험은 기본적으로 신체화된 상상적 구조(imaginative structures)—우리의 신체적 경험으로부터 직접 발생하는—에 근거하고 또 그것에 의해 제약되기' 때문에, 인간 경험의 원초적 배경으로서의 가정이 도덕이론을 구축하는 모형이 된다는 것은 전혀 이상한 것이 아니다.[4]

레이코프와 존슨에 의하면 도덕성과 관련된 은유들은 '평안함'(well-being), 특히 물리적 평안함에 대한 우리의 다양한 경험들에 그 토대를 두고 있다.[5] 즉 물리적 평안함에 대한 다양한 경험들로부터 형성된 인지적 무의식은 우리의 도덕적 이상들을 개념화하며, 이것들에 관해 사유하고 그것들을 전달하기 위한 은유적 사상寫象들의 광범위한 체계를 이룬다. 단적으로 우리의 추상적인 도덕적 개념들 중 거의 모든 것은 은유적으로 구조화된 것이다.[6]

---

2) 張載, 「正蒙・乾稱篇」, 『張載集』(漢京文化事業有限公司), 62쪽, "乾稱父, 坤稱母, 予玆藐焉. 乃混然中處."

3) 「語錄」 上, 『張載集』, 313쪽, "訂頑之作, 只爲學者而言, 是所以訂頑. 天地更分甚父母. 只欲學者心於天道. 若語道則不須如是言."

4) 노양진, 「체험주의의 철학적 전개」, 『범한철학』 10집, 348쪽 참조.

5) G.레이코프・M.존슨, 임지룡 외 옮김, 『몸의 철학: 신체화된 마음의 서구 사상에 대한 도전』(서울: 박이정, 2002), 428쪽.

6) G.레이코프・M.존슨, 『몸의 철학』, 427쪽.

예를 들어, '평안함은 부'(Well-being is Wealth)라는 은유에 근거한 도덕성의 개념은 부에 대한 산술적 계산으로서의 '도덕적 회계'(Moral Account)라는 은유와 결합한다. 이 은유는 남의 호의에 보답하는 보은, 타인의 부정적인 행위에 대한 응징과 복수, 남에게 해를 입혔을 경우에 나타나는 변상, 이타주의 및 『성경』이 말하는 다른 쪽 뺨 대주기, 우주적인 도덕적 회계로서, 카르마, 공정성, 권리와 같은 도덕적 현상들을 해명하는 중요한 기제가 된다.[7] 이런 종류의 은유는 '도덕적 힘', '도덕적 권위', '도덕적 질서', '도덕적 한계', '도덕적 본질', '도덕적 순수성', '건강으로서의 도덕성', '도덕적 감정이입', '도덕적 양육' 등 다수가 존재한다.[8]

나아가 이런 다수의 도덕적 은유들을 비교적 정합적인 윤리적 관점으로 정돈하는 어떤 모형이 있는데, 그것이 바로 가정에 대한 모형이다. 이 '가정' 모형에 근거한 도덕성은 크게 '엄격한 아버지 가정 도덕성'과 '자애로운 부모 가정 도덕성'으로 범주화된다. 이 두 가지 도덕성의 모형은 앞에서 말한 도덕성의 여러 은유들을 부분적으로 교차하면서 포함하기는 하지만, 어떤 은유를 우선시할 것인가에 따라 성격이 구분된다. 즉 '엄격한 아버지' 모형은 '도덕적 권위', '도덕적 힘', '도덕적 질서'라는 은유에 최우선 순위를 부여한다. 이에 반해 '자애로운 부모' 모형은 '도덕성은 자애로운 양육'이라는 은유를 가장 우선적인 것으로 취급한다. 이런 사고방식은 도덕성을 특정한 형태의 가정 도덕성으로 간주한다는 것을 의미한다.

---

7) G.레이코프・M.존슨, 『몸의 철학』, 430~440쪽 참조.

8) 레이코프와 존슨은 우리가 도덕적 개념을 정의하는 은유들의 범위에 20여 개를 넘지 않는 기본적 은유들이 존재하고, 이것은 도덕적 은유가 될 수 있는 것들의 범위에 실제적인 제약이 존재함을 뜻한다고 주장한다. 이 은유들의 종류와 범위에 왜 이런 제약과 한계가 있는지에 관해서는 별도의 논의가 필요하다. 여기에서는 이 사실을 지적하는 것으로 그친다. G.레이코프・M.존슨, 『몸의 철학』, 427쪽 참조.

두 가지 가정 모형이 존재하고, 여기에 근거한 도덕성 이론이 존재하더라도 여전히 한 가지 문제가 남아 있다. 그것은 바로 도덕성 일반이라는 보편적 개념이다. 가정 모형으로부터 보편적인 도덕 개념으로 나아가는 한 가지 방법은 인류 전체를 거대한 하나의 가정으로 간주하는 것이다. 이것이 '인간의 가정'(Family of Man)이라고 불리는 거대한 은유체계이다.[9]

그러므로 '세계＝가정'이라는 「서명」의 기본 구도는 첫째, 다양한 도덕성의 은유들이 존재하고, 둘째, 이들을 정합적으로 묶어 주는 특정한 가정 모형이 존재하며, 셋째, 이 가정 모형으로부터 도덕성을 보편화시키려는 가치론적 구도가 설정되었을 때 비로소 나타날 수 있는 것이다. 즉 도덕성의 체험적 근거인 출산과 양육을 바탕으로 이를 구조화하는 도덕적 은유가 있어야 하고, 이들을 포괄하는 가정 모형이 있어야 하며, 다시 이 가정 모형의 확장으로서 '인간의 가정'이라는 은유적 구조화가 있어야 한다.

3.

허신許慎은 '효孝'의 의미를 늙은이를 떠받들고 있는 자녀의 모습(子承老)이라고 설명했다. 즉 부모를 잘 섬기는 것(善事父母者)이 효의 의미라는 것이다.[10] 이것은 자녀의 늙은 부모에 대한 봉양이 효의 일차적 의미라는 것을 가리킨다. 그런데 왜 자녀들은 늙은 부모를 봉양해야만 하는가? 이 단순한 질문에 대답하기 위해서는 문자 그대로 부모－자녀의 관계를 구성하는 물

---

9) 이상의 개요에 대한 상세한 논의는 G.레이코프 · M.존슨, 『몸의 철학』, 「제2부 도덕성」, 427~493쪽을 참조.
10) 許慎 撰, 段玉裁 注, 『說文解字注』(臺北: 黎明文化事業公司, 1989), 402쪽 참조.

리적 사건들에 주목해야 한다. 결혼을 통해 가정을 이룬다는 점을 전제한다면 출산出産이라는 사건이 부모−자녀 관계를 세상에 출현시키는 관건이 된다. 따라서 효의 정당화에 대한 이론이 물리적 사건으로서의 출산에 기반을 둔다고 주장하는 것은 너무나 상식적이다. 만약에 출산이라는 사건이 부재했다면 다음과 같은 사고와 행위는 절대 불가능했을 것이다.

> 증자는 공자(夫子)에게 이런 내용을 들었다. "하늘이 낳은 것, 땅이 길러 주는 것 가운데 사람보다 위대한 것은 없다. 부모가 완전하게 낳아 주신 것을 자식이 완전하게 돌려준다면(父母全而生之, 子全而歸之) 효孝라고 할 수 있다. 몸뚱이를 손상하거나 더럽히는 일이 없다면 완전하다고 할 수 있다. 그러므로 군자는 반걸음을 걷더라도 감히 효를 잊지 않는다."[11]

> 곽건郭建은 동리에서 효성스런 행실이 자자했다. 당시에 섭성재葉成才라는 이가 법을 어겨 참수형을 줄 것인지 논의하고 있었는데, 곽건의 아버지인 봉림鳳林과 백부인 봉산鳳山도 이 일에 연좌되어 사형을 당하게 되었다. 곽건이 "아버지께서 저를 낳으셨으니 제 몸으로 대신 죽기를 원합니다"(父生我身, 願以身代)라고 해서 결국 참수형을 당했다.[12]

악정자춘樂正子春이 재인용하고 있는 공자의 말은 효의 첫째 의미를 받은 대로 되돌려 주는 것이라고 주장한다. 이것은 효가 기본적으로 주고−

---

11) 鄭玄 注, 孔穎達 疏, 『禮記注疏』(문연각사고전서 vol.116, 臺北: 商務印書館, 1988), 284쪽, "曾子聞諸夫子. 曰天之所生, 地之所養, 無人爲大. 父母全而生之, 子全而歸之, 可謂孝矣. 不虧其體, 不辱其身, 可謂全矣. 故君子頃步而不敢忘孝也."
12) 覺羅・石麟 외, 『山西通志』(문연각사고전서 vol.547), 권134, 56쪽, "郭建村有孝行. 時有葉成才者違法論斬, 建父鳳林伯鳳山連坐當死. 建曰父生我身, 願以身代, 遂斬."

받기라는 구조를 따라 이해된다는 것을 말해 준다. 자녀는 먼저 출산을 통해 생명, 혹은 문자 그대로의 신체 그 자체를 받는다. 그 다음에는 물질적·정신적 두 영역에서 보살핌을 받는다. 그러므로 이 두 가지 체험적 근거에 기반을 두고 효에 대한 두 가지 은유가 가능해진다. 먼저 출산을 통해서 부모-자녀의 관계는 생산자/제작자-생산물/제작물의 관계로 구조화된다. 이것은 자녀의 출산이 물건의 제작이나 생산이라는 물리적 사건의 구조를 통해 은유적으로 이해된다는 것을 가리킨다. 이렇게 될 경우 '부모는 물건을 만든 사람', '자녀는 만들어진 물건'의 관계를 형성하게 되고, '제작자-제작된 물건'의 관점에서 부모-자식 관계를 규정하는 이론적 틀이 만들어진다. 이 은유적 구도는 제작물에 대한 제작자의 권리, 즉 소유권을 주장하는 기초가 된다.

제작물에 대한 제작자의 권리는 부모의 자녀에 대한 권리를 의미하기 때문에 인용한 공자의 말은 그 의미가 너무나도 분명하다. 즉 자녀는 부모가 제작한 자신의 신체 혹은 생명에 대해 기본적으로 유지와 보존의 의무를 갖게 된다는 것이다. 주목할 점은 권리라는 측면에서 제작된 물건의 소유권이 제작자에게 있다는 일반적 이해 방식을 전제하지 않고서는 이런 표현이 가능하지 않다는 점이다. 즉 자녀가 자신의 신체를 마음대로 사용할 수 없는 것은 그것의 소유권이 자신에게 속하는 것이 아니라, 자신을 탄생시킨 부모에게 속한다는 사고에 바탕을 두고 있는 것이다. 그러므로 출산에 근거를 둔 '제작자-제작물' 은유는 공자의 언표에 깔려 있는 사유의 구조적 배경을 이루고 있다.

동시에 출산은 하나의 생산일 뿐만 아니라, '주고-받기'의 일부분을 이룬다. 즉 출산은 은유적 의미에서 자녀에게 무언가를 주는 것이다. 이런 주는 행위는 일반적으로 받기를 전제로 하고 있으며, 상대방의 입장에서 본다면 무언가를 받는다는 것은 무언가를 주어야 한다는 의무를 함축한다. 곽건이 자신의 아버지가 자기를 낳았기 때문에 자신이 아버지의 죽음을 대신하겠다고 했을 때 이 '주고-받기'라는 은유적 구도는 단순한 비유가 아니라 죽음을 감수하는 효행으로 구체화된다.

이런 '주고-받기' 은유는 출산뿐만 아니라 양육을 은유화하는 데도 적합하다. 양육이 '주고-받기'의 대상으로 은유화될 경우 자녀들은 부모들의 보살핌 속에서 '평안함'을 누리게 되는데, 이 평안함을 자녀와 부모 사이에 주고받는 것이 곧 주는 양육과 양육에 대한 보답으로서의 효이다. 이렇게 효가 양육에 기초한 평안함의 주고-받기가 될 때 이것은 전형적인 '도덕적 회계'의 구조를 따른다. 즉 양육을 통해 자녀들이 누리는 평안함은 '평안함은 부'라는 은유를 따라 구조화됨과 동시에 자녀들에게 부로서의 평안함을 부모에게 돌려주어야 하는 의무를 낳게 된다.

이 '도덕적 회계'의 대표적인 두 경우는 함무라비법전과 3년상에 대한 공자의 말에서 잘 나타난다. 함무라비법전의 '눈에는 눈, 이에는 이'라는 원칙은 도덕적 회계의 관점에서 '(도덕적 피해를) 주는 만큼 갚는다'라는 정의의 일반적 원칙을 표방한다. 공자가 부모의 3년상을 1년상으로 단축하자는 재아宰我의 주장에 대해 "자식이 태어나서 3년이 지난 뒤에야 부모의 품을 벗어나게 된다. 3년상은 온 천하의 공통된 상喪이니, 재여宰予는 3년의 사랑이 그 부모父母에게 있었는가?"[13]라고 비판한 것도 동일한 관점을 표방한다. 즉 갓난아이 시절 받았던 3년의 양육은 부모의 죽음 이후에 자녀가 치르는

---

13) 주희, 성백효 역주, 『논어집주』(전통문화연구회, 1991), 357쪽, "子曰……子生三年然後, 免於父母之懷. 夫三年之喪, 天下之通喪也, 予也有三年之愛於其父母乎."

3년상과 정확하게 대응을 이룬다. 함무라비법전과 공자의 태도 사이에는 전자는 부정형이고 후자는 긍정형이라는 차이만 있을 뿐, 기본적인 사유 패턴은 동일하다.

부모의 출산-양육이라는 체험적 사실이 효라는 도덕성의 논리적 조건을 이룬다는 이런 사고에 반대하려는 사람들이 흔히 반론으로 제기하는 것이 "부모의 사랑은 무조건적이다"라는 주장이다. 즉 부모는 자녀의 효를 의도적으로 기대하고 자녀를 출산-양육하지 않는다는 것이다. 그러나 무조건적인 부모의 사랑이라고 해서 '도덕적 회계'의 바깥에 있는 것은 아니다. 부모의 자녀에 대한 무조건적 보살핌은 '이타주의'의 일종인데, 이런 이타주의 역시 '도덕적 회계'를 기반으로 설명될 수 있기 때문이다.

이타주의란 일반적인 주고-받기와는 달리 상대방에게 무언가를 주면서 거기에 상응하는 보답을 받지 않겠다고 선언하는 것이다. 자원봉사가 가장 대표적인 경우이다. 자원봉사를 통해 나는 타인이나 사회에 어떤 긍정적인 가치를 주지만, '도덕적 회계'에 근거한다면 당연히 타인이나 사회로부터 받아야 할 보상을 거부한다. 그런데 이 경우 자원봉사자는 정말로 아무 것도 얻는 것이 없는가? 그렇지 않다. 이중적인 의미에서의 보상이 발생하기 때문이다. 이타주의적인 자원봉사의 대상이 된 타인과 사회는 자원봉사자에게 갚을 수 없는 일종의 빚을 지게 된다. 반면에 자원봉사자는 받아야 할 것을 포기하는 대신 다른 것을 획득하게 되는데 그것은 일종의 도덕적 신용이다. 도덕적 신용은 나의 도덕적 행위에 대해 내가 받아야 할 보답을 포기함으로써 얻게 되는 또 다른 차원의 보상이다. 이 때문에 자원봉사를 많이 하면 많이 할수록 나는 시간과 에너지를 소비하고 거기에 상응하는 어떠한 보수도 받지 않지만, 그만큼 나의 도덕적 신용은 증가한다. 부모의 무조건적 사랑이란 사실 이런 이타주의의 한 형태이다. 이런 부모의 이타주의가 자녀에게 지우는 빚은 자녀들에게 일종의 도덕적 의무가 되고, 부모의 사랑이 무조건적이 되어 가는 강도가 강할수록 이 빚의 무게, 즉 도덕적 의무도 증대된다.

이런 방식으로 효를 이해할 경우 곽건의 말 속에는 두 가지 사고가 포함되어 있다고 볼 수 있다. 첫째는 효가 '도덕적 회계'로서의 주고—받기이고, 둘째는 주고—받기의 전제가 된 출산이라는 사건을 근거로 부모 자식 관계를 제작자—제작물의 관계로 치환함으로써 자신의 생명이 부모에게 속한다고 이해하는 점이다. 자식이 아버지에게 속한다는 전제가 없다면 『효경』의 다음 말은 의미를 상실할 수밖에 없다.

> 살갗과 피부를 비롯한 몸은 부모에게 받은 것이니, 손상시키지 않는 것이 효도의 시작이다. 세상에서 처신하며 도를 실천함으로써 후세에 이름을 날려 부모를 영예롭게 하는 것이 효도의 마지막이다. 효도란 어버이를 섬기는 것에서 시작해서, 임금을 섬기는 것을 거쳐 세상에서 처신하는 데서 끝난다.[14]

다시 말해 부모의 양육 행위가 위대한 것으로 간주되는 이유는 부모는 자신의 양육에 대해 보답 받을 권리를 스스로 포기하는 이타주의적 방식을 택하기 때문이다. 따라서 바람직한 자식은 이 이타주의적 양육에 대해 갚아야 할 빚을 의무로 느껴야 할 뿐만 아니라, 물리적으로 계산할 수 없는 정신적 양육도 충분히 되갚아야 할 의무로 인식해야 한다. 사실상 효의 이상적

---

14) 明皇(唐 玄宗) 御注, 邢昺 疏,『孝經注疏』(문연각사고전서 vol.182), 7쪽, "身體髮膚 受之父母, 不敢毁傷, 孝之始也. 立身行道揚名於後世以顯父母, 孝之終也. 夫孝始於 事親, 中於事君, 終於立身."

인 경지 역시 여기에서 도달된다. 입신양명이 단순히 자신의 세속적 성공만을 의미하는 것이 아니라, 결국 부모의 이름을 세상에 드러나게 하기 때문에 효의 궁극적인 지점으로 거론되는 것이다.

이런 사고의 극단을 「서명」속에서 발견할 수 있다. 장재는 신생申生의 경우를 통해 아버지가 자식에게 죽음을 요구하고 자식이 여기에 순응하는 산술적 회계의 극단을 보여 준다. 즉 '제작자－제작물' 은유의 극단을 보여 줌과 동시에 그것을 효의 대표적인 사례라고 강변하고 있다. 신생이 효성스러웠다는 평가는 아버지가 그에게 죽으라고 요구한 것에 순종했다는 점에 근거하고 있다. 그러나 이 고사가 더욱 교묘한 점은 신생이 자살을 했다는 사실이다. 이를 통해 신생은 두 가지를 달성한다. 첫째, 그는 자신의 제작자인 아버지에게 제작물인 자신의 생명에 대한 권리를 넘겨주고, 제작자의 의도에 순종한다. 둘째, 한 걸음 더 나아가 그는 자살이라는 방법을 택함으로써 자식을 죽이는 아버지라는 비도덕적 아버지상이 형성되는 것을 미연에 방지한다.

여기서 또 한 걸음을 더 나아간 자녀는 곽건처럼 아버지로부터 죽음에 대한 요구가 없음에도 불구하고 자발적으로 자신의 생명을 부모를 위해 던진다. 이 경우 자녀의 행위는 출산과 양육에 대한 보답일 뿐만 아니라 일종의 이타주의적 희생이 된다. 이것은 이타주의적인 부모가 자식에게 했던 것과 똑같은 행위, 즉 보답을 바라지 않는 치명적이고 일회적인 자발적 은혜 베풀기를 자녀가 부모에게 행하는 것이기 때문에 이 이상 가는 효의 실천이란 사실상 존재할 수가 없다.

이런 관점에서 보면 『사자소학四字小學』의 "아버님 내 몸을 낳으시고 어머님 내 몸을 기르셨으니……"(父生我身, 母鞠我身)라는 선언이 얼마나 구조적인지를 파악할 수 있다. 이 구절은 정확하게 출산과 양육이라는 두 측면을 동시에 언급하고 있고, 나아가 출산과 양육을 각각 아버지와 어머니에게 연결시키고 있다. 첫 번째 사실로부터 『사자소학』이 어린아이들에게 효라는 도덕적 관점을 주입시키기 위해 제시하는 체험적 조건이 무엇인지를 잘 알 수 있고, 두 번째 사실로부터 가정 내에서 아버지와 어머니의 이데올로기적 위치를 어떻게 규정하고 있는지를 잘 알 수 있다. 즉 제작자로서 소유권을 쥐고 있는 존재는 양육을 상징하는 어머니라기보다는 생산자로 표현되는 아버지에게 있는 것이다.

여기에서 제작자 은유와 주고-받기를 통합하는 '가정'의 성격을 구분해야 할 필요성이 제기된다. 신생이 아버지의 죽음에 대한 요구를 받아들이는 것은 '제작자-제작물' 은유의 결과이기는 하지만 그것만으로 충분한 것은 아니다. 그 배후에는 제작자의 권위에 대한 인정이 포함되어 있기 때문이다. 그것은 가정의 도덕적 권위에 대한 질문, 즉 아버지와 어머니의 권위에 대한 질문을 요구한다.

4.

출산에 기초한 '제작' 은유와 출산과 양육을 아우르는 '도덕적 회계'는 가정을 배경으로 나타날 수 있다. 이 때문에 이 하위 은유들을 통합하는 가정의 성격에 대해 질문해야 한다. 이 가정의 성격에 대해 레이코프와 존슨은 두 가지 유형을 제시했다. '엄격한 아버지' 모형과 '자애로운 부모' 모형이 그것이다. 「서명」에 나타나는 가정의 모형이 이 가운데 어디에 속하는가를 판단하기 위해서는 이 두 모형이 우선적으로 취급하는 은유들이 어떻게 나타나는가를 살펴보아야 한다. 그런데 제작자 은유를 통해서 벌써 '도덕적 권위'의 담지자인 아버지에게 우선성을 부여하려는 관점이 드러나고 있음을 알 수 있다. 이것은 「서명」뿐만 아니라 일반적인 유가 도덕성이 '엄격한 아버지' 모형에 근거한 가정 모형을 기반으로 한다는 것을 암시한다. 이 때문에 이 주장을 가능하게 하는 '엄격한 아버지 모형'의 주된 은유, 즉 '도덕적 권위', '도덕적 힘', '도덕적 질서'가 「서명」의 지배적 은유인지 아닌지를 검토해야 한다. 이를 위해 「서명」이 언급하는 효의 상징인 신생과 순, 백기 세 사람의 고사를 더 자세히 검토해 보자.

> 진나라 헌공(晉獻公)이 세자世子인 신생申生을 죽이려 했다. 공자 중이重耳가 신생에게 "어째서 당신의 뜻을 아버지에게 말하지 않습니까?"라고 하자 세자는 말했다. "안 된다. 아버지가 여희와 편케 지내시는데, 이렇게 하는 것은 아버지의 마음을 아프게 하는 것이다."…… 두 번 절하고 머리를 조아린 다음 (스스로) 죽었다. 이 때문에 공세자恭世子라고 불렀다.[15]

> 순舜의 아버지는 장님인 고수瞽瞍였다. 순의 어머니가 죽자 고수는 다시 부인을 맞아들여 상象을 낳았다.…… 고수는 여러 번 순을 죽이려고 했다. 순에게 창고에 올라가 진흙을 칠하게 하고 고수는 아래에서 불을 질러 창고를 태우려 했다. 순은 삿갓 두 개로 불길을 막아 내며 내려와 도망치는 바람에 죽지 않았다. 그 후에 고수는 또 순에게 우물을 파게 했다. 순은 우물을 파면서 밖으로 통하는 숨겨진 통로를 만들었다. 순이 우물 깊이 들어가자 고수와 상은 함께 흙으로 우물을 메워버렸지만 순은 숨겨진 통로로 빠져나와 도망쳤다. 고수와 상은 기뻐

---

15) 『禮記注疏』(문연각사고전서 vol.115), 137쪽, "晉獻公將殺其世子申生. 公子重耳謂之曰, 子蓋言子之志於公乎? 世子曰. 不可. 君安驪姬, 是我傷公之心也……再拜稽首乃卒. 是以爲恭世子也."

하면서 순이 이미 죽었다고 생각하였고, 상은 '본래 계획한 사람은 자신'이라고 하면서 부모와 함께 순의 재산을 나누었다.[16]

길보는 어진 아버지였고 백기는 효자였다. 어진 아버지가 효자를 거느리고 있었기 때문에 당연히 천수를 누리고 세상을 떠나야 했지만, 후처가 이간질하는 바람에 백기는 결국 쫓겨났다.[17]

세 인용문에서 공통적으로 발견되는 사실은 가정의 도덕적 권위가 불균형적으로 배분되어 있다는 사실이다. 여기에는 가정 모형에 대한 편협한 집착과 여기에 기인하는 일종의 무의식적인 두려움이 포함되어 있다. 가정에 대한 편협한 집착이란 다름 아닌 부모-출산-양육이라는 삼위일체를 통해 구성되는 공동체로서의 가정이라는 이상에 대한 집착을 의미한다. 인용문들 속 자녀를 내쫓고, 자녀에 대한 살인을 기도하고, 자녀의 죽음을 강요하는 아버지의 요구에서 공통적으로 그림자를 드리우고 있는 것은 아버지가 총애하는 첩, 후처, 다시 맞아들인 부인, 즉 제2의 어머니라는 존재이다. 백설공주, 콩쥐팥쥐, 신데렐라, 장화홍련의 어머니들은 모두 제2의 어머니, 즉 계모들이다. 이렇게 나쁜 제2의 어머니들이 고전적인 서사 구조들 속에서 흔하게 발견되는 것은 무엇을 의미하는가?

---

16) 司馬遷, 『史記』 vol.1(北京: 中華書局, 1987), 「五帝本紀 1」, 32~34쪽, "舜父瞽叟盲. 而舜母死, 瞽叟更娶妻而生象, 象傲. 瞽叟愛後妻子, 常欲殺舜, 舜避逃……尙復欲殺之, 使舜上塗廩, 瞽叟從下縱火焚廩. 舜乃以兩笠自扞而下, 去, 得不死. 後瞽叟又使舜穿井. 舜穿井爲匿空旁出. 舜旣入深, 瞽叟與象共下土實井, 舜從匿空出, 去. 瞽叟象喜, 以舜爲已死, 象曰, 本謀者象, 象與其父母分."

17) 顔之推, 『顔氏家訓』(문연각사고전서 vol.848), 941쪽, "吉甫, 賢父也, 伯奇, 孝子也. 賢父御孝子, 合得終於天性, 而後妻間之, 伯奇遂放." 의미심장하게도 『事文類聚』 후집 권5, 「인륜부」에 실린 동일한 기사의 제목은 『안씨가훈』보다 노골적으로 '古人不再娶'라고 함으로써 두 번 결혼하는 것을 경고하고 있다.

이상적인 관점에서 삼위일체 가정의 부모란 친아버지와 친어머니가 공동의 자녀를 출산하고, 그들을 이상적으로 양육하는 그런 '순수 가정'의 부모이다. 「서명」을 비롯한 많은 이야기 속에 담긴 것은 다름 아닌 이 가정의 순수한 성격을 침해당해서는 안 된다는 무의식적인 두려움이다. 왜냐하면 이 순수한 가정은 도덕의 자연적 근원이라고 간주되기 때문이다. 그러므로 이 가정의 순수성을 어지럽히는 가족구성원은 불화의 뿌리이며, 가정의 도덕성을 근본적으로 뒤흔드는 존재이다. 이렇게 해석할 때, 계모들이 이미 부자 관계가 형성되어 있고 다만 친어머니의 존재가 결핍된 가정 속으로 자신을 편입시킬 때 어떻게 묘사될 것인가는 자명하고, 이런 생각의 근저에 혈연동질성이 놓여 있다는 것 역시 명백하다. 즉 계모는 혈연의 동질성을 띠지 않고 가족 속으로 편입된 존재인 것이다.

그러나 정말로 문제가 되는 것은 제2의 어머니에게 진정한 어머니의 위상을 부여하기를 거부하는 관념이 여성 일반으로 확장될 때이다. 「서명」에 인용된 고사가 교묘한 이유는 나쁜 어머니의 존재를 전제하고 자녀가 효행을 통해 이를 극복한다고 말함으로써 나쁜 어머니의 존재를 고착화시킨다는 것 때문이 아니다. 가장 교묘한 점은 '나쁜'이라는 수식어가 제2의 어머니라는 형태로 여성에게 전이됨으로써 남성으로서의 아버지는 어떤 비도덕성도 함축하지 않게 된다는 점이다. 이런 관점에서 볼 때 다음과 같은 은유적 투사가 어떤 의미를 지니는지 설명이 가능해진다.

> 생물학적인 몸을 음양개념과 결부시킴으로써, 집안에서 남자 → 양 → 강함 → 선을 상징하는 아버지는 필연적으로 법도를 세울 수 있는 존재로, 여자 → 음 → 유약 → 악을 상징하는 어머니는 이를 따라야 하는 존재로 보게 된다.[18]

여기에서 '도덕적 권위'와 밀접한 연관을 지니는 새로운 은유가 모습을 드러낸다. 즉 '선－강함, 악－약함'이라는 구도이다. 이렇게 도덕성이 일종의 힘으로 은유화될 때 이 힘의 소유자는 아버지이지 어머니가 아니다. 김미영은 여성이 억압되는 기제로서 은유적인 개념들의 쌍을 분리했기 때문에 도덕적 권위의 담지자인 아버지의 성격에 대해 질문하지 않고, 아버지와 어머니의 관계를 통해 나타나는 남녀 일반의 존재론적 위상과 가치론적 평가에만 관심을 집중하고 있는데, 보다 근원적인 것은 약한 어머니와 대비되는 강한 아버지라는 구도가 포함하고 있는 '도덕성은 힘'이라는 은유이다. 이 은유에 바탕을 둘 때 강함은 곧 도덕적이라는 말과 동격일 수 있는 것이다. 음양이란 전통적 개념이 이런 도덕적 힘과 결부되고, 다시 그것이 특정한 가정 모형에 통합된 결과 '아버지 = 강 = 선, 어머니 = 약 = 악'이라는 은유가 가능해지며, 이것은 '엄격한 아버지' 모형의 주된 은유 가운데 하나를 이룬다.[19]

5.

'도덕적 권위'와 '도덕적 힘'이라는 은유로부터 알 수 있듯이, 그리고 「서명」이 함축하는 나쁜 어머니의 신화가 암시하는 것처럼 「서명」의 가정 모형은 일종의 '엄격한 아버지' 모형에 기반을 둔 가정이다. 비단 이것은 「서

---

18) 김미영, 「'음'에 부과된 사적 특성에 대한 여성주의적 접근」, 『철학』 72집(한국철학회, 2002), 82쪽.
19) '엄격한 아버지' 모형의 또 다른 지배적 은유 '도덕적 질서'는 '인간의 가정'이란 커다란 구도 속에서 그 모습을 제대로 드러낸다. 이 때문에 '도덕적 질서' 은유는 '인간의 가정'을 논의하는 절에서 다루어질 것이다.

명」만의 특징이 아니라 유가 도덕성 전반에도 해당한다.

이 때문에 「서명」을 비롯한 유가의 텍스트 속에서 '나쁜 아버지'라는 존재가 나타나면 곧장 도덕성에 대한 이해의 혼란이 드러난다. 나쁜 아버지의 존재는 유가의 도덕적 규범을 혼란시키는 원천이 되고, 따라서 나쁜 아버지에 대한 유가의 도덕적 태도를 살펴보는 것은 유가 도덕성의 맹점을 살펴보는 통로가 된다. '정직함'이라는 덕목에 대한 『논어』의 언급은 분명히 가족공동체가 암묵적으로 전제하는 '선한 아버지'라는 개념이 동요할 때 도덕적 가치에 어떤 균열이 생긴다는 것을 보여 준다.

공자께서 말씀하셨다. "누가 미생고微生高를 정직正直하다 하는가? 어떤 사람이 초(醋)를 빌리려 하자, 그의 이웃집에서 빌려다가 주는구나!"[20]

주희朱熹는 이 구절을 해석하면서 범씨范氏의 말을 인용하여 정직을 이렇게 정의한다. "옳은 것은 옳다고 하고, 그른 것은 그르다 하며, 있으면 있다고 하고, 없으면 없다고 하는 것이 정직正直이다."[21] 이 정직함의 가치에 대해 공자는 "사람이 살아가는 이치는 정직이니, 정직하지 않으면서도 생존하는 것은 (죽음을) 요행히 벗어난 것이다"[22]라고까지 강조했다. 그런데 『논어』는 이런 해석과 미묘한 차이를 보이는 또 다른 '정직함'에 대한 사례를 제공한다.

섭공葉公이 공자에게 말하였다. "우리 무리에 몸을 정직正直하게 행동하는 자가

20) 주희, 『논어집주』, 100쪽.
21) 주희, 『논어집주』, 100~101쪽.
22) 주희, 『논어집주』, 117~118쪽.

있으니, 그의 아버지가 양羊을 훔치자, 아들이 그것을 증명하였습니다." 공자께서 말씀하셨다. "우리 무리의 정직한 자는 이와 다르다. 아버지가 자식을 위하여 숨겨 주고 자식이 아버지를 위하여 숨겨 주니, 정직함은 그 가운데 있는 것이다."23)

공자는 분명히 아버지의 악행을 은폐하는 행위 속에서 정직함이라는 가치가 실현되고 있다고 주장한다. 여기에 대해 주희는 "아버지와 자식이 서로 숨겨 줌은 천리天理와 인정人情의 지극히 당연한 것이다. 그러므로 정직하기를 구하지 않아도 정직함이 그 가운데 있는 것이다"24)라고 풀이한다. 문제는 공자와 주희 모두 아버지와 자녀 간의 관계라는 특수한 전제를 바탕으로 정직함이라는 도덕적 규범의 정당성을 설명하려고 한다는 것이다. 그러나 있는 것을 있다고 하고 없는 것을 없다고 하는 정의의 원칙과 부자간에 범죄를 은폐하는 행위가 어떻게 조화를 이룰 수 있는가? 직설적으로 묻자면 범죄행위를 은폐하는 자식의 행위 어디에 정직함이라는 도덕적 가치가 실현되고 있는가?25) 주희의 두루뭉술한 입장에 비해 사량좌謝良佐(上蔡, 1050~1103)의 언급은 비교적 솔직하게 상황을 드러내 준다.

이치理致를 따르는 것이 정직正直함이니, 아버지가 자식을 위하여 숨겨 주지 않으며, 자식이 아버지를 위하여 숨겨 주지 않는다면 이치에 순한 것이겠는가?

---

23) 주희, 『논어집주』, 265쪽.
24) 주희, 『논어집주』, 266쪽.
25) 채인후는 이 질문에 대한 전형적인 성리학적 해석을 보여 준다. "부모를 사랑하는 것은 타고난 품성이다. 따라서 아버지가 양을 훔친 것을 증언하는 것은 자식의 도리가 아니라, 부자간의 정을 해치는 짓이다." 채인후, 천병돈 옮김, 『공자의 철학』(서울: 예문서원, 2000), 95쪽 참조.

고수가 사람을 죽였다면, 순舜임금은 몰래 업고 도망하여 바닷가 궁벽한 곳을 따라 살았을 것이다. 이때를 당하여 어버이를 사랑하는 마음이 우세하니, 자신의 행동이 정직한가 정직하지 않은가를 어느 겨를에 따지겠는가.26)

사량좌의 해석이 문제가 되는 것은 그의 말 속에 서로 다른 두 가지 관점이 뒤섞여 있기 때문이다. 전반부에 의하면 일단 그는 옳은 것은 옳다고 하고 그른 것은 그르다고 하는 것이 정직함이라는 공자의 정의 자체를 수정한다. 그는 이치를 따르는 것이 정의라고 선언한다. 그리고 여기에 근거해서 자식이 아버지를 위해 악행을 숨기는 것은 이치를 따르는 행위라고 인정한다. 따라서 자식의 행위는 정직한 것이다. 그러나 아래 문장은 이런 주장과는 또 다르다. 사량좌는 두 가지 도덕적 가치가 충돌할 때 어떤 도덕적 가치가 보다 더 우선성을 지니는가라는 색다른 관점을 도입한다. 이런 관점에 의하면 아버지에 대한 자식의 사랑은 정직함을 추구하려는 가치 지향보다 우선적인 것이다. 따라서 자식이 아버지에 대한 사랑에 근거해서 아버지의 악행을 은폐하는 것은 도덕적으로 정당한 행위이다.

문제는 이 우선성을 근거로 하는 정당화의 논변이 정직함에 대한 정의를 근거로 하는 논변과 배치되는 결과를 가져온다는 것이다. 두 가지 가치가 충돌하고 보다 우선적인 것이 실현될 때 비교적 관점에서 열등한 다른한 가지는 실현되지 않는다. 아들이 아버지의 악행을 은폐하는 것이 도덕적으로 정당하다는 것을 말하기 위해서는 결국 정직함이라는 덕목의 실현은 유예시켜야 한다는 결론이 뒤따르는 것이다. 명백하게 아버지의 잘못을 은폐해야 하는 자식에게는 정직이니 부정직이니 하는 문제를 따질 겨를조차

---

26) 주희, 『논어집주』, 266쪽.

도 없다고 사량좌는 말하고 있다. 이것은 아들의 행위를 정직이니 부정직이니 하는 관점에서 평가하려는 시도 자체를 유보시킨다. 그러나 공자와 주희, 그리고 사량좌 자신이 앞에서 설명한 것에 따르면 아버지의 부정을 은폐하는 행위는 그 자체로 정직함이라는 덕목을 함축한다. 즉, 도덕적 가치의 우선성을 근거로 하는 사량좌의 논변은 공자·주희는 물론 자기 자신의 관점과도 모순적이다.

어째서 이런 모순이 생겨나는가를 따지기 위해 『논어』를 변호하는 한 가지 입장을 살펴보자. 즉 『논어』에서 '정직함'에 대해 서로 다른 논지를 펴는 이유는, 미생고의 경우는 가족이 아닌 타인과의 관계에서 보이는 정직함을 언급하는 것이고, 섭공의 경우는 가족공동체 내의 부자 관계에서 보이는 정직함을 언급하는 것으로, 서로 다른 사례라는 것이다. 그런데 이런 식의 변호는 '정직함'이라는 덕목의 근거가 굳건하지 않다는 것을 인정하는 것이다. 즉 '정직함'은 가족공동체라는 관계망 속에서는 그 의미나 중요성이 약화될 수 있는 도덕적 가치요, 가족공동체의 특수성이 '정직함'보다 우월한 도덕적 심급이라는 뜻이다.[27] 따라서 있는 것을 있다고 하고 없는 것을 없다고 한다는 도덕적 원칙은 가족공동체의 특수성이 이의를 제기하지 않을 경우에만 통용될 수 있는 도덕원리이고, 당연히 보편적일 수 없다.

그런데 이런 결론은 곤란한 문제점을 안고 있다. 가족공동체의 보편적 특성이 도덕성을 대변할 경우 이런 논변은 그나마 설득력을 갖는다. 그러나 가족공동체가 비도덕적 요소를 포함할 때, 특히 도덕적 권위를 가지는 존재

---

27) 현대의 동양철학개론서 속에서도 이런 관점은 반복된다. 즉 '잘못을 바로잡는 일보다 부모의 뜻을 거스르지 않는 것이 우선이고, 정의보다는 효가 우선'이라는 것이다. 한국철학사상연구회 지음, 『우리들의 동양철학』(서울: 동녘, 1997), 94쪽 참조.

로 가정되었던 아버지가 비도덕적일 때는 문제가 생긴다. 효를 예로 든다면, 자녀는 아버지의 도덕적 행위 여부와 상관없이 효를 실천해야 한다는 주장이 되기 때문이다. 언뜻 들으면 그럴싸한 이 주장은 효를 아버지의 도덕성 여부와 상관없는 자녀의 도덕성 문제로 간주함으로써 이론적 난점을 드러낸다. 대부분 사람들은 효를 논하면서 자녀의 도덕성만을 문제 삼는데, 질문의 방향을 바꿔서 아버지의 도덕성을 문제 삼을 때 이 주장은 아버지에게 범죄의 가능성을 내포시킴으로써 도덕적 권위자 그 자체의 성격을 의심스러운 것으로 만든다.[28] 결국 도덕적 권위자에게 포함되어 있는 잠재적인 비도덕성을 전제하면서 도덕성을 주장하는 것이 얼마나 설득력이 있을지 의문이다.

이 때문에 애초에 '도덕적 힘' 은유를 통해 비도덕성의 영역을 여성 일반에게 전가하려던 시도와 비교하면 섭공의 질문이 얼마나 핵심적인지를 알 수 있다. 사실상, 섭공의 질문은 유가의 '선한 가족공동체'라는 가설이 문자 그대로 이상적인 가설이라는 사실을 폭로한다. '악한 아버지'라는 사소한 가설의 변경이 가져오는 도덕률의 충돌조차 제대로 설명하기 곤란하다는 점을 보여 주기 때문이다. 그렇다고 '악한 가족공동체'를 인정하고 그것으로부터 효를 비롯한 여타의 도덕적 규범들을 이끌어 낸다는 것은 더욱

---

28) 주희는 이런 곤란을 극복하기 위해 옳지 못한 부모에 대한 자녀의 두 가지 태도를 묘사하고 있다. 첫째, 羅仲素(羅從彦)의 입을 빌려 자녀들은 부모에 대해서 의도적으로 "천하에 옳지 않은 부모는 없다"(天下無不是底父母)고 가정해야 한다고 말하고 있다. 둘째, 陳了翁(陳瓘)을 통해 "저 신하로서 그 군주를 시해하고, 자식으로서 그 아버지를 시해하는 자들은 항상 〈君‧父의〉 옳지 못한 곳을 봄에서 비롯될 뿐이다"라고 하여 자녀와 신하의 비도덕성이 군주와 부모의 악행에 대한 정면 응시에서 유래한다고 말하고 있다. 진관의 말은 바람직한 자녀는 부모의 옳지 않은 점에 대해 의도적으로 회피해야 한다는 주장의 재판에 불과하다. 주희, 성백효 역주, 『맹자집주』(서울: 전통문화연구회, 1992), 228쪽 참조.

심각한 난제를 불러올 것이 뻔하다.

이 때문에 가설적인 선한 아버지는 현실의 악한 아버지에 대한 의도적인 외면일 뿐이다. 「서명」의 약점은 바로 '천지 = 부모'라는 은유가 사실상 '천지 = 선한 부모', 더 깊은 의미에서는 '천 = 선한 아버지'라는 가설의 은유적 표현에 불과하다는 점이다. 장재가 부모인 천지로부터 주어지는 '부귀·빈천·행복·은택은 나의 생명을 풍부하게 양육하려는 것이고, 가난·비천함·근심·걱정은 나를 옥을 다듬듯이 단련시켜 완성하려는 것'이라고 선언했을 때, 그 의미는 은유적 자녀인 인간은 이 빈·부로 대립되는 두 가지 양식의 대우 모두에 대해 비도덕적인 해석을 해서는 안 된다는 것이었다. 이런 전제하에서 장재는 천지가 인간을 어떻게 대하든지에 상관없이 '살아서는 하늘을 따르고 섬기며 죽어서는 편해질 것'이라고 단언할 수 있었다. 그러나 실제로 여기에서 드러나는 것은 「서명」이 말하는 이런 삶의 태도가 위와 같은 은유적이고, 게다가 일방적인 가설을 배경으로 형성된 것이라는 사실이다.

6.

순수 가정, 출산, 양육을 기초로 부모의 권위에 대한—특히 주로 아버지에 대한— 승인과 보답의 책임을 자녀에게 지우는 것이 은유적 구조화를 통해 나타나는 효의 내용이다. 그러나 지금까지의 논의는 다만 하나의 가정 내에서 통용되는 효에 불과할 뿐 보편적인 도덕성에 대한 논의가 아니었다. 효를 기반으로 이런 보편적인 도덕 개념으로 나아가는 한 가지 방법은 인류 전체를 거대한 하나의 가정으로 간주하는 것이다. 이것이 '인간의 가정'이라고 불리는 거대한 은유체계이고 이 은유체계 속에서 모든 존재들은 질서 잡힌 구조의 일부분이 된다.

「서명」은 '세계＝가족'이라는 포괄적인 구도 아래서 개인들의 위치를 가족 내 구성원들의 위치로 투사한다. 즉 모든 개인들은 기본적으로 '형제' 이다. 다시 형제간의 위계를 따라서 개인들의 위계가 결정되는데, 그것은 정확하게 가족제도의 형태를 모형으로 해서 분화된다. 즉 임금은 큰아들이 고, 신하들은 대가족제도에서 장자를 보좌하는 일종의 집사, 즉 '가상家相'으 로 묘사된다. 병든 사람, 불구자, 고아, 홀아비, 과부 등은 모두 보호를 필요 로 하는 가장 약한 가정 구성원들이다. 인간이 아닌 사물 역시 '세계＝가족' 의 파생물이기 때문에 그들은 나의 반려자로 묘사된다.

여기에서 「서명」이 추구하고자 하는 '도덕성의 보편성'이라는 목표가 뚜렷하게 드러난다. 그런데 이것은 '도덕적 질서'와 어떤 상관관계를 가지 고 있는가? 장재가 하늘과 땅마저 가족 관계 속으로 끄집어들이지 않을 수 없었던 것은 오직 여기에서만 도덕률이 발원하기 때문이 아니라, 그보다 이전에 오직 여기에서만 변경할 수 없는 위계 관계가 성립된다고 보았기 때문이다.[29] 장재에 의하면 도덕률은 이 변경할 수 없는 위계에 뒤따르는 필연적인 행위 양식이다. 그러므로 인간에게 이 변경할 수 없는 위계 관계 를 부여하면서, 동시에 이 위계 관계를 개인들이 자연스러운 것으로 받아들 이도록 강제하는 무언가가 필요해지는데, 그것이 바로 '가정'이다. 다시 말

---

29) 장재가 "태어남에도 선후가 있기에 질서가 있다.…… 하늘이 만물을 낳으니 또한 순서가 있고, 만물이 이미 형상이 있으니 또한 질서가 있다. 순서를 알고 난 이후에 법도(經)가 올바르게 되고 질서를 알고 난 이후에 예를 행할 수 있다"고 했을 때, '질서'라는 개념은 도덕성의 축을 이루는 핵심 가운데 하나라는 것이 두드러진다. 「正蒙・動物」, 『張載集』, 19쪽 참조.

해 가정 속의 관계들은 혈연관계가 가지는 고유한 속성의 하나인 '변경할 수 없는' 고정성을 띠게 된다.

김홍경은 군신 관계, 장유 관계, 성현 관계, 귀천 관계를 논하면서 이런 점을 확인하고 있다. 그러나 김홍경은 "성현 관계를 통해서 파악된 '나' 외에는 모두 그 관계가 고정적이라는 점이 그 개별성을 더욱 부각시킨다"라고 함으로써 성현 관계를 예외적인 것으로 취급하고 있다.[30] 그 이유는 "성인이나 현인이 '나'와 일정한 가족 관계를 가지고 있는 것으로 표현되지 않고 덕이나 능력 등 포괄적인 기준에 의해 표현되는 것이기 때문"이라는 것이다. 외견상 성현과 나의 관계는 일견 고정성이 없는 것처럼 보인다. 어느 측면에서 이것은 사실이다. 그러나 다른 한편으로 성현의 기준 가운데 하나인 '덕'은 사실 여기에서 논하고 있는 부자, 군신, 빈천 관계의 고정성에 의존해서 도출된 윤리적 행위를 인식하고 실천한 사람들에게 수반되는 단어이다. 다시 말해 성인이나 현인이라는 인격적 개념은 이미 이 고정성에 대한 긍정을 함축하고 있는 것이다. 게다가 성인과 현인은 보다 이상적인 수준에서 이 긍정을 인식하고 실천한 사람들이다. 이렇듯 "유학의 전통적인 시각에서 볼 때 '나'에게는 성인이나 현인으로 상승할 수 있는 가능성이 있다고 보기 때문에" 성현과 나의 관계가 고정적이 아니라는 논변은 불충분하다. 문제의 초점을 성현과 나의 관계 속에 있는 가변성이 아니라 성현과 나를 구속하는 도덕성의 고정성에 맞출 때, 이 고정성은 바로 변경 불가능한 가족의 위계를 근거로 하기 때문이다. 따라서 도널드 먼로가 가족을 '정적인 위계'(tranquil hierarchy)라고 부른 것도 정확하게 이 가족 관계가 포함하는

---

30) 김홍경, 「주희 이일분수설의 두 가지 이론적 원천」, 『동양철학연구』 제10집(동양철학연구회, 1989), 185쪽.

불변의 고정성을 표현하는 것이라고 해석할 수 있을 것이다.[31]

이렇게 '인간의 가정'은 첫째, 순수 가정을 되살려서 이상적인 가정의 모형을 만들어 낸다. 이 은유 속에서 유일한 혈연공동체를 벗어나는 존재는 없기 때문에 백설공주류의 이야기 속에서 보이는 불안감은 사라진다. 나쁜 어머니의 존재는 사라지고 가정은 순수해진다. 둘째, 모든 존재들이 보편적인 부모를 갖게 되기 때문에 도덕률의 보편적 호소가 가능해진다. 셋째, 또 다른 차원의 이론적 요구를 발생시킨다. 인간의 가정 자체가 은유적 가정이기 때문에 이 가정의 정당화를 위한 존재론적 이론의 필요성이 제기된다. 즉 은유적으로 '가정 = 세계'가 타당하기 위해서 가정의 혈연적 동질성과 사상(mapping) 가능한 세계의 어떤 특성에 대한 설명이 있어야 한다. 이 때문에 가정의 은유는 세계의 동질성에 대한 해명, 다시 말해 존재론적으로 세계 내의 모든 사물들이 어떤 동질적 근거를 가져야 한다는 이론적 요구를 필요로 한다.

이때 드러나는 것은 바로 특정한 도덕률에 변경 불가능한 절대적인 근거를 부여하려는 철학적 욕구이다. 이러한 세계 내 존재들의 동질적인 속성을 가정한다는 것은 사실상 세계 내 존재들의 본질을 가정한다는 말과 같다. 이 때문에 「서명」은 세계의 공통된 특징, 즉 본질이 있어야 하고 그 본질이 세계 내의 모든 존재들에 동질적인 속성을 부여한다는 이론적 전제를 배경으로 해야 한다. 장재에 의하면 그것은 두말할 나위 없이 '기氣'였다.

---

31) Donald Munro, *Images of Human Nature*(Princeton University Press, 1988), pp.43~57 참조.

7.

진정한 문제점은 바로 여기에서 시작된다. 기가 이처럼 도덕이론의 요구와 결합하려고 할 때, 기는 바로 '인간의 가정'을 주장할 수 있는 실체일 뿐만 아니라, 도덕성의 근원이 되어야 한다는 것 또한 당연한 이론적 요구이다. 그런데 기가 도덕성의 근원으로 인간에게 내재하면서 '성'이라는 개념으로 치환되는 데서 문제가 발생한다. 잘 알려진 것처럼 장재는 송 대 성리학에 양성론兩性論을 도입한 인물이었다.[32] 그런데 두 가지 성의 존재는 기론적 사고를 도덕성의 영역에 접근시킬 때 중대한 결함을 가져온다. 성을 분열시키는 것이 다름 아닌 기 자체이기 때문이다. 도덕성의 근거로서 기가 부적당한 이유는 바로 이 때문이다.[33] 「서명」과 장재의 기론이 균열을 일으키는 것도 바로 이 지점에서이고, 정이의 장재 철학에 대한 비판이 성립하는 것도 이 지점에서이다. 이것은 '인간의 가정'의 존재론적 전제로서 왜 기가 부적당한가에 대한 이유를 설명하기도 한다.

말하자면 「서명」은 유가적인 도덕성을 '인간의 가정' 은유를 통해 가족 모형 속으로 수렴시킨다. 「서명」에 수렴된 도덕성은 가정—출산—양육이라

---

32) 심지어 주희는 장재의 양성론이 포함하는 기질의 성에 관한 이론적 논의가 유학의 발전사에서 장재와 이정에게서만 발견할 수 있는 것이라고 높은 평가를 내리기도 했다. "기질에 관한 이론은 장재와 이정에게서 시작했다. 나는 이것이 우리 유학에 심대한 공적이 되고, 후학들에게도 보탬이 된다고 생각한다. 그들의 기질에 대한 설명을 읽어 보면 사람으로 하여금 장재와 이정에게 깊은 감동을 느끼게 한다. 그들의 이전에 여기까지 언급한 사람은 없었다.…… " 黎靖德 編, 『朱子語類』 vol.1 (臺北: 中華書局, 1983), 70쪽 참조.

33) 張立文은 이런 장재 이론의 갈등이 인간의 자연성을 설명하는 기 개념으로 인간의 사회성, 즉 도덕적 영역까지 포섭하려 했던 시도 때문에 나타났다고 설명한다. 張立文의 논지는 자연적 존재로서의 인간을 설명하는 기론이 사회적 존재로서의 인간의 도덕성을 설명하려고 시도할 때 필연적으로 모순이 노출될 수밖에 없다는 것이다. 張立文, 『宋明理學研究』(北京: 中國人民大學出版社, 1987), 254쪽 참조.

는 경험적 근거로부터 은유적으로 유도된 것이다. 출산과 양육은 '제작자-제작물', 양육의 '주고-받기'라는 은유적 통로를 통해 구조화되고, 이 은유 구조는 '도덕적 회계'라는 일반적 구도 속에서 출산, 양육과 효의 상호 관계를 규정한다. 이 과정에서 나타나는 도덕적 권위자인 부모에 대한 차별적인 위상의 부여는 가부장적인 남성성의 권위를 옹호한다. 나아가 이 가정을 세계 전체로 확장하는 '인간의 가정' 은유를 통해 가정의 도덕성을 보편적인 도덕성으로 확장하는 과정을 보여 준다.

도덕성이 이렇게 확장되는 과정에서 '비도덕성'은 이중적인 방식으로 배제된다. 첫 번째, 가정의 대표자로 아버지를 내세우며 비도덕성을 어머니에게 전가시킴으로써 아버지로 대표되는 도덕성을 유지시킨다. 두 번째, 설령 부모에게 비도덕성이 내포되어 있을지라도 자녀는 이를 근거로 '도덕적 회계'를 적용해서는 안 된다고 한계를 지음으로써 자녀들의 비도덕성을 배제한다. 다시 말해 출산과 양육 과정에서 부모가 보여 주는 비도덕적인 행위에 대해 자녀가 똑같은 방식으로 대응하는 것을 배제한다. 부모가 자녀에 대해 부당한 죽음을 명령할 경우 자녀는 거기에 따라야 한다거나 혹은 순의 경우처럼 자녀의 죽음을 의도한 행위에 대해 저항하지 말고 수동적으로 회피할 것을 권장하는 것이 그 사례이다. 설령 가정 안에 비도덕적 출산과 양육의 과정이 포함되어 있을지라도 자녀들은 도덕적인 효를 실천해야 한다는 당위적인 도덕성을 추구하는 것이 「서명」을 비롯한 유가 도덕성의 일반적 특징인 것이다. 이 때문에 설령 비도덕적인 부모상을 함축하더라도 여기에 대응하는 비도덕적인 자녀상에 대한 언급이 「서명」 속에는 없다. 이것은 「서명」이 은유적 부모의 도덕성을 주장하기 위해서가 아니라, 은유적 자녀들에게 특정한 도덕성을 요구하기 위해 의도적으로 자녀들의 비도덕성을 배제했다는 것을 의미한다.

반면에 기론은 유일의 실재인 기로부터 세상의 모든 것이 연역된다는 사고를 따른다. 이것은 기본적으로 도덕성의 영역에서도 동일하게 나타난다. 장재의 성론性論이 양성론을 주장하는 이유도 선만이 아니라 악도 기론으로부터 유도해야 하기 때문이다. 이 때문에 기론의 사유 방식을 따를 경우 「서명」과는 다른 결론에 부딪칠 수밖에 없다. 선악은 모두 기로부터 연유하므로, 효와 불효 혹은 도덕적 자녀와 비도덕적 자녀는 똑같은 가능성을 가지고 기론으로부터 유도되어야 한다. 도덕성을 수렴시키는 논리 구조와 도덕성을 포함해서 세계 내의 모든 것을 기론 아래 통합하려는 본체론적 논리가 서로 어긋나는 것이다. 그러므로 장재의 사상은 도덕성을 수렴시키는 '인간의 가정' 은유와 비도덕성까지도 설명해 내려는 기론이라는 서로 다른 두 가지 사고가 섞인 것이다.

여기에서 정이가 시도한 해결 방식의 본질을 알 수 있다. 라오쓰광(勞思光)의 설명을 빌리면, 장재는 천지지성과 기질지성의 구분을 만들었고, 더욱 중요한 것은 '성' 관념을 만들어 가치판단의 기초로 삼았는데, 정작 이렇게 사유하는 방식을 밟아 나간 사람은 이정二程 형제였다는 것이다.[34] 말하자면 이정은 장재 사상의 심성론적 측면 즉 도덕이론을 발전시켰고, 우주론적 측면 즉 본체론을 부정했다.[35] 이것이 정이가 「서명」을 받아들이고 『정몽』

---

34) 勞思光, 『중국철학사(송명편)』, 231쪽 참조.
35) "정이천이 횡거에게 불만을 갖고 있는 것은 형이상학과 우주론의 계통을 혼합한 데 있지만, 『서명』에서 대표되는 인생 태도에 대하여는 완전히 찬동하고 있다." 혹은 손영식과 같은 경우는 동일한 관점을 이렇게 표현하고 있다. "「서명」은 장재의 사회관을 잘 요약한 것으로, 『정몽』의 기를 중심으로 한 형이상학적 자연학적 우주론과는 판 자체가 다르다." 勞思光, 『중국철학사(송명편)』, 207쪽; 손영식, 「理一分殊에 대한 몇 가지 오해」, 『동양철학』 21집(한국동양철학회, 2004), 206쪽 참조.

을 비판했던 이유였고, 그의 기본 입장은 기론이 야기하는 비도덕성의 문제를 「서명」이 받아들일 수 없고 「서명」이 의도적으로 배제하는 것을 기론이 포함한다는 모순에 대한 자각에 바탕을 둔 것이었다. 이러한 정이의 자각에 근거할 때 비로소 성리학의 도덕론에서 기 개념에는 선악이 함께 함축되어 있지만 리 개념에는 왜 악이 배제되는지를 이해할 수 있고, 어째서 「서명」의 근본정신이 기일분수氣一分殊가 아니라 리일분수이어야 하는지를 이해할 수 있다.

동시에 이런 설명은 또 다른 철학적 의미를 드러내 준다. 장재와 정이 사이에 놓여 있는 기 중심적 사고와 리 중심적 사고의 차이에도 불구하고 어떻게 기론자로 알려진 장재의 텍스트가 '리'를 핵심 개념으로 사유했던 정이에 의해 '리일분수'로 정의될 수 있었는가? 정이의 철학이 기론을 배경으로 전개된 「서명」의 정신을 개괄할 수 있다는 것은 장재의 기 중심적 철학이 「서명」을 개괄하기에 불충분했다는 결론뿐만 아니라, 정이의 천리론과 장재의 기론이 그렇게 먼 거리에 있지도 않다는 것을 암시한다. 천라이 (陳來)가 '리일분수'를 정이의 본뜻에 근거해서 설명하자면 '리'가 도덕원칙의 의미를 가지는 것이라고 했을 때, 사실상 그는 장재의 기론과 정이의 천리론에 대해 언급한 것이 아니라 두 사람을 모두 공통적으로 이해하고 있었던 도덕성에 대한 논의로 '리일분수'를 해석하고 있었던 것이다.[36] 이런 점에서 「서명」은 정이의 관점에서도 충분히 수용 가능한 도덕적 명제를 주장하는 것으로 이해될 수 있었던 것이다. 이것은 결국 정이와 장재에게 공통된 도덕적 관점에 대한 존재론적 정당화의 문제가 '기론'으로부터 '천

---

36) 陳來, 『朱熹哲學硏究』(北京: 中國社會科學出版社, 1988), 43쪽 참조.

리론'으로 사상적 전환을 하게 되는 계기임을 증명해 준다.

8.

체험주의적 분석은 장재의 「서명」이 인간의 체험적 근거로부터 도덕성이 은유적으로 파생되었다는 주장을 뒷받침하는 하나의 사례라는 사실을 보여 준다. 또 「서명」의 은유적 세계관이 요구하는 유일성이 기론으로 나타난다는 점에 근거해 볼 때 은유적 사고에 기댄 도덕성의 개념화가 어떻게 실체에 대한 사고와 연관되고, 이 실체에 대한 사고가 다시 어떻게 우리 경험 세계의 근거로서 제시되는가 하는 것도 함께 보여 주고 있다.

이와 같은 결론은 형이상학적 사유의 근거가 어디에 있는가에 대한 반성적 사유를 불러일으킨다. 리와 기 같은 성리학의 실체 개념들이 우리 삶을 초월한 것이 아니라 거꾸로 체험적 조건들과 그로부터 기인한 구조적 사유의 어떤 필요성 때문에 창조된 개념일 수 있다고 암시하기 때문이다. 즉, 장재의 기론으로부터 정이의 천리론으로의 전환은 동질적인 도덕성의 정당화를 위해 추상적인 실체 개념을 변경한 것이지, 추상적인 실체 개념에 근거해서 도덕성을 변경한 것이 아니다. 이 때문에 추상적 실체로부터 도덕성이 유도되는 이론의 표면 구조와 실제로 추상적 실체 개념을 필요로 하는 이론적 요구 사이에 존재하는 이런 역전 관계에 대한 주의 깊은 성찰이 요구된다.

제2장 주희 리일분수의 은유 분석

하늘에 있는 달은 하나이지만,
강과 호수에 반사되면 결국 수많은 달이 나타나는 것처럼.

如月在天, 只一而已, 及散在江湖, 則隨處而見. 〈朱熹〉

．．

1.

리일분수는 성리학의 리기론을 특징짓는 핵심적인 주장 가운데 하나로
알려져 있다. 그러나 이 주장은 그 중요성만큼이나 해석의 다양성에 시달려
온 것도 사실이다. 여기에서는 주희가 주장한 리일분수에 대한 몇 가지 서
술들이 체험주의에 기반을 둔 은유이론을 통해 분석될 경우, 어떤 양상이
드러날 것인지에 대한 개요를 서술하고자 한다.[37] 체험주의는 은유를 수사
학의 문제가 아닌 개념적 사유의 문제라고 간주하기 때문에[38], 이 글의 분
석은 주희의 리일분수에 대한 언표들 가운데서 두드러지는 네 가지 은유,

---

37) 제2장은 동양철학회 47차 하계학술대회 발표문을 논평자인 이천승 선생의 문제 제
기를 참고해서 수정한 것이다. 글의 수정에 도움을 주신 논평자에게 감사드린다.
38) "개념적 은유에 관해 이해해야 할 가장 중요한 것은 개념적 은유가 사유하는 도구
로 사용된다는 점이다." G.레이코프・M.존슨, 『몸의 철학』, 111~112쪽.

즉 '인간의 가정', '거울 은유', '그릇 은유', '여행 은유'를 중심으로 진행될 것이다.

초점은 무엇보다 주희의 리일분수가 체험주의적 방법론을 통해 분석되었을 때 어떻게 이해될 수 있을 것인가에 맞추어져 있지만, 이에 못지않게 다음 세 가지 질문에 대한 해명 또한 함께 포함되어 있다. 첫째, 리일분수에 대한 대표적 은유로 알려진 '월인만천月印萬川'은 과연 불교적 사유 양식을 대변하는가?[39] 둘째, 주희의 리일분수는 윤리적인 측면에 국한되는가, 아니면 존재론적 의미까지를 포함하는가?[40] 셋째, 리일분수는 순수하게 리만을 대상으로 하는 언급인가, 아니면 기마저도 포함하는 언급인가?[41]

이 글은 신체를 근거로 하는 상호주관적 경험과 이 경험을 구조화하는 인지 구조로부터 주로 은유를 통한 개념적 사고를 통해 인간이 추상적 세계를 묘사하고 구축한다는 체험주의적 주장의 사례로 주희의 리일분수 은유를 다룬다. 따라서 이 글의 분석이 성공적이라면, 주희 리일분수설의 성격

---

39) 주희 리일분수설과 화엄종의 理事說과의 밀접한 상관성에 대한 언급은 김홍경, 「주희 理一分殊說의 두 가지 이론적 원천」, 『동양철학연구』 제10집, 174~175쪽; 熊琬, 「理氣說與佛學」, 『宋代理學與佛敎之探討』(대북: 문진출판사, 1985), 162~170쪽; 아라키 겐고, 심경호 옮김, 『불교와 유교』(서울: 예문서원, 2000), 379쪽 참조.

40) 다수의 연구자들은 손흥철이나 김홍경처럼 정이의 리일분수설이 윤리적인 차원에 국한되었다는 점을 인정하고, 주희에 이르러 윤리적이고 존재론적인 의미를 확보하게 되었다고 주장하는 것이 일반적이다. 그러나 손영식은 리일분수를 자연을 설명하는 방식이 아니라 본성이 개체에 작용하는 방식으로, 즉 윤리적인 측면에 국한해서 이해해야 한다고 주장한다. 손흥철 「일원과 분수에 관한 성리학사적 고찰—녹문 임성주의 이일분수론을 중심으로」, 『동방학지』(연세대 국학연구원, 2000), 312쪽; 손영식, 「理一分殊에 대한 몇 가지 오해」, 『동양철학』 21집, 208쪽; 김홍경, 「주희 이일분수설의 총체적 이해」, 『현상과 인식』 vol.14(한국인문사회과학원, 1990), 110쪽 참조.

41) 황의동은 배종호, 하기락의 관점을 받아들여 이이의 철학적 사고 속에 리일분수와 함께 기일분수의 이론이 이미 존재하고 있다고 주장한다. 황의동, 『율곡철학연구』(서울: 경문사, 1987), 87쪽 참조.

을 해명하는 것에 못지않게, 성리학에 대한 체험주의적 방법론의 적용 가능
성과 그 특징을 함께 드러내 줄 것이다.

2.

이미 「서명」에 대한 은유 분석을 통해서 나는 일련의 구조화된 은유들
의 체계로 「서명」을 재구성할 수 있다는 것을 보여 주었다. 그렇게 해서
「서명」에서 정이의 리일분수로 이어지는 사유의 전환 과정은 다음과 같이
요약되었다.

(1) 「서명」에 나타나는 효孝에 대한 정당화는 주로 출산에 바탕을 둔 '제작 은유'
    및 정신적·물질적 양육을 통해 자녀가 얻는 평안함을 재화로 은유화한 다
    음, 이 재화의 주고−받기를 상거래의 관점에서 은유화한 '도덕적 회계'를
    통해 이루어졌다.
(2) '제작 은유' 및 '도덕적 회계'는 '엄격한 아버지 모형'에 근거한 가정 모델을
    배경으로 하여 가정의 도덕성으로 통합되었다. 이 과정에서 유가 도덕성은
    아버지를 중심으로 하는 '도덕적 질서'를 정립하고 아버지에게 '도덕적 권위'
    와 '도덕적 힘'을 부여했다.
(3) 효를 중심으로 하는 가정의 도덕성은 '인간의 가정'이란 은유적 모델을 통해
    세계의 '도덕적 질서'를 전제한 보편적인 세계 질서에 순응하는 행위 양식으
    로서의 도덕성 개념으로 발전했다.
(4) 장재는 도덕성의 차원에서 '인간의 가정'이 요구하는 보편성을 존재론의 영
    역에 사상시켜 세계의 존재론적 동질성이란 개념을 가정했고, 이를 해명하
    기 위해 기 개념을 제시했다. 한편 정이는 「서명」의 정신을 리일분수로 규정

함으로써 기론과 「서명」의 연관을 차단하는 동시에 천리론과 「서명」의 새로운 연관을 만들어 냈다.

이런 개괄의 결과, 무엇보다 「서명」을 해석하는 정이의 리일분수가 필연적으로 가족 모델의 연장선상에 있어야 한다는 주장이 도출된다. 왜냐하면 「서명」 자체가 '인간의 가정'을 통해 도덕성의 보편성을 주장하는 텍스트에 속하기 때문이다. 이 때문에 정이의 리일분수가 설명의 대상이 되었을 때 다시 '인간의 가정'이 등장하는 것은 이상한 일이 아니다.

> 「서명」에 대해…… 정자는 '리는 하나인데 그 나뉨은 다양하다'는 것을 밝혔다고 여겼다.…… 건을 아버지로 곤을 어머니로 여기면, 생명이 있는 것은 어느 것이든지 그렇지 않은 것이 없다. 이것이 '리가 하나'라는 것이다. 사람과 사물이 태어나면서 핏줄과 혈맥 같은 것은 각각 자신의 부모와 닮게 되고, 각각 자신의 자식과 같아진다. 그러므로 그 나뉨이 어떻게 다르지 않을 수 있겠는가? 하나로 통일되어 있으면서 갖가지로 다르다면 비록 천하라 할지라도 한 집안과 같고, 중국은 한 사람과 같다.[42]

'인간의 가정' 자체가 윤리적인 언급이었기 때문에, 리일분수가 윤리적으로 이해 가능하다는 주장에는 별다른 문제가 없다. 문제는 그것이 윤리적인 측면에만 국한되는가 하는 것이다. 왜냐하면 애초부터 「서명」에 나타난 '인간의 가정'이 천지를 하나의 부모로 가정했을 때, 이런 은유적 구도에

---

42) 「西銘」, 『張子全書』(문연각사고전서 vol.697), 권1, 85쪽, "西銘……程子以為明理一而分殊……蓋以乾爲父, 坤爲母, 有生之類無物不然. 所謂理一也. 而人物之生血脈之屬, 各親其親, 各子其子. 則其分亦安得而不殊哉. 一統而萬殊, 則雖天下一家, 中國一人."

상응하는 존재론적 구도를 이론적으로 요청하고 있기 때문이다. 장재의 기론은 분명히 이런 이론적 요구에 상응하는 측면이 있었다. 이 때문에 기론으로부터 천리론으로의 방향 전환을 고려하더라도 리일분수가 존재론적인 요구를 잠재적으로 포함한다는 것 역시 유추 가능하다.

그 단서를 정호程顥의 '리유선악理有善惡'에 대한 언급으로부터 찾아볼 수 있다. 장재가 부딪친 모순은, 「서명」의 도덕성은 '선'을 주장하는 것임에 비해, 기론에 근거한 본성론은 천지지성뿐만 아니라 기질지성의 존재까지를 가정한다는 것이었다. 이것은 가치론적으로 선악의 근거가 기라는 주장을 포함한다.

그렇다면 선악 모두를 가능하게 만드는 존재론과 선만을 추구하게 만드는 도덕론 사이의 갈등에 대해 정이의 천리론은 어떻게 대답했는가? 여기에서 후대 성리학자들을 골치 아프게 만들었던 문제가 제기된다. 그것은 '리유선악'이라는 정호의 주장이다.[43] 언뜻 보면 정호의 주장은 기로부터 선악이 연유된다는 장재의 주장과 다를 바가 없어 보인다. 그러나 정호의 주장은 장재의 주장과는 상당한 차이를 보인다. 그것은 이 명제를 뒷받침하는 맥락이 다르기 때문이다.

"타고난 것이 성이다"라는 것은 성은 곧 기이고, 기는 곧 성이니 타고난 것을 말한다. 사람은 태어나면서 기를 품수하는데, 이치에는 선악이 있다. 그러나 성 속에 원래부터 이 두 물건이 상대하면서 생기는 것은 아니다. 어렸을 적부터 선한 경우도 있고 어렸을 적부터 악한 경우도 있는데, 이것은 기의 품수에 그런

---

43) '리유선악'의 다양한 해석 가능성과 이를 둘러싼 한국 유학자들의 다양한 해석에 대해서는 『중국철학연구 I 』(서울: 경인문화사, 2000), 451~494쪽에 실린 정병련의 「정명도의 '理有善惡' 진전」을 참조.

것이 있기 때문이다. 선은 본시 성이다. 그러나 악도 성이라고 말하지 않을 수 없다.[44]

채무송에 의하면 이이李珥(栗谷, 1536~1584)는 정호의 '리유선악'을 세 가지 논리로 해석했는데, 그 가운데 두 번째 논리가 '리에 선악이 있는 것은 기에 선악이 있기 때문이다. 즉 기의 소이연이 리이므로, 기에 선악이 있기 때문에 리에 선악이 있다고 말하지 않을 수 없다'는 것이다.[45] 이것은 사실상 한원진이 "정자의 뜻은 본래 '사람이 태어난 후에 기를 품수한 리理에 선악이 있다'고 한 것"이라고 부연 설명하는 것과 다를 것이 없는 해석이다.[46] 문제는 악의 존재론적 근거가 기로부터 연유한다는 발상이다. 기론은 기를 제외한 그 어떤 실체도 가정할 수 없었기 때문에 기 자체로부터 악이 연유한다는 모순을 도덕성에 대한 주장과 분리할 수 없었다. 그러나 이정은 천리라는 개념을 도입함으로써 그 상황이 달랐다. 정이에 따르면 도덕적 가치인 선은 원래 리에 상응하는 것이지만, 이 리가 기와 상관관계를 맺을 때 세계 내에 악이 출현할 수 있다는 것이다. 이런 사고방식은 도덕성에 대한 이론일 뿐만 아니라, 존재론적인 설명이기도 하다. 나아가 이 기품과 관계를 맺은 리의 존재는 본래적인 리와 현상적인 리의 구분을 전제로 한다. 따라서 정이의 리일분수는 단순히 장재의 기론을 천리론으로 대체했다는 것만을 의미하지 않는다. 기품을 개입시켜 본래적인 리와 현상적인 리의

---

44) 程顥·程頤, 『二程集』 vol.1(대북: 한경문화사업유한공사, 1984), 10쪽, "生之謂性, 性卽氣, 氣卽性, 生之謂也. 人生氣稟, 理有善惡. 然不是性中元有此兩物相對而生也. 有自幼而善, 有自幼而惡, 是氣稟有然也. 善固性也. 然惡亦不可不謂之性也."
45) 蔡茂松, 『퇴계·율곡철학의 비교연구』(서울: 성균관대출판부, 1985), 135쪽 참조.
46) 한원진 저, 곽신환 역주, 『주자언론동이고』(서울: 소명출판, 2002), 414쪽 참조.

관계를 설명해야 했기 때문에 리일분수는 기라는 개념과 연관되게 되었고, 주희가 리기론을 통해 기론과 천리론을 종합한 것은 바로 이런 내적 논리의 발전 때문이라고 해석할 수 있다.

이런 결론이 정당하다면, 주희의 리일분수에 대한 은유에는 이와 같은 윤리적인 측면과 존재론적인 측면이 모두 포함되어 있어야 한다고 가정할 수 있다. 이 글의 진행 과정을 따라 '인간의 가정'과 '여행 은유'가 리일분수의 윤리적인 측면을 해석하기에 적합한 은유라는 사실과 함께, '거울 은유'와 '그릇 은유'는 존재론적 측면을 묘사하기에 적합한 은유라는 사실이 밝혀질 것이다.

3.

주희의 리일분수에 대한 주장 가운데 가장 유명한 것은 '월인만천'이다. 이것이 일종의 '거울 은유'라는 것은 두말할 나위도 없다.[47] 그런데 이 은유는 세심하게 분석될 필요가 있다. 제일 먼저 구분되어야 할 것은 주희가 사용하는 월인만천의 정확한 용법이다.

다만 하나의 태극이 있을 뿐이다. 그러나 만물은 각각 그 태극을 부여받아 자신의 내부에 온전한 하나의 태극을 갖추고 있다. 그것은 마치 하늘에 있는 달과

---

[47] 손영식이 원본-복사물 관계로 리일분수를 이해하려 할 때, 김홍경이 셀로판지를 투과하기 전의 태양빛과 투과한 이후의 태양빛의 관계로 리일분수를 이해하려 할 때, 이 '거울 은유'는 현대적인 논의 속에서 변형된 형태로 다시 모습을 드러낸다. 손영식, 「理一分殊에 대한 몇 가지 오해」, 『동양철학』 21집, 194쪽; 김홍경, 「주희 이일분수설의 총체적 이해」, 『현상과 인식』 vol.14, 111~112쪽 참조.

같다. 달은 하나이지만 강과 호수에 반사되면 결국 수많은 달이 나타나게 된다. 그렇다고 해서 달이 여러 개로 나뉘었다고 말할 수는 없다.[48]

월인만천은 리일분수의 은유로 등장한 것이지만, 사실상 이와 유사한 은유적 표현들이 불경에서 자주 발견된다는 것도 알려진 사실이다. 주희가 말하는 월인만천이 현각玄覺의 「영가증도가永嘉證道歌」와 유사하다는 것은 아라키 겐고가 지적하는 것처럼 주희 자신도 인정하는 것이다.[49] 이것은 주희의 리일분수가 불교적 사고로부터 영향을 받았다는 주장이 제기되는 유력한 근거이다. 천룽지에(陳榮捷) 역시 이런 '월인만천'의 은유가 불교 특히 『화엄경』에서 유래된 것임을 지적하면서 주희의 사상과 불교 사상의 상관성을 암시하고 있다.[50]

마치 깨끗한 보름달 모든 물속에 비치어
그림자 한량없지만 달의 자체는 둘이 아니듯이[51]

그러나 『화엄경』과 주희의 은유가 유사하다는 점이 불교 사상과 주희 사상의 유사성을 말해 주지는 않는다. 광범위한 불교적 사유 체계 안에서 물에 비친 달의 은유는 『화엄경』에서 쓰이는 용례에만 한정되지 않기 때문이다. 『대반야경』과 『유마경』의 공통된 은유는 이 물속에 비친 달이 일종

---

48) 黎靖德 編, 『朱子語類』(권94) vol.6(臺北: 中華書局, 1983), 2409쪽 참조.
49) 아라키 겐고, 『불교와 유교』, 379쪽 참조.
50) 물론 陳榮捷은 아라키 겐고와는 다르게 불교의 영향에도 불구하고 "리일분수라는 관념 뒤에는 불교와는 상관없는 기나긴 전통이 자리하고 있다"는 점을 지적하고 있다. 진영첩, 『진영첩의 주자강의』(서울: 푸른역사, 2001), 149쪽 참조.
51) 한글대장경 『대방광불화엄경(80권본)』(서울: 동국역경원, 1987), 675쪽.

의 허깨비의 상징이라는 것이다.

마치 요술과 같고 아지랑이와 같으며, 꿈과 같고 물속의 달과 같으며, 메아리와
같고 허공의 꽃과 같으며, 형상과 같고 그림자와 같으며, 변화로 된 일과 같고
신기루와 같아서, 비록 모두가 실체가 없기는 하나 있는 듯이 나타난다.[52]

제법은 모두 망견妄見이며 꿈과 아지랑이 같고, 물 위에 뜬 달, 거울 속에 비친
모습과 같이 망상으로부터 생긴 것입니다.[53]

이런 은유 속에 등장하는 '물 위에 비친 달'은 불교적 맥락 속에서 서로
다른 두 가지 의미로 쓰인다. 물속에 비친 달, 혹은 물 위에 뜬 달은『화엄
경』의 맥락에 의하면 진리의 현현이지만,『대반야경』의 맥락을 따르면 실
재하지 않는 허구적 대상을 가리키는 것이다. 불교적 사유 방식 속에서 법
신의 편재성을 다룰 때의 월인만천과 제법諸法의 허망함을 말할 때의 월인
만천은 주어진 맥락과의 연계성 속에서 아무런 충돌 없이 공존하고 있다.
그러나 이론적 맥락이 성리학적 차원으로 전환되면 월인만천은 이와 달
리 실재의 현현이라는 의미만을 갖게 된다. 여기에서 일어난 흡수와 배척은
성리학적 사유의 형태를 제한시킨다. 즉 어느 성리학자도 월인만천을 근거
로 '실재하지 않는 리의 허구적 성격'에 대한 사유를 진행하지 않았기 때문
이다. 이황李滉(退溪, 1501~1570)이 기대승奇大升과의 사칠논쟁 과정에서 리기
론에 적용 가능한 리일분수의 논리를 성론에 적용하지 않겠다고 선언한 다

---

52) 한글대장경『대반야경』vol.1(서울: 동국역경원, 1987), 22쪽.
53) 한글대장경『유마힐소설경』상(서울: 동국역경원, 1987), 27쪽.

음 구절은 이런 경향을 분명하게 보여 준다.

> 달이 모든 시내를 비추고 있어서 비추는 곳마다 동그랗다는 주장에 대해 예전 선유가 옳지 않다고 논의한 것을 보았습니다.…… 하늘 위에 있는 것과 물속에 있는 것이 비록 같은 달인 듯합니다. 그러나 하늘 위에 있는 것은 진짜이지만(眞形), 물속에 있는 것은 달그림자일 뿐입니다(光影). 그러므로 하늘에 달을 가리키면 실제 달을 얻게 됩니다. 그러나 물속에서 달을 잡으려고 하면 얻을 수 없습니다. 만일 성이 기 가운데 있는 것이 물속의 달그림자와 같다고 한다면, 붙잡으려고 한들 잡을 수가 없을 것입니다. 그렇다면 어떻게 선을 밝히고 몸을 성실하게 해서 성을 회복하는 단초가 될 수 있겠습니까?[54]

이황은 성性의 문제를 다루면서 월인만천 은유를 도입할 경우 달과 달그림자의 관계가 실재(眞形)와 그림자(光影)로 이해될 수 있다는 점을 인정한다. 그러나 이렇게 이해할 경우, 이 은유의 결론은 그림자로서의 달이 허깨비라는 것이다. 이황은 이런 이해가 성에 대한 논의를 잘못된 길로 빠트린다고 결론 내린다. 여기에서 중요한 점은 월인만천이란 은유가 실재와 그림자의 관계로 이해되어서는 안 된다는 이황의 사고방식이다. 왜냐하면 이렇게 월인만천이 실재와 그림자의 관계로 이해될 경우 이 은유 속에 등장하는 '물속의 달'은 『대반야경』에서 말하는 것처럼 '실재하는 듯하지만 실제로는 존재하지 않는 것'으로 해석되어야 하기 때문이다. 따라서 성리학자들이 월인만천을 이해할 때 말하고자 하는 것은 실재와 그림자의 관계가 아니다.

---

54) 李滉, 「答奇明彦(論四端七情第三書)」, 『退溪集(Ⅰ)』(한국문집총간 vol.29), 권17, 431쪽, "月落萬川, 處處皆圓之說, 嘗見先儒有論其不可. 今不記得, 但就來喻而論之, 天上水中, 雖同是一月. 然天上眞形, 而水中特光影耳. 故天上指月則實得. 而水中撈月則無得也. 誠使性在氣中, 如水中月影, 撈而無得. 則何以能明善誠身而復性之初乎."

이황이 언급하고 있는 월인만천에 대한 또 다른 이해 방식 속에서 이것은 잘 드러난다. 이황이 내용을 적지 않겠다고 했던 '선유의 논의'는 다름 아닌 주희가 진연陳淵(陳幾道)의 「존성재명存誠齋銘」을 비판하면서 언급한 다음 내용을 가리킨다.

진기도陳幾道의 「존성재명存誠齋銘」을 내가 처음 얻었을 때, 모두 좋은 의리가 쌓인 것인 줄 알고서 다시 보고 변론하지 않았었다. 나중에 자세히 읽어 보고서 모두 이것저것 모아 놓은 것일 뿐 성현의 말씀과는 완전히 다르다는 것을 알게 되었다. 그가 "마치 달그림자와 같아서 모든 시내에 흩어져 비추지만 고정된 형상은 나뉘지 않아 (비치는) 곳곳마다 모두 둥글다"고 했는데, 이 물건은 이와 같은 것이 아니다.[55]

얼핏 진연이 말하는 내용은 주희의 월인만천과 아무런 차이도 없어 보인다. 그런데 무엇이 문제인 것일까? 「존성재명」에 의하면, 주희가 인용하는 구절은 "천리의 소재지는 거울에 맺힌 상과 같아서, 대상이 오면 (상이) 거기에 호응하지만 대상이 사라진다고 해서 (거울에 맺힌 상이) 함께 가버리지는 않는다"[56]는 앞 구절을 잇고 있다. 진연의 말은 대상이 거울에 비칠 때마다 거울이 대상의 형태를 반사시킨다는 사실에 기초해서 거울을 비추는 대상이 없을 때라도 거울의 상은 보이지 않을 뿐 어디로 가버린 것은 아니라는 인식에 기초하고 있다. 이런 관점에서 거울의 상 = 천리이며, 나아

---

55) 『주자어류』 vol.8, 3316쪽, "陳幾道存誠齋銘, 某初得之, 見其都是好義理堆積, 更看不辦. 後子細誦之, 卻見得都是湊合, 與聖賢說底全不相似. 其云: '又如月影, 散落萬川, 定相不分, 處處皆圓.' 這物事不是如此."

56) 陳淵, 『默堂集』(문연각사고전서 vol.1139), 권20, 500쪽, "天理所在, 如鏡如像, 有來斯應, 不與俱往."

가 달그림자＝천리이다. 이런 이해에 의하면 달이나 달그림자는 천리 그 자체의 실재성을 은유적으로 묘사한 것이다. 이를 위해 진연은 실재와 그림자의 측면에서가 아니라 달과 달그림자가 공유하는 형태의 동질성을 전면에 내세운다. 즉 모든 시내에 반사된 모든 보름달의 그림자는 모두 동그란 것이다. 그런데 주희가 반박하고자 하는 것은 바로 이 달그림자가 모두 동그랗다는 보편성이다. 리일분수에 의하면 '분수'란 문자 그대로 '차이'(殊)를 설명하기 위한 것이지 보편성을 설명하기 위한 것이 아니다. 보편성은 '리일'로서의 리에 주어져 있는 것이지, 분수로서의 리에 주어져 있는 것이 아니다. 주희의 이해에 따르면 진연은 모든 분수의 차이를 무시하고 보편성만을 언급하고 있다. 주희의 월인만천 은유는 이런 단선적 이해를 배격한다.

여기에서 주희의 월인만천 은유가 매우 세심한 선택 속에 결정되었다는 것을 알 수 있다. 불교에는 최소한 두 가지의 의미가 다른 월인만천의 형태가 있다. 첫째, '달＝실재, 달그림자＝허구'라는 형태의 은유가 있다. 주희의 입장에서 이것은 일찌감치 탈락한다. 둘째, '달＝법신 자체, 달그림자＝법신의 현현'이라는 형태의 은유가 있다. 성리학적 맥락에서 법신과 법신의 현현이란 둘 다 리의 실재하는 두 가지 양상으로 해석할 수 있기 때문에, 이것은 '달＝실재, 달그림자＝실재'라는 도식으로 바꿀 수 있다. 주희의 리일분수는 기본적으로 이런 맥락에서 성립하지만, 여기에서 다시 두 가지 이해가 엇갈린다. 달로서의 실재와 달그림자로서의 실재가 과연 같은가 다른가의 문제가 제기되기 때문이다. 진연의 「존성재명」은 양자의 동질성을 주장하지만, 주희는 이런 이해를 받아들이지 않는다. 그러므로 실제의 달과 부분적으로는 같으면서도 또 다른 측면에서는 다르게 이해되는 달그림자만이 남는다. 비로소 여기에서 실제의 달은 '리일'로, 같으면서도 다른 달그림자는 '분수'로 이해되는 월인만천의 성리학적 이해가 성립한다.

결과적으로 보자면, 성리학적 월인만천은 불교적 월인만천보다 협소한 은유적 구도만을 설정한 것이다. 다만, 이 은유적 구도의 협소성을 성리학적 사유의 협소성으로 직접 연결시키는 것은 주의할 필요가 있다. 체험주의적 해석에 따르면 불교와 성리학 사이에서 발견되는 월인만천의 언표적 유사성과 의미론적 차이는 은유의 '문화 교차적 변이'에 대한 다음과 같은 진술의 한 사례처럼 보인다.

> 우리가 제시하는 인간의 인지에 관한 경험적 탐구 중 어떤 것은 모든 문화에 타당한 것이어야 한다. 왜냐하면 그것은 일반적인 인간의 인지적 기제와 개념적 구조들, 그리고 공통적인 인간 경험으로부터 비롯되는 은유적 개념들을 기술하고 있기 때문이다.…… 우리는 또한 이러한 은유들의 일부가 정교화되는 방식에 있어서 중요한 문화 교차적 변이의 증거를 제시하고 있다.…… 따라서 기본 개념에 대한 우리의 분석—주로 서구의 지적 전통의 개념들과 철학적 가정들에 근거한—이 아시아의 철학적·종교적 전통들에도 마찬가지로 적용될 것인지에 대한 기본적 의문이 남아 있다.[57]

신체적 경험으로부터 은유적 투사를 통해 추상적 개념체계를 구축한다는 체험주의적 발상은 너무나 상식적인 세계관, 다시 말해 우리 경험의 근거가 우리의 물리적 신체라는 점에 근거한다. 인간의 신체 구조가 대부분 유사하고, 이 때문에 신체적 경험이 대부분 공통적이라면, 여기에 근거를 두고 형성된 우리의 추상적 사유도 똑같이 어떤 유사성을 가질 것이라고

---

57) G.레이코프·M.존슨, 『몸의 철학』, 14쪽.

예상할 수 있다. 이것은 일면 체험주의적 주장이 어떤 강력한 '보편성' 내지
는 '객관성'을 함축한다는 말처럼 들린다. 하지만 체험주의자들은 오히려
신체적 경험의 보편성과 그 경험을 구조화하는 보다 정밀한 방식의 다양한
차원이 존재하며, 이 차원을 통과하면서 경험의 보편성이 서로 다르게 구조
화될 수 있다는 사실에 주목하라고 말한다.58) 이 때문에 레이코프와 존슨이
자신들의 이론이 가지는 문화 교차적(cross-cultural) 타당성의 한계에 대해 의
문을 표시하는 것은 아주 자연스러워 보인다. 이렇게 볼 때 월인만천에 대
한 분석은 레이코프와 존슨이 서구의 지적 전통과 아시아의 철학적 전통
사이에서 발견될 것으로 기대하는 문화 교차적 변이와 동일한 종류의 변이
가 월인만천을 매개로 불교와 성리학 사이에 성립한다는 것을 보여 준다.

4.

주희는 일종의 '거울 은유'에 해당하는 월인만천을 통해 '동질적인 리가
같으면서도 다른 리'로 이해되어야 한다는 철학적 진술로 리일분수를 묘사
한다. 이것은 곧바로 어떻게 양자가 같으면서 달라질 수 있는지에 대한 질
문을 불러일으킨다. 왜냐하면 '월인만천'처럼 달과 달그림자의 관계로 리일
분수를 이해하려 할 경우, 그림자로서의 물속의 달이 갖는 비실재성이 이

---

58) 터너(B. Turner)가 인용하는 모스의 사례는 마치 이런 주장의 사회학적 버전처럼
   들린다. "비록 인체는 걸을 수 있는 잠재력을 가지고 있지만, 특정한 사회나 집단에
   서 만들어지는 특정한 걸음걸이는 훈련과 실천의 결과이다. 예를 들면 오리 걸음걸
   이와 왈츠는 모두 인체의 직립운동과 유연성의 잠재력에 근거하지만, 그 둘 사이에
   는 상당한 차이가 있다." B.터너, 임인숙 옮김, 『몸의 사회학』(서울: 몸과 마음,
   2002), 67쪽.

은유의 해석 속에서 대두되기 때문이다. 이 때문에 '월인만천'은 리일과 분수의 동이에 대한 해명에는 부적합하고, 바로 이 지점에서 리일분수의 두 번째 은유인 '그릇 은유'의 필요성이 제기된다.

주희의 말과 글에서 이 '그릇 은유'는 전형적으로 두 가지 형태로 나타난다. 하나는 '부분을 포괄하는 전체로서의 리'를 묘사하는 '큰 그릇 은유'이고, 다른 하나는 '단일한 리'를 담는 각기 다른 '작은 그릇 은유'이다.[59]

> 집은 하나의 리로 포괄되지만, 그 가운데 대청도 있고 방도 있다. 초목도 하나의 리로 포괄되지만, 그 가운데 복숭아나무도 있고 자두나무도 있다. 여러 사람도 하나의 리로 포괄되지만, 그 가운데 장삼도 있고 이사도 있다. 이사는 장삼이 될 수 없다. 장삼도 이사가 될 수 없다. 예를 들어 음양이나, 「서명」의 리일분수도 역시 이와 같다.…… 나눌수록 더욱 같지 않다는 것을 알게 되고, 더욱 이치가 거대하다는 것을 알게 된다.[60]

'큰 그릇 은유'에서 나타나는 것은 사실상 부분과 전체, 유개념과 종개념 간의 관계이다. 큰 그릇으로서의 집은 리일을, 집의 부분들로서의 대청, 방 등은 개별적인 리를 의미한다. 큰 그릇 속에 부분들이 들어 있을 때 사실상 이것은 전체와 부분의 관계이다. 이 관계에서는 부분들의 합이 전체에 해당한다. 그러나 이럴 경우 전체는 부분들의 집합 즉 복수적인 요소들의

---

59) 이 책의 제2부 첫 장에 해당하는 「인승마 은유의 형성과 변형 1」에서 다루고 있는 '리는 내용물 기는 그릇'이라는 '그릇 은유'의 구도는 엄격하게 말하면 '작은 그릇 은유'에 대한 언급으로 간주되어야 한다. 이 글을 쓸 당시 나는 비록 그릇 은유가 주희 리기론의 핵심적인 은유 가운데 하나라는 점을 논증하고 있지만, 주희의 '그릇 은유'가 서로 다른 두 가지 측면을 가진다는 점을 파악하지 못했던 것에서는 불철저했다고 할 수 있을 것이다.
60) 『주자어류』 vol.1, 권6, 102쪽.

합으로 정의된다.

이와 달리 '작은 그릇 은유'에서는, 작은 그릇은 개물로서, 담기는 내용물인 리의 특정한 양상에 제약을 가한다. 이때 리는 '전체로서의 리'라기보다는 '단일하고 동질적인 것으로서의 리'를 묘사한다.

> 하나의 보편적인 도리는 단지 하나의 도리일 뿐이다. 하늘에서 비가 내리는 것과 같다. 큰 웅덩이 굴은 큰 웅덩이에 담긴 물을 담게 되고, 작은 웅덩이는 작은 웅덩이의 물을 갖게 된다. 나무 위에는 나무 위의 물이 있고, 풀 위에는 풀 위의 물이 있다. 곳에 따라 각각 구별되지만 보편적인 하나의 물일 뿐이다.[61]

그릇 속에 담긴 물이 하나의 보편적인 물인 것처럼 이치도 하나일 뿐이라는 이 주장에서 다음의 두 가지가 두드러진다. 하나는 그릇에 따라 물이 제한된다는 점이고, 다른 하나는 그릇의 종류에 상관없이 하나의 보편적인 물이 존재할 뿐이라는 점이다. 즉 종류가 다른 작은 그릇들은 물의 보편적인 속성에 어떤 영향을 끼치지 못한다. 여기에서 더욱 부각되는 것은 보편적인 물의 단일한 속성이다.

이것을 '큰 그릇 은유'와 비교할 경우 큰 그릇으로서 개별적인 리를 포함하는 전체로서의 리는 나눌수록 달라지는 리들의 집합이라는 점에서 근본적으로 성격이 다르다. 이 두 가지의 그릇 은유 사이에는 어떤 공통점도 없다. 오히려 이 두 가지 그릇 은유를 병치시키면 모순에 빠진다. 왜냐하면 리는 다수의 리의 집합이면서 단일한 하나라고 주장해야 하기 때문이다. 이러한 모순적인 복수의 '그릇 은유'가 공존한다는 것은 부각과 은폐라는

---

61) 『주자어류』 vol.2, 권18, 399쪽.

은유의 일반적 성격을 잘 드러내 주는 사례이다.[62] '큰 그릇 은유'는 주로 전체와 부분의 관계로 리일과 분수를 정의할 수 있도록 해 준다. 이때 리일은 전체이자 하나이고 부분의 전체 집합으로 이해되며, 분수는 부분이자 다수이고 전체 집합을 구성하는 부분 집합들로 이해된다. 이를 통해 전체로서의 리는 같고 부분으로서의 리는 서로 다르다는 이해가 성립 가능해진다.

반면에 '작은 그릇 은유'는 단일한 하나의 리를 제약하는 그릇의 존재를 암시하고 있다. 도대체 리를 제약하는 그릇은 무엇인가? 이이의 「리기영理氣詠」은 이 '작은 그릇 은유'의 구도를 따르는 가장 전형적인 성리학적 사고의 모형을 보여 준다.

물은 모나거나 둥근 그릇의 형태를 따르고, 허공은 작고 큰 병의 형태를 따른다. (리가 기를 타고 유행할 때는 이처럼 갖가지로 고르지 못하다. 허공이 병을 따른다는 주장은 불교에서 나온 것이지만 비유가 친절하기 때문에 여기서 사용했다.)[63]

은유적 그릇은 리기론의 구도에 의하면 다름 아닌 '기氣'이다. 이 기와 '그릇 은유'를 결합하게 되면 리의 어떤 양상에 변화를 가져오는 것은 그릇이지 리 자체가 아니라는 결론에 도달한다. 또 '작은 그릇 은유'는 앞에서 말한 것처럼 한 가지 내용을 더 포함하고 있다. 즉, 그릇은 리의 유행하는

---

62) 은유의 기본적 속성인 부각과 은폐에 대해서는 G.레이코프·M.존슨, 노양진·나익주 옮김, 『삶으로서의 은유』, 「은유적 체계성: 부각과 은폐」(서울: 서광사, 1995), 29~33쪽 참조.
63) 李珥, 「答成浩原·理氣詠呈牛溪道兄」, 『栗谷全書』(한국문집총간 vol.44), 권10, 209쪽, "水逐方圓器, 空隨小大瓶. (理之乘氣流行, 參差不齊者如此. 空瓶之說, 出於釋氏. 而其譬喩親切故用之.)"

측면을 제약하지만 리의 본질적인 특성에 대해서는 어떤 간여도 할 수 없다. 만약에 제약당하는 리의 유행하는 측면의 원인이 기에 있고, 이 기가 리의 어떤 양상을 제약한다는 표현을 '기국氣局'이라고 달리 표현할 수 있다면, 기에 의해 제약당하지 않는 리의 본질적이고 단일한 측면을 '리통理通'이라고 부를 수 있다는 것은 당연할 것이다. 이런 측면에서 보자면 이이가 주장했던 '리통기국理通氣局'은 사실상 주희 리일분수의 '작은 그릇 은유'와 정확하게 일치한다.

결국 '큰 그릇 은유'는 리의 다양성을 설명하기 위해 선택되었고, '작은 그릇 은유'는 리의 단일성을 설명하기 위해 선택된 것임을 알 수 있다. 이것은 리의 동이 문제가 리가 하나인가 다수인가 하는 문제의 관점에서 사유되고 있다는 것을 보여 준다. 그런데 이와 동시에 전체적인 측면에서 '그릇 은유'가 두 가지로 분리되었다는 사실은 리일분수의 이해에 더 중요한 시사점을 던져 준다. 그것은 이 '그릇 은유'에 대한 이해가 리일분수적 사유의 갈림길을 함축하기 때문이다.

'큰 그릇 은유'의 경우 '리일 = 그릇 = 집, 분수 = 내용물 = 집의 부속물'로 이해할 수 있는데, 여기서 드러나는 것은 집도 리라는 범주에 속하고 집의 부속물들도 동일한 리라는 범주에 속한다는 사실이다. 그래서 여기에서는 리일理一과 리다理多가 대비되는데, 이것은 '큰 그릇 은유'를 따라서 이해할 경우 적어도 표면적으로는 리일분수에 대한 설명이 리 개념 하나만으로도 충분하다는 것을 가리킨다.

반면에 '작은 그릇 은유'를 리일분수의 핵심 은유로 삼으려는 사람은 리일이 분수로 전환되는 과정에 리 이외의 다른 것, 다시 말해 기를 가정하지 않으면 안 된다. 이런 점에서 전통적인 도기론道器論과 유사한 '그릇 은유'는

'큰 그릇 은유'가 아니라 '작은 그릇 은유'이다. 그리고 여기에 수반하는 결론은 두 가지다. 첫째, 리일은 기일氣一을 대비적인 짝으로 가지기 때문에 리일분수는 잠재적으로 기일분수를 함축하는 논리로 이해될 수밖에 없다.[64] 둘째, 리일분수는 분명하게 존재론적 경향을 띠게 된다. '작은 그릇 은유'는 리와 리를 제약하는 은유적 그릇이 분명하게 서로 다른 존재론적 특징을 가지는 것이라는 점을 전제하고 있기 때문이다. 따라서 주희의 리일분수에 대한 '그릇 은유'는 후대의 리일분수적 사유에 두 가지 갈림길을 마련한 근거가 된다. 이런 점에서 후대의 발전은 별도로 하더라도 주희 자체의 리기론이 이러한 두 가지 '그릇 은유'를 포함하는 이상, 주희의 리일분수론 속에 두 가지 경향이 혼재해 있다는 것은 회피할 수 없는 사실이다.

5.

'거울 은유'는 리의 동이에 대한 문제를 제기하고, '그릇 은유'는 리의 동이에 대해 대답하기 위해 리를 단일한 측면과 복합적인 측면으로 분리시킨다. 그래서 이제 동 대 이, 일 대 다의 관계를 유기적으로 통합 가능하게 만드는 제3의 은유가 필요해진다. 어떻게 서로 달랐던 것들이 같아지는가?

---

64) 주희의 리일분수가 이이에게서 리통기국이 되었다고 하여 이것이 곧바로 기일분수로 이어지는 것은 아니다. 단적인 사례를 들자면 '작은 그릇 은유'는 리 대 기의 일대일 대응을 전제한다. 이런 관점에서 리일 대 기일의 대응 관계를 설정할 수 있는데, 임성주는 여기에까지 나아가는 반면에 이이는 논리 구조상 리일 대 기일의 대응이 있어야 함에도 불구하고 기일에 해당하는 담일청허한 기는 대부분 존재하지 않는다고 함으로써 대응의 가능성을 약화시킨다. 당연히 담일청허한 원기의 존재가 부정되면 리일 대 기일의 대응 관계는 성립하지 않고 따라서 리일분수는 기일분수로 곧바로 환원될 수 없다.

이것은 결국 동에서 이로, 일에서 다로의 연결이 가능한 구조를 포함하는 은유를 통해 동과 이, 일과 다가 서로 연결되어 있다고 설명함으로써 가능해진다. 두 개의 꼭짓점이 존재하고, 그들 사이에 연결을 설정하는 일은 평면상의 선 그리기 작업과 똑같다. 그리고 한 점에서 한 점으로의 이동은 물리적인 운동의 이미지를 떠올리게 하며, 더 상식적인 우리의 경험 속에서는 출발지에서 목적지에 도달하는 여행을 떠올리게 한다. 이것이 주희가 리일분수를 묘사하기 위해 '여행 은유'를 도입하는 이유이다.

> 비유하자면 한 나라의 천 갈래 만 갈래 되는 길은 모두 수도로 가는 길과 통한다. 다만 한 길을 택하여 수도로 들어가기만 한다면, 유추하여 나머지 길도 통할 수 있다. 대개 만물은 각기 하나의 리를 구비하고, 만 가지 리는 하나의 근원에서 함께 나온다. 이것이 바로 유추해 나가면 통하지 않을 수 없는 까닭이다.[65]

이 '여행 은유'는 사실 '모든 길은 로마로 통한다'는 말이나, '모든 강은 바다로 통한다'는 말과 똑같다. 이런 표현을 리일분수적 어투로 만들기 위해서는 '여행 은유'의 도식 가운데 두 축, 즉 출발지와 목적지를 바꾸면 충분하다. 이렇게 되면 전자는 '모든 길은 로마에서 비롯된다'는 말이 된다. 리일분수가 출발지는 같지만 목적지는 다르다는 '여행 은유'의 도식 안에서 이해될 때, 그것은 근원은 같지만 구체적 내용은 다르다는 것을 설명하기

---

65) 이 구절이 주희가 제1부 각주 67)에 나오는 정이의 진술을 인용하고서 마지막에 자신의 견해를 덧붙이고 있는 구절인지, 아니면 『河南程氏遺書』에는 수록되지 않은 정이 자신의 진술인지는 불분명하다. 『朱子全書』 내에서도 표기법이 서로 어긋난다. 朱熹, 「大學或問」, 『朱子全書』 vol.6(上海: 上海古籍出版社, 2002), 525쪽; 「經筵講義」, 『朱子全書』 vol.20, 708쪽; 『河南程氏遺書』, 권15, 『二程集』 vol.1, 157쪽 참조.

위한 은유라는 것이 드러난다. 거꾸로, 출발지는 다르지만 목적지는 같다는 구도에서 설명할 때는 분수의 리는 다르지만 일원의 리는 같다는 설명의 은유적 근거가 된다. 그리고 이런 식의 사유는 천룽지에가 말하는 것처럼 불교와 상관없는 기나긴 전통 속에서 숱하게 발견되는 것이다.

> 이 세상에는 많은 길들이 있지만, 귀착되는 곳은 같다. 또한 무수한 생각들이 있지만 그 귀결점은 하나이다.[66]

> 천 갈래 만 갈래 되는 길은 모두 수도로 가는 길과 통한다.[67]

『주역』 「계사전」이나, 정이의 말이나, 주희의 '여행 은유'나 모두 동일한 하나의 내용을 말한다. 길이든, 사유이든 모든 것들은 각기 다른 것처럼 보이지만 최종적인 단계에서는 같아진다는 것이 그것이다.

여기에서 리일분수의 '여행 은유'에 나타나는 특징이 무엇인지를 검토해 보아야 한다. 왜냐하면 이 '여행 은유'는 어떤 비대칭성 즉 하나의 출발점에서 많은 목적지에 이르거나, 많은 출발지에서 하나의 목적지에 이르는 출발지와 목적지의 비대칭성을 포함하고 있기 때문이다. 그러므로 이 '여행 은유'의 참된 성격은 이 비대칭성에 대한 해명을 통해 드러난다.

여행자는 출발지에서 시작해 일정한 과정을 거쳐 목적지에 도달한다. 지방에서 수도를 가려는 사람은 각기 다른 지역에서 출발하여 서로 다른 길을 통해 동일한 목적지인 수도에 도착한다. 이때 모든 길은 여행자를 수

---

66) 『周易』, 「繫辭 下」 5장, "天下同歸而殊塗. 一致而百慮."
67) 『二程集』 vol.1, 157쪽, "如千蹊萬徑. 皆可適國."

도로 데려다 준다는 점에서 기본적으로 동일한 성격을 지닌다. 육로, 해로, 공로를 통해 여행하는 방법의 차이는 있겠지만, 서로 다른 출발지와 도착지를 선으로 연결할 경우 모든 선들은 출발지의 차이에도 불구하고 동일한 곳으로 귀결된다는 점에서 똑같다. 그 이유는 모든 여행자들의 목적지가 동일하기 때문이다. 따라서 여행 은유에서 결정적인 중요성을 갖는 것은 이 목적지의 유일하고 동질적인 성격이다. 이 때문에 리일분수를 묘사하기 위한 '여행 은유'는 비대칭성을 포함하는 것이다.

그런데 '여행 은유'에서 이 목적지가 유일하지 않고 다수라고 가정한다면, 다시 말해 '여행 은유'의 비대칭성을 파괴시켜 다수의 출발지와 다수의 목적지라는 구도로 재편하는 순간 리일분수의 의미는 순식간에 달라지고 만다. 왜냐하면 사람들은 각기 다른 출발지를 떠나서 각기 다른 목적지에 도달하기 때문이다. 이럴 경우 모든 길은 로마로 통하는 것이 아니라 모든 곳으로 통하게 된다. 이 은유적 상황이 암시하는 것은 명확하다. 예를 들어 '여행 은유'의 대표적 사례인 '인생은 여행'이라는 은유의 경우 여행의 목적지는 '인생의 목적'이 된다. 그러므로 유일한 목적지라는 가정은 다름 아닌 '유일한 인생의 목적'을 의미하게 된다. 이것은 두 사람이 서로 다른 인생의 목적을 가질 경우 '여행 은유'는 두 사람에게 서로 다른 의미를 갖게 된다는 것을 암시한다.

공자와 노자의 경우를 보면 이것을 쉽게 이해할 수 있다. 공자의 경우 삶의 목적 가운데 하나는 덕의 성취이다. 이것은 노자의 경우에도 마찬가지다. 그러나 동일한 표현인 덕의 은유적 이해는 양자가 서로 상반된다. 공자의 경우 덕은 높이에 의해 묘사된다. 이 때문에 덕은 높음을 추구해야지 낮음을 추구해서는 안 된다. 반면에 노자의 경우 덕은 깊이를 갖는 것으로 묘사된다. 이 때문에 덕은 낮은 곳을 지향해야지 높은 곳을 지향해서는 안된다. 공자와 노자의 덕을 향한 추구를 '여행 은유'로 치환하면, 공자는 높은 목적지를 가지고 노자는 낮은 목적지를 가진다. 그래서 높이–깊이에 대한 두 사람의 가치 평가는 극명하게 대조를 이룬다.

> 자공이 말했다. "주왕紂王의 불선不善이 이처럼 심하지는 않았다. 이 때문에 군자는 하류下流에 처하는 것을 싫어한다. 천하의 악행惡行이 모두 모여들기 때문이다."[68]

> 강과 바다가 백 개의 계곡물을 다스릴 수 있는 까닭은 강과 바다가 계곡물보다 낮은 위치에 있기 때문이다. 이 점이 강과 바다가 백 개의 계곡물을 지배하여 왕이 될 수 있는 이유이다. 이것은 백성들 위에 군림하고 싶은 성인이 항상 말을 겸손하게 하여 자신을 낮추는 이유이기도 하다.[69]

한쪽에서는 낮은 곳에 머물지 말라는 경고가, 한쪽에서는 가능하면 자신을 낮은 곳에 위치시키라는 충고가 대립하고 있다. 이것은 즉 삶의 가치와 이상, 목적에 대한 견해가 서로 다르고 이 때문에 유사한 추상적 대상, 즉 덕에 대한 서로 다른 가치론적 태도가 형성되었기 때문이다. 은유적으로 그것은 높이와 깊이가 대립하는 것으로 나타난다.

문제는 일단 이런 차이를 받아들이면 '여행 은유'는 더 이상 유일한 목적지의 정당성을 주장할 수 없게 된다는 점이다. 즉 모든 길은 로마로 통한다고 말하기 위해서는 모든 사람이 로마로 가길 원한다는 심리적 가정이

---

68) 『論語』, 「子張」 20장.
69) 『道德經』, 66장.

깔려 있어야 하는 것이다. 결국 모든 길은 로마로 통한다는 식의 '여행 은유'는 목적지에 대한 가치 평가를 공유하는 집단이라는 제한적 영역 내에서만 의미를 가지게 된다. 여기를 벗어날 경우 이 은유는 의미를 상실한다.

여기에서 리일분수에 대한 '여행 은유'를 통해 주희가 부각시키고자 했던 것과 의도하지 않았던 한계가 함께 드러난다. 주희가 말하고자 한 것은 리일의 유일하고 보편적인 성격과 분수의 차별적인 성격을 부각시키고 이 양자 사이에 필연적 상관관계가 있다는 것을 설명하는 것이다. 즉 분수는 리일로부터 연유한 것이라는 점, 분수를 거슬러 올라가면 리일에 도달한다는 점, 리일은 보편적이고 분수는 차별적이라는 점, 그러나 양자는 불가피하게 연결되어 있기 때문에 하나의 사태에 대해 이 두 가지 측면에서 고찰해야 한다는 점 등이 주희가 말하고자 하는 것이다.

반면에 주희가 회피하고 싶었던 것은 '리일'의 보편성이 그렇게 확고하지 않다는 것이다. 목적지를 변경하는 단순한 변형을 통해 '여행 은유'는 제한적인 보편성과 의미를 가지는 것일 수도 있다는 점이 드러나기 때문이다. 공자와 노자의 경우에서 나타나는 것처럼 덕의 가치에 대한 서로 다른 이해는 서로 다른 목적지를 향한 대비적인 '여행 은유'를 탄생시킨다.

따라서 '여행 은유'는 리일이 보편적인 근원이자 목적지라고 가정된 오직 그 경우에만 모든 사람에게 귀결점이 같다고 주장할 수 있을 뿐이다. 그러나 실제로 이 은유적 여행의 종착지, 다시 말해 리일의 내용은 어떤 문화, 역사, 사회적 제한 속에서만 의미를 가지는 보편성일 뿐이다. 리일분수는 결국 이 제한적인 리일의 무차별적 보편성을 주장하려는 철학적 욕구의 표현이고, 이와 동시에 모든 차별상을 하나의 보편성 아래 수렴시키려는 철학적 열망의 부산물인 것이다.

6.

리일분수에 대한 은유적 표현들은 세상의 모든 차이를 하나의 보편성 속에 수렴시키고, 이 보편성으로부터 차이를 연역해 내며, 이 보편성과 차이 속에 만물의 위계를 설정함으로써 세계에 대한 전체적인 설명을 가능케 하는 논리를 개발하려 했던 주희의 열망을 보여 준다. 그러나 그 속에 포함된 철학적 문제는 열망의 강도만큼이나 해결하기 어려운 문제를 안고 있다.

그렇다면 리일분수는 도대체 어떤 사유인가? 노양진은 '물리적이든 추상적이든 대상들의 차이를 드러내는 작용'으로 가르기를 정의한 다음, 가르기와 의미의 관계를 이렇게 설명한다.

> 유사성과 차이를 만드는 방식은 원리적으로 무한하다.…… 어떤 것과 다른 것의 유사성을 결정하는 데는 항상 특정한 층위가 수반된다. 따라서 이 세계에 존재하는 것들은 어떤 방식으로든 유사성을 가질 수 있다. 중요한 것은 우리가 그 층위를 적어도 원리적으로 자유롭게 움직일 수 있다는 사실이다. 다시 말해서 사물들 사이에 절대적인 유사성과 차이는 존재하지 않으며, 그것들은 모두 특정한 층위에서만 성립한다. 우리의 가르기에는 필연적으로 이러한 층위의 결정이 수반되어 있으며, 이것은 다시 우리의 의미 형성의 기본적 기제가 된다.[70]

인용문에서 주목할 부분은 가르기에는 언제나 특정 층위가 전제된다는 점이다. 리일분수에서 리일이 일, 동질성, 보편성, 전체를 의미하고 분수가 거기에 대응하는 절반의 의미를 가진다고 할 때 노양진의 언급은 이들이 각각 특정한 가르기의 산물일 수 있다는 점을 지적하고 있다. 따라서 이렇

---

70) 노양진, 「가르기와 경험의 구조」, 『범한철학』 24집(범한철학회, 2001 가을), 94쪽.

게 가정할 수 있다. 가르기에는 어떤 특정한 층위가 전제되어 있어야 한다. 그러므로 리일분수를 '리일'과 '분수'로 나눌 수 있고, 이것이 서로 다른 두 종류의 상태에 대한 언급이라면 이러한 두 상태는 서로 다르게 이루어진 가르기의 결과인 것이다. 이 경우 리일과 분수는 배경이 되는 층위들이 서로 다르고, 리일분수는 이렇게 층위가 다른 두 영역에서 이루어진 가르기의 결과가 하나의 문장 속에 결합된 것이 된다.

이런 가정이 정당화되기 위해서는 실제로 주희가 리일과 분수를 언급할 때 두 가지 특정 층위의 상호 변경이 전제되는 사례를 찾아야 한다. 「서명」에서부터 나타난 '인간의 가정' 은유 속에서 주희가 리일과 분수를 구별할 때 이런 층위의 변경은 분명하게 드러난다.

> 내 생각으로는, 「서명」은 횡거 선생이 사람들에게 내보인 뜻이 간절하고 이천 선생은 또 '리일이분수理一而分殊'라고 부연 설명하셨다. 이천 선생의 말이 극히 간략하지만 「서명」의 이치는 남김없이 설명했다. 건이 부가 되고 곤이 모가 되는 것이 '리일'이란 것이다. 그러나 건곤이 천하의 부모라고 하지만 부모를 한 사람의 부모라고 여기게 되면 그 구분은 부득이 달라지지 않을 수 없다. 백성들이 동포이고 사물들이 나와 함께하는 것이라고 하는 것은 천하의 부모라는 측면에서 말한 것이니 이것이 '리일'이다. 그렇지만 백성들이 정말로 나의 동포인 것도 아니라고 여기고, 사물이라고 부른 것들도 정말로 나와 같은 부류가 아니라고 여기는 것은 한 몸의 부모라는 측면에서 말한 것이니 이것이 '분수'이다.[71]

주희의 설명에 따르면, 리일은 천지를 '천하의 부모'(天下之父母)라는 층위

---

71) 「與郭沖晦」(『朱子大全』, 권37), 『朱子全書』 vol.21, 1638~1639쪽.

에서 은유할 때 가능한 표현이고, 분수는 '한 사람의 부모'(一身之父母)라는 층위에서 은유할 때 가능한 표현이다. 이 둘은 절대 혼동되지 않는다. '인간의 가정'이 세계를 하나의 가정으로 은유적으로 구조화한 것이라는 사실을 감안하면 여기에서 말하는 '천하'는 유일한 천하이지 다수의 천하가 아니다. 따라서 리일이 '일—'일 수 있는 것은 바로 이 천하의 유일성이란 기반에 섰을 때에만 가능한 말이다. 분수는 정확하게 이와 상반된다. 각 개인의 구체적 기원을 사고하는 순간 나의 부모는 타인의 부모와 달라진다. 따라서 전자의 관점에서 본 나의 부모 = 천지라는 명제와, 후자의 관점에서 본 나의 부모 = 친부모라는 두 가지 명제가 만들어지는데, '나의 부모'를 매개념으로 두 명제를 합쳐서 '천지 = 친부모'라고 주장하는 것은 성립하지 않는다. 왜냐하면 이 두 가지는 가르기의 층위가 다르기 때문이다. 이와 똑같은 이유에서 '리일 = 분수'라는 주장은 성립하지 않는다. 리일과 분수는 분명히 서로 다른 층위를 배경으로 하는 서로 다른 언급이고, 리일분수는 이 두 가지를 서로 연결시킨 것이다.[72]

이렇게 해서 문제가 분명해진다. 다시 말해 서로 다른 가르기의 산물인 리일과 분수가 한자리에서 결합되어야 하는 필연적인 이유는 무엇인가? 그 이유를 알기 위해 다시 한 번 가르기의 차원에서 리일분수의 구조를 분석해야 한다.

하나의 사과를 칼로 자를 때 절반의 사과와 절반의 감자가 분리되지 않는다. 이 말은 상호 연관된 것들이 분리 가능하지, 상호 무관한 것들 사이에

---

72) 그래서 리일과 분수는 동일한 층위에서는 공존할 수 없다. 최진덕은 이 글의 논지와 다른 맥락에서이긴 하지만 이것을 "리일분수란 양립 불가능한 양자의 동시적 공존을 명제적으로 표현한 것"이라고 묘사한다. 최진덕, 「이일분수의 철학적 반성—송명이학과 헤겔철학의 한 비교—」, 『형이상학과 동양사상』, 53쪽 참조.

는 애초부터 분리라는 개념 자체가 성립하지 않는다는 뜻이다. 따라서 '리일理─'이 무언가로부터 분리된 것이라면, 리일과 상관관계를 지니면서 가르기를 통해 분리된 이후에 저쪽에 버려진 채로 남겨진 것이 무엇인지 물어야 한다. 그들은 리일분수라는 언표 속에 들어 있지 않지만, 리일분수를 해석할 때 언제나 그림자처럼 따라 다니면서 리일분수의 해석을 풍요롭게 하거나 또는 제약하는 개념들이다.

상식적인 견해를 따르면 '일─'이라는 개념은 '다多'라는 개념과 대비된다. 그러나 성리학의 구조를 고려할 때 리라는 개념은 반대편에 기라는 개념을 짝으로 갖는다. 따라서 여기에서도 두 가지 잠재적인 해석 가능성이 나타나는 것을 알 수 있다. 하나는 '리일'의 반대편에 '리다'라는 개념이 있다고 가정하는 것이고, 다른 하나는 '기일'이라는 개념이 잠재해 있다고 보는 것이다. 리일 대 리다의 구조는 리를 불변적 요소로 가정하고, 일 대 다의 연관 속에서 '리일'을 파악하는 것이다. 반면에 리일 대 기일의 구조는 '일─'을 불변적인 요소로 가정하고 리 대 기의 연관 속에서 리일을 파악하는 것이다.

그렇다면 분수分殊의 경우는 어떠한가? 나눈다는 것은 무엇보다 '합친다'(合)는 개념과의 대비를 통해 이해된다. 이렇게 볼 때, '수殊'가 '다르다'(異)는 의미로 번역될 때 이 말의 의미를 가능하게 하는 보이지 않는 언어적 표현이 '같다'(同)라는 것은 쉽게 짐작할 수 있다. 이런 이해를 통해 그려지는 리일분수의 잠재적 개념쌍은 리를 중심으로 분리할 경우 일 대 다, 합 대 분, 동 대 이가 된다.

그러므로 리일분수라는 성리학적 주장은 리 개념에만 한정해서 해석할 경우에조차 다음 여섯 가지 주장을 한꺼번에 제기하려는 복합적인 고려의 산물이라는 것을 알 수 있다. 즉 리는 하나이기도 하고 여럿이기도 하며, 리는 합칠 수도 있고 나눌 수도 있으며, 리는 같기도 하고 다르기도 하다는 것이다. 이것은 리를 도덕 원칙으로 해석하든지 존재론적 본질로 해석하든지 상관없이 통용되는 구조이다.

따라서 마지막 질문이 제기된다. 과연 리란 개념이 무엇이기에 하나이면서 여럿이고, 합칠 수도 나눌 수도 있으며, 같으면서도 다른가? 이것은 사실을 묘사하는 것인가? 아니면 형이상학적 은유인가?

리가 나뉜다(分)는 문장을 예로 들어 이 문제를 검토해 보자. 이 문장은 두말할 나위 없이 하나의 은유적 문장이다. 이 말의 의미는 주희가 "리는 애초부터 있다거나(有)·없다(無)는 것으로 논할 수 없다"[73]라고 했을 때 분명하게 드러난다. 무언가가 나누어지기 위해서는 그 이전에 존재해야만 한다. 그러나 리의 실재성을 논의하려는 순간 주희는 유有와 무無라는 개념이 리의 실재를 묘사하는 데 부적합한 술어라고 선언한다. 리에 대해 유무조차 말할 수 없는 판국에 그 리가 '나뉜다'라는 표현을 쓸 수 있는가의 권리문제를 생각해 보면 부정적인 결론이 도출될 수밖에 없다는 것은 자명하다.

그렇다면 나뉜다는 표현이 은유적이라는 것은 무엇을 의미하는가? '나뉜다'는 말 자체는 인간의 구체적 경험 세계 속에서 형성된 말이다. 종이를 나눈다. 사과를 나눈다. 빵을 나눈다. 나아가 '나누기'의 의미는 물리적 대상에만 국한되지 않는다. 사과를 나누는 것과는 달리 우리는 또 다른 종류의 '나누기'에 대해 말하기 때문이다. 다시 말해 우리는 사랑을 나누거나 혹은 나누어 준다고 말한다. 그런데 실제로 사랑을 나누거나 나누어 준다고

---

73) 「答楊志仁」(『朱子大全』, 권58), 『朱子全書』 vol.23, 2764쪽.

말할 때, 우리는 어떤 구체적인 행위를 한다. 불우이웃돕기성금을 내거나, 노숙자들을 위한 자선봉사에 참여하거나, 나의 신장을 떼어 타인에게 주거나 하는 행위들이 그런 것들이다. 사랑을 나눈다는 언표는 이런 구체적 행위에 대한 존재론적 은유 즉, 사랑을 마치 분할 가능한 사물인 것처럼 간주하는 사고에 기반을 둔 표현일 뿐이다. 사랑을 분할 가능한 것으로 보는 우리의 특정한 관점은 그것을 나누어서 타인에게 줄 수 있다는 사고의 배경을 이룬다. 그런데 사랑이 나뉠 수 있는 구체적 사물일 리가 없거니와, 리가 분할 가능한 사물일 까닭이 없으므로, 사랑이 나뉜다는 표현에서나 리가 나뉜다는 표현에서 공통적인 것은 이 둘 모두 똑같은 존재론적 은유에 기반을 둔다는 사실뿐이다.

그러므로 중요한 것은, 리가 나뉜다는 것은 사실의 문제가 아니라 은유의 문제라는 점이다. 따라서 리일분수가 이해 가능한 이유는 우리가 사랑을 나눈다는 말을 이해하는 것과 아무런 차이가 없다. 이것은 사랑을 나눈다는 말을 둘러싼 언표와 행위 사이의 상호 연관이 리일분수의 경우에도 존재한다고 가정한다는 뜻이다. 이런 언표와 행위의 적절한 상호 연관이 있을 때 리일분수라는 주장은 의미 있는 것으로 받아들여진다. 따라서 물어야 할 것은 이 언표의 사실성이라기보다는 이 언표의 의미이고, 그 의미의 유효성의 문제이다. 당연히 그 의미의 유효성 문제는 언어 분석만으로 얻어지는 것이 아니다. 리일분수라는 은유적 사유가 현실 속에 구체화 가능하다고 믿는 신념과 그 신념에 근거한 구체적 행위의 상관관계 속에서, 나아가 구체적 행위를 보다 폭넓게 규정하는 삶의 맥락 속에서만 제대로 드러날 수 있을 것이다.

그러나 '여행 은유'에 대한 분석은 이 행위의 성격을 결정하는 맥락이 다양할 수 있다는 것을 보여 준다. 공자류의 은유적 여행이 높은 곳을 지향하는 것처럼, 노자류의 은유적 여행은 낮은 곳을 지향한다. 이 삶의 목적에 대한 지향성이 현대인들에게도 존재하리라는 것은 불문가지의 사실이다. 그러나 현대인의 삶이 단 하나의 목적을 가진다고 말할 수 있는가? 이것이 불가능하다면, 현대인들은 각각 다른 다원적 삶의 목적을 가지는 것이고, 이것은 결국 삶의 목적과 그 속에 포함된 가치론적 내용의 성격 여하에 따라서 리일분수가 각기 다양한 의미로 해석될 수 있다는 것을 의미한다.[74]

7.

주희의 리일분수를 둘러싼 은유적 언표들에 대한 체험주의적 분석은 다음과 같은 내용을 드러내 주었다.

첫째, 리일분수 자체가 일종의 철학적 은유이고, '인간의 가정'을 비롯한 '거울 은유', '그릇 은유', '여행 은유'는 이 철학적 은유에 대한 이중의 은유라는 점을 밝혀 주었다. 이것은 리일분수라는 상위의 은유를 중심으로 하위의 네 가지 은유체계가 구조화된 것으로 이해할 수 있다는 것을 의미한다. 이 결론은 철학적으로 중요한 의문을 불러일으킨다. 왜냐하면 다양한 하위 은유를 포섭하는 상위 은유로서의 리일분수는 궁극적으로 '리'라는 개념에

---

74) 이런 결론은 최영진의 논지와는 다른 주장을 함축한다. 최영진은 리일분수가 종교 다원주의를 옹호할 수 있는 성리학적 진술이라는 가정을 전제하고 있는데, 이와 대비적으로 이 글은 현대의 다원주의적 상황 자체가 오히려 리일분수를 다양하게 해석할 수 있는 기반이라는 점을 주장하기 때문이다. 최영진, 「유교, 하나와 여럿의 형이상학—종교다원주의의 성리학적 기초—」, 『동양철학연구』 제30집(동양철학연구회, 2002), 131~152쪽 참조.

대한 은유이므로, 리일분수가 은유적 구조물이라는 결론은 '리' 개념 자체에도 이와 동일한 은유적 내용이 포함될 것이라고 예상하게 하기 때문이다.

둘째, '월인만천'은 은유를 형성하는 체험적 근거의 동질성에도 불구하고 은유의 추상적 투사가 상대적 변이를 일으킨다는 체험주의적 주장의 정당성을 확인하는 한 사례를 제시해 준다. '월인만천'이란 은유가 불교와 성리학 양자에서 모두 발견된다는 것은, 시기적으로 앞선 불교적 사유 양식의 성리학에 대한 영향을 보여 주는 것이기도 하지만, 체험주의적 해석은 보다 근원적으로 달−달그림자에 대한 인간 일반의 공통된 이해 방식이 그 아래 전제되어 있다는 점을 보다 중시한다. 동시에 공통적인 체험적 근거에도 불구하고 이 은유의 철학적 투사는 불교와 성리학의 보다 광범위한 맥락에 의해 의미상의 차이를 보인다는 점은, 하나의 은유가 문화·사회적 배경을 달리하는 이론체계 속에서 의미상의 변이를 야기한다는 체험주의적 주장의 정당성을 확인시켜 준다.

셋째, 은유의 구도상 '인간의 가정'과 '여행 은유'는 가치론적 언명을 은유적으로 묘사하기에 적합하고, '거울 은유'와 '그릇 은유'는 그 자체 일종의 존재론적 은유를 함축한다. 이것은 주희의 리일분수가 가치론적인 면에 국한되는지, 아니면 존재론적 측면도 함께 거론하는지에 대한 해명을 포함한다. 나아가 '그릇 은유'에 대한 분석은 리일분수가 과연 리 자체에만 해당하는 언급인지, 아니면 기를 함축하는 언급인지에 관한 잠재적 해명을 예시해 준다. 이런 잠재적 해명은 사실상 리일분수의 두 가지 해석 가능성을 의미하는 것이다. 이 두 가지 해석 가능성은 훗날 한국 성리학에서 퇴계학파와 율곡학파의 이론적 분기가 나타났을 때 사상사의 전면에 등장하게 된다. 따라서 주자학의 발전을 극명하게 보여 주는 한국 성리학의 전개 과정에서

그것이 실제로 어떻게 나타났는가를 묻는 것은 이 글의 후속 연구를 이루게
될 것이다.

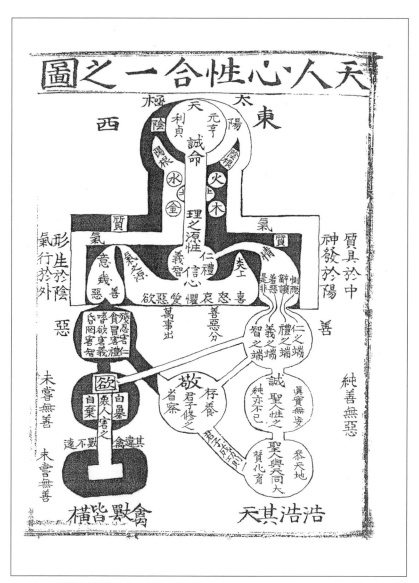

〈그림 1〉 權近, 「天人心性合一之圖」.
왼쪽 아래 구석진 곳에 사각형의 형태를 한 밝은 여백이 보인다.

제3장 구석진 여백

1.

여백은 그림의 왼쪽 아래 구석진 곳에서 발견된다. 그 구석진 여백이 가지는 예외적 성격도 손쉽게 파악된다. 그림의 다른 부분들은 일정한 형태 속에 성리학 체계의 핵심에 속하는 문자들로 채워져 있는 반면, 유독 그 부분만은 문자가 없이 비워져 있기 때문이다. 「천인심성합일지도天人心性合一之圖」의 한쪽 귀퉁이에 있는 이 여백은 두 가지 흥미로운 질문을 불러일으킨다.[75]

---

75) 권근이 여말선초의 학술사에서 차지하는 위상 때문에, 『입학도설』 그중에서도 「천인심성합일지도」는 권근의 철학적 특징을 규명하려는 선행 연구들에서 많이 다루어져 왔다. 도광순이 편집한 『權陽村思想의 硏究』(서울: 교문사, 1989)에 실린 배종호의 「권양촌의 철학」은 그 대표적인 경우이다. 이 외에도 정대환의 「『入學圖說』을 통해본 權近의 性理學」(『범한철학』 26집, 범한철학회, 2002)이나, 이상성의 「양촌 권근의 심성론」(『유교사상연구』 vol.27, 한국유교학회, 2006) 등은 권근 사상을 다룰 때마다 「천인심성합일지도」가 주목되는 일반적 경향을 되풀이해서 보여 준다. 최근 『儒敎文化硏究』 제10집 國際版(성균관대 유교문화연구소, 2008, 177~187쪽)이 '韓國儒學思想資料精選'의 두 번째 텍스트로 『입학도설』 가운데 「천인심성합일지도」와 「천인심성분석지도」를 수록해서 국제적으로 소개하고 있는 것 역시 권근 사상에서 이 그림이 차지하는 이론적 위상을 대변하고 있다고 할 수 있다.

첫째 질문은 권근權近이 왜 그곳을 비워 두지 않으면 안 되었는가 하는 것이다. 이 질문은 구석진 여백의 철학적 의미를 파악하기 위해 우선적으로 이 그림의 전체적인 의미론적 구도를 가정한다. 이 때문에 이 글은 먼저 구석진 여백에 대한 질문을 단서로 해서 「천인심성합일지도」를, 다수의 개념적 은유들을 문자적인 방식과 비문자적인 방식을 통해 통합하고, 이들의 구조화를 통해 자신의 고유한 학술적 의도를 드러내고 있는 저술로 파악한다. 이를 논증하기 위해 이 글은 체험주의의 개념적 은유이론에 근거해서 「천인심성합일지도」에 나타난 다수의 개념적인 은유를 명료화시키고, 동시에 그 문자적 표현 방식과 비문자적인 표현 방식을 지적해 내며, 그것들이 이 그림 속에서 어떤 철학적 주장을 정당화하는 도구로 사용되고 있는지를 해명할 것이다.

둘째 질문은 첫 번째 질문에 대한 해명 과정에 포함된 특정 부분의 이론적 가능성에 대한 질문으로부터 유도된다. 즉 이 글의 탐구 대상으로 언급되는 구석진 여백은 '그림'(圖)의 일부임과 동시에 비문자적으로 자신의 의미를 드러내고 있다. 이것은 첫 번째 질문의 해명을 위해 요구되는 이론 속에는 이러한 그림이 나타내는 의미에 대한 비문자적인 독해를 가능하게 하는 방법론적 요소가 있어야 한다는 요구를 포함한다. 이미 몇몇 선행 연구를 통해 이런 특수한 이론이 '도설학圖說學' 혹은 '도상학圖象學'이라는 이름으로 조선 유학에 대한 새로운 탐구 방식의 하나로서 도입될 필요가 있다는 사실이 지적되었다.[76] 이 글의 두 번째 목적은 첫 번째 목적이 두 번째

---

76) 서경요는 '도설학'이라고 불렀고, 유권종은 유사한 의미에서 '도상학'이라고 불렀으며, 이러한 탐구의 대상이 될 수 있는 텍스트들이 어림잡아도 약 5,000개에 달한다는 사실을 지적하고 있다. 나아가 이러한 도설학적 혹은 도상학적 텍스트의 해석을 위해 '도상해석학'이라는 개념어를 제시하고 있다. 이에 앞서 2000년에는 이러한 도

목적에 자연스럽게 포섭되는, 즉 「천인심성합일지도」의 구석진 여백에 대한 탐구가 그 자체로 '도상해석학'적 방법론의 한 사례로서 기능한다는 사실을 분명히 하려는 것이다.

이런 논의가 성공적이라면 우리는 「천인심성합일지도」의 구석진 여백이 어떤 개념적 은유의 비언어적 표현을 위한 필연적 귀결이라는 결론 이외에도, 이 그림을 넘어서 남겨진 수많은 도설류 저작들의 해석에도 적용 가능한 포괄적이고 일반화된 이론의 구체적인 모습을 발견할 수 있을 것이다.

2.

도설학이나 도상학이라고 할 수 있는 한국 철학의 새로운 탐구 분야가 가능하려면, 이 탐구의 실제 과정을 책임질 수 있는 구체적인 수단이 함께 제시되어야 한다는 것은 자명한 일이다. 도설학은 그림(圖)과 그림에 대한 설명(說)을 함께 고려하는 반면에 '도상학'은 그림만을 고려한다는 점에서 차이는 있지만, 기본적으로 문자-텍스트가 아닌 비문자-텍스트, 보다 직접적으로는 시각적 이미지를 활용하는 그림의 형태를 갖춘 대상에 주목한다는 점에서 양자는 공통적이다. 그렇다면 요구되고 있는 방법론의 조건 역시 두 가지다. 하나는 문자-텍스트에 대한 해석을 가능하게 만들고, 이와 동시에 비문자-텍스트에 대한 해석을 가능하게 만드는 방법론이 필요

설류 저작들에 대한 선행 연구 12편을 모아 편집한 『도설로 보는 한국유학』이 출판된 적도 있다. 서경요, 「한국 성리학의 도설학적 이해」, 『유교사상연구』 vol.24(한국유교학회, 2005), 179~210쪽; 유권종, 「『입학도설』과 조선 유학 도설」, 『철학탐구』 21집(중앙대 중앙철학연구소, 2007), 5~39쪽; 한국사상사연구회 편, 『도설로 보는 한국유학』(서울: 예문서원, 2000).

한 것이다.

성리학의 문자-텍스트에 대한 체험주의적 접근 방식의 가능성 여부에 대한 논의는 이미 불필요한 것이 되었다.[77] 문제가 되는 것은 시각적 이미지로서의 그림에 대한 체험주의적 분석의 가능성일 것이다. 이러한 그림에 대한 분석 방법론의 필요성을 암시한 이는 유권종이다. 그는 '도상해석학'이라고 불리는 낱말을 사용하면서 이러한 해석학의 방법론적 근거에 다음과 같은 몇 가지 낱말들이 연관될 가능성이 높다는 가설을 제기했다.

우선 『입학도설』의 도상에 관한 일종의 도상학적 관점에 입각한 연구가 필요하다는 것이다. 이를 통해서 일종의 도상학적 유교 연구를 체계화하는 것이 향후도 연구에 매우 긴요하다고 할 수 있다. 또 다른 과제는 유교의 은유의 세계에 대한 체계적이고도 심화된 연구가 도를 통해서 더욱 진전되어야 한다는 점이다. 이는 도와 인지의 상호관계를 유추하는 작업을 통해서 이루어져야 할 것이되, 인지과학적 연구가 필요함도 배제할 수 없다.[78]

유권종이 염두에 두고 있는 도상학적 탐구를 위한 방법론은 유학에서 주로 사용되는 은유적 사고의 사례들을 포괄하고, 이러한 은유적 사고를 뒷받침하는 인지적 기제들과의 상호 연관을 해명하며, 더욱 포괄적으로는

---

77) 문자 텍스트로 이루어진 성리학적 진술들 속에 포함된 개념적 은유의 존재와 그 개념적 은유들이 성리학적 이론의 구성에 어떤 역할을 하는지에 대한 체험주의적 분석에 관해서는 다음과 같은 선행 연구들이 존재한다. 이향준, 「「서명」의 은유적 구조」, 『철학』 84집(한국철학회, 2005), 7~32쪽; 「주자 理一分殊의 은유분석」, 『동양철학』 24집(동양철학회, 2005), 65~91쪽; 「理發說의 은유적 해명」, 『철학』 91집(한국철학회, 2007), 23~50쪽; 「이이의 기묘함(妙)에 대하여」, 『범한철학』 51집(범한철학회, 2008), 25~51쪽 참조.
78) 유권종, 「『입학도설』과 조선 유학 도설」, 『철학탐구』 21집, 36쪽.

이러한 인지적 이해 방식으로부터 은유적 사고의 진행, 은유적 사고를 통한 철학적 이론의 구축, 나아가 비문자적 형태로의 표현 등으로 향해가는 일련의 과정에 대한 경험과학적 성과의 하나인 인지과학적 탐구 결과의 도입 등을 암시한다. 제2세대 인지과학이라고 알려진 경험과학적 성과에 바탕을 두고 제안된 인지언어학과 비트겐슈타인(L. Wittgenstein) 이후 철학적 사유의 도구로서의 언어의 문제에 관심을 집중해 온 분석철학의 결합에 의해 나타난 체험주의의 개념적 은유이론은 이러한 유권종의 제안에 호응할 수 있는 가능성이 높은 이론체계라고 할 수 있다.

단적으로 말해서 체험주의는 은유를 언어의 문제가 아니라, 사고의 문제로 다룬다. 그리고 바로 이런 이유 때문에 언어적 차원에서 은유적 사고 자체를 표현하는 진술과 그러한 사고를 함축하는 진술이 구별된다. 전자는 'A는 B다'의 형태로 진술되는 '개념적 은유'라고 불리고, 후자는 '개념적 은유의 언어적 표현'이라고 불린다. 말하자면, '리理는 기수, 기氣는 말'은 개념적 은유이고, '태극은 사람, 움직임과 고요함은 말과 같다. 말은 사람을 태우는 것이요, 사람은 말을 탄다. 말이 한 번씩 드나들면 사람도 역시 말과 함께 한 번씩 드나든다'는 것은 개념적 은유를 함축하는 은유적 언어 표현이다.[79]

첫째 주장으로부터 사고 자체와 사고의 표현이 분리되고, 둘째 주장으로부터 언어적 차원에서 그 양자가 어떻게 구별될 수 있는지를 알 수 있다.

---

79) 朱熹에 의해 제창된 '人乘馬' 은유가 한국 성리학의 리기론적 사유에 끼친 영향에 대한 체험주의적 분석은 다음의 선행 연구를 참조하라. 이향준, 「인승마 은유의 형성과 변형 1」, 『철학』 79집(한국철학회, 2004), 29~53쪽; 「인승마 은유의 형성과 변형 2」, 『동양철학』 27집(동양철학회, 2007), 1~28쪽; 「말타기에 대하여: 人乘馬 은유와 이이의 理」, 『범한철학』 50집(범한철학회, 2008), 93~119쪽.

그리고 두 가지 주장 모두에 포함되어 있는 분리 가능성으로부터 또 다른 추가적 주장을 도출할 수 있다. 만일 은유가 사고의 문제이고, 은유적 사고 자체와 은유적 사고의 표현을 분리할 수 있다면, 어째서 개념적 은유의 표현이 언어에만 국한되어야 한단 말인가? 따라서 그것은 비언어적 형태에도 적용 가능한 것이어야만 한다. 즉, 은유적 사고의 내용을 다루는 '개념적 은유'와 '개념적 은유의 비언어적 표현'이라는 것도 가능해야 한다는 뜻이다. 당연히 체험주의는 이러한 주장을 부정하지 않는다. 따라서 '비언어적 표현'은 시각적 이미지를 포함할 뿐만 아니라, 그 너머로 확장 해석이 가능한 표현이다.[80]

노양진의 최근 연구는 '기호적 경험'이라고 이름 붙일 수 있는 일반적 현상에 대한 체험주의적 해명이 다양한 기호 작용 현상을 '은유적 투사' (metaphorical projection) 혹은 '은유적 사상'(metaphorical mapping)이라고 불리는 단일한 인지적 기제의 서로 다른 양상으로 해명할 수 있다고 제안한다.[81] 그의 연구에서 도출되는 중요한 결론은 기호 대상이 그 무엇이든지에 상관없이 기호 작용을 가능하게 하는 인지적 작용은 상상력에 기반을 둔 은유적 사유라는 동일한 기제를 함축한다는 체험주의적 발상이다. 만일 이런 제안이 설득력이 있다면 그 귀결은 그림과 문자라는 두 가지 형태의 기호 텍스

---

80) 루바족의 청동가면인 키프웨베와 카렌 슈미트의 우도 형상, 그리고 칸딘스키의 '동반된 대조'에 대한 존슨의 서술은 '균형 도식'이라고 이름 붙여진 '영상도식'이 3차원의 입체물에 속하는 가면과 석조 조각, 그리고 평면적인 회화 작품의 해석에 어떻게 은유적으로 적용될 수 있는지에 대한 구체적 사례를 제시하고 있다. M.존슨, 노양진 옮김, 『마음 속의 몸: 의미, 상상력, 이성의 신체적 근거』(서울: 철학과 현실사, 2000), 183~193쪽 참조.

81) 노양진, 「기호적 경험과 체험주의적 해명」, 『담화와 인지』 제15권(담화·인지 언어학회, 2008), 25~42쪽.

트가 체험주의적 시각에 의해 애초부터 질적으로 동일한 것으로 취급될 수 있다는 것을 의미한다.

이 외에도 체험주의가 시각적 이미지의 해석에 유리한 또 한 가지 이유가 있다. 개념적 은유의 비언어적 표현이 회화적 이미지로 나타난다면 그것들 속에 포함되어 있는 개념적 은유를 생성하기 위한 인지적 도구로서 존슨이 말하는 '영상도식'이 사용될 가능성이 상당히 높다는 사실이 바로 그것이다. 왜냐하면 '영상도식' 자체가 은유적 투사를 위한 선—개념적이고 아날로그적인 영상의 추상적 구조로 정의되기 때문이다. 즉 은유적 투사를 위한 핵심 도구 가운데 하나인 '영상도식'은 그 자체로 시각적이다.[82]

따라서 이러한 '영상도식'이 또 다른 시각적 이미지인 그림 속에 투사되는 것은 그것이 언어 속에 투영되는 것보다 훨씬 더 직관적 친화성이 높으리라는 것을 쉽게 추론할 수 있다. 바꿔 말하면 만약 어떤 그림이 이러한 영상도식을 포함한다면, 그것은 개념적인 언어 속에 들어 있을 때보다 훨씬 더 쉽게 보다 직관적으로 이해될 수 있다는 뜻이다. 따라서 체험주의적 관점에 따르면, 그림이나 언어나 개념적 은유의 외적 표현이라는 점에서는 똑같지만, 오히려 그림이 개념적인 이해를 필요로 하는 언어보다 더 쉽게 이해될 가능성이 원리적으로 높은 것이다.

이제 아래에서는 「천인심성합일지도」에 대해 세 가지 질문을 제기함으로써 이상의 진술이 가지는 정당성을 옹호하고자 한다. 첫째, 이 그림의 전

---

82) "나의 논의는 인간의 신체적 운동, 대상의 조작, 지각의 상호작용 등이 반복적인 형식들을 수반하며, 그것들 없이는 우리의 경험이 혼란스러울 뿐만 아니라 파악될 수도 없다는 것을 보임으로써 시작될 것이다. 나는 이 형식들을 '영상도식'(image schema)이라고 부르는데, 그 이유는 그 형식들이 기본적으로 영상들의 추상적 구조들로 작용하기 때문이다." M.존슨, 『마음 속의 몸』, 36~37쪽.

체적인 외양이 인체의 형상을 띠고 있는 이유는 무엇인가? 둘째, 심성론 영역에 속한다는 그림의 가운데 부분에 쓰인 '마음 심'(心) 자의 커다란 획 끝에 조그맣게 쓰인 '염상炎上'이란 글자의 의미는 무엇인가? 셋째, 수양론의 영역에 속한다는 이 그림의 왼편 가장 아래쪽 검은 바탕 위에 흰 여백으로 놓인 사각형, 바로 그 '구석진 여백'의 의미는 무엇인가?

3.

이 그림을 언급하는 거의 모든 학자들이 직관적으로 제일 먼저 파악하는 것은 이 그림이 인체의 외양을 띠고 있다는 것이다. 이런 측면에 관한 가장 상세한 진술은 배종호를 통해 살펴볼 수 있다.

> 이 도圖(「천인심성합일지도」)는 전체적으로 볼 때 사람이 서 있는 형상을 갖고 있으며, 육층六層을 이루고 있다. 제육상층第六上層은 머리에 해당하는 것으로 태극太極과 음양陰陽을 합한 것이며, 제오층第五層은 목에 해당하는 것으로 오행五行의 층層, 제사층第四層은 동체胴體의 상부上部로서 소생심小生心의 층層, 제삼층第三層은 동체胴體의 하부下部로서 선악善惡의 층層, 제이층第二層은 엉덩이로서 성경욕誠敬欲의 층層, 제일하층第一下層은 양다리로서 인수人獸의 층層이다.[83]

배종호의 진술이 상세하게 묘사하고 있는 것처럼 이 그림이 인체의 외양을 닮고 있다는 것에는 이론의 여지가 없다. 그런데 도대체 왜 이 그림은 인체의 형상을 띠어야 하는가? 의외로 여기에 대해 대답하고 있는 사람은

---

83) 裵宗鎬, 「權陽村의 哲學」, 都珖淳 編, 『權陽村思想의 硏究』(서울: 교문사, 1989), 232쪽.

드물다. 이상성은 일단 "무엇보다 권근 성리학의 형이상학적 관점에서 주목되는 존재는 '인간'이다. 그것은 우주만물을 비롯하여 인간과 금수초목에 이르는 만유의 생성과 존재 원리를 설명하는 그림 자체가 인체형태 人體形態로 묘사되고 있는 점에서도 드러난다"[84]고 설명한다. 그의 설명에 의하면, 성리학적 본체론에서 인간이 가지는 존재론적 위상의 독특성이 이 그림에 인체의 형상을 부여하는 계기가 되었다는 것이다.

일단 이상성의 대답은, 성리학에서 인간이 차지하는 위상의 중요성에 대해 「천인심성합일지도」가 강조하고 있다는 사실에 대한 해명이라고는 할 수 있다. 하지만 인간의 존재론적 중요성이 성리학적 이론의 핵심을 표현하는 전체적인 그림의 형태를 인간으로 만드는 계기가 되었다는 것은 무언가가 결핍된 듯한 인상을 준다. 사과의 중요성을 논하는 이론을 그림으로 표현하려면 그 그림은 사과의 형태를 띠어야 한다는 뜻인가라고 묻는다면 이 대답이 그렇게 엄밀한 의미에서 받아들일 만한 추론이라고 가정하기는 힘들다. 즉, 그의 대답은 인간의 중요성에 대한 강조라는 측면에서는 수긍할 이유가 있지만, 직접적으로 이 그림의 외적 형태의 기원을 설명하는 것이라고는 보기 힘든 것이다.

이런 설명과 대비되는 또 다른 진술을 들어 보자. 나는 이미 이 그림의 전체적 형태가 하나의 개념적 은유를 비언어적인 형태로 표현한 것이라고 주장한 적이 있다.

성리학의 중요한 이상 가운데 하나는 주관적 도덕성을 객관적 도덕성과 일치시키는 것이었다. 그것은 일반적으로 '천인합일'이라는 이상으로 표현되는데, 이

---

84) 이상성, 「양촌 권근의 심성론」, 『유교사상연구』 vol.27, 194쪽.

속에 포함된 핵심 은유는 바로 '천지 = 인간'이라는 것이다.……「천인심성합일
지도」에서 성리학적 세계관의 구조가 인체의 외양 속에 담기는 이유는 바로
이 은유 때문이다. 여기에는 '복잡한 이론의 구조는 유기체의 구조'라는 일반적
은유의 한 형태인 '복잡한 이론의 구조는 인간 신체의 구조'라는 은유와 함께,
'천지의 구조 = 인간의 구조'라는 은유가 함께 작용하고 있다.[85]

　내가 말하는 '복잡한 이론의 구조는 인간 신체의 구조'라는 개념적 은유
는 커베체쉬(Z. Kövecses)의 표현을 빌리자면 정확하게 말해서 '추상적 복합
체계는 인간 신체'(An Abstract Complex System is The Human Body)라는 개념적 은유
를 바탕으로 하는 하위 은유라고 할 수 있다. 커베체쉬가 수집한 은유의
목록에 따르면, 복잡한 구조를 가진 성리학과 같은 추상적 이론들은 가장
전형적으로 인간의 신체, 건물의 구조, 기계의 구조, 식물의 구조 등으로
은유적 투사가 이루어진다.[86] 이러한 투사를 배경으로 하는 가장 대표적인
은유 가운데 하나가 '추상적 복합 체계는 인간의 신체'란 은유이고, 이 은유
를 기본으로 파생된 하위 은유 가운데 하나가 '추상적인 복합 체계의 구조
는 인간 신체의 구조'이며, 인용한 나의 진술은 「천인심성합일지도」의 인체
를 본뜬 형체가 바로 이런 개념적 은유의 비언어적 표현이라는 점을 지적하
고 있는 것이다.
　동시에 나는 이와 함께 작용하고 있는 또 하나의 은유를 지적했는데,
그것은 '천지 = 인간', 혹은 그보다 축약된 형태인 '천 = 인간'이라는 개념적

---

85) 이향준, 「이발설의 은유적 해명」, 『철학』 91집, 46쪽.
86) 이 때문에 '추상적 복합 체계는 건물', '추상적 복합 체계는 기계', '추상적 복합 체계
　　는 식물'이란 은유가 일반적으로 존재한다. Z. 커베체쉬, 이정화 외 옮김, 『은유: 실
　　용입문서』(서울: 한국문화사, 2003), 224~239쪽 참조.

은유이다.[87] 이 그림에서는 이 두 가지 형태가 동시에 발견된다. '천지 = 인간'이란 개념적 은유는 '천지의 구조 = 인간의 구조'라는 파생 은유를 하위 은유로 포함하고 있는데, 이에 따르면 천지를 이루는 존재론적 구조는 인간의 본질에 대한 존재론적 구도와 일치해야 한다. 이 추론은 그림에서 하늘에서의 인의예지와 성의 구도, 기에서의 수화목금과 토의 구도, 그리고 인간에서의 인의예지와 신의 구도로 정확한 대응 관계를 이루도록 배치된 데에서 확증된다. 다시 말해 이 그림은 '천지의 구조는 인간의 구조'라는 은유를 기반으로 천지를 이루는 리의 구조와 거기에 대응하는 기의 구조, 그리고 인간의 구조를 일치시켜 놓은 것이다.

일단 이렇게 인체의 형상을 한 그림의 형태를 개념적 은유의 외적 표현으로 읽게 되면, 당장 이것을 제외하고도 많은 개념적 은유들이 이 그림의 형태와 진술들 속에 포함되어 있다는 것을 알게 된다. 단적으로 그림의 윗부분만을 대상으로 할 경우에도 다음과 같은 몇 가지 개념적 은유들이 발견된다.

먼저, 태극과 기로서의 음양이 묘사되는 방식에 주목해 보자. 이 그림에서 '태극'이란 문자는 인체의 형상 바깥에 서술되어 있다. 그리고 음양은 인체의 형상 내부에 각각 밝고 어두움을 통해 표현되고 있다. 이들 형상과 문자의 결합을 통해 이 그림은 직관적으로 파악 가능한 몇 가지 은유적 주장을 전달한다. 무엇보다 먼저 발견되는 것은 권근이 안–밖이라는 공간 이해 방식을 통해 태극과 음양의 관계를 사유하고, 밝음–어두움이란 빛의 명암을 둘러싼 인지적 구분 방식을 통해 음과 양의 관계를 사유한다는 것이

---

87) '천 = 인간'이란 동일시에 근거한 '인간은 하늘' 은유는 이 그림의 하단부에서 다시 등장한다. 여기에 대한 상세한 서술은 아래 5.절을 참조.

다. 즉 이러한 인지적 이해 방식을 기반으로 '태극은 형체 바깥, 음양은 형체 안'이라는 개념적 은유가 작동하고, 이 은유의 작동을 시각적으로 묘사한 것이「천인심성합일지도」에서 태극이 인체의 형상 바깥에 서술된 이유인 것이다. 물론 이것은 '태극은 리, 리는 무형, 음양은 기, 기는 유형'이라는 성리학의 고전적인 주장과도 정확하게 일치한다. 이 양자의 변환을 위해서는 형체의 안과 밖을 형체의 유와 무로 상호 전환시키는 단순한 동일시 작용만이 필요할 뿐이다. 게다가 이 은유가 상—하의 이해 도식과 결합하면 '바깥은 위, 안은 아래'라는 은유를 생성하고, 이런 은유의 결합 결과 '태극은 무형, 무형은 형체의 바깥, 바깥은 위, 음양은 유형, 유형은 형체의 안쪽, 안쪽은 아래'라는 연관된 일련의 은유를 파생시킨다. 이 은유의 결합을 가져오는 매개가 되는 '태극은 위, 음양은 아래'라는 개념적 은유의 언어적 표현은 성리학에서 '태극은 형이상이고 기는 형이하이다'라는 진술 속에 전형적으로 포함되어 있다.

둘째, '양은 밝음, 음은 어두움'이란 은유가 있다. 이 은유는 기본적으로 빛의 명암에 대한 인지적 이해 방식에 의존하는데, 우리가 지구의 북반구에서 살고 있다는 물리적 사실과 대표적 빛의 발산지인 태양이 우리에게 나타나는 공간적 출현 방식으로 말미암아, 자동적으로 '빛이 비추는 곳은 양, 빛이 비추는 쪽은 동쪽, 양은 밝음, 양은 동쪽'이란 은유가 생성되고, 이 은유의 반대편에 음에 대한 동일한 사유가 작동해서 결국 '음은 서쪽'이라는 은유가 함께 파생된다. 그러므로 이 그림에서 '태극'이란 문자의 아래에 동과 서라는 방향이 서술되고, 인체의 형상 속 머리 부분에서 동쪽에는 밝은 여백에 양이라는 문자가, 서쪽에는 어두운 여백에 음이라는 문자가 발견되는 것이다.

셋째, '음과 양의 성장은 식물의 성장'이라는 은유와 '식물의 음의 터전은 양, 양의 터전은 음'이라는 은유가 발견된다. 이 두 가지 은유는 '음양은 식물'이라는 개념적 은유의 파생 은유임을 쉽게 알 수 있다. 이 은유는 이미 앞에서 말한 것처럼 음양론에 적용된 '추상적 복합체계는 식물의 체계'라는 보다 일반화된 은유의 한 사례인데, 이 은유에서는 음양의 상호 관계를 서술하기 위해 식물의 개념체계를 이용한다. 이 때문에 음양과 같은 추상적인 개념은 마치 식물이 그런 것처럼 고정된 배경, 그 배경에 박힌 뿌리, 뿌리로부터의 성장 등의 부분적 측면들을 은유적으로 동원해서 묘사된다. 한편 성리학적 음양론에 따르면, 세상의 모든 형체 있는 것들은 음양이란 기로 이루어지고, 음은 양에서 나오고 양은 음에서 나온다고 전제한다. 그러므로 이상의 은유와 전제들로부터 '양의 터전은 음, 음의 터전은 양'이라는 음양론적 은유가 가능해지며, 이 은유와 식물의 개념체계를 이용하는 '음양은 식물'이라는 은유의 결합에 의해, 이 그림 속에서는 '양의 뿌리'(陽根), '음의 뿌리'(陰根)라는 은유적 진술과 함께 동쪽에 속하는 밝은 양의 여백 속에서 어두운 음의 형상이 도출되고, 반대로 서쪽에 속하는 어두운 음의 이미지 속에서 밝은 양의 형상이 도출되는 것이다.[88]

---

88) 이런 사례 이외에도 이 그림의 윗부분에서는 다음과 같은 몇 가지의 추가적인 은유적 내용들이 언급될 수 있다. 첫째, '원형이정'이 '생장수장'이란 다른 표현으로 진술될 수 있고, 그것이 천 즉 리의 내용을 이룬다는 것은 '리는 식물'이란 은유에 기반을 둔 '리의 내용은 식물의 생장 과정'이란 파생 은유를 드러내 준다. 둘째, '원형이정'이 '인의예지'와 대응 관계를 이루는 것은 '인간의 본성은 식물의 성장 과정'이라는 특수한 은유의 결과물이고, 이 은유의 기본형은 '인간은 식물'이라고 할 수 있다. 셋째, 따라서 여기에서 자동적으로 알려지는 것은 '천(理)은 인간'이라는 은유적 동일시이다. 넷째, '원형이정—성'과 '수화목금—토' 및 '인의예지—신'의 대응 관계를 설정한 것은 '숫자의 대응은 동일시의 정도'라는 은유에 의한 '속성들에 대한 숫자의 일치는 속성들의 일치'라는 파생적 은유의 결과이다. 다섯째, 이 네 번째 은유까지를 고려하면 이 은유적 사유의 최종적 형태는 '천 = 기 = 성'이라는 구조로

4.

이미 알려진 것처럼 이 그림의 가운데 부분은 인간의 심성 구조를 해명하기 위한 것이다. 많은 선행 연구를 통해, 사단과 칠정에 대한 '리지원理之源'과 '기지원氣之源'이라는 이분법적인 구분 방식이 가지는 이론적 의의, '성발위정性發爲情'이라는 이론 구도에 의해 성―사단의 연결이 이루어지고, '심발위의心發爲意'라는 구도를 통해 '칠정―의―기―선악'이라는 구도가 이루어졌다는 내용들은 널리 알려졌다. 이제 이 절에서는 그러한 연구들이 지금껏 간과하고 지나갔던 한 가지 측면에 대해 논의를 집중하고자 한다. 그것은 이 그림의 중간 부분에 있는 '마음 심'(心) 자 형태의 가장 큰 획의 끝에 성리학적인 심성론과는 별로 상관이 없는 듯함에도 불구하고 엄연하게 위치를 잡고 있는 '염상'이란 두 글자에 대한 것이다. 칠정과 연결되어 획의 뾰족한 부분에 쓰인 이 두 글자는 왜 여기에 있어야 하는 것일까? 이를 해명하기 위해 먼저 이 부분의 전반적인 구조에 대한 권근 자신의 서술을 살펴보기로 하자.

그 글자 모양이 네모진 것은 가운데 사방 한 치 되는 곳에 위치함을 형상한 것이다. 그 가운데 한 점은 성리의 근원을 형상한 것이다. 지극히 둥글고 지극히 올바르고 치우친 바가 없는 것이 마음의 본체이다. 그 아래 오목하게 파인 것은 그 가운데가 빈 것을 상징한 것인데, 오직 비었기에 뭇 리를 갖추는 것이다. 그 머리가 뾰족하여 위로부터 아래로 내려오는 것은 기의 근원을 형상한 것인데, 이른바 묘하게 합해서 마음을 이르는 것이다. 그 꼬리가 예리하게 아래로부터

해석될 수 있고, 여기에서 천과 기와 성의 일치가 천과 기, 인간의 일치로 이어지는 은유적 매개라는 점을 쉽게 알 수 있다.

위로 올라가는 것은 마음이 오행 가운데 불(火)에 속하므로, 불꽃이 위로 치솟는 것을 형상한 것이다. 그러므로 능히 광명이 발동하여 만사에 응하는 것이다.[89]

권근의 진술에서 가장 흥미를 불러일으키는 것은 '마음이 오행 가운데 불에 속한다'는 은유적 언어 표현이다. 이것은 명백하게 '마음은 불'이라는 개념적 은유의 존재를 실증한다. 사실 이 은유는 상당히 일반적인 은유이다. 물론 중국 철학의 전통에서 볼 때 이 은유가 성립되는 역사적 변천 과정이 있었다.

애초에 신체를 주재하는 정신적 능력으로서의 마음(心)이란 개념은 신체 기관으로서의 심장(心)과 구별되지 않았다. 이 때문에 마음에 오행의 화火를 배당하는 관행 역시 오장 가운데 하나인 심장을 오행에 배당하는 관행에서 유래한 것이다. 그런데 가노우 요시미츠에 따르면, '심장은 불(火)'이란 오행의 배당 이전에 이미 '심장은 흙(土)'이라는 관행이 먼저 존재하고 있었다고 한다. 전자는 금문경학의 영향 속에서 형성되었고, 그 이전 고문경학의 영향권에 있었던 저술들에 후자의 설명이 빈번하게 나타났다는 것에서 그 증거를 발견할 수 있다.[90] 심장이 애초에는 흙에 배당이 되었다가 시간이 경과한 후에는 불에 배당되는 것으로 바뀌었기 때문에, 권근이 말하는 '마음은 불'이라는 은유는 중국 학술사의 전통에 비춰 보면 엄격하게 말해서 전한 초기에 등장해 『백호통白虎通』에 이르러 분명하게 중국 지성사의 관행화된 은유로 확립된 것이다.[91]

---

89) 權近, 『入學圖說』(필사본: 전남대학교 도서관, 1909), 「天人心性分釋之圖」, 3전~후면.
90) 가노우 요시미츠 지음, 동의과학연구소 옮김, 『몸으로 본 중국 사상』(서울: 소나무, 1999), 「두 종류의 오장 도식」, 194쪽 참조.
91) "의학에서 오장 배열(금문설)이 『사기』 「창공전」에 겨우 흔적을 남기고 있는 것을

이러한 역사적 배경을 별도로 하더라도 '마음은 불' 은유는 인지적 관점에서 몇 단계의 은유적 확장을 거쳐서 확립된 것이다. '마음은 불'에 인지적으로 선행하는 은유는 '감정은 불' 은유이다. 때로 '사랑은 불'(Love is Fire)로 이해된다.[92] 또 때로 '화는 불'(Anger is Fire)이고[93], 이와 유사하게 '미움은 불'이다.[94] 사랑과 화, 미움은 보다 일반화된 감정의 일부이고, 따라서 환유에 의해 '감정은 불'을 낳으며, 다시 한 번 똑같은 변환이 되풀이된다. 즉 감정은 마음의 일부이고 따라서 환유에 의해 감정은 마음이라는 은유적 진술이 얻어지며, 최종적으로 '마음은 불'이라는 은유가 얻어지는 것이다.

그런데 권근이 사용하는 '마음은 불' 은유가 독특한 두 가지 측면을 포함하고 있음을 알 수 있다. 하나는 전통적인 '감정은 불' 은유의 흔적이라고 볼 수 있고, 다른 하나는 이와 달리 성리학에 독특한 은유라고 볼 수 있다. 즉 '마음은 불'이라면 불의 속성 가운데 어떤 것은 마음의 속성으로 투사가 될 것인데, 그 투사되는 것 가운데 하나가 불이 주위를 밝게 비추는 것처럼 마음 역시 '밝음'을 주위로 확산시키는 특성을 갖는다는 것이다.

사실 이 은유가 이미 그 이전에 확립되어 있었다는 것이 주희의 말을 통해 확인된다. 마음의 덕(明德)을 설명하면서 "허령虛靈하고 어둡지 않아서 온갖 이치를 갖추어 모든 일에 응하는 것"(虛靈不昧 以具衆理而應萬事者)이라고

보면 그 기원은 전한의 초기라고 추정된다. 그러나 『회남자』에서는 두 학설이 병행되고 있는 것처럼 그것은 결코 일반적인 것이 아니었다. 논쟁을 매듭짓고 금문설의 오장 배열을 공인하여 분명히 내세운 것은 후한에 쓰인 『백호통』이다." 가노우 요시미츠 지음, 『몸으로 본 중국 사상』, 194~195쪽.

92) 나익주, 「한국어에서의 성욕의 은유적 개념화」, 『담화와 인지』 제10권(담화·인지언어학회, 2003), 90~91쪽 참조.
93) Z. 커베체쉬, 『은유: 실용입문서』, 195~204쪽 참조.
94) 임지룡, 「'미움'의 개념화 양상」, 『어문학』 제73호(한국어문학회, 2001), 193~194쪽 참조.

했던 주희의 말은 '마음은 불' 은유의 고도화된 언어 표현을 함축하고 있다. '불매'라는 표현은 '어두움'을 부정함으로써 오히려 긍정적인 '밝음'을 부각시킨다. 그 속에 '마음은 밝음' 은유가 전제되어 있다는 것은 자명하다. 그리고 이 은유에 근거해서 밝음의 인과적 원인을 추론해 보면 당연히 이 밝음은 '마음은 불' 은유에서 파생된 것이다. 이와 함께 여기에는 또 다른 은유가 하나 더 있는데, 그것은 '마음은 그릇'이라는 도관 은유이다. 이 은유는 마음이 그릇이라면 그 속에 담기는 내용물은 무엇인가라는 의문을 자연스럽게 생성시키는데, 이 질문에 대한 답이 바로 '리理'이기 때문에, 주희는 마음은 '온갖 이치(理)를 갖추었다'고 말할 수 있었던 것이다. 나아가 이 리가 마음에 담긴 내용물이라는 은유적 이해가 마음은 일신의 주재(身之主宰)라는 성리학적 진술과 결합되면, 이제 마음은 자신의 내용물을 사태에 대응하는 수단으로 사용하는 주체로서 간주된다. 이에 따라 리는 도관 은유에 의해 마음의 내용물일 뿐만 아니라, '주체로서의 마음'이라는 은유에 의해 주체의 대응 수단 즉 '리는 사태에 대응하는 수단'이라는 은유로 귀결되고, 이를 통해 '온갖 사태에 대응한다'는 진술이 가능해지는 것이다.

그러나 주희의 진술이 고도화되었다는 것은 바로 여기에서 '마음은 밝음' 은유가 도관 은유와 '리는 수단'이라는 관점에서 해석되는 마음과 리의 관계에 한 번 더 개입하는 은유적 사유가 발생한다는 점이다. 이렇게 될 때, '마음은 밝음'이란 은유는 '마음은 그릇, 내용물은 불, 불의 속성은 밝음, 따라서 내용물은 불의 밝음'이라는 은유가 성립된다. 이 은유가 다시 '마음은 그릇, 내용물은 리'라는 은유와 겹쳐질 때 비로소 '리는 밝음'이라는 은유가 성립되고, '리는 사태에 대응하는 수단'이라는 은유와 겹쳐져서 비로소 '이 리의 밝음은 사태에 대응하는 수단'이라는 최종적 은유가 가능해진다.

그리고 리는 내용물로서 마음속에 자리 잡고 있기 때문에 이들의 주어는 마음이 되고, 이것은 결국 '마음은 리의 밝음을 수단으로 온갖 사태에 대응한다'는 은유적 진술을 가능케 하며, 이러한 주회식의 발상이 권근에 이르러 마음에 대해 설명하면서 "광명이 발동하여 만사에 응하는 것"이라고 끝맺음하도록 만들었던 것이다.

동시에 이것은 왜 '마음 심'(心) 자 형태의 한 획의 끝에 조그만 글자로 '염상'이라는 낱말이 쓰여 있는지에 대한 해명을 포함한다. 이 그림은 권근의 '마음은 불' 은유의 전통적인 측면을 드러내 준다. 즉 그것은 '마음은 불' 은유의 보다 기본적 형태인 '감정은 불' 은유를 표현한다. 그리고 염상에 포함된 '상上'의 의미도 분명하다. '감정은 불' 은유에 기반을 두면, 불꽃이 위로 올라가는 것은 곧 감정의 상승에 대한 은유적 투사라는 것을 쉽게 알 수 있다. 결론적으로 '감정은 불' 은유와 여기에서 파생된 '감정의 상승은 불꽃의 상승'이라는 은유가 염상이란 두 글자의 의미론적 배경을 이루는 것이다. 그리고 이 '염상'이란 글자와 동일한 획의 아랫부분에는 칠정이 자리 잡고 있다. 유가 심성론의 통속적 견해에 따르면 칠정은 감정의 전체라고 이해된다. 그러므로 '감정은 불' 은유는 최종적으로 이 그림 속에서 '칠정七情은 불(火)' 은유로 구체화되고 있다는 것을 알 수 있다. 이 은유는 두 가지 형식으로 자기를 드러낸다. 첫째, '염상'이란 낱말과 이에 대한 권근의 문자적 서술을 통해서, 동시에 위로 올라가는 형상으로 되어 있는 심心이란 글자의 획의 모습 그 자체를 통해서, 이렇게 '칠정은 불'이라는 하나의 개념적 은유는 문자적이면서 동시에 비문자적인 이미지의 형태로 그 존재를 드러내고 있다.

불의 개념체계는 칠정과 마음을 은유적으로 이해하는 데 동시에 동원되는 근원 영역이다. 그러나 '칠정은 불' 은유와 '마음은 불' 은유가 부각시키고자 하는 불의 측면은 서로 다르다. 즉 이 두 은유는 불의 개념체계를 근원 영역으로 사용한다는 공통점을 제외하고는 그 사용 목적이 서로 다르다. 여기에서 개념적 은유의 은폐와 부각이라는 특징이 극명하게 드러난다. '칠정은 불' 은유는 '염상'이라는 표현에서 알 수 있는 것처럼, 불타는 현상, 특히 그 가운데서 불꽃의 운동 방향을 부각시킨다. 즉 불꽃이 위로 타오르는 현상을 칠정이 발현하는 일상적 상황에 사상시키는 것이다.

그리고 이것은 타오르는 불에 대한 우리의 일상적 개념체계를 자동적으로 환기시킨다. 즉 타오르는 불은 이중적 성격을 갖는다. 그것은 때로 잘 관리된 화덕 안에서 고기를 굽기도 하고, 아궁이 안에서 온돌방을 따뜻하게 하기도 하지만, 때로는 집을 불태우고, 산림을 황폐화시키며, 사람의 목숨을 앗아간다. 이렇게 타오르는 불은 이중성을 갖기 때문에, 불을 떠맡은 사람은 일반적으로 언제나 그것을 관리하며 꺼트리지 않으면서도 일정한 범위 내에 제한시켜야 하는 책임을 갖게 된다. 이와 마찬가지로 인간은 내적으로 언제나 좋든 싫든 상관없이 그 은유적인 불, 칠정의 움직임에 관심을 집중하고 있어야 한다. 따라서 '칠정은 불' 은유를 이 그림 속에 포함시킨 권근의 의도는 자명한 것이다. 잘 관리된 불은 인간에게 유익하지만 제대로 관리되지 못한 불은 위험한 것처럼, 칠정은 어떤 은유적인 관리의 영역 안에서 잘 조절되느냐 그렇지 않느냐에 따라 '좋은' 혹은 '나쁜'이라는 결과를 초래한다는 것이다. 바로 그 은유적인 관리의 경계면이 '기幾'가 되고, 이로부터 선과 악이 분기하는 구조는 이처럼 '칠정은 불' 은유와 드러나지 않는 내적인 연관을 맺고 있는 것이다.

5.

위에서는 이 그림의 윗부분과 중간 부분에 나타난 대표적인 은유만을 살펴보았다. 이제 이 글이 명시적으로 제기한 '구석진 여백'에 대해 직접적인 해답을 포함하고 있는 그림의 가장 아랫부분을 살펴보며, 지금까지와 달리 발견 가능한 모든 은유를 드러내 보이기로 하겠다. 이를 통해 우리는 이 글이 추구하는 해답과 함께 은유적 사유의 철저함을 보다 분명하게 알 수 있을 것이다.

먼저 가장 눈에 띄는 것은 '천지는 인간'의 축약된 형태라고 할 수 있는 하늘(天)과 인간의 동일시가 이 그림의 맨 아랫부분에서 그에 대응하는 또 다른 은유와 함께 나타난다는 점이다. 그림의 맨 아래 오른쪽은 '인간은 하늘' 은유를 사용하고, 왼쪽은 '인간은 짐승'이라는 은유를 사용한다. 그림의 오른쪽은 너무도 분명하게 '성인은 하늘과 똑같이 위대하다'(聖人與天同大)라고 진술함으로써 인간과 하늘의 동일시를 천명하고 있다. 반면에 이미 언급한 것처럼 그림의 왼쪽에는 '짐승으로부터 멀지 않다'라는 부가적인 설명이 채택되어 있다. 이 진술이 '인간은 짐승'이라는 은유를 배경으로 한다는 것은, 다음과 같은 이상성의 진술을 통해서 분명하게 드러난다.

> 사단 아래에는 '성자권誠字圈'을, 칠정 아래에는 '경자권敬字圈'을 두어 성인聖人과 '욕자권欲字圈'의 중인衆人의 구분을 나타냈다. 그리고 이 세 가지 사이에 여러 갈래의 연결선을 두어 자포자기하여 금수와 같은 사람일지라도 기질을 변화시켜 경敬을 갖고 존양存養과 성찰省察의 노력을 하면 군자君子가 될 수 있다고 하였다. 또한 군자는 수양을 통하여 천지의 조화에 동참하고 변화와 생육을 기리는 성인聖人의 경지에 도달할 수 있다고 밝혔다.[95]

'금수와 같은 사람'이라는 이상성의 진술은 명확하게 권근의 말이 근거하는 은유적 배경의 내용을 드러내 준다. 한편 이러한 하단부의 구조에 대한 마이클 칼튼의 설명은 이 하단부가 '인간은 하늘', '인간은 짐승'이라는 단순한 은유만을 포함하고 있는 것이 아니라는 사실을 잘 보여 준다.

이 도의 두 다리는 인간의 두 극단적인 상태를 나타내는데, 오른쪽은 인간 본성의 덕에 완전히 조화된 것을 나타내어 마침내 성인의 경지라는 최고점에 이르게 되고, 왼쪽은 자신의 이기심에 의해서 더럽혀진 감정에 빠진 특징과 동물성에 가까운 상태의 극한을 나타내고 있다. 두 다리가 연결된 통로는 중앙에 경敬(mindfulness)을 포함하고 있다. 경은 왼쪽 다리의 불완전한 상태로부터 오른쪽 다리의 완전한 상태로 옮겨가도록 하는 신유교적인 자기 수양의 본질적 방법이다.96)

수양을 통해 인간은 왼쪽으로부터 오른쪽의 상태로 옮겨간다는 칼튼의 말이 의미하는 수양론적 의미는 분명하다. 그러나 그러한 의미를 가능하도록 만드는 은유적 구조는 그리 단순하지 않다. 먼저 분명한 것은 이 진술 속에서 일종의 이동 도식이 사용된다는 점이다. 칼튼의 설명에 따르면 수양이란 왼쪽에서 오른쪽으로의 이동이다. 이 이동은 단순하게 좌에서 우로의 수평적인 이동이 아니다. 왜냐하면 이 이동 도식은 상승과 하강의 두 가지 측면을 부각시키기 때문이다. 짐승들은 설령 날짐승을 포함한다고 하더라

---

95) 이상성, 「양촌 권근의 심성론」, 『유교사상연구』 vol. 27, 194쪽.
96) 마이클 C. 칼튼, 「權陽村의 著述: 鮮初 新儒家의 脈絡과 形態」, 都珖淳 編, 『權陽村 思想의 硏究』(서울: 교문사, 1989), 303쪽. 번역문은 같은 책에 실린 칼튼의 영문 원고를 참조해서 내가 부분적으로 수정했다.

도 우리의 통속적 관념 속에서는 대부분 땅에서 산다는 것이 일반적이다. 그래서 짐승은 땅 즉 공간적으로 아래에 속하고, 하늘은 위에 속한다. 따라서 유가적 의미에서 보면 인간은 그 가운데 위치하는 것이다. 그러므로 '인간은 짐승' 은유와 '인간은 하늘' 은유를 고려할 때 왼쪽에서 오른쪽으로 이동하는 것은 상승의 과정을 의미한다. 반대로 오른쪽에서 왼쪽으로 이동하는 과정은 하강의 과정이다. 상승의 과정은 중인-군자-성인이라는 인간적 모델의 성장 과정과 일치한다. 그렇다면 중인에서 성인으로 나아가는 것은 짐승에서 하늘의 수준으로 상승하는 과정이다. 이 이동의 과정에 포함된 수양론적 의미들은 명백하게 짐승을 나쁜 것으로, 하늘을 좋은 것으로 가정한다. 그러므로 짐승에서 하늘의 수준으로 이동하는 것은 좋은 것이다. 그리고 그것은 아래에서 위로 이동하는 것이다. 단적으로 말해, 여기에는 기본적으로 '위는 좋음, 아래는 나쁨'이라는 은유가 전제되어 있고, 그 은유와 이동의 도식이 결합해서 파생시킨 '아래로의 이동은 나쁨, 위로의 이동은 좋음'이란 은유적 사고를 배경으로 하는 것이다. 이 이동의 과정이 수양의 과정 혹은 타락의 과정이기 때문에, '수양은 상승하는 이동이나 운동', '타락은 하강하는 이동이나 운동'이다.

간단하게 말하자면 이 그림의 하단부는 각각 왼쪽과 오른쪽에 대비되는 두 가지 인간에 대한 은유 즉, '인간은 짐승'과 '인간은 하늘'을 가정하고, 수양의 과정을 왼쪽에서 오른쪽으로의 이동 도식에 의해 은유적으로 묘사하는 구조를 가지고 있는 것이다. 그렇다면 이런 은유적 구조 속에서 그 구석진 여백은 어떻게 탄생했고, 그 의미는 무엇인가? 이제 좀 더 세밀하게 이 은유들을 하나하나 거론해 보기로 하자. 이상에서 설명한 기본적인 은유적 구도가 이미 이 그림이 전제했던 몇 가지 기존 은유들과의 결합을 통해 일련의 연속적인 은유적 내용들을 파생시킨다는 것을 알 수 있다.

첫째, '인간은 하늘', '인간은 짐승' 은유가 있다. 이 은유는 보다 일반적인 몇 가지 은유들과 결합한다. 먼저 상-하 도식에 근거한 '위는 좋음, 아래는 나쁨'과 결합하면 '하늘은 좋음, 짐승은 나쁨'이라는 은유적 진술이 얻어진다. 방위 도식에 근거한 '짐승은 왼쪽, 하늘은 오른쪽'과 결합하면 '왼쪽은 나쁨, 오른쪽은 좋음'이라는 은유가 얻어지고, 다시 이것들이 '수양은 이동'이란 도식과 결합할 때 '수양은 짐승에서 하늘로의 이동', '수양은 아래에서 위로의 이동', '수양은 나쁨에서 좋음으로의 이동'이라는 진술을 낳는다.

둘째, 동일한 구도가 이번엔 음과 양, 그리고 방위인 동쪽과 서쪽과 결합한다. 이렇게 될 때 이미 앞에서 살펴본 것처럼 '양은 오른쪽, 음은 왼쪽'이라는 은유가 도입될 뿐만 아니라, 단순한 방향 은유가 가치론적 평가가 수반된 은유로 변형된다. 이제 그림의 위쪽에서는 드러나지 않았던 음양의 가치론적 성격에 대한 은유적 이해가 이 수양론을 다루는 부분에서 새로이 도입되는 것이다. 즉 '양은 좋음, 음은 나쁨'이다. 따라서 '양은 위, 음은 아래', '위는 좋음, 아래는 나쁨', '수양은 짐승에서 하늘로의 이동', '수양은 음에서 양으로의 이동', '수양은 아래에서 위로의 이동', '수양은 나쁨에서 좋음으로의 이동'이라는 은유들이 나타난다. 이러한 은유 사용의 즉각적인 귀결은 무엇인가?

먼저 유가적인 수양론의 측면에서 '경敬'과 '성誠'의 차이가 무엇인가를 물어보자. 이상의 독해에 따르면 '경'은 아래로부터 짐승으로부터 왼쪽으로부터, 위로 하늘로 오른쪽으로 인간을 이동시켜 주는 수양 방법을 총칭한다. 그리고 '존양'과 '성찰'을 그 하위 범주로 포함한다. '존양'은 '보존하고 기르는 것'이기 때문에 우리에게 위, 하늘, 오른쪽에 관한 것들에 대해 내적 관심을 집중하도록 한다. '성찰'은 이와 반대로 우리를 아래, 왼쪽, 짐승으로 격하시키는 것들에 대해 주의를 게을리하지 말라는 권고이다. 이 두 가지를 포함하는 경은 은유적인 관점에서 보면 결국 이동의 수단이다.

이에 반해 '성'은 이동을 목표로 하지 않는다. '성인이 본성대로 실천하는 것'(聖人性之)에는 이동을 위한 목표가 없다. 왜냐하면 그 자체가 최상의 삶에 해당하는 것이기 때문이다. '진실무망眞實無妄'은 이러한 최상의 삶에 대한 진술이라고 할 수 있다. 따라서 필요한 것은 이 최상의 상태를 언제나 한결같이 유지하는 것이다. '순역불이純亦不已'는 바로 이러한 지속성에 대한 진술이라고 해석할 수 있다. 명확하게 '불이不已', 즉 단절이 없는 지속을 강조하는 것이다. 이 때문에 '성'은 은유적 개념체계 속에서 '단순한 유지'의 수단이 아니라 '최상의 것을 유지'하는 수단이다.

따라서 '경'은 이동 즉 인간적 변화를 위한 수양론 체계에 해당하고, '성'은 최상의 상태를 유지하는 수양론 체계에 해당한다. 권근의 그림에 의하면 이런 체계 내의 서로 다른 역할은 은유적 구도에 의해 분명하게 해명된다.

또 '욕欲'의 역할은 무엇인가? 욕은 잔인, 탐모, 기욕, 혼망을 통칭하는 이름이면서, 사람을 짐승으로 하락시키는 것이다. 하락에는 두 가지 방식이 있다. 하나는 욕을 의인화시켜 인의예지를 해치는 주어로 간주하는 방식이다. 이 방식에 의하면 인의예지는 그 바깥에 속하는 욕에 의해 상처를 입는다. 다른 하나는 '자포자기'라는 말이 의미하는 그대로 자발적인 포기이다. 인간성의 최상의 내용들이 '욕망'(欲)에 의해 상처를 입고 그 개인에 의해 자발적으로 포기될 때 인간은 가장 낮은 짐승의 수준으로 하강한다.

바로 이 지점에서, 즉 자포자기의 수준으로부터 은유적인 '하늘'로 방향을 전환할 때, 여기에는 이 그림의 외적 구도 속에 포함되지 않았지만, 전제할 수밖에 없는 두 가지 은유가 들어 있다는 것이 명백해진다. 그 가운데 하나는 '수양은 상처의 치유'라는 은유다. 의학적인 치료로서의 수양이라는 은유적 개념은 다섯 번이나 반복되는 '해친다'(害之)는 말 속에 그 모습을 드러내고 있다. 동시에 이로부터 알려지는 것은 '마음은 신체' 즉 '신체로서의 마음'이라는 은유이다. 즉, 마음이 신체로 은유화된다는 것은 이 마음의 가장 중요한 성질인 '사단'이 은유적으로 신체로서 이해된다는 것을 의미한다. 이런 은유는 『맹자』가 사람에게 사단이 있는 것은 몸뚱이에 사지가 있는 것과 같다고 말하는 데서 잘 드러난다. 따라서 사단을 제거하거나 축소하는 것은 결국 사지로서의 신체를 훼손하는 일, 즉 해치는(害) 일인 것이다. 그리고 동시에 바로 이 은유에 의해 신체를 훼손당하는 것은 일종의 질병으로 은유화될 수 있고, 이런 은유화에 기반을 두고 '수양은 상처의 치유'라는 은유가 가능해지는 것이다.

결국 '수양은 치료 행위'와 '마음은 신체'라는 은유가 그림의 하단부에서 하나는 해친다(害)는 술어를 통해 직접적으로, 다른 하나는 그 해친다는 낱말의 의미 구조 속에 잠재적으로 포함되어 있는 것이다. 이 때문에 이 그림의 하단부는 위에서 말한 여러 가지 은유에 두 가지 수양에 대한 은유가 추가되어 있다는 사실을 확인할 수 있다.

6.

이제 마지막으로 그 구석진 여백에 주목해 보자. 그것이 밝은 사각형 형태를 둘러싼 검은 타원 모양의 배경을 가진다는 점으로부터 간단한 사실을 알 수 있다. 이미 위에서 살펴본 것처럼, '양은 밝음, 음은 어두움'이란 개념적 은유가 작동하고 있는 것이다. 그런데 여기에 '인간은 짐승'과 '인간은 하늘'이란 개념적 은유의 대비를 통해 수양의 필요성을 제기하는 이 그림의 구조상, 그 부분은 '인간은 짐승' 부분에 속하게 된다. 그리고 전반적으로 '인간은 짐승' 은유에 해당하는 부분은 어두운 색깔이 지배적이다. 즉 이것은 '인간은 짐승', '짐승은 나쁨'에 연결되는 '음은 어두움', '음은 나쁨' 은유의 비언어적 표현인 것이다. 그래서 이 그림에서 수양론을 묘사하고 있다는 하단부는 왼쪽으로 갈수록 어두운 부분이 많아지고, 오른쪽으로 갈수록 아예 어두운 부분은 단 하나도 찾아볼 수 없는 구조로 되어 있다. 즉, '어두움은 나쁨, 밝음은 좋음'이란 은유가 함축되어 있는 것이다. 이 은유는 '경'을 중심으로 왼쪽 통로가 어둡고 오른쪽 통로가 밝다는 사실에 의해서도 노골적으로 증명된다.

그러나 단지 이것만이 있는 것이 아니다. 하단부의 왼쪽 부분은 전반적으로 인간의 타락상을 묘사해 가는 부분이다. 그 귀결은 물론 '인간은 짐승'이다. 이것은 사단을 해치는 것(害)에서 시작된다. 간단하게 얘기해서 사단을 해치고, 욕망이 지배적인 심성론적 경향이 되고, 자포자기를 거치면 인간은 짐승의 수준으로 격하된다는 것이다. 그러나 여기에 조심해야 할 부분이 있다. 그것은 인체의 형태 바깥에 반복적으로 제시되는 '미상무선未嘗無善'이라는 구절에 충분한 주의를 기울여야 발견할 수 있다. 즉, 인간이 짐승과 다를 바 없는 수준으로 격하된다고 해서 최후의 극단적 가능성마저 상실당하지는 않는다는 것이다. 그러면 이제 이러한 사고를 어떻게 그림으로 전달할 수 있을까? 즉, 인간성의 선의 내용이 상실되어 짐승의 수준으로 격하된다는 것과 그럼에도 불구하고 수양을 통해 자신을 도야시켜 '인간은 하늘'이라고 은유적으로 묘사되는 이상적 수준으로 진행하기 위한 최소한의 교두보를 확보해야 한다는 이중적인 이론적 주장을 어떻게 조화시킬 수 있을까?

권근이 선택한 것은 두 가지 은유의 종합이다. 일단 권근은 '어두움은 나쁨, 밝음은 좋음'을 전제한다. 그 다음 그는 좋음과 나쁨을 양화 가능한 물건으로 취급한다.[97] 이렇게 되면 '좋음의 정도는 밝음의 양, 나쁨의 정도는 어두움의 양'이라는 개념적 은유를 얻을 수 있다. 그리고 여기에서 파생되는 은유는 양의 변화를 통해 좋음과 나쁨의 변화를 묘사할 수 있다는 가능성이다. 즉, '좋음의 변화는 밝은 양의 변화'이고 '나쁨의 변화는 어두운 양의 변화'이다. 이 그림은 평면적이기 때문에 그 양은 밝은 부분과 어두운 부분의 면적으로 구체화되어 있다. 따라서 이제 사단을 해치는 수준, 욕망이 지배적이 되는 수준, 짐승에 가까운 수준이 점증적으로 나쁨이 확산되어 가는 것을 의미하는 것이라면, 그림의 아래로 내려갈수록 어두운 부분은 확대되고 밝은 부분은 축소되리라고 예상할 수 있으며, 이것은 그림 속에서 실증된다.

반면에 이 주장의 또 다른 측면, 즉 선의 가능성은 완전히 소실되지 않는다는 이론적 측면은 비록 축소된 수준일망정 짐승의 수준에서도 밝음이 최소한의 영역에 걸쳐 나타나야 한다는 추론을 가능하게 만든다. 이것이

---

97) 이러한 은유적 사유의 가능성과 의미에 대해서는 레이코프와 존슨의 다음 진술을 참조하라. "우리는 물건과 물질의 관점에서 우리의 경험을 이해함으로써 경험의 부분들을 선택하고, 그것을 동일한 종류의 분리된 물건이나 물질로 다룰 수 있게 된다. 일단 우리의 경험을 물건이나 물질로 식별할 수 있다면, 우리는 그것을 지시할 수 있고 범주화할 수 있으며, 무리 지을 수 있고 양화할 수 있다. 그리고 이 방법으로 그것들에 대해 사유할 수 있다.…… 물리적 대상(특히 우리 자신의 신체)에 대한 우리의 경험은 매우 광범위하고 다양한 존재론적 은유―사건, 활동, 정서, 생각 등을 개체 또는 물질로 간주하는 방식인―의 근거를 제공한다." G.레이코프·M.존슨, 『삶으로서의 은유』, 49~50쪽.

이 그림의 왼쪽 가장 아랫부분에 구석진 여백이 나타나게 된 결정적 이유이다. 즉 그 여백 안에는 '기위금수불원其違禽獸不遠'이라는 표현이 들어가야만 했다. 그러나 그 문자가 거기에 들어간다면 그 여백은 최소한이 아니라 그 여섯 글자를 포함하는 양만큼 늘어나야 할 것이다. 그리고 이러한 늘어남은 선의 가능성이 축소되고 인간적인 가치들의 저하가 확산되는 경향을 드러내는 일련의 의미를, 동시에 그럼에도 불구하고 여전히 변하지 않는 훼손 불가능성에 대한 비문자적 의미를 훼손시킬 우려가 높은 것이다.

이 때문에 권근은 아예 그 여백을 비워 두고 그 여백 속에 들어가야 할 문자적 진술을 여백의 바깥으로 빼낼 수밖에 없었던 것이다. 양의 변화를 통해 인간적인 상황의 좋음과 나쁨을 묘사하는 과정에서 여백의 축소가 불가피했고, 여백의 축소를 강조하기 위해 그 여백의 면적을 확대시키거나 혹은 여백의 축소가 갖는 은유적 의미를 퇴색시킬 수 있는 문자 진술을 바깥으로 배치하지 않을 수 없었던 것이다. 비문자적인 은유의 표현을 위해 언어적인 은유의 표현이 자리를 양보했던 것이다. 결국 「천인심성합일지도」의 구석진 여백은 '인간은 짐승' 은유의 언어적 표현이 '좋음과 나쁨의 변화는 밝음과 어두움의 면적 변화'란 은유의 비언어적 표현이 갖는 의미—점증되어 가는 선의 상실 가능성과 동시에 완전한 선의 상실을 거부한다는—의 명료화를 위해 자신의 자리를 내준 데에서 야기된 귀결이었던 것이다.

7.

이 글은 「천인심성합일지도」가 다수의 개념적 은유들에 대한 언어적 표현과 비언어적 표현들의 복합체이고, 이들의 유기적인 구조화에 의해 이 그림의 철학적 의미가 구축되고 있으며, 동시에 이런 유기적 구조화의 방식에 대한 이해를 통해서 이 그림에 대한 독해가 가능하다는 것을 보여 주었다. 또한 그림이 인체의 외양을 띠고 있는 이유를 해명했고, '염상'이란 두 글자의 의미를 결정짓는 '칠정은 불'이라는 은유가 보다 일반적인 '감정은 불' 은유의 성리학적 사례라는 것을 드러내 주었다. 나아가 이 그림의 구석진 여백은 '인간은 짐승' 은유의 언어적 표현이 '좋음과 나쁨의 변화는 밝음과 어두움의 면적 변화'란 은유의 비언어적 표현을 위해 자신의 자리를 내준 것이라고 해석할 수 있다고 제안했다.

이러한 일련의 과정은 개념적 은유들이 성리학적 사유와 만나서 어떤 이론적 역할을 하는지에 대한 구체적인 사례를 잘 보여 준다. 성리학적 사유의 밑바탕에는 자연 속에서 제약된 존재로서 생물학적인 몸을 갖는 인간이 있고, 그 인간이 자신의 신체를 사용한 다양한 경험을 하며, 이 경험을 조직하는 방식을 습득 혹은 창조하고, 이렇게 습득·창조된 것들을 개념적 은유의 사용과 확장을 통해 구축하고자 하는 추상적인 이론체계에 연관시켜 추상적 이론의 정당화를 위한 도구로 동원하는 방식을 보여 주고 있는 것이다. 그러므로 성리학 이론의 핵심을 약술한다고 하는 「천인심성합일지도」에 대한 독해는, 문자화된 리기심성이란 단어들 못지않게, 우리 자신이 세계와 사건을 경험하고 조직하는 방식과, 그 방식으로부터 유래하는 우리 자신의 사유 방법과, 그로 인한 귀결에 대한 검토를 요청하고 있는 것이다.

그리고 이 글은 체험주의적 분석이 이처럼 우리들 자신의 사유 양식의 독특성과 성리학적 텍스트의 결합을 고려하는 현대적 분석의 한 가지 대안 방법일 수 있다는 것을 알려 주고 있다. 이 분석의 장점은 문자로 이루어진 텍스트뿐만 아니라 비문자적인 시각적 이미지 또한 동일한 방식으로 해석할 수 있다는 가능성이다. 이런 결론은 체험주의적 탐구 방식이 이 그림을 넘어서 다른 많은 도설류 저작들에도 일관되게 적용 가능한 일반적인 탐구 방법일 수 있다는 가능성을 강력하게 시사한다.

제4장 잃어버린 보물

배우고(學) 때로 익히면 즐겁지 아니한가?

學而時習之, 不亦說乎? 〈孔子〉

배운다(學)는 말은 본받는다(效)는 뜻이다.

學之爲言, 效也. 〈朱熹〉

1.

'잃어버린 보물'은 하나의 개념적 은유를 가리키는 이름이다. 이 은유가 『논어』 첫 구절에 나타난 첫 글자—'배운다'(學)는 한 글자—에 대한 『논어집주』의 해석에 영향을 끼치고 있다는 것을 논증하는 것이 이 글의 일차적인 목적이다.

이를 위해 먼저 '잃어버린 보물' 은유의 얼개를 묘사한 후, 이 은유의 편재성을 보여 주는 몇 가지 사례를 제시할 것이다. 이어서 이 은유의 존재 유무가 『논어주소』와 『논어집주』의 배움(學)이란 낱말에 대한 해석에 어떤 영향을 끼치고 있는지를 검토한 후, 이 양자 사이에 있었던 것과 똑같은 양상이 공자와 맹자, 소크라테스와 플라톤 사이에서도 발견된다고 주장할 것이다. 이를 통해 이 글은 '잃어버린 보물' 은유가 인간의 원형적인 서사 구조와 일치하는 특성을 갖고 있으며, 맹자의 '구방심求放心', 『논어집주』의 '복기초復其初', 플라톤의 '상기설想起說' 등은 모두 이 은유를 공통의 인지적 배경으로 삼고 있다고 주장할 것이다.

이상의 논의는 주희가 『논어』의 첫 글자를 해석하는 순간부터 개념적 은유의 도움을 받지 않을 수 없었다는 사실을 드러내 줄 것이다. 이 글은 이러한 사실의 확인이 유학적 사유에 대한 해석이 어째서 우리 자신의 인지적 활동의 본성과 내용에 대한 관심을 바탕으로 이루어져야 하는지에 대한 하나의 논거로 기능하기를 기대한다. 동시에 상상적 합리성(imaginative rationality)의 산물로서의 개념적 은유의 존재가 철학이론의 구성과 그렇게 구성된 텍스트의 분석 및 비판에서 점점 불가피해질 것이라고 전망한다.

2.

레이코프와 존슨이 1980년 『삶으로서의 은유』를 세상에 내놓았을 때, 그들은 "우리의 주장 중 가장 중요한 것은 은유가 단순히 언어의 문제, 즉 낱말들의 문제가 아니라는 것이다. 오히려 우리는 인간의 사고 과정의 대부분이 은유적이라는 것을 주장하려고 한다. 이것이 인간의 개념체계가 은유적으로 구성되고 규정된다는 말의 의미이다. 언어적 표현으로서의 은유가 가능한 것은 바로 인간의 개념체계 안에 은유가 존재하기 때문이다"[98]고 말했다. 이 말은 은유에 대한 체험주의의 새로운 통찰 즉 은유는 언어가 아닌 사고의 문제일 뿐만 아니라, 한 걸음 더 나아가 개념적 사유의 문제라는 새로운 시각을 분명하게 제시하지만, 한편으로 대부분의 개념적 은유가 신체적 경험에 근거한다는 사실에 대해서는 약간 느슨해 보이는 추론을 하고 있는 정도였다. 그러나 23년 후 같은 책의 수정판을 내어 놓으면서 초판의 내용에 후기를 덧붙이게 되었을 때 그들의 주장은 훨씬 더 강력한 어조로 변해 있었다.

> 우리는 은유적으로 사고할 것인지의 여부에 대해 선택권이 없다. 왜냐하면 은유적 지도는 우리 두뇌의 일부이기 때문에 원하든 원하지 않든 우리는 은유적으로 사고하고 말할 것이다.…… 나아가 우리의 두뇌가 신체화되어 있기 때문에 우리의 은유는 세계 안에서의 평범한 경험을 반영하게 될 것이다. 그래서 필연적으로 수많은 일차적 은유들은 보편적이다. 왜냐하면 은유와 관련된 특성에 관한 한 우리 모두가 기본적으로 동일한 종류의 환경에서 기본적으로 동일한 종류의 몸과 두뇌를 갖고 삶을 유지하기 때문이다.[99]

이제 언급되는 것은 우리의 사고가 은유적이라는 사실의 단순한 확인이 아니다. 확신을 갖고 제시되는 것은 '필연적으로 발견되어야만 하는 보편적인 수많은 일차적 은유'들의 존재다. 이 말은 추상적 사고의 기저를 뒷받침하고 있는 무수히 많은 개념적 은유들의 존재를 암시하고 있다. 만일 이러한 개념적 은유들이 정말로 보편적이라면, 학문 영역이나 문화적 역사적 차이와 상관없는 텍스트들 속에서도 동일한 것들이 발견되어야 할 것이다.

---

98) G.레이코프 · M.존슨, 노양진 · 나익주 옮김, 『삶으로서의 은유(수정판)』(서울: 박이정, 2006), 25쪽.
99) G.레이코프 · M.존슨, 『삶으로서의 은유(수정판)』, 394쪽.

실제로 「말타기에 대하여」는 바로 이러한 주장을 확인하는 한 가지 사례를 제시하고 있다. 나는 그 글을 통하여 "성리학에서 발견되는 '인승마人乘馬' 은유가 사실은 일반적으로 존재하는 '말타기' 은유의 성리학적 사례라는 가정하에 몇 가지 유사한 은유의 사례를 제시한 후, 이들이 모두 동일한 '말타기' 은유의 각각 다른 사용으로부터 비롯되었다는 점을 밝혀 주었다."[100] 성리학의 리기 관계를 묘사하는 데 동원되었던 주희의 '인승마' 은유는 보편적인 '말타기' 은유의 편재성을 배경으로 하여 나타난 성리학적 사례였던 것이다.

대략 2,500여 년의 긴 시간 동안 축적되어 온 유가 철학의 역사와 체계를 고려할 때, '말타기' 은유와 같은 일차적 은유들이 단 하나만 존재하리라는 생각만큼 어리석은 것은 없을 것이다. 체계가 방대하면 방대할수록, 추상적 사고의 깊이와 폭이 넓어지고 깊어질수록, 일차적인 개념적 은유는 더 많은 유학의 측면들을 구성하고 묘사하기 위해 더 많이 동원되고 더 폭넓게 사용되었을 것이기 때문이다. 그래서 유학 전체로 시선을 돌릴 때 많은 개념적 은유들이 눈에 들어오리라고 가정하는 것은 너무도 당연한 일이다.

이제 아래에서는 이러한 배경에 따라 사람들이 평범하게 경험하는 사건의 구조에 대한 도식화된 이해가 어떻게 해서 철학적 사유의 과정을 거쳐 세련화되고, 그것이 어떻게 특수한 철학적 담론의 기저에서 의미론적 배경의 역할을 하게 되는가 하는 것을 구체적으로 보여 주고자 한다. 구체적으로 '잃어버린 보물' 은유라고 이름 붙일 수 있는 하나의 개념적 은유가 유학의 수양론의 한 부분을 구성적으로 조직하고 있는 기저의 배경 역할을 한다

---

100) 이향준, 「말타기에 대하여: 인승마 은유와 李珥의 理」, 『범한철학』 50집, 117쪽.

는 것을, 그리고 그것이 유학뿐만 아니라 종류가 상이한 다른 영역에서도 흔하게 발견되는 보편적 은유 가운데 하나라는 것을 논증하게 될 것이다.

3.

이 은유의 원초적이고 전체적인 형태는 비교적 단순하다. 잃어버린 소중한 물건 즉 보물의 상실, 재획득과 연관된 상태 변화 및 그에 수반하는 정서적 체험의 전체적인 구조가 인간적인 의미에서 더 나은 삶을 추구하는 노력으로서의 수양이란 개념체계의 설명을 위해 동원된다. 간단하게 말해서 수양의 핵심적인 의미 가운데 하나는 잃어버린 보물을 되찾는 과정에 수반되는 상태 변화의 체험에 기반을 두고 은유적으로 이해되고 있다.

최초에는 보물의 소지 상태가 있었다. 그 다음에는 보물의 상실 상태가 있다. 첫째 상태와 둘째 상태의 차이는 대부분 상―하라는 공간 도식에 근거한 위상 차이를 갖는다. 즉, '보물의 소지 상태는 위'이고, '보물의 상실 상태는 아래'이다. 그리고 통속적인 상―하에 대한 문화적 이해의 측면, 즉 '위는 좋음, 아래는 나쁨'이란 은유에 의해 보물의 상실 상태는 보물의 소지 상태보다 열등한 것으로 간주된다. 자연스럽게 보물의 소지자는 보물의 상실이라는 사건을 통해 위에서 아래로의 상태 변화를 갖는다. 은유적으로 이것은 우월한 상태에서 열등한 상태로의 하락과 같다. 이런 상태 변화를 경험한 사람은 이전에 행복을 가졌다면 필연적으로 불행을 느끼게 된다. 이에 뒤따르는 귀결은 보물을 되찾은 상태가 자동적으로 행위의 목적으로 설정된다는 것이다. 이를 위해 그는 보물을 되찾는 일련의 과정을 시작한다. 즉 그는 아래에서 위로의 이동을 계획하고, 실천에 옮긴다. 이것은 자연스러운 추론 절차에 의해 정당화된다. 왜냐하면 그는 애초에 보물을 소유한 사실로부터 유래한 행복을 경험하고 있었고, 보물을 상실함으로써 그 행복을 잃어버렸기 때문이다. 그가 보물을 찾는다면, 그는 은유적으로 아래라고 가정된 상태로부터 위로의 이동을 경험한다. 그가 위에 도달한다면, 그는 나쁜 상태로부터 좋은 상태로의 이동을 경험하고, 이 과정을 통해 보물을 되찾으며, 결국 애초의 좋은 상태를 회복한다. 그러므로 '상-하'의 공간적 이해 도식과 아래로부터 위로의 이동이라는 원초적인 두 가지 영상도식을 사용해서 수양이란 추상적 개념을 묘사하는 것, 바로 이 목적을 위해 붙여진 특수한 이름이 '잃어버린 보물' 은유인 것이다. 영상도식으로 표현하자면 다음과 같은 일반화된 도식을 얻을 수 있다.

1에서 2까지의 구간은 '보물을 소유한 상태의 유지'를 가리킨다. 2에서 3까지의 구간은 세 가지를 포함한다. 첫째, 보물의 상실을 불러온 사건의 발생, 둘째, 사건으로 인한 '보물의 상실', 셋째, 보물의 상실로 야기된 '상태 변화의 경험'이다. 3에서 4까지의 구간 역시 세 가지를 포함한다. 첫째, '상실 상태의 유지', 둘째, '상실 상태의 자각', 셋째, '되찾으려는 노력의 발생'이다. 4에서 5까지의 구간 역시 세 가지를 포함한다. 첫째, 보물의 되찾음을 야기하는 사건의 발생, 둘째, 사건으로 인한 '보물의 되찾음', 셋째, 보물의 되찾음으로 야기된 '상태 변화의 경험'이다. 이 상태 변화의 경험은 당연히 2에서 3까지의 상태 변환의 경험 내용과 상반될 것이다. 5에서 6까지의 구간은 '보물을 다시 소유한 상태의 유지'와 '되찾은 행복감의 향유'를 가리킨다.

이 도식 구조에서 중요한 점은 애초부터 '잃어버린 물건'이 소중한 것, 즉 '보물'이라고 가정된다는 점이다. 그 보물의 기원에 관한 이야기는 어떤 것이든 상관이 없다. 어쨌든 그 보물은 내가 소유하던 것이고, 나는 그것을 잃어버렸다 되찾는 경험을 한다. 여기에는 두 가지 상반되는 상태 변화에 대한 경험과 그 상태 변화의 경험이 가져다주는 상반된 정서의 체험이 포함되어 있다. 결국 '잃어버린 보물' 은유에서 가장 중요한 것은 보물의 상실과 그에 대한 자각이 가져다주는 정서의 체험 및 보물의 재획득과 그에 대한 자각이 가져다주는 정서의 체험이 극단적으로 상반된다는 바로 그 사실에 놓여 있다.

이러한 영상도식은 소중한 물건의 분실과 재획득 및 그에 수반하는 경험적 내용을 일반화한 것이기 때문에, 다른 개념 영역으로의 은유적 사상이 이루어질 때 중요한 세 가지 측면에서의 일반화된 투사를 동반한다. 첫째, '보물의 소유는 행복, 보물의 상실은 불행' 혹은 다르게 표현하자면 '보물의 소유는 좋음, 보물의 상실은 나쁨'이다. 둘째, 공간 지향적인 상−하의 개념과 결합할 경우 '행복은 위, 불행은 아래'에 따라 '좋음은 위, 나쁨은 아래'이다. 셋째, 둘째 은유의 자연적 귀결로부터 '보물의 상실은 행복(좋음·위)으로부터 불행(나쁨·아래)으로의 상태 변화의 경험'이고 보물의 재획득은 그 반대이다.

4.

위와 같은 개괄은 어떻게 정당화되는가. 이제 아래에서는 몇 가지 다양한 사례들이 모두 이 개념적 은유의 측면에서 이해될 수 있다는 점을 드러내고자 한다. 오비디우스는 『변신 이야기』에서 이렇게 말한다.

> 한 처음은 황금의 시대였다. 이 시대에는 관리도 없었고, 법률도 없었다. 사람들은 저희들끼리 알아서 서로를 믿었고 서로에게 정의로웠다. 이 시대 사람들은 형벌도 알지 못했고 무서운 눈총에 시달리지 않아도 좋았다.…… 이윽고 시대는 변하여 은銀의 시대가 되었다. 이 시대는 황금의 시대만은 못했지만 그래도 이어서 올 퍼렇게 녹슨 청동의 시대보다는 나았다.…… 마지막으로 온 시대는 철의 시대다. 이 천박한 금속의 시대가 오자 인간들 사이에서는 악행이 꼬리를 물고 자행되기 시작했다. 인간은 순결, 정직, 성실성 같은 덕목을 기피하고 오로지 기만과 부실不實과 배반과 폭력과 탐욕만을 좇았다.[101]

오비디우스의 황금시대는 정의로웠고, 좋았다. 그러나 그 다음은 그렇지 못했다. 여기에서 나타나는 것은 오비디우스의 말이 도식의 3과 4사이에서 진술되고 있다는 것이다. 즉 오비디우스는 황금시대를 잃은 것에 대해 한탄을 하고 있을 뿐이다. 물론 이 한탄 속에서 분명하게 드러나는 것은 황금시대와 철의 시대가 갖는 가치론적 차이이고, 이 차이는 은유적으로 보물의 소유 상태와 그것의 상실 상태 사이의 간격과 정확히 일치한다. 즉 황금시대는 좋았지만, 철의 시대는 그보다 훨씬 열등한 상태이다. 만일 여기에서 누군가 한 걸음을 더 나아가려면, 그는 이와 같은 오비디우스의 진

---

101) 오비디우스, 이윤기 옮김, 『변신 이야기』 1(서울: 민음사, 2005), 20~23쪽.

술에 덧붙여 다시 그 잃어버린 황금시대를 되찾자고—도식의 5와 6사이를 구성하는— 주장할 수 있을 것이다. 그래서 아래의 진술은 위에서 인용한 문장에 대한 간략한 요약일 뿐만 아니라, 논리적으로 그 다음 단계의 사고를 나타내는 진술이라고 해도 전혀 어색하지 않다.

> 고대를 존중하는 상고주의는 시대의 추이에 따라서 소중하고 가치가 있는 것이 퇴폐하여 갔다고 보고, 후대에 퇴폐하여진 것을 고대의 소중하고 가치가 있는 것으로 되돌려 놓아야 한다고 보는 입장에서 비롯된 것이다.[102]

놀랍게도 공자의 상고주의尙古主義에 대한 짤막한 개괄은 오비디우스의 황금시대에 대한 진술과 나란히 놓아두어도 전혀 어색하지 않다. 그것은 이들이 어떤 원형적 이미지를 똑같이 차용하고 있기 때문이다. 내용과 상관없이 이런 주장들은 직관적인 이해를 불러일으킨다. 즉 옛날은 좋았고 지금은 나쁘며, 그 좋았던 시절을 우리는 잃어버렸다는 것이다. 이것이 '잃어버린 보물' 은유의 첫 번째 함축이다.

이 은유의 두 번째 잠재적 함축은 바로 이러한 첫 번째 은유적 이해에 바탕을 두고 나타나는 '되돌아가는' 움직임에 대한 높은 가치 부여이다. 대표적인 사례가 『주역』 '복復'괘에 대한 진술에서 나타난다. 정이는 '복에서 천지의 마음을 본다'(復其見天地之心乎)는 구절을 해석하면서 이렇게 말한다.

> 하나의 양陽이 아래에서 되돌아오는 것이 바로 천지天地가 만물을 낳는 마음이

---

102) 조이옥, 「『論語』에 나타난 孔子의 歷史意識」, 『이화사학연구』 vol.30(이화사학연구소, 2003), 552쪽.

다. 선유先儒들은 모두 "고요함(靜)에서 천지의 마음을 볼 수 있다"고 하는데, 움직임(動)의 단서가 바로 천지의 마음임을 알지 못한 것이다.[103]

그의 해석이 남다른 점은 되돌아오는 것을 움직임과 결부시킨다는 점에 있다. 이것은 '잃어버린 보물'의 구조로 말하자면 보물을 잃은 상태로부터 보물을 되찾는 상태로의 상태 변화 과정 자체에 논의의 초점을 맞춘 것이다. 정이의 말에서 핵심적인 것은 '돌아온다'는 말이 이미 있었다가 사라졌던 어떤 것의 복귀를 암시한다는 점이다. 만일 우리가 좋았던 어떤 것을 가지고 있다가 그것을 잃어버리고서 나쁜 상태로 변화된 것이라면, 애초의 좋았던 상태를 회복하려는 노력은 자연스러운 동기를 가지게 될 것이다. 그러므로 이러한 잃었던 물건을 '되찾는' 노력은 그 자체로 중시되어야 할 가치를 갖게 될 것이다. 이러한 구조는 우리말의 '돌아간다'는 낱말이 '죽는다'를 대체하는 의미로 사용될 때도 동일하게 반복된다.

'돌아간다'는 낱말은 인간의 삶 그 자체를 보물을 잃어버린 상태라고 은유적으로 이해하는 데에서 의미론적 기반을 갖는다. 이렇게 되면 이 은유는 '잃어버린 보물'의 한 가지 변형이라고 할 수 있는 '잃어버린 고향' 은유가 된다. 보물로서의 고향의 상실은 우리들 자신이 고향으로부터 이탈한 상태라는 은유적 이해를 전제한다. 이러한 전제에 따라 보물을 되찾는 노력으로서의 고향으로 되돌아가려는 노력은 인간 삶의 목적을 이룬다. 문제는 삶 그 자체가 상실의 상태이기 때문에 이 상태에서 벗어나려는 노력과 그 결과는 죽음을 의미한다는 것이다. '잃어버린 고향'이란 은유가 일반적인 죽음의 의미를 변화시키는 것은 바로 이 지점에서이다. 죽는 것이 보물의 상실

---

103) 程頤, 「周易程氏傳」, 『二程集』 vol.2(臺北: 漢京文化事業有限公司, 1983), 819쪽.

이전으로 되돌아가는 노력의 결과라면, 이것은 사람이 상실한 고향으로 되돌아가는 것이고, 잃어버린 보물을 되찾은 것이다. 이러한 관점에서 죽는다는 것은 본래적인 좋은 상태로 '돌아가는' 것이 된다. 이것이 '돌아간다'는 낱말이 '죽는다'를 대체하는 이유이다. 즉 '돌아간다'는 낱말의 사용은 그 자체로 두 가지 즉 '잃어버린 고향' 은유를 전제하고, 이로부터 무의식적으로 유도되는 결론인 '죽음은 좋음'이라는 의미를 파생시키는 것이다.

그러므로 '죽는다'를 '돌아간다'로 대체하는 것은 단순한 낱말의 대체가 아니다. 그것은 삶과 죽음에 대한 우리의 이해 방식의 전환을 동반한다. 죽음을 고향으로의 돌아감으로 이해하고 받아들이는 사람과, 죽음을 영원한 삶의 정지이자 살아서 가지고 있는 모든 것을 상실하는 사건으로 이해하고 받아들이는 사람의 사고와 행위는 다를 것이기 때문이다. '잃어버린 고향'은 삶의 전 영역에 방향성을 부여하고, 그 방향성에 근거해서 죽음을 평가하며, 그 평가에 근거해서 사람들의 사유와 행위에 영향을 끼친다. 우리가 현재 삶의 상태를 우리가 있어야 할 곳에서 이탈한 상태로 이해하고, 그곳으로 돌아가는 움직임을 현재의 불완전한 상태에서 완전한 상태로의 이행으로 받아들일 때, 우리는 비로소 죽음에 대한 공포가 아니라 우리 자신을 완전하게 하는 과정으로서의 죽음을 경험하게 된다.

이러한 구도에 따르면 우리 인간에게는 죽은 다음에 본래적인 장소로 되돌아가는 '어떤 부분'이 있어야 한다. 물리적으로 부패 과정을 목격하게 되는 신체적인 구성 요소들이 이런 부분에 해당할 근거가 없기 때문에, 이러한 부분은 당연히 비신체적인 부분으로—예를 들면 영혼이나 정신— 가정된다. 따라서 이렇게 가정할 경우 인간의 신체는 일종의 도관 은유에 의해 죽음에 의해 돌아가야 할 비신체적인 부분이 일시적으로 담기는 그릇이 된다. 거꾸로 '혼'의 관점에서 자신이 본래적인 장소로 되돌아가지 못하고 있는 이유는 그릇으로서의 신체가 제약으로 작용하기 때문이라고 말할 수도 있다. 바로 이러한 사유의 구도를 따라갈 때 철학자야말로 평소부터 죽음을 추구하는 사람이라고 주장하는 소크라테스의 일견 기이해 보이는 주장이 어떤 의미인지를 이해할 수 있다.[104] 소크라테스의 주장을 이해하려면 여기에서 언급되는 죽음이 다음과 같은 정의에 기반을 두고 있다는 사실에 주의를 기울여야 한다.

> 우리는 그것을 혼이 몸에서 벗어남(apallagē) 이외에 다른 것이 아니라고 믿고 있는 게지? 그리고 이것이 죽음(tethnanai)이라고, 즉 몸(sōma)은 몸대로 혼에서 떨어져 나와 그것 자체로만 있게 되고, 혼(psychē)은 혼대로 몸에서 떨어져 나와 그것 자체로만 있는 것이라고 믿고 있는 게지? 죽음이란 이것 이외에 다른 것이 아니겠지?[105]

결국 죽음이라고 일컬어지는 것은 '혼이 몸에서 풀려남(lysis)과 분리(chōrismos)'인 것이다.[106] 이렇게 해서 몸은 그 자체로 일종의 영혼의 감옥으로 이해된다. 흥미로운 사실은 바로 이런 구도에 병행하는 인식론적 구도가 나타난다는 점이다. 다시 말해 인식이란 측면에서 감옥으로서의 몸은 참된

---

104) "철학(지혜에 대한 사랑)에 옳게 종사하여 온 사람들은 모두가 다름 아닌 죽는 것과 죽음을 스스로 추구하고 있다는 것을 다른 사람들이 실로 모르고 있는 것 같으이." 플라톤, 박종현 역주, 『에우티프론, 소크라테스의 변론, 크리톤, 파이돈―플라톤의 네 대화편』, 「파이돈」(서울: 서광사, 2003), 64a.
105) 플라톤, 『에우티프론, 소크라테스의 변론, 크리톤, 파이돈―플라톤의 네 대화편』, 「파이돈」, 64c.
106) 플라톤, 『에우티프론, 소크라테스의 변론, 크리톤, 파이돈―플라톤의 네 대화편』, 「파이돈」, 67d.

이해를 방해하는 요소로 간주되며, 오직 혼에 의한 인식만이 순수하고 참된 것으로 간주되는 것이다. 혼에 의한 인식만이 순수하고 참된 것이라면 참된 것은 오직 혼의 독존 상태에서 인식된 것이어야만 한다. 그러나 인간은 몸 안에 혼을 담고 있기 때문에, 오히려 혼만이 있었을 때의 인식 내용을 몸의 제약으로 말미암아 '망각하거나' '잃어버린' 상태라고 말할 수 있다. 이것이 플라톤의 인식이론이 상기설로 명명된 이유이기도 하거니와, 철학자와 죽음의 관계에서 시작한 논의가 몸과 혼 및 이들에 대한 인식에 관련된 논의를 불러일으키고, 이것에 뒤이어 상기설이 언급되는 이유이기도 하다.

> 선생님께서는 우리에게 배움(알게 됨, 이해하게 됨: mathēsis)이란 상기함(想起: anamnēsis) 이외의 다른 것이 아니라고 하시는데, 그게 사실이라면, 그 주장에 따라서도 지금 우리가 상기하게 되는 것들은 이전에 어느 땐가 우리가 알게 되었을 것(배웠을 것)임이 짐작컨대 필연적입니다. 그러나 이는, 만일에 우리의 혼이 지금의 이런 인간적인 모습으로 태어나기 이전에 어딘가에 있었지 않았다면 불가능한 일입니다.[107]

상기설의 엄격한 의미가 어떤 것인가 하는 것은 논의의 초점이 아니다. 분명한 것은 우리말에서 발견되는 '죽는다'를 대체하는 '돌아간다'는 낱말의 용례와 플라톤의 상기설이 근본적으로 같은 은유적 구도에 근거를 두고 있다는 것이다. 『성경』의 '실낙원'에 관한 신화가 의미하고자 하는 것 역시 이와 똑같다. 인간이 죽음을 통해 돌아가려는 세계, 혼이 몸으로부터 풀려난 상태, 인간이 잃어버린 낙원으로 되돌아간 상태는 본질적으로 똑같은

---

107) 플라톤, 『에우티프론, 소크라테스의 변론, 크리톤, 파이돈─플라톤의 네 대화편』, 「파이돈」, 72e~73a.

의미를 갖는다. 그것을 위한 노력들은 각기 다른 진리관과 가치관에 의거해서 각기 다르게 불리겠지만, 숨길 수 없는 것은 이러한 상황을 인지적으로 구성하고 이해하는 방식 자체의 동질성이다. 그리고 여기에서 나타나는 것은 '돌아감' 자체가 근원적으로 '좋음'을 함축한다는 것이다. 낙원으로 되돌아가기 위해서 노력하는 것은 좋은 것이다. 혼이 몸에서 분리되는 것은 좋은 것이다. 따라서 죽는 것, 즉 돌아가는 것은 좋은 것이다. 즉 되돌아간다는 것은 '잃어버린 보물' 은유의 관점에서 해석될 때 그 자체로 처음부터 좋은 것으로의 귀환이다.

이처럼 '잃어버림'과 '되돌아감'이란 두 가지 사건에 대한 은유적 이해가 성립되고, 이러한 은유적 이해가 인간적인 노력들과 연관을 맺게 될 때 비로소 이 은유는 수양이란 영역에 투사될 수 있는 가능성을 갖게 된다. 즉, 우리는 애초에 좋은 상태에 있었다. 내부적 이유에 의해서든 외부적 이유에 의해서든 아니면 그 둘의 혼성에 의해서든 아무튼 어떤 이유에 의해 우리는 좋은 상태로부터의 추락을 경험한다. 존재론적 상태이든, 인식론적 상태이든, 아니면 현실적인 삶의 상태이든 그것은 문제가 되지 않는다. 우리의 처지는 마치 소중한 보물을 잃어버린 사람의 처지와 극히 유사하다. 그 사람이 자신의 잃어버린 보물을 찾기 위해 사방을 뒤지는 것처럼, 우리는 상실에 대한 자각을 단초로 애초의 좋은 상태를 회복하기 위해 노력을 기울인다. 그것이 바로 '수양'이 아니라면 달리 무엇이겠는가? 이러한 단순화가, 성리학적 수양이란 개념에 대한 우리의 이해가 소중한 물건의 분실과 되찾음이라는 일상생활의 체험적 사실에 기반을 두고 형성되었다는 평범한 사실을 일깨워 준다는 점에서 너무 평이하다는 데 실망할 필요는 없다. 오히려 상황은 그 반대이다. 오직 우리 인간만이 자신이 일상생활에서 겪었던 사태에 대한 인지적 구성물로부터 자신의 다른 삶의 영역의 문제를 해결하기 위해 이론적 틀을 차용하고, 또 그것을 다른 영역에 적용하는 과정에서 창조적 변형을 시도하며, 실제로 그렇게 해서 때로는 성공적으로 문제를 해결하는 지성적 존재라는 사실을 알려 주기 때문이다.

개념적 은유의 관점에서 이 은유의 근원 영역은 보물이라고 불리는 어떤 물건에 대한 분실, 되찾음과 관련된 일련의 사건 경험과 이로부터 유도된 게슈탈트적인 이해의 구조이고, 목표 영역은 수양이라고 불리는 추상적인 영역이다. 이것이 은유적으로 사상되는 것은 이런 것이다. 만일 인간이 본래적으로 선한 어떤 것을 타고났다고 가정하자. 흔히 이런 가정은 성선설 性善說로 불린다. 이제 보물의 분실과 재획득이라는 사건의 구조는 인간의 성性이라는 추상적 개념에 아래와 같은 사상 관계를 통해 일련의 서사 (narrative)를 창조한다.

원천 영역		목표 영역
보물	→	성선
소유 상태	→	성선의 유지
사건의 발생	→	악의 계기 발생
보물의 상실	→	성선의 상실
상태 변화의 경험	→	선에서 악으로의 인격적 변화의 경험
상실 상태의 유지	→	악한 상태의 유지
상실 상태의 자각	→	악한 상태의 자각
되찾으려는 노력의 발생	→	악한 상태를 벗어나려는 노력의 발생
되찾는 노력	→	수양을 위한 노력
되찾음	→	수양으로 인한 선의 회복
상태 변화의 경험	→	악에서 선으로의 인격적 변화의 경험
상태의 유지	→	되찾은 성선의 유지

이러한 가상적인 서사 구조에 어떤 설득력이 있을까? 이제 『논어』의 첫 구절을 둘러싼 『논어주소』와 『논어집주』의 해석상의 차이를 검토해 보자. 이러한 사상 구조가 단순한 창작이 아니라 보편적인 은유의 원초적 형태라는 점과, 실제로 이러한 원초적 구조에 기대고 배움(學)이란 낱말의 해석을 시도하고 있는 것이 『논어집주』라는 점을 알게 될 것이다.

5.

『논어』 「학이」편의 첫 구절은 유명한 '배우고 때로 익히면 즐겁지 아니한가?'라는 문장으로 시작한다. 이 구절의 첫 단어 즉 '학學'에 대해 『논어주소』에서는 『백호통』의 해석을 인용해 "배운다(學)는 말은 깨닫는다(覺)는 뜻이다. 내가 알지 못하는 것을 깨닫는 것이다"[108]라고 풀이하고 있다. 이와는 대조적으로 주희는 『논어집주』에서 같은 낱말을 아래와 같이 설명하고 있다.

> 학學이라는 말은 '본받는다'(效)는 뜻이다. 사람의 본성은 모두 선하지만 이것을 깨닫는 데는 순서가 있다. 뒤에 깨닫는 사람은 반드시 먼저 깨달은 이가 한 것을 본받아야 선을 분명하게 알아서 그 처음을 회복할 수 있다(復其初也).[109]

당장 눈에 띄는 것은 주희가 '사람의 본성이 모두 선하다'고 말할 때

---

108) 何晏 注, 邢昺 疏, 『論語注疏』(13경주소 정리본 vol.23, 북경: 북경대학출판부, 2000), 2쪽.
109) 주희, 『논어집주』, 17쪽.

맹자적인 성선론의 관점에 기반을 두고 『논어』를 해석하겠다는 철학적 지향점을 선명하게 보여 준다는 점이다. 문제가 되는 것은 두 번째 주장인데, 주희가 '처음을 회복한다'고 말할 때 약간 이상한 점이 발견된다. 이러한 구도는 『논어』에도 없었고, 『논어주소』도 가정하지 않는 구도이다. 물론 여기에서 당나라 말기에 이고李翱가 '성을 회복한다'(復性)고 말했던 것이 성리학적 수양론의 구도로 재도입되고 있다는 것을 손쉽게 알 수 있다. 그런데 왜 성리학적 수양론의 근본 구도는 '회복한다'는 낱말의 사용을 필수적으로 요구해야만 하는가? 이 질문은 왜 배운다의 의미가 '깨닫는다' 혹은 '알다'로서의 각覺이 아니라 '본받는다'로서의 효效로 규정되어야 하는가라는 의문과 연관되어 있다. 본받는 행위로서의 배움의 귀결이 '처음을 회복한다'는 것이기 때문이다.

이 구절에 대한 상투적인 대답은 이미 존재하고 있다. 리와 기라는 성격을 달리하는 두 가지 개념으로 세계를 설명하려는 근본적인 이원론적 구도가 인간의 본성을 본연의 성과 기질의 성으로 이분화시키고, 이런 이분화의 결과 기질의 영향을 받지 않을 수 없는 필연적인 상황의 구속으로 말미암아 인간이 본연의 성이 가지는 순수하고 선한 속성을 발휘하지 못하기 때문에, 기질의 영향력을 극복하는 의도적인 노력을 통해 본연의 성이 현실 속에 충분히 발휘될 수 있도록 해야 한다는 것이다.

주목할 점은 이 상투적인 해명이 어떤 잃어버린 소중한 것에 대한 되찾음이라는 내적 구도를 따라서 진술되고 있다는 것이다. 이것은 마치 소중한 물건, 즉 보물을 잃어버린 사람이 그 보물을 되찾기 위한 힘겨운 여정에 나서고, 그 여정의 결과 다시 보물을 손에 넣고 기뻐하는 이미지와 비슷하다. 사실상 바로 이런 이미지가 성리학의 '복기초'라는 수양론적 구도의 기저를 이루는 한 가지 핵심이라는 것은 부정할 수 없는 사실이다.

하지만 도대체 왜 주희는 『논어』의 첫 구절을 읽는 독자의 현재 상태를 무언가를 잃은 상태로 가정하는가? 즉 왜 수양을 필요로 하는 성리학자의 출발지는 이미 소지했던 무언가를 잃어버린 상태인가? 왜 수양은 상실한 무언가를 되찾는 행위인가? 다시 말해 왜 성리학의 수양론은 '잃어버린 보물'이란 은유적 구도를 가정해야만 하는가?

그 주된 실마리는 주희가 사람의 본성은 모두 선하다고 말할 때 드러나고 있다. 즉, 그 단서는 맹자에게로 거슬러 올라간다. 『논어집주』가 '잃어버린 보물'이란 은유적 구도를 가정하는 것은 맹자의 성선설 자체가 동일한 은유를 배경으로 진술되고 있기 때문이다. 맹자에 의하면 우리는 애초에 우리가 가지고 있었던 소중한 어떤 것을 어디에선가 상실한다. 예를 들자면 인仁과 의義가 그 대표적인 사례이다.

> 맹자는 말했다. "인仁은 사람의 마음이요 의義는 사람의 길이다. (사람들이) 그 길을 버리고 따르지 않으며 그 마음을 잃어버리고 찾을 줄을 모르니 애처롭다. 사람이 닭과 개가 도망가면 찾을 줄을 알면서 마음을 잃고서는 찾을 줄을 알지 못하니 학문하는 방법은 다른 것이 없다. 그 잃어버린 마음(放心)을 찾는 것일 뿐이다."110)

맹자의 말과 주희의 말을 대조할 때 분명해지는 것은 맹자가 말하는 '찾는다'(求之)는 말은 사실상 '회복한다'(復)는 뜻이라는 점이다. 왜냐하면 찾는 대상이 이미 '잃어버린 마음'이기 때문이다. 주희는 맹자의 구도를 바로 이

---

110) 『孟子』, 「告子 上」 11장.

러한 방식으로 이해하고 '찾는다'는 표현을 '회복한다'—더 정확하게는 '되찾는다'—로 바꿀 수 있었던 것이다. 맹자에게서 이런 구도는 비단 '구방심'이라는 짧은 문장 속에서 단발적으로만 나타나는 것이 아니다. 우산牛山의 나무들이 갖고 있던 아름다움도 이와 똑같은 구조를 갖고 있다. 우산의 나무를 베어 가는 도끼와 자귀, 나무의 싹을 없애는 소와 양의 방목은 우산의 나무가 가졌던 아름다움과 심지어는 그 아름다움의 가능성까지도 없애버린다.111) 사람의 양심良心도 마찬가지다. 하지만 맹자가 양심의 상실을 말할 때 미묘한 차이가 발생한다.

비록 사람에게 보존된 것인들 어찌 인의仁義의 마음이 없으리오마는 그 양심良心을 잃어버림이 또한 도끼와 자귀가 나무를 아침마다 베어 가는 것과 같으니, 이렇게 하고서도 아름답게 될 수 있겠는가.…… 곡망梏亡하기를 반복하면 야기夜氣가 족히 보존될 수 없고, 야기夜氣가 보존될 수 없으면 금수禽獸와 거리가 멀지 않게 된다. 사람들은 그 금수 같은 행실만 보고는 일찍이 훌륭한 재질材質이 있지 않았다고 여기니, 이것이 어찌 사람의 실정實情이겠는가.112)

맹자는 사람이 양심을 잃으면 금수와 거리가 멀지 않게 된다고 말했다. '금수와 멀지 않다'고 한 것은 말을 완곡하게 한 것일 뿐 내적인 의미는 '짐승과 똑같다'는 것이다. 그런데 바로 여기에 문제가 있다. '인간이 짐승과 같다'는 말은 '인간은 짐승'이라는 개념적 은유를 나타내는 언어적 표현이다. 그런데 바로 이 구절에 대해 해석하면서 주희는 『맹자』의 원문에 보이

---

111) 『孟子』, 「告子 上」 8장 참조.
112) 『孟子』, 「告子 上」 8장.

는 금수禽獸라는 표현을 사용하지 않는다. 주희는 의도적으로 '금수'라는 낱말의 사용을 회피하는 것처럼 보인다. 그것은 똑같은 경향성이 반복적으로 나타나는 데에서 알 수 있다. 맹자는 「공손추 상」에서 측은지심을 비롯한 네 가지 마음이 없으면 사람이 아니라고 말했다. 이에 대해 조기趙岐는 "이 네 가지가 없다면 마땅히 짐승과 같지(當若禽獸) 사람의 마음이라고 할 수 없다는 말이다. 사람이라면 (반드시) 가지고 있다. 다만 보통 사람들은 이것을 확장해서 행동으로 옮기지 못할 뿐이다"[113]라고 풀이했다. 그러나 주희는 "만일 이것이 없으면 사람이라 이를 수 없다고 말씀하였으니, 이것으로 사람이 반드시 가지고 있음을 밝히신 것이다"[114]라고만 해석할 뿐이다. 하지만 사람이라 이를 수 없다면 달리 무엇이라고 불러야 한단 말인가? 여기에서 조기는 금수라는 낱말의 사용에 아무런 거리낌이 없지만, 주희는 무언가 불편함을 느끼고 있다는 것을 알 수 있다. 뜻밖에도 이러한 주희의 태도를 이해하는 데 실마리를 제공하는 이는 육구연陸九淵이다.

> 선생께서 중화重華(舜)를 언급하시면서 이렇게 논했다. "장자莊子가 노자老子에 미치지 못한 점이 세 가지인데, 맹자가 공자에 미치지 못한 점도 세 가지이다. 그 가운데 하나는 부당하게도 사람을 짐승과 비교한 것인데, 회옹晦翁(주희)에게 도 이런 이론이 있다."[115]

육구연이 구체적으로 주희의 어떤 이론을 가리켜 말한 것인지는 불분명하지만, 인간과 짐승을 비교한 것은 부당하다는 그의 말이 의미하는 것은

---

113) 趙岐, 『孟子注疏』(문연각사고전서 vol.195, 臺北: 商務印書館, 1988), 권3하, 87쪽.
114) 주희, 『맹자집주』, 103~104쪽.
115) 육구연, 「象山語錄」, 권2, 『象山集』(문연각사고전서 vol.1156), 564쪽.

명료하다. 주희는 금수라는 낱말의 사용을 꺼렸지만, 육구연은 한 걸음 더 나아가 아예 맹자의 최초 진술 자체가 잘못이라고 주장한다. 주희와 육구연의 대조에서 밝혀지는 것은 비판의 강도가 육구연으로 갈수록 점점 더 세진다는 점이다. 이것은 과연 무엇을 말하는가? 이런 주장은 맹자에게서 나타나는 '잃어버린 보물' 은유와 무슨 상관이 있는가? 이것을 분명히 하기 위해서는 이고의 경우를 검토해 보아야 한다.

6.

은유적 관점에서 보자면, 육구연이 맹자가 인간을 짐승과 비교한 것이 부당하다고 주장하는 것은 '인간은 짐승' 은유의 사용을 배제하겠다는 뜻을 함축한다. 그런데 '인간은 짐승' 은유는 '잃어버린 보물' 은유에서 인간적인 좋음의 상실로부터 야기된 파생 은유이다. 즉, 인간적인 좋음을 상실하면 인간은 짐승의 수준으로 격하된다는 뜻이다. 따라서 이 파생 은유가 더 이상 받아들여지지 않는다는 것은 '잃어버린 보물' 은유 자체가 지금까지 말해졌던 것처럼 단순한 보물의 상실과 그 회복에 대한 요구 사이의 구도에서 파악되어서는 안 된다는 것을 의미한다. 과연 그런가? 여기에 대한 실마리를 보여 주는 것은 바로 이고의 「복성서」이다.

사람이 성인이 될 수 있는 것은 성 때문이다. 사람이 그 성을 미혹시킬 수 있는 것은 정 때문이다. 희노애구애오욕이란 일곱 가지는 모두 정이 그렇게 하는 것이다. 정이 이미 성을 어둡게 만들면 성은 바로 가린다. 그렇지만 성은 잘못 때문이 아니라 일곱 가지가 번갈아 가며 생겨나기 때문에 확충될 수 없는 것이다. 물이 더러우면 물의 흐름이 맑지 못하고 불이 연기가 나면 그 빛이 밝지 못하는데, 물과 불의 맑고 밝음이 잘못되어서가 아니다. 모래가 더럽히지 않으면 물의 흐름은 맑아지고, 연기가 피어오르지 않는다면 불빛은 밝아진다.[116]

이고의 말에서 '잃어버린 보물' 은유는 미묘한 변형을 겪고 있다. 여기에서는 잃어버린 보물로서의 '성性'이 결코 잃어버릴 수 없는 것으로 가정되기 때문이다. '잃어버린 보물'과 결코 잃어버릴 수 없는 어떤 것의 공존이 나타나고 있는 것이다. 도대체 이런 이율배반적인 공존이 어떻게 가능한 것일까? 주희는 이고가 지나치게 '성'과 '정'의 이분법적 구도를 강조했다는 이유로 이렇게 비판했다.

『중용中庸』은 자사가 지은 책이다.…… 당나라 이고李翱에 이르러서야 비로소 이 책을 믿고 존중하면서 논설을 만들었다. 그러나 그가 정을 없앰으로써 본성을 회복한다(滅情以復性)고 한 것은 또한 불교와 도교의 (사상이) 뒤섞인 것이요, 또한 증자·자사·맹자가 전수한 것과도 다르다.[117]

이러한 평가는 사실 주희에게서 비롯된 것이 아니다. 유자휘劉子翬는 이미 주희에 앞서서 이렇게 말하고 있기 때문이다.

당나라 이고는 스스로 자사가 쓴 『중용』의 학문을 익혔다고 하면서 「복성서」 세 편을 썼고, 이치를 안다고 하는 이들은 뛰어나다고 칭찬한다. 그러나 내가

---

116) 李翱, 「復性書」 上, 『李文公集』(문연각사고전서 vol.1078), 권2, 106쪽.
117) 朱熹, 「中庸集解序」, 『朱子大全』, 권75, "中庸之書子思子之所作.……至唐李翱始知尊信其書為之論說. 然其所謂滅情以復性者, 又雜乎佛老而言之則, 亦異於曾子子思孟子之所傳矣."

배운 것과는 조금 차이가 있다. 그는 "사람에게서 그의 본성을 현혹시키는 것은 정이다. 희노애구애오욕이 모두 정이 그렇게 하는 것이다. 정은 거짓된 것이요 사특한 것이다. 거짓된 정을 없애고 종식시켜야만 본성은 맑고 바르게 된다"고 했고, 또 "이치를 따라서 움직이는 것이 사람들로 하여금 기욕을 잊고 성명으로 돌이키는 방법"이라고도 했다. 그가 추론한 대강을 따라가 보면 모두 '정을 없애는 것'(滅情)으로 말했다. 그의 말이 고묘하지 않은 것은 아니지만 자사가 쓴 『중용』의 학문과는 다르다.[118]

정확하게 말하자면 유자휘와 주희가 반대한 것은 '멸정론'에 근거한 '복성'이지 '복성' 자체가 아니다. 그래서 주희는 분명하게 "이고가 '본성을 회복한다'고 한 것은 옳지만, '정을 없앰으로써 본성을 회복한다'고 한 것은 옳지 않다. 정을 어떻게 없앨 수 있겠는가? 이것은 바로 불교의 이론인데도, 그 가운데 빠져서는 알지 못하는 것이다"[119]라고 말했다. 그러나 유자휘에 의하면 이고의 주장에는 한 가지 위험성이 더 포함되어 있다. "『중용』의 학문에는 정을 없애야 한다고 한 적이 없다. 정은 태어나면서 함께 생기는 것인데, 어떻게 없앨 수 있겠는가? 정을 없앨 수 있다면 성도 없앨 수 있다."[120] 유자휘는 여기에서 가장 핵심적인 질문을 한다. '정을 없앨 수 있다면 성도 없앨 수 있다'는 말은 기원으로 볼 때 성과 정이 똑같다는 것이다. 즉 정이나 성이나 '태어나면서 함께 생기는 것'이다. 거꾸로 말하면, 멸정이 불가능하다면 멸성도 불가능하다는 것이다. 그런데 '멸성'이란 사실 본성의 완전한 상실을 가리키기 때문에, 유자휘의 말은 외견상으로 볼 때 '잃어버

---

118) 劉子翬, 「聖傳論 十首·子思」, 『屛山集』(문연각사고전서 vol.1134), 권1, 375쪽.
119) 黎靖德 編, 『朱子語類』 vol.5(臺北: 中華書局, 1983), 1182∼1183쪽.
120) 劉子翬, 「聖傳論 十首·子思」, 『屛山集』, 권1, 375쪽.

린 보물' 은유와 배치되는 것처럼 보인다. 성이란 잃을 수 없는 것이다. 그렇다면 우산의 나무가 아름다움을 상실하고, 사람이 양심을 상실하고, 사람이 본성을 상실한다는 것은 원천적으로 불가능하다는 뜻인가? 맹자는 분명히 '잃어버린 마음'이라고 말하고 있다. 여기에서 문제는 성은 잃어버릴 수 없고, 마음은 잃어버릴 수 있다는 지엽적인 차이가 아니다. 성이든 마음이든 '잃어버릴 수 있다'는 가능성을 염두에 둔 사고와 '잃어버릴 수 없다'는 전제를 가정한 두 가지 사유가 부딪치고 있기 때문이다.

맹자의 '구방심'은 명백하게 '잃어버린 보물'의 은유적 구도를 따르고 있다. 그렇지만 마음을 완전하게 잃어버렸다면, 이것을 되찾을 방법도 없을 것이다. 주희가 '금수'라는 낱말의 사용을 꺼린 것도, 육구연이 맹자가 인간을 짐승과 비교한 것이 잘못이라고 비판한 것도 하나의 논점으로 수렴된다. 즉 인간이 완전하게 짐승이 된다면, 인간성이 회복될 수 있는 가능성은 어디에서 확보되어야 한단 말인가? 이 우려가 주희에게 '금수'란 낱말의 사용을 꺼리게 만들었고, 육구연이 맹자를 비판하게 만들었다. 똑같은 것이 이고의 「복성서」와 그에 대한 유자휘와 주희의 비판에서 드러난다. '정情'을 없앨 수 있다면, '성性'도 없앨 수 있을 것이다. 그렇다면 이런 상태를 가정하고서 성선의 회복 가능성을 다시 어디에서 확보할 수 있는가? 그것은 불가능한 일이다. 왜냐하면 선의 가능성은 '성선'이란 낱말 속에서 불가피하게 '성'과 묶여 있기 때문이다. 그러므로 유가적 결론은 이중적 주장을 함축하게 된다. '성선'의 가능성은 비록 상실되지만, 그것은 완전하게 상실되어서는 안 되는 것이다. 바로 이러한 유학적 사고의 이중적 경향성을 가장 분명하게 보여 주는 것이 권근의 「천인심성합일지도」에 나타난 구석진 여백이다.

「천인심성합일지도」는 인간을 은유적으로 '인간은 짐승'과 '인간은 하늘'이란 두 가지 부류로 구분하면서도 짐승으로서의 인간에 대한 부가 설명을 통해 인간이 아무리 짐승의 수준으로의 타락을 겪더라도 인간적 '선이 완전히 상실되는 경우는 없다'(未嘗無善)고 주장하고 있다.[121] 여기에 대해 나는 이미 앞에서 분명하게 이렇게 말했다.

인간성의 선의 내용이 상실되어 짐승의 수준으로 격하된다는 것과 그럼에도 불구하고 수양을 통해 자신을 도야시켜 '인간은 하늘'이라고 은유적으로 묘사되는 이상적 수준으로 진행하기 위한 최소한의 교두보를 확보해야 한다는 이중적인 이론적 주장을 어떻게 조화시킬 수 있을까? 권근이 선택한 것은 두 가지 은유의 종합이다.……「천인심성합일지도」의 구석진 여백은 '인간은 짐승' 은유의 언어적 표현이 '좋음과 나쁨의 변화는 밝음과 어두움의 면적 변화'란 은유의 비언어적 표현이 갖는 의미—점증되어가는 선의 상실 가능성과 동시에 완전한 선의 상실을 거부한다는—의 명료화를 위해 자신의 자리를 내준 데에서 야기된 귀결이었던 것이다.[122]

이런 이해 때문에 상실은 사실 상실이라고 할 수 없는 불완전한 성격을 띠게 된다. 그리고 이것이 한 가지 변형을 낳았다. 즉, 상실은 불완전한 발현이라는 형태로 변이된다. 즉 마음이나 성은 상실되는 것이 아니라, 그대로 있는 대신에 그 대체물로서 그 자신의 어떤 본래적인 기능이나 속성의 발현에 제약을 받게 되는 것이다. 이것은 문자 그대로 상실일 수가 없기 때문에, 본래적인 속성 역시 상실이라기보다는 은폐된다는 식으로 이해된

---

121) 이향준, 「구석진 여백」, 『범한철학』 53집(범한철학회, 2009), 73~74쪽.
122) 이향준, 「구석진 여백」, 『범한철학』 53집, 73~74쪽.

다. 그래서 주희는 흔하게 '인욕의 가림'(人慾之蔽)이라는 말을 사용했고, 맹자는 '물욕이 가린다'(物欲蔽之)고 했던 것이다. 따라서 '잃어버림'(放)과 '가림'(蔽)이란 낱말의 공존은 우연이 아니라 유가적 수양론의 정당화를 위해 필연적이다. 결국 유가적 수양론은 맹자 시대부터 '잃어버린 보물' 은유와 함께 기능적인 측면에서 기능과 속성의 발현을 제약당할 수는 있지만, 동시에 존재론적으로는 '잃어버릴 수 없는 보물'이 있어야 한다는 이중적인 주장을 함께 함축하고 있다. 맹자가 사용한 '짐승'(禽獸)이란 낱말에 대해 주희가 주저하고, 육구연이 비판하는 것은 이를 증명한다.

7.

이상의 고찰을 살펴보면 흥미로운 유사성이 한 가지 발견된다. 공자의 배움(學)에 대한 『논어주소』의 해석은 한 대에 성립된 『백호통』에 근거를 두고 있다. 이 말은 한 대의 배움에 대한 이해가 '알지 못하는 것'(未知)에 대한 배움이라는 이해의 수준에 머물러 있다는 것을 의미한다. 그런데 공자를 계승했다는 맹자에 이르면 '학문의 도는 다른 것이 아니라 잃어버린 마음을 구하는 것'이라고 단언된다. 여기에서는 분명히 '잃어버린 보물' 은유가 내재되어 있다. 그러니까 공자의 배움이란 낱말의 사용에는 '잃어버린 보물' 은유가 전제되어 있지 않음에도 맹자에게는 '학문의 도'를 설명하기 위해 이 은유가 필요한 것이다.

따라서 『백호통』을 인용하는 『논어주소』의 깨달음(覺) 역시 '잃어버린 은유'와 관련이 없다. 모르는 것을 알고 깨닫는 것에는 무지의 상태에서 지의 상태로의 전이만 있을 뿐, 과거에 가지고 있던 지에 대한 되찾음이라는 구도는 없다. 그러나 『논어집주』는 잃어버린 어떤 것에 대한 되찾음을 말하고 있다. 그런 되찾음의 과정을 실현한 앞사람들의 행적을 본받는(效) 것이 곧 배움의 의미라는 것이다. 여기에는 맹자와 똑같은 '잃어버린 보물' 은유가 내재되어 있다.

이상의 내용이 언급하는 상황과 극히 유사한 상황이 뜻밖의 곳에서 발견된다. 알려진 대로 소크라테스는 '너 자신을 알라'라는 말로 대표되는 '무지의 자각'에서 출발하여 산파술을 통해 객관적 지식을 추구할 것을 설파한다. 여기에서도 공자와 마찬가지로 무지에서 지로의 이행이라는 단계만이 있을 뿐이다. 그런데 소크라테스를 계승했다는 플라톤의 상기설은 벌써 잃어버린 진리에 대한 기억을 말하고 있다. 상기하기 위해서 우리는 먼저 그것을 상실해야 한다. 즉 플라톤의 상기설은 '잃어버린 보물' 은유를 내포한다. 이러한 공통점은 도대체 무엇을 말해 주는가?

공자, 소크라테스, 『논어주소』가 전제하지 않는 은유를 맹자, 플라톤, 『논어집주』는 포함한다. 놀랍게도 후자는 모두 전자를 계승 발전시켰다는 학술적 평가를 받는다는 공통점이 있으며, 이들 모두는 '잃어버린 보물' 은유를 자신들의 이론에 내재적으로 포함하고 있다. 이런 유사성에 대해 가능한 두 가지 체험주의적 대답이 있다.

먼저 '잃어버린 보물' 은유는 레이코프와 존슨이 도덕성에 대한 심층 분석이라고 명명한 것과도 일치한다. 이에 따르면 도덕성은 기본적으로 자신의 것이든 타인의 것이든 평안함과 관련이 있기 때문에 평안함에 관한 기본적 경험이 도덕성에 대한 개념적 은유를 산출한다. 그리고 여기에 기반을 둔 도덕성을 정의하는 편재적인 은유들 가운데 하나는 '도덕성은 부' 은유이다. 사실상 '잃어버린 보물' 은유는 이 '도덕성은 부' 은유의 하위 은유라고 볼 수 있다. 즉 우리는 무언가 필요한 것을 가지고 있지 않을 때보다 갖고 있을 때 더 잘살기 때문에 평안함은 부와 연결되고, 도덕적 행위는 사람들의 평안함을 증대시키는 것, 은유적으로는 그들의 부를 증대시키는 것이다. '잃어버린 보물' 은유에 따르면, 보물의 소지 상태는 충분한 부를 소지한 상태이고, 따라서 평안함이 충만한 상태이다. 보물의 상실은 부의 상실, 즉 평안함의 상실을 뜻한다. 따라서 거의 자동적으로 평안함의 상실에 대한 자각으로부터 유래해서 평안함을 되찾으려는 노력 즉, 수양은 정당화된다. 바로 이것이 '잃어버린 보물' 은유의 참된 핵심 가운데 하나이다. 즉 '잃어버린 보물' 은유를 가정하는 순간, 수양은 자동적으로 도덕적 행위로 간주된다. 이것은 간단한 추론에 의해 정당화된다. '도덕성은 부' 은유에 따르면 평안함으로서의 부를 증대시키는 것은 그 자체로 도덕적인 행위이기 때문이다.

오비디우스의 사라진 황금시대에 대한 탄식은 잃어버린 '좋음'과 '정의' 즉, 도덕성에 대한 탄식이다. 플라톤의 상기설은 이 도덕성으로서의 보물 은유에, '도덕적인 것은 참된 것' 즉 진眞과 선善은 일치한다는 고전적인 사고를 뒤섞기만 하면 된다. 공자에 의하면 보물은 잃어버린 주나라의 문명이다. 선종의 「심우도尋牛圖」에 의하면 '잃어버린 소'는 훗날 그런 소를 가정한다는 사실 자체가 문제시된다고 하더라도, 깨달음을 추구하려고 처음 시도하는 자들에게는 여전히 유효한 동기와 자극을 제공하는 도구이다. 『논어집주』의 첫머리에 나타난 '복기초'라는 낱말 역시 유학자들에게 성리학적 이론체계가 주장하는 특수한 행위 양식들을 '잃어버린 본성을 되찾는 활동'으로, 따라서 도덕적 활동으로 간주하도록 정향시킨다. 중요한 점은 이 모든 과정이 일반적인 '잃어버린 보물' 은유를 배경으로 이루어진다는 점이다. 이런 사실로부터 텍스트 속에서는 전혀 언급되지 않으면서 언제나 그 텍스트 속 진술들의 의미를 이해하는 기저의 배경을 이루고 있는 '잃어버린 보물' 은유의 실재를 목격하게 되는 것이다. 이것은 '잃어버린 보물' 은유가 동·서 문화나 시대의 차이를 상관하지 않고 광범위하게 유포되어 있는 평이하고 일반적인, 이것을 떠올리기에 일부러 의식할 필요조차 없는 개념적 은유라는 사실을 가르쳐 준다.

두 번째 대답은 이와는 조금 다르다. 존슨은 도덕이론의 구성에 기여하는 서사(narrative)의 상상적 성격을 강조하기 위해, 아리스토텔레스가 제기한 원형적인 서사의 구조가 시작-전개-종료의 단계를 갖는 것은 '원천-경로-목표'라는 이동 도식이 삶의 측면에 상상적으로 사상된 것이라고 주장했다. 그런데 그가 '균형' 도식이 서사의 구성에 핵심적이라면서 다음과 같이 말할 때 '잃어버린 보물' 은유와 똑같은 것이 다시 한 번 나타난다.

이야기는 흔히 주인공의 심리 상태, 가족의 조화, 또는 균형적인 사회적·정치적 질서 등 균형 있고 조화로운 상태로 특징지어지는 최초의 상황에서 출발한다. 그러나 이 균형은 심각한 긴장을 초래하면서 곧 무너진다. 정서적으로, 낭만적으로, 직업적으로, 정치적으로, 또는 종교적으로 무엇인가 부족한 것이다. 또는 어떤 힘들(자연적, 심리적, 정치적)이 균형을 잃을 수도 있다. 투쟁, 긴장, 의미 상실, 제도의 붕괴, 영적 침체 등이 따라올 수 있다. 이야기는 최초의 조화를 회복하거나 규범적 '균형'을 복구해 주는 새로운 조화를 창출하는 시도를 중심으로 전개된다.[123]

---

123) M.존슨, 노양진 옮김, 『도덕적 상상력: 체험주의 윤리학의 새로운 도전』(파주: 서광사, 2008), 343쪽.

존슨이 여기에서 말하고 있는 것은 경험을 통일성 있게 조직하는 서사의 원형적 구조가 사실은 일종의 균형 회복과 관련된 영상도식의 관점에서 조직된다는 사실이다. 하지만 '이야기는 최초의 균형과 조화 상태에서 출발한다', '그것은 곧 무너진다', '이야기는 최초의 조화를 회복한다'는 등의 진술에서 나타나는 것은 오히려 '잃어버린 보물' 은유 그 자체이다. 존슨의 진술이 '잃어버린 보물'과 극히 유사한 구도를 갖는 것은 '균형' 도식과 '잃어버린 보물' 사이에 근친성이 존재한다는 것을 의미한다. 즉, '균형' 도식의 관점에서 볼 때 '잃어버린 보물'은 균형의 유지—상실—균형의 재획득이라는 구도와 일치하고, 이것은 다시 서사의 원형적 구도인 시작—전개—종료의 단계와 일치한다. 다시 말해 '잃어버린 보물' 은유는 원형적인 서사 구도나 균형에 대한 영상도식들과 정합적일 수 있는 풍부한 확장력을 가지는 일차적 은유이거나, 혹은 거의 일차적 은유에 가까운 것이다.

이러한 관점에서 볼 때 어째서 '잃어버린 보물' 은유가 맹자, 플라톤, 『논어집주』에서 발견되고, 이들이 공통적으로 공자, 소크라테스, 『논어주소』를 독창적으로 계승·발전시키고 있다는 평가를 듣게 되는지 그 이유를 알 수 있다. 도식적인 측면에서 볼 때, 『논어』의 배움(學)에 대한 『백호통』과 『논어주소』와 무지에 대한 소크라테스의 입장은 똑같이 무지로부터 지의 상태로의 이행—이 이행은 '무지는 아래, 지는 위'라는 은유적 구도를 따라 아래에서 위로의 상향적 이동으로 이해할 수 있다—으로 은유적으로 단순한 직선적인 상향 구도를 갖는다. 그러나 맹자와 플라톤, 『논어집주』의 도식 구조는 이미 앞에서 묘사한 것처럼 초기 상태—하락—하락 상태의 지속—상승—초기 상태의 회복이거나, 혹은 '균형' 도식에 따르더라도 균형 상태—상실—균형의 재획득이라는 구도를 갖는다. 여기에서 주의할 점은 전자의 상향적 구도는 후자의 구도 속에 포함될 수 있지만, 후자의 구도는 전자의 구도 속에 포함될 수 없다는 비가역성이다. 즉 전자에서 후자로의 이행은 전자의 전체적 요소를 포함할 뿐만 아니라, 그것을 부분으로 포함하는 보다 넓은 이론적 구도를 갖고 있다. 따라서 전자에 속하는 것들은 후자에서도 부분적으로 나타나지만, 후자만이 가지고 있는 이론적 요소들에 의해 변형을 겪는다. 공자가 언제 본성을 회복하라고 했는가? 그렇지만 배움이 본성의 회복으로 귀결된다는 주희의 주장이 공자를 배신하고 있는 것은 아니다. 소크라테스가 언제 객관적 인식이 혼의 순수한 인식을 잊었다 되살리는 것이라고 주장한 적이 있는가? 그렇다고 플라톤의 상기설이 소크라테스의 무지의 자각이라는 정신을 배신하고 있다고 말할 수 있는가?

이러한 동형성이 우연의 산물에 불과한 것인지, 아니면 철학적 사유의 필연적인 귀결인지에 대해서는 알 수 없다. 그러나 '잃어버린 보물' 은유가, 구체적으로는 플라톤의 상기설과 맹자의 '구방심', 주희의 '복기초'가 비록 시대와 문화, 사상적 기반을 완전히 달리하는 이질적인 사유 속에서 탄생했음에도 인지적으로 동일한 구도 속에서 전개되고 있다는 최소한의 공통점을 분명히 보여 주고 있다는 점만은 부정할 수 없다.

8.

주희의 『논어집주』에 나타난 두 구절—배움(學)을 '본받는다'로 해석하고, 그것이 '처음을 회복한다'는 것으로 귀결된다는 주장—에 대한 정당화에서 출발한 이 글은 그 사이에 '잃어버린 보물'이라는 개념적 은유가 개입되어 있다는 점을 밝혀 주었다. 나아가 이 은유가 편재적이라고 불러도 좋을 만큼 다양한 문화적 사례들 속에서 빈번하게 나타난다는 점을 함께 보여 주었다.

이 은유는 『논어주소』와 『논어집주』의 배움(學)이란 낱말을 둘러싸고만 발견되는 것이 아니었다. 공자와 맹자, 소크라테스와 플라톤 사이에서도 똑같은 양상이 발견되었다. 이것은 '잃어버린 보물' 은유가 인간의 원형적인 서사 구조와 일치하는 특성을 갖고 있으며, 맹자의 '구방심', 『논어집주』의 '복기초', 플라톤의 '상기설'이 모두 이 은유를 공통의 인지적 배경으로 삼고 있다는 것을 의미한다. 이들은 모두 이전의 학술적 주장들을 부분적으로 자신의 체계 속에 받아들이면서도, 그러한 이론적 주장을 보다 포괄적인 서사적 맥락 속에서 재구성함으로써 철학사상을 계승 발전시키는 학술적 업적을 완수하는 과정에서 이 은유를 사용했던 것이다.

이런 결론은 추상적 사고에서 개념적 은유의 사용이 거의 필수불가결하다는 체험주의적 주장을 정당화한다. 주희가 『논어』의 첫 구절을 해석하는 장면에서부터 개념적 은유의 도움을 받지 않을 수 없었다는 사실은 이를 잘 보여 준다. 나아가 이러한 증거와 주장이 받아들일 만한 것이라면, 상상적 합리성으로서의 개념적 은유에 대한 탐구가 철학이론의 분석과 비판에서 점점 불가결한 것이 되어 가고 있다는 주장 역시 수용 가능할 것이다.

[제2부]
말타기의 관점에서

제1장 인승마 은유의 형성과 변형 1

태극은 사람과 같고, 움직임과 고요함은 말(馬)과 같다.

太極猶人, 動靜猶馬. 〈朱熹〉

· ·

1.

이 글은 성리학의 핵심 개념인 리理와 기氣의 관계에 대한 은유적 진술들을 새로운 은유이론을 따라 검토함으로써 '형이상학적 대상에 대한 경험적 진술'의 문제를 다루려고 한다. 왜 리나 기의 관계를 묘사하는 언급들은 '경험적'인 술어들로 채워져 있으며, 이 경험적인 술어들이 어떤 경로를 통해 형이상학적 대상들에 부과되었는지를 드러내려고 한다.

'형이상학적 대상'이라는 개념이 그런 대상에 대한 경험의 불가능성을 포함하는 것이라면 이들에 대한 경험적 서술이 존재한다는 것은 허구이거나, 경험의 어떤 측면들이 이 대상들에게로 전이되었다는 것을 의미한다. 우리가 이러한 전이 과정을 통해 형이상학적 대상을 이해하는 것이라면, 이런 전이를 가능하게 하는 기제가 무엇이고, 이를 통해 형성된 대상들의 속성이나 특성들이 무엇인가를 묻는 것은 사실상 형이상학적 대상에 대한 우리 사유의 뿌리가 어디에 있는가를 묻는 것이다.

'인승마' 은유는 주희가 리기 관계의 비유적 모델로 도입했다는 이유 때문에 한편으로는 비중 있는 언급으로 후대의 학자들에게 중시되었지만, 다른 한편으로는 은유적 표현이라는 점 때문에 거꾸로 경시되었다. 현대의 리기론적 주장을 논하는 서술 속에서도 언제나 명제적으로 표현되는 리기 관계의 구체적인 이미지를 묘사하는 보조적인 인용문으로 취급되었을 뿐 그 자체가 철학적 조명을 받지는 못했다.

이 글에서는, 형이상학적 대상에 대한 사유 역시 원초적으로 우리의 신체적 경험을 바탕으로 이해되고 서술된다는 가정을 예증하는 사례로 '인승마'를 비롯한 몇몇 은유를 검토하려고 한다. 은유이론에 기초한 분석은 리기 관계에 대한 비유적 표현으로 여겨지던 '인승마' 은유가 사실은 형이상학적 사유의 근본적인 속성을 포함한다는 것을 드러내 줄 것이다.

2.

체험주의의 새로운 은유(metaphor)이론은 은유가 단순히 언어적 기술의 문제가 아니라 우리의 사고와 행위의 중심적 작용이라고 주장한다.[1] 이 견해에 따르면 은유는 A에 대한 우리의 경험을 B라는 새로운 대상에 투사하는 것이며, 그것은 우리에게 B에 대한 새로운 경험의 방식을 제공한다. '마음은 호수' 은유는 호수에 관한 우리의 경험을 마음이라는 추상적 대상에 투사함으로써 마음을 이해하는 새로운 방식을 제공한다. '마음은 호수' 은

---

1) G.레이코프·M.존슨, 『삶으로서의 은유』 참조.

유는 '조용한 호수의 맑고 깨끗한 표면'과 같은 특성을 마음이라는 불분명한 대상에 연결시킨다. 이 은유를 통해 서로 다른 이질적인 속성들 간에 새로운 연결이 창조된다.

이런 관점에서 레이코프는 은유를 '개념체계 안의 영역 간 사상'(cross-domain mapping in the conceptual system)이라고 정의한다.[2] 또 커베체쉬는 체험주의의 은유이론을 '인지언어학적 은유이론'으로 분류하면서 세 가지 중요한 주장을 다음과 같이 요약한다. (1) 은유는 낱말의 속성이 아니라 개념의 속성이고, (2) 은유의 기능은 단지 예술적, 혹은 미적 목적뿐만 아니라 어떤 개념을 더 잘 이해하기 위한 것이며, (3) 은유는 불필요하지만 마음을 흡족하게 하는 언어 장식이 아니라, 인간의 사고와 추론의 불가피한 과정이다.[3]

한편 존슨은 이러한 은유이론을 더욱 확장함으로써 우리의 모든 경험을 은유적 확장의 구조를 통해 해명하려고 한다. 이러한 해명에 따르면 우리의 경험은 신체적·물리적 층위의 경험으로부터 점차 정신적·추상적 층위의 경험으로 확장되며, 이러한 확장 과정에서 '은유적 투사'(metaphorical projection)가 중심적 역할을 한다는 것이다.

우리는 은유를 통해 우리의 물리적 경험에서 얻어지는 패턴들을 사용함으로써 보다 더 추상적인 이해를 구성한다.…… 경험의 다양한 신체적 영역에서의 신체적 운동과 상호작용은 (영상도식에서 드러나는 것처럼) 구조화되는데, 그 구조

---

2) G. Lakoff, "The Contemporary Theory of Metaphor," in Andrew Ortony ed., *Metaphor and Thought*(2nd ed., Cambridge: Cambridge University Press, 1993), p.203.
3) 커베체쉬가 지적하는 체험주의적 은유이론의 특징은 이 외에도 두 가지가 더 있다. 첫째, 은유는 종종 유사성에 기초하지 않고, 둘째, 은유는 특별한 재능을 가진 사람들뿐만 아니라 평범한 사람들도 일상생활에서 별다른 노력 없이 사용할 수 있다. Z.커베체쉬, 『은유: 실용입문서』, 「서문」, 10~11쪽 참조.

는 은유에 의해서 추상적 영역으로 투사된다.[4]

이러한 해명은 고도의 추상적 사유의 산물인 철학적 개념들과 이론들의 본성에 관해 매우 중요한 사실을 함축한다. 즉 철학적 개념들은 우리가 신체적 활동에 근거한 경험적인 요소들을 투사함으로써 형성된다는 것이다. 레이코프와 존슨은 이러한 시각을 근거로 자신들의 최근 저서인『몸의 철학』에서 서구 사상을 이끌어 왔던 철학적 개념들과 이론들에 대한 방대한 분석을 통해 그것들이 정교하고 체계적인 은유들의 산물이라는 것을 보여준다.[5]

만약 이들의 분석이 옳은 것이라면 그것은 동양의 사유에도 동일하게 적용될 수 있어야 한다. 즉 동양철학이 제시해 왔던 형이상학적 개념들 또한 신체적 경험 영역에서 드러나는 속성들의 다양한 확장의 산물이라는 것이다. 이러한 분석은 아직 낯선 것이기는 하지만 결코 전무한 것은 아니다. 예를 들면, 알란(S. Allan)은『공자와 노자, 그들은 물에서 무엇을 보았는가』(The Way of Water and Sprouts of Virtue)에서 고대 중국 철학사상의 뿌리 은유들(root metaphors)을 탐구하고 있는데, 이를 통해 '은유 모델에 근거한 고대 중국 철학사상의 구조를 추상적 개념보다는 이미지에서 출발하여 재건'하려고 시도한다.[6] 알란은 여기에서 레이코프와 존슨의 은유이론을 그 접근의 틀로

---

4) M.존슨,『마음 속의 몸』, 30쪽 참조. 한편 커베체쉬는 "이것을 단일 방향성의 원리라고 부른다. 즉, 은유 과정은 전형적으로 더 구체적인 것에서 더 추상적인 것으로 진행되지만, 그 반대 방향은 성립하지 않는다"고 설명한다. Z.커베체쉬,『은유: 실용입문서』, 7쪽 참조.
5) 레이코프와 존슨은 인지과학적 탐구의 최근 성과들을 다음과 같은 세 가지 주요 논제로 요약한다. 첫째, 마음은 본유적으로 신체화되어 있다. 둘째, 사고는 대부분 무의식적이다. 셋째, 추상적 개념들은 대체로 은유적이다. G.레이코프 · M.존슨,『몸의 철학』, 25쪽 참조.

제안하고 있지만 구체적인 개념들의 형성 구조를 충분히 살펴볼 수 있을 만큼 체계적인 분석을 시도하고 있는 것은 아니다. 유사한 맥락에서 먼로 (D. Munro)는 주희가 인간과 인간 본성에 관해 어떤 방식으로 사유했는가 하는 것을 그가 사용한 구조적 이미지들, 즉 가족과 유체로서의 물의 흐름, 거울과 신체, 식물과 정원사, 통치자와 피통치자 등으로 대비시켜 이해하려고 시도한다.[7]

나는 이들의 기대가 성리학적 은유들에 대한 체험주의적 분석에 의해 훨씬 더 구체적으로 실현될 수 있다고 본다. 이를 위해 나는 성리학의 핵심 개념이라고 할 수 있는 리와 기의 관계가 어떠한 은유화 과정을 통해 경험적 술어들로 재구성되어 이해되는지에 초점을 맞출 것이다. 구체적으로는 리와 기의 관계가 우리 경험의 가장 기본적인 요소에 속하는 시간, 공간, 힘이라는 경험 영역으로부터 구축된 세계 이해의 틀을 통해 은유적 투사로써 구성되었다는 것을 밝히려고 한다. 나아가 '인승마'로부터 연원하여 서로 다른 성리학자들의 리기 관계에 대한 몇 가지 은유적 서술들이 유기적인 구도하에서 서로 연관성을 갖고 확장·변형되었음을 드러냄으로써 은유적 사고와 철학적 사유의 밀접한 연관성을 밝히도록 하겠다.

3.

성리학에서 제시하는 리와 기는 비록 형이상·형이하라는 고전적 용어

---

6) S.알란, 오만종 옮김, 『공자와 노자 그들은 물에서 무엇을 보았는가』(서울: 예문서 원, 2001), 38쪽 참조.
7) Donald Munro, *Images of Human Nature*(Princeton: Princeton University Press, 1988) 참조.

로 구분되지만, 현대적인 관점에 의하면 둘 다 형이상학적 개념이다. 즉, 그 자체로는 경험적 인식이 불가능한, 그러면서도 경험적 세계를 가능하게 하는 두 가지 실체로 가정된 개념이다. 인식의 불가능성이라는 속성 때문에 그런 개념의 정당화는 설득력을 가지기가 어려웠다. 이 때문에 추상적 개념을 보다 손쉽게 이해하기 위한 방법으로 비유나 은유와 같은 수사학적 방법들이 개발되었다. 이러한 은유들은 필연적으로 부분적인 특성의 부각과 은폐가 두드러지기는 하지만 리와 기의 관계에 대한 선명한 이미지들을 제공해 준다. 이것은 성리학에서 말하는 리와 기에 대한 표현들 속에서 흔히 찾아볼 수 있다.

(네가) 의문을 가지는 리와 기의 치우침은, 본원이라는 면에서 논하자면 리가 있은 다음에 기가 있기 때문에 리는 치우침과 온전함으로 논할 수 없다. (하지만) 품부라는 면에서 논하자면 이 기가 있은 다음에 리가 따라서 갖추어지기 때문에 기가 있으면 리도 있고, 기가 없으면 리도 없으며, 기가 많으면 리도 많고, 기가 적으면 리도 적다. 또 어떻게 치우침과 온전함으로 논할 수 없겠느냐?[8]

리와 기는 원래 앞선다거나 뒤선다는 것이 없다. 그러나 꼭 그들이 어디에서 나왔는지를 밝히려고 한다면 반드시 리가 먼저 있다고 해야 한다. 그러나 리는 따로 존재하는 하나의 물건이 아니기 때문에 이 기 속에 있게 된다. 기가 없다면 리는 담길 곳이 없다.[9]

---

8) 朱熹, 「答趙致道(師夏)」(『朱子大全』, 권59), 『朱子全書』vol.23(徐德明・王鐵 校點, 上海古籍出版社・安徽教育出版社), 2863쪽.
9) 黎靖德 編, 『朱子語類』vol.1(臺北: 中華書局, 1983), 3쪽.

두 인용문은 주희가 리와 기의 선후 문제에 대해 어떤 생각을 가졌는가를 논증하기 위해 많이 인용하는 구절이다. 그러나 여기에서의 주안점은 그것이 아니다. 도대체 리가 많다거나 적다는 것은 무슨 뜻일까? 리는 형태도 없고 공간적 위치도 차지하지 않는다. 공간적인 위치가 없다는 것은 최소한 점, 선, 면, 부피라는 물리적 크기들과 리 사이에 아무런 연관이 없다는 것을 의미한다. 그런데 그것이 어떻게 많을 수 있을까? 게다가 그것은 정확하게 기의 양과 함수 관계를 가지면서 많거나 작아질 수 있을까? 또 어떻게 그것은 기에 '담길 수' 있는 것일까? 문자 그대로의 의미에서 이 질문들은 대답할 수 없는 질문이다.

그럼에도 불구하고 주희의 구도는 기는 그릇으로 일반화할 수 있고, 리는 거기에 담기는 내용물로 일반화할 수 있다는 것이다. 리와 기가 그릇－내용물의 관계로 구조화될 수 있다는 주장은 레이코프와 존슨이 인용하는 레디(M. Reddy)의 '도관'(Conduit) 은유 혹은 '그릇'(Container) 은유를 떠올리게 한다.[10] 이 은유가 상당한 보편성을 지닌다는 것은 리와 기라는 범주쌍과 유사한 도道와 기器라는 범주쌍이 존재한다는 사실에서 잘 알 수 있다. 여기에서 도는 문자 그대로 그릇(器) 속에 담기는 내용물로 이해된다. 이 '도는 내용물, 기는 그릇'이라는 은유를 '문장'(文)으로 사상시키면 '문장으로 도를 싣

---

10) '도관' 은유는 애초에 사유의 내용과 언표된 것, 그리고 이 둘을 둘러싼 의사소통의 은유적 구조를 해명하기 위하여 제시된 것이다. 그것은 '아이디어나 의미는 대상', '언어 표현은 그릇', '의사소통은 전달'이라는 세 가지 구조를 가진다. 대상－그릇이라는 구조화가 '도관' 은유에 필수적인 것이기 때문에 '도관' 은유는 자연스럽게 '그릇' 은유를 함축한다. '도관' 은유에 대해서는 G.레이코프 · M.존슨, 『삶으로서의 은유』, 29~33쪽; M.존슨, 『마음 속의 몸』151쪽 참조. '그릇' 은유의 다양한 사상 영역과 그 언어적 사례에 대해서는 G.레이코프 · M.존슨, 『삶으로서의 은유』, 54~58쪽 참조.

는다'(文以載道)는 표현으로 나아간다.[11] 따라서 '文以載道'란 원문을 '문장 속에 도를 담는다'로 번역해도 전혀 어색하지 않은 것은 은유의 내적 구조상 자연스러운 일이다. 나아가 도＝내용물, 문장＝그릇이라는 확장은 레디의 '도관' 은유와 정확하게 일치한다. 문장이라는 그릇 속에 도를 담게 되면 그릇의 전달을 통해 그 내용물인 도를 전달할 수 있기 때문이다.

당연히 리기理氣와 같은 형이상학적 대상들에 대한 그릇, 혹은 그릇 속에 담긴 내용물이라는 표현은 은유적 술어들로 읽혀야 한다. 그러나 그것만이 문제가 아니다. 만일 은유가 개념적이고 구조적이라는 체험주의자들의 주장이 옳은 것이라면 오히려 은유적 사유라는 통로를 통해서 형이상학적 대상들에 대한 경험적 술어가 가능해졌다고 주장할 수 있기 때문이다. 이와 같은 가정이 타당하다면 리기에 대한 경험적 술어들은 은유적이어야 하고, 이 은유는 주자학적 리기론의 핵심을 이루고 있는 구조적이고 개념적인 어떤 것이어야 한다.

특히 은유가 구조적이라는 가정은 리기를 둘러싼 은유적 표현들 사이에 어떤 내적 연관이 있어야 한다는 것을 뜻하기도 한다. 바꾸어 말하면 '인승마'를 둘러싼 은유적 사고의 변형과 확장이 어떤 사유의 궤적을 그리는 정합적 체계로 해석될 수 있어야 한다는 뜻이다. 거기에는 은유를 통해 주장하려는 것과 주장을 위해 도입하는 은유, 그 은유에 의해 구조적으로 언표되는 다양한 언술들이 존재한다.

---

11) 周惇頤, 『通書』, 「文辭」 제28, "文所以載道也." 曹端은 주돈이의 이 구절을 설명하기 위해 "문장을 도를 싣기 위한 것인데, 이는 마치 수레가 물건을 싣기 위한 것과 같다"(文所以載道 猶車所以載物)라고 함으로써 '문장＝수레, 道＝물건(物)'이라는 은유적 구도를 명시적으로 드러내고 있다. 曹端, 『通書述解』(문연각사고전서 vol. 697), 56쪽 참조.

4.

주희의 리기 관계에 대한 유명한 은유는 리는 사람 혹은 기수, 기는 말 혹은 일종의 탈것이라는 '인승마'다.

> 태극은 리다. 움직임과 고요함은 기다. 기가 유행하면 리도 역시 유행한다. 리와 기는 언제나 서로 의존하면서 분리되지 않는다. 비유하자면 태극은 사람, 움직임과 고요함은 말과 같다. 말은 사람을 태우는 것이요, 사람은 말을 탄다. 말이 한 번씩 드나들면 사람도 역시 말과 함께 한 번씩 드나든다. 움직임과 고요함이 반복적으로 전개되면 태극의 오묘함은 언제나 거기에 있는 것이다.[12]

왜 주희가 '탄다'(乘)라는 동작을 리기 관계를 묘사하는 은유적인 동사로 도입했는지에 대해서는 비교적 쉽게 설명할 수 있다. 태극과 동정하는 음양, 리와 기, 또는 도와 기 등에 관한 또 하나의 고전적인 은유는 『주역』에서 나타나는 '형이상', '형이하'라는 표현 속에 함축된 '위-아래'라는 공간적 은유다. 그러므로 리와 기의 결합은 위-아래의 결합이다. '위에 있는 것'이 '아래에 있는 것'과 결합하는 가장 상식적이고 손쉬운 방식은 바로 아래 있는 것에 위의 것을 포개는 것이다. 이때 아래에 있는 것이 움직인다면 위에 있는 것은 아래에 있는 것의 움직임을 따라 함께 움직인다. 문자 그대로 타고(乘) 다닌다.

그런데 왜 하필이면 '사람'과 '말'인가? 주희는 리를 기수에, 기를 말에 대비시킴으로써, 기수의 조종에 의한 말의 움직임으로 리기 관계를 묘사하려고 했다. 여기에서 우선적으로 드러나는 것은 기수에 의한 말의 조종이

---

12) 『朱子語類』 vol.6, 2376쪽.

다. 다시 말해서 말은 조종되어야 할 필요성이 있는 탈것이다. 주희 성리학의 전제에 의하면 기는 그 자체로 무작위적인 운동을 포함하는 것이다. 이 운동에 방향성 내지는 질서를 부여하는 것이 리의 역할이다. 그러므로 '인승마' 은유는 엄격하게 이야기하면 '자체의 동력으로 움직이는 탈것' 위에 탄 기수를 묘사하고 있다.

여기에서 뜻하지 않았던 두 가지 힘의 대립이 노출된다. 말 자체의 운동력과 기수의 조종력이 충돌하는 것이다. 명 대의 조단曹端이 주희의 인승마를 비판했을 때 나타난 것은 바로 이 '기수의 조종력'에 대한 의문이다. 조단은 주희의 리기 관계에 대한 인식이 가지고 있는 위험을 '인승마' 은유 속에서 알아차렸다.

『어류』를 보면 이렇게 말한다. "태극은 스스로 동정하지 않고 음양의 동정을 타고서 동정할 뿐"이라고 말하다가, 드디어는 "리가 기를 타는 것은 사람이 말을 타는 것과 같다"라고 말한다. 즉 말이 한 번 드나들면 사람도 그와 함께 드나든다는 것으로, 기가 한 번 동정하면 리도 그와 함께 동정한다는 것을 비유한 것이다. 만일 그렇다면 이런 경우를 생각해 보자. 사람이 죽은 사람일 경우에는 만물의 영장이라고 할 수 없고, 리가 죽은 리(死理)일 경우에는 모든 변화의 근원이라고 할 수 없을 것이니, 리라고 한들 무엇 때문에 숭상할 것이며, 사람이라고 한들 무엇 때문에 귀하게 여기겠는가. 또 가령 산 사람이 말을 탄다고 하더라도, 그가 드나들고, 가다 서고, 혹은 빨리 혹은 늦게 가는 것은 모두 사람이 어떻게 말을 모는가에 달려 있을 뿐이다. 살아 있는 리(活理)도 또한 이러할 것이다.13)

조단의 비판이 중요한 이유는 그가 은유적 사고를 통해 이 비판을 도출

---

13) 曹端, 『太極圖說述解』(문연각사고전서 vol.697, 臺北: 商務印書館), 13쪽.

해 냈기 때문이다. 즉 그는 '리승기理乘氣'라는 언표의 논리적 성격이나 진리성을 분석하지 않고 '리승기'의 은유인 '인승마'를 분석했고, 여기에서 나타나는 문제점을 '리'라는 개념에 다시 적용했다. 조단은 이 은유가 다음과 같은 두 가지 애매한 문제점을 갖고 있다는 사실을 간파했다.

첫째, 말 위에 타는 '사람'의 성격이 불분명할 경우에 '인승마'는 오해의 소지를 안고 있다. 실제로 그는 '인승마'에 나오는 사람의 속성을 '죽은 사람'과 '산 사람'으로 구분했다. 다시 말해 '인승마'의 경우를 '죽은 시체를 태운 말'과 '산 사람을 태운 말'로 양분한 것이다. 첫 번째 사례가 말해 주는 것은 시체에게는 말을 조종할 능력이 없다는 것이다. 만일 이런 구조가 리와 기에도 그대로 적용될 수 있다면 기를 조종할 수 없는 죽은 리(死理)라는 개념을 상상할 수 있다. 조단은 실제로 '죽은 사람'(死人)과 '산 사람'(活人)이라는 구도를 고스란히 리라는 개념 속으로 전이시켜 '죽은 리'(死理)와 '살아 있는 리'(活理)라는 개념을 이끌어 냈다.

둘째, 설령 말에 탄 사람이 살아 있다고 하더라도 모든 사람이 말을 잘 몰 수 있는 것은 아니다. 말 타는 훈련을 충실하게 받은 사람과 말타기 훈련을 받지 않은 사람을 가정하면 조단의 의문이 어디에서 생겼는지를 알 수 있다. 사람이 말을 조종한다고 하더라도 그가 '잘' 조종하는지, '잘못' 조종하는지의 여부에 따라 말의 운동은 달라진다. 이것 역시 리와 기의 관계로 투사할 수 있다. 과연 리에게는, 훈련된 기수가 말을 잘 몰 수 있는 것처럼, 기를 제대로 주재할 수 있는 어떤 속성이 원래부터 갖추어져 있는 것인가? 조단의 의문은 리가 기를 탄다는 것이 과연 리가 기를 주재한다는 것을 의미하는가의 문제로 귀착된다. 더 나아가 궁극적으로 '인승마'라는 은유를 통해 표현될 수밖에 없는 리와 기는 도대체 실제로는 어떤 관계인가를 질문한다.

이동희는 주희의 형이상학과 화이트헤드의 과정철학의 유사성을 가정하면서, '인승마'에 대한 조단의 비판이 주희의 언표에 집착한 것일 뿐, 주희 형이상학에 대한 진정한 이해라고 보기 어렵다고 비판한다.[14] 그러나 실제 상황은 이동희의 비판과는 다른 것 같다. 왜냐하면 조단의 이런 은유적 비판이 가지고 있는 잠재적 위험성을 한국의 성리학자들까지도 심각하게 받아들였기 때문이다. 그 예로, 이황과 이진상李震相(寒洲, 1818~1886)이 '죽은 물건'(死物)이라는 단어에 대해 일종의 거부감을 담고 있는 다음의 두 구절을 보자.

감정도 의지도 조작도 없다는 것은 리의 본래 그러한 본체(本然之體)이고, 발현하는 곳을 따라서 이르지 않는 곳이 없다는 것은 리의 지극히 신묘한 작용(至神之用)임을 알았습니다. 과거에는 단지 본체에 아무런 작위가 없다는 것만을 알고 신묘한 작용이 드러나 실현될 수 있다는 것을 몰랐습니다. 이것은 거의 리를 죽은 물건으로 여기는 것이니 이만저만 도에서 벗어난 것이 아닙니다.[15]

도간하면 리기는 일물이어서 나눌 수가 없다. 그러나 발출하는 즈음에는 기가 앞서 있고 리가 나중이 되며, 기가 주인이 되고 리는 손님이 된다. 움직임도 기요 고요함도 기어서, 리는 기를 빌려 타는 죽은 물건이 된다.[16]

---

14) 이동희, 「주자이기론의 형이상학적 함의와 그 전개 양상」, 『동양철학연구』 제25집 (동양철학연구회, 2001), 146쪽 참조.

15) 李滉, 「答奇明彦・別紙」, 『退溪集(Ⅰ)』(한국문집총간 vol.29, 서울: 경인문화사, 1996), 467쪽.

16) 李震相, 「太極圖箚義後說」, 『寒洲全書』 vol.4(서울: 아세아문화사, 1980), 423~424쪽.

조단의 분석과 두 사람이 사유하는 부분은 정확하게 일치한다. 이황과 이진상은 리가 '죽은 물건'이 되어서는 안 된다고 경계한다. 그러나 여기에서 먼저 전제되어야 할 것은 두 사람이 '리'를 생사를 가지는 사물, 다시 말하면 일종의 생물처럼 다루고 있다는 점이다. 이것이 사실을 말하는 것이 아니라면 두말할 나위 없이 은유이다. 그리고 이 은유의 한 사례는 분명히 '리는 인간'이라는 이해를 허용한다. 따라서 이것은 다시 '인승마' 은유에 대한 조단의 비판으로 회귀하고, '인승마' 은유가 불가피하게 함축하는 문제 즉 통제와 저항의 문제, 보다 일반화해서는 힘의 강약 문제를 포함한다. '죽은 물건'으로서의 리가 가지는 가장 큰 문제는 기를 통제할 힘이 없다는 것이다. 따라서 '인승마' 은유가 힘의 영역으로 사상되는 것은 사유의 순서상 당연한 귀결이다.

5.

충돌하는 두 가지 힘의 존재는 주희 리기론의 가장 핵심적인 난점이다. 이 지점에서 주희의 '인승마'는 보충적인 제2의 은유를 필요로 하게 된다. 일반적으로 사람이 말을 타는 경우에, 다른 예외적인 조건이 없다면, 말타기 훈련을 받은 사람은 충분히 말의 움직임을 통제해서 목적지에 이를 수 있다. 과연 이러한 은유적 상황이 리와 기 사이에도 가능한가?

기에 대한 리의 우월성을 주장함에도 불구하고 주희는 리가 기를 통제하지 못하는 상황도 존재한다는 것을 인정하지 않을 수 없었다. 주희는 이러한 상황을 묘사하기 위해 또 다른 종류의 은유를 이중적으로 도입했다. 그것은 관료 사회의 위계 구조와 리기론에 기반을 둔 형이상학적 체계를 대응시킴과 동시에 일종의 힘 은유인 리와 기의 강약 관계를 설정하는 것이 었다.

> 기는 비록 리에서 나온 것이지만, 기가 일단 생한 다음에는 리가 기를 통제할 수 없게 된다. 리는 기 속에 머물고 일용 간의 운용도 모두 기로부터 나오기 때문에, 기는 강하고 리는 약할 수밖에 없다. 예를 들자면, 마치 국가에서 대례를 맞이하여 일시에 세금을 모두 사면해 주어도, 촌락의 지현들이 강짜를 부리면서 농민들에게 세금을 납부하라고 재촉하는 일과 같다.…… 또 한 가지 예를 들자면 부자간의 관계에 있어서 만약에 자식이 불초하다고 하여도 부친은 자식을 통제할 도리가 없다.[17]

중앙정부의 통제와 지방정부의 거부, 아버지의 훈계와 자식의 반발은 기수의 조종을 듣지 않는 말과 같은 상황을 묘사한다. 주희는 이런 상황의 불가피성을 은유적으로 '리약기강理弱氣强'이라고 말했다. 이것은 은유의 차원에서 사람은 리, 말은 기라는 '인승마' 은유가 힘의 강약이라는 영역으로 사상되는 것이다. 그래서 '리-사람-약', '기-말-강'이라는 은유적 구조가 만들어진다. 딜레마는 약한 리-약한 기수와 강한 말-강한 기가 대비적인 쌍을 이루게 된다는 데에서 발생한다.[18] 강한 말을 통제할 수 없을 때 약한 기수는 무엇을 할 수 있는가? 나아가 그런 기수는 기수로서 무슨

---

17) 『朱子語類』 vol.1, 71쪽.
18) 이종열이 예시하는 것처럼 위-아래의 공간 관계가 힘의 강약으로 사상될 때 위-강함, 아래-약함이라는 구조를 갖는 것이 일반적이다. 주희 역시 이런 구도를 따르는 것이 사실이다. 그럼에도 주희는 이런 일반적 구도를 와해시키는 내적 요소가 자신의 리기론 속에 들어 있다는 것을 인정하지 않을 수 없었다. 이종열, 『비유와 인지』(서울: 한국문화사, 2003), 107~108쪽 참조.

의미를 지니는가?

이런 질문은 애초에 성리학이 세계의 구조를 설명하면서 리와 기라는 서로 다른 두 가지 실체를 가정하기 때문에 나타난다. 이런 이원성 자체는 두 가지 실체가 야기하는 개념상의 충돌을 포함한다.[19] 가령, 리라는 개념은 필연성을 포함한다.[20] 그러나 기라는 개념은 일차적으로 법칙적이든 무작위적이든 그 의미의 수준에 상관없이 운동이라는 속성을 포함한다. 필연성과 운동이라는 개념이 결합하면 운동의 필연성, 필연적 운동이라는 결론이 뒤따른다. 최대한으로 단순화하면 이런 설명은 세계의 모든 운동이 필연적이어야 한다는 것을 말해 준다. 비나 눈과 같은 자연의 변화 양상, 인간 사회에서의 살인과 강탈, 성범죄와 폭행 등은 모두 필연적인 것이다. 이런 경향에 반대하는 것이야말로 세계의 필연성에 저항하는 반동적인 것이라고 해석되어야 한다.

그러나 성리학자들 가운데 어느 누구도 이러한 해석에 동의하지 않을 것이다. 심각한 문제는 이런 해석에 동의하지 않을 경우 운동 속에 포함된 '필연성'은 어딘가에서 자신의 근거를 잃거나, 제약당한다는 결론을 인정해야 한다는 것이다. 즉, 이유 없는 약탈과 살인은 더 이상 필연적인 행동이어서는 안 됨과 동시에 그런 행위들이 가능할 수 있는 이론적 지평이 마련되어야 한다.

이러한 난제는 성리학자들을 곤혹스럽게 만들기에 충분하다. 세계에 대한 구조화된 설명이 존재하는데, 그 구조에 끼어들지도 않고 게다가 필연적

---

19) 윤사순, 「조선말기 주리파 사상」, 『퇴계학보』 42집(서울: 퇴계학연구원, 1984), 461쪽.
20) 朱熹, 「答陳安卿」(『朱子大全』, 권57), 『朱子全書』 vol.23, 2736쪽 참조. 엄격하게 말하면 이 말은 주희 본인의 말이 아니라, 제자인 진순의 말이다. 그러나 주희 역시 진순의 의견에 대해 공감을 표시하고 있다.

이지도 않은 사태가 어떻게 나타날 수 있단 말인가? 그것이 설명 구조의 바깥에서 온다는 것은 설명 구조가 한계를 지닌다는 사실을 함축하고, 구조 내부에서 나타난다는 것은 필연성을 강제하는 구조 자체의 허구성을 폭로한다. '형이상/형이하'라는 공간적 은유를 기초로 하는 '인승마'는 기수가 말을 통제하는 것처럼 리가 기를 통제해야 한다는 당위적 명제를 함축하는데 반해, 이와 함께 공존하는 '리약기강'은 실제적으로 당위적인 리의 명령이 관철되지 않는 현실을 함축한다. 따라서 '인승마'와 '리약기강'은 주희 리기론의 이러한 딜레마가 리기에 대한 은유에 반영되어 있는 한 사례다.

6.

한국 성리학은 주희 리기론의 딜레마에 대해 두 가지 방식으로 대답했다. 첫 번째는 리 자체가 능동적이라고 인정함으로써 리가 암시하는 도덕적 세계상을 확장하는 것이고, 두 번째는 리 자체에 능동성이 결여되었다고 대답함으로써 기에 의한 리의 제약을 인정하는 것이다. 첫째 방향의 학자들이 '인승마'를 계승하면서 '리약기강'이라는 은유를 또 다른 은유로 대치하려고 했다면, 둘째 방향의 학자들은 '인승마'를 비판하면서 '리약기강'의 양상이 나타나는 리기론적 세계상을 묘사하려고 노력했다. 이황이 전자의 대표자라면 이이는 후자의 대표자라고 할 수 있다.

이황은 '리' 개념에 '리동', '리발', '리도' 등의 표현을 통해 유위적 속성을 추가했다. 이것은 리기 사이에 리의 주도적 측면이 강화된다는 것을 의미한다. 이런 관점에서 그가 주희의 '인승마' 은유를 어떻게 이해했는지 짐작하는 것은 어렵지 않다. 그는 먼저 주희의 '인승마' 은유를 충실하게 계승했다.

옛사람이 말을 타고 출입하는 것으로 리가 기를 타고 가는 것을 비유한 것은
정말 좋다. 대체로 사람은 말에 의하지 않으면 출입할 수 없고, 말은 사람이
없으면 길을 잃고 마는 것이니, 사람과 말은 서로를 필요로 하면서 서로 떨어지
지 않는다.[21]

이황이 이 은유를 받아들인 것과 '리동', '리발'이라는 개념의 연관성을
고려하면 당연히 주희의 '인승마' 은유에서 기수가 가지는 능동성이 한층
더 강화되리라는 것을 알 수 있다. 따라서 그가 '인승마' 은유를 통해 주희
의 리기론적 구도를 받아들이는 것은 이황 리기론의 절반만을 의미할 뿐이
다. 이황은 주희와 달리 일종의 '리강기약'이라고 해석할 수 있는 새로운 은
유를 만들어 냈다. 리와 기 사이에 명령과 피명령의 관계를 도입한 것이다.

리는 명령하는 것(命物)이요, 사물에 의해 명령 받지 않기 때문에, 그 지위가 상대
평등일 수 없다.[22]

태극이 가지고 있는 동정은 태극 스스로가 동정하는 것이고, 천명의 유행은 천
명 스스로가 운행하는 것이지, 어찌 그것들로 하여금 그렇게 하도록 만드는 것
이 따로 있단 말인가?[23]

---

21) 李滉, 「答奇明彦」, 『退溪集(Ⅰ)』, 권16, 419쪽.
22) 李滉, 「答李達・李天機」, 『退溪集(Ⅰ)』, 권13, 356쪽.
23) 李滉, 「答李達・李天機」, 『退溪集(Ⅰ)』, 권13, 356쪽.

리가 기와 비교될 수 없는 지고의 위치를 차지한다는 주장은 단순히 형이상·형이하의 구별 이상의 의미를 지닌다. 왜냐하면 위-아래는 단지 공간적인 위치만을 지적하는 데 비해서 이황의 이해 속에는 리 위에 아무 것도 없다는 상황이 하나 더 추가되어 있기 때문이다. 즉 리에 명령을 내릴 수 있는 그 어떤 것도 존재하지 않는다. 이것은 거꾸로 리가 모든 것을 명령한다는 주장을 함축한다. 리는 단순히 위가 아니라 최고의 위인 것이고, 그 위에 더 이상의 명령자를 가지지 않는 최고의 명령자다. 이렇게 이황은 인승마에서 한 걸음 더 나아가 명령과 명령에 대한 복종의 관계를 설정함으로써 그 속에 전제된 양자의 불평등 관계를 노출시킨다. 이러한 명령-피명령 관계를 분명하게 대변하는 것이 바로 '장수-병사' 은유다.

> 천지 사이에 리가 있고 기가 있다. 리가 있으면 기는 조짐을 갖고, 기가 있으면 리는 존재하게 된다. 리는 기의 장수이고 기는 리의 병사가 되어 천지의 공을 이루는 것과 같다.[24]

장수-병사와 명령하는 자-명령 받는 자라는 정합적인 관계는 명령과 명령에 대한 복종을 매개로 성립되는 장수-병사의 구체적 관계를 리와 기의 추상적 관계 속에 투사하려는 것이다. 명령을 내리는 자와 명령을 받는 자의 사회적 지위가 불평등하게 우열이 나뉠 수 있는 것처럼 리와 기의 관계 역시 우열이 나뉠 수 있다. 이런 관점에서 '리귀기천理貴氣賤'이라는 또 다른 주장은 '장수-병사', '명령하는 자-명령 받는 자'라는 은유적 구도와 정확하게 일치한다.

---

24) 李滉, 「天命圖說」, 『退溪集(Ⅲ)』(한국역대문집총간 vol.31), 210쪽.

이처럼 이황은 주희의 '인승마'를 적극적으로 수용하면서 '명령자-피명령자', '장수-병사'라는 새로운 은유를 만들어 냄으로써 '리약기강'을 대신하는 새로운 관계를 창조했다. 장수-리-명령자, 병사-기-피명령자라는 개념쌍에 힘의 강약을 부여할 경우 누가 강하고 누가 약하게 규정될 것인지는 분명하기 때문에, 이 은유는 '리약기강'에 대한 대체물일 뿐만 아니라 '리약기강'의 은유를 역전시키려는 의도도 갖고 있음을 알 수 있다. 리가 귀할 뿐만 아니라 기에 비해 강하다는 사실을 장군과 병사의 관계를 통해 은유적으로 드러내기 때문이다. 이런 의도가 비단 이황 개인의 것에 그치지 않고, 퇴계학파 혹은 리 개념의 우월성을 극도로 제고하려는 성리학자들에게서도 반복적으로 나타났다는 증거는 이진상과 기정진奇正鎭(蘆沙, 1798~1879)의 경우를 통해 분명하게 알 수 있다.

태극은 사람과 같고 음양은 말과 같다. 리가 기를 타고 동정하는 것은 사람이 말을 타고 출입하는 것과 같다. 기가 한 번 동하고 한 번 정하면 리 또한 그와 더불어 한 번 동하고 한 번 정하며, 말이 한 번 들어오고 한 번 나가면 사람 또한 그와 더불어 한 번 나가고 한 번 들어온다. 이것은 기 위에서 리를 본 논의와 같지만, 실은 사람이 출입의 주체(主)가 되고 말은 출입의 도구(資)가 되니, 다만 사람의 출입만을 이야기할 수 있다. 리가 동정의 주체가 되고 기가 동정의 도구가 되니, 다만 리의 동정만을 이야기할 수 있다.[25]

이진상은 '인-마' 은유로부터 '주체-도구'의 관계를 이끌어 낸다. 이진상의 '주체-도구'의 리기 은유가 말하고자 하는 것은 무엇인가? 이를 이

---

25) 李震相, 「理學綜要」, 권1, 『寒洲全書』 vol.2(영인본), 15쪽.

해하기 위해서는 이진상에게서 한 걸음 더 나아가 더욱 극단적으로 리의 위치를 고양시켰던 기정진의 리기 은유를 살펴보는 것으로 충분하다. 기정 진에게 이르면 이러한 명물-피명물, 주-자의 관계가 의미하는 것이 보다 구체적으로 무엇인지에 대해 노골적으로 언급되기 때문이다.

> 기가 리의 명령에 따르는 것은 귀인貴人이 거마車馬를 타고 길을 나설 때, 이를 본 사람이 귀인이 나간다고 하지, 거마가 따라 나간다고 하지 않는 것과 같은 것이다.[26]

> 기의 발동과 유행은 실은 리의 명령을 받는다. 명령하는 자는 주인이요, 명령을 받는 자는 종이니, 종은 그 노역을 맡고 주인은 그 공로를 차지하는 것이 천지의 떳떳한 이치이다.[27]

기정진은 보다 분명하게 리는 주인, 기는 종복이라고 선언한다. 주-종 관계라는 사회적 관계를 통해 리기 관계를 묘사함으로써 명물과 피명물이 라는 추상적 언명 속에 잠재되어 있던 불평등 관계가 기정진에게서 주인은 명령하고, 종은 그 명령을 실행한다는 의미라고 폭로된다. 기정진의 리기론 은 실제 사회의 주-종 관계라는 사회적 불평등에 대한 경험적 인식을 기 반으로 형이상학적 리기 관계를 은유적으로 해석한 것이다.

결론적으로 이황에게서 발원하여 이진상을 거쳐 기정진에 이르는 리기 론적 은유가 주희의 은유와 다른 점은 이처럼 '리약기강'의 은유를 '리강기

---

26) 奇正鎭, 「猥筆」, 『蘆沙先生文集』(한국역대문집총간 vol.286, 서울: 경인문화사, 1988), 권12, 322쪽.
27) 奇正鎭, 「猥筆」, 『蘆沙先生文集』, 권12, 323쪽.

약'의 은유로 대신하는 것이었다. 주희의 리기론이 '약한 기수-강한 말'이라는 구도를 허용한 데 비해서 이황, 이진상, 기정진은 '강한 기수-약한 말' 은유를 주장했던 것이다. 그리고 이것은 리에 더 압도적인 우월성을 투사하려고 했던 그들의 성리학적 태도를 보다 분명하게 보여 준다.

7.

'인승마' 은유가 '리강기약'으로 변형되면서 한 가지 문제가 더 제기되었다. 주희가 인정한 '리약기강'과 '리강기약'의 부조화를 해소시키는 것이 그것이다. 이것은 조선의 성리학자들에게 자신들의 리기론적 주장 속에 주희의 입장을 정합적으로 유지 보존시키는 것을 의미했다. 그런데 이 문제를 해결하기 위한 방식은 다시 은유적이다. 조선의 성리학자들은 리기의 선후 관계에 대한 술어들의 조정을 통해 '리강기약'과 '리약기강'을 동시에 보존하려고 시도했기 때문이다. 그래서 공간 은유에 기대고 있는 인승마의 은유는 힘의 은유를 거쳐 이제 시간 은유로까지 나아간다. 이진상의 경우를 통해 어떻게 리기 선후의 은유가 '리약기강'과 '리강기약'을 함축하면서도 여전히 '리강기약'을 주장하는 논리적 근거일 수 있는지를 살펴보자.[28]

가장 큰 문제는 이황을 비롯한 학자들이 '리약기강'을 '리강기약'으로 치

---

28) 이진상만이 시간 은유, 다시 말해 시간의 선후 관계에 대한 언급들을 리기의 선후 관계에 대한 언급으로 투사하고, 거기에서 '리선기후'와 '기선리후'를 병존시켰다고 말하는 것은 지나친 편견이 될 것이다. 사실은 주희 자신에게도 리기의 선후에 대한 언급은 혼재된 채로 나타났고, 이런 혼재는 한원진의 『주자언론동이고』를 통해 리선기후, 리기무선후, 기선리후라는 관점의 종합으로 이미 나타나고 있다. 한원진 저, 『주자언론동이고』, 16~17쪽 참조.

환했다고 해서 주자학의 이론적 난점이 해결되는 것은 아니라는 점이다. 오히려 이 난점은 더욱 커졌다고 할 수 있다. 리의 우월성에도 불구하고 어째서 리가 요구하는 질서는 현실 세계에 실현되지 못하는가? 이진상은 이러한 이론적 난점을 해결하기 위해 리를 주재로 기를 도구로 간주하는 은유적 시각에 기초해서 자신의 독창적인 리기관을 제시했다.

> 생각해 보면, 리기 관계의 오묘한 점은 서로 분리되지도 뒤섞이지도 않는다는 것이다. 요컨대 사람이 분리해서 보느냐 합쳐서 보느냐에 달려 있다. 이 때문에 본원이라는 면에서 수간豎看하는 경우가 있고, 유행처라는 면에서 횡간橫看하는 경우가 있으며, 형적이라는 면에서 도간倒看하는 경우가 있다.[29]

송찬식은 "수豎는 수직·시간·경經·종縱·직립·남북·정正의 뜻이 포함되어 있으며, 횡橫은 평면·공간·위緯·횡橫·와臥·동서·좌우의 뜻이 포함되어 있으며, 도는 도립倒立·도착倒錯의 뜻이 포함되어 있다. 따라서 수간은 시간적 수직적 입체적 인식방법이고, 횡간은 공간적 횡적 평면적 인식방법이며, 도간은 도립적 도착적 인식방법이라는 해석이 가능하다"고 해석한다.[30] 그러나 수간이 시간적, 횡간이 공간적, 도간이 도착적이라는 말은 의미가 불분명하다. 시간적 관점 및 공간적 관점이 함께 언급되어야 할 동질적인 근거를 갖고 있는지도 의문이거니와, 이와 함께 병렬적으로 언급되는 도착적 관점이란 것이 어떤 도착을 말하는 것인지 애매하기 때문이다. 이 애매한 내용이 무엇인지는 이진상이 다시 한 번 물의 은유를 사용

---

29) 李震相, 「答沈稚文 別紙」, 『寒洲全書』 vol.1, 174쪽.
30) 송찬식, 「조선조말 주리파의 인식논리」, 『동방학지』 18(1987), 89쪽.

할 때보다 분명하게 드러난다.

지금 어떤 물이 있다고 하자. 위로부터 수간한다면, 시내에서 시작해서 바다로 흘러가면서 많은 갈래로 따로따로 나뉘어 가지만 이것은 하나의 물이 흩어진 것이다. 가운데에서 횡간한다면, 시내에 있는 물은 말할 필요가 없지만, 가득 찬 이후에는 저절로 나뉘어 흐르게 되고, 강에서 출발해서 큰 강의 지류를 따라 가며, 황하를 따라서 모두 함께 타고 흘러간다고 해도 안 될 것이 없다. 아래에서 부터 도간한다면, 근원이 멀어서 볼 수도 없고, 지류도 너무 많이 나뉘어서 헤아 릴 수도 없다. 단지 물이 같다는 것만 알고 억지로 하나로 보려고 한다면, 제수 (濟)를 황하(河)로 인식하는 꼴이요, 위수(渭)를 경수(涇)라고 하는 꼴이니 결국 물을 아는 사람은 아닐 것이다.[31]

이진상의 말은 분명하게 상·중·하라는 공간적 구도를 따르고 있다. 송찬식이 해석하는 것처럼 수간이 시간적이고, 횡간이 공간적이라는 해석 은 여기에 들어맞지 않는다. 정확하게 말하자면 이진상은 두 가지 종류의 은유를 혼합하고 있다. 즉 물의 상·중·하라는 공간적 관계는 다시 리선 기후·선후의 혼재·기선리후라는 시간적 차원의 언급으로 고스란히 전이 되는 것이다.

수간하면 태극은 음양에 앞서 존재한다. 횡간하면 태극은 음양 가운데 존재한 다. 횡간과 수간은 같은 이치이지만, 횡간을 믿고 수간을 의심하면, 그 폐단은 마침내 기를 따라 도간으로 돌아가서 리는 죽은 물건이 된다.[32]

---

31) 李震相, 「太極圖箚義後說」, 『寒洲全書』 vol.4, 423쪽.
32) 李震相, 「理學綜要」, 권1, 『寒洲全書』 vol.2, 20쪽.

태극이 음양에 앞선다는 것은 리선기후를 의미하며, 태극이 음양 가운데 존재한다는 것은 리기의 무선후 혹은 선후의 혼재를 의미한다. 그리고 리가 죽은 물건이 된다는 발언 속에서는 조단과 이황, 이진상에게까지 일관되게 흐르는 불안 의식을 읽을 수 있다.[33] 리가 기를 통제할 수 없는 존재로 인정된다는 것, 그것은 이황과 이진상, 기정진에게 리의 존재 의미를 무화하는 것이다. 중요한 것은 이진상이 리기 관계를 파악하는 간법看法 속에 시간-공간 경험에 근거한 상하, 선후 관계를 도입하면서 내적으로 정합성을 갖춘 관점이 확립되었다는 사실이다.

그런데 바로 이 관점의 확립 속에 다른 문제가 도사리고 있다. 상·중·하라는 공간화된 리기 관계의 은유가 리기의 선후 관계에 대한 시간적 은유로 사상되면서 공간적인 상-리의 선재, 중-무선후, 하-후재라는 상호 대응하는 리기 관계를 이끌어 냈지만, 기의 선재를 인정하는 것은 다시 은유적인 의미에서 '기＝주인, 리＝손님' 혹은 '리＝죽은 물건'이라는 결론에 도달하게 되었기 때문이다. 이것이야말로 마지못해 인정하기는 하지만 가치론적으로는 제외되어야 할 이론적 입장이다. 이진상은 이런 입장을 배제하기 위해 또 다른 대비적인 관점을 도입한다. 그것은 순추順推와 역추逆推를 통해 '리약기강'을 포함시키면서도 '리약기강'의 의미를 제약시키는 논리를 제시하는 것이었다. 순추와 역추가 이런 의도를 갖고 있기 때문에 양자 사이에는 분명한 가치론적 우열이 주어져 있다. 이진상은 주희가 인정했던 '리약기강'을 '역추'적인 관점의 소산으로서 부분적인 측면(偏體)에 대한 이

---

33) 심지어 기정진은 "'리약기강'이란 주장을 하게 되면 기가 리의 자리를 빼앗게 될까 두렵다"(理弱氣强 吾懼夫氣奪理位也)고까지 실토하고 있다. 「猥筆」, 『蘆沙先生文集』(한국역대문집총간 vol.286), 권12, 321쪽.

해라고 의미를 제약시킨다.

만일 형기라는 차원을 좇아 역추한다면, 기는 드러나고 리는 숨어버리며, 기는 강하고 리는 약하기 때문에, 비록 기가 운동 변화하고 리가 거기에 탄다고 말하는 것이 괜찮을 것이다. 그러나 근원(源頭)으로부터 순추하면 수간은 전체全體에 대한 파악이요, 횡간은 당체當體에 대한, 도간은 편체偏體에 대한 파악이다.[34]

이러한 횡간, 수간, 도간과 순추, 역추에 대한 해석은 여러 가지다.[35] 연구자들의 해석에 의하면 이진상의 리기 관계에 대한 언급이 마치 귀납 대 연역, 보편 대 특수, 사유와 경험 등의 형식 논리적인 대립 관계를 따라 구성된 것처럼 취급되고 있다. 그러나 내가 보기에 그의 주장은 기본적으로 은유적인 것이다.

순추와 역추를 보자. 순추는 '방향을 따라서'라는 기본 의미를 갖고 있다. 그리고 여기에는 벌써 리의 전개 방향을 따라서(理下順推)라는 사고가 함축되어 있다.[36] 이것이 순추일 때 이 방향을 거슬러 가는 것이 역추의 기본

---

34) 李震相, 『辨志錄』, 권2, 「四七辨」, 『寒洲全書』vol.5, 418쪽.
35) 강대걸은, 도간은 상향적·감각적 인식 방법이고, 횡간은 귀납적 추리가 더해진 경험적 인식 방법이며, 수간은 하향적·연역적·논리적 인식 방법이라고 해석한다. 또 역추는 용에서 체로, 하에서 상으로, 밖에서 안으로 추구하는 방법이고, 순추는 체에서 용으로, 상에서 하로, 안에서 밖으로 추구하는 방법이라고 한다. 한편 송찬식은 기를 통해 리를 인식함은 역추이고, 리로부터 기를 설명함은 순추라고 하면서, 순추는 수간에 근거한 논리이고, 역추는 도간과 횡간에 기초한 논리라고 주장한다. 또 그는 수간의 순추는 시간적 선후를 인식하고 본질적이고 보편적인 것에서 본질적이고 보편적인 것을 인식하는 논리이고, 또한 도간과 횡간은 감각적 인식에 의존하고 수간은 논리적 인식에 의존하며, 순추는 연역적 방법과 유사하고 역추는 귀납적 방법과 유사하다고 주장했다. 강대걸, 「한주 이진상의 이기설 소고」, 『북악논총』 5(국민대, 1987), 247쪽; 송찬식 「한주 이진상선생의 학문과 사상」, 『담수』 13(1984), 96쪽 참조.

적 의미다. 그러므로 순추와 역추는 연역적이라거나 귀납적인 것이 아니고 이진상의 말 그대로 순추는 선에서 후로, 상에서 하로, 정에서 추로, 본에서 말로, 중에서 경으로, 대에서 소로, 안에서 밖으로의 진행이며, 역추는 정확하게 이에 반대된다.

> 리와 기는 선후·상하의 구별이 있고, 정추·본말의 차이가 있으며, 경중·대소의 순서가 있다. 만일 리로부터 순추하지 않고 기로부터 역추하려고 한다면, 선후가 뒤바뀌고 본말이 전도되며 내외가 단절되고 상하가 거꾸로 되어 갖가지 병폐가 생겨날 것이니, 이것은 모두 순추하지 않고 역추하는 것으로부터 유래된 것이다.[37]

연구자들의 말대로라면, 순추의 역추에 대한 우월성은 연역의 귀납에 대한 우월성이거나, 본질적 이해와 감각적 인식 사이의 우월성이어야 한다. 그러나 실제로 리의 우월성은 선-후, 상-하, 정-추, 본-말, 중-경, 대-소, 내-외라는 짝에서 전자의 요소들이 후자에 대해 가지고 있는 우선성에 근거를 두고 있을 뿐이다. 이 모든 대립적인 요소들은 철저하게 은유적이다. 다시 말해 리와 기 사이에 선-후, 상-하에서부터 대-소, 내-외 등의 은유적 관계를 가정하지 않는다면, 순추가 역추에 대해 가지는 우월성은 대폭 축소되거나 사라진다. 이진상은 분명히 역추의 위험성이 선후를 도착시키고 본말을 전도시키며 내외를 단절시키기 때문이라고 했다.[38] 바

---

36) 李震相,「理學綜要」, 권1,『寒洲全書』vol.2, 12쪽 참조.
37) 李震相,『辨志錄』, 권2,「四七辨」,『寒洲全書』vol.5, 409쪽.
38) 은유적으로 이것은 '형이상 = 주인, 형이하 = 손님'이란 은유를 '형이상 = 손님, 형이하 = 주인'으로 역전시키고, 그 결과는 '氣主理賓', 다시 말해 '氣主理資'라는 결론에 이른다. 이런 결론이 '理主氣資'라는 주장과 정확하게 상반된다는 것은 '역추'가 이

로 이런 대비적 요소들의 도착이 위험한 것이다. 따라서 순추는 리의 기에 대한 선재를 보존하고, 리의 형이상적 성격을 기의 형이하적 성격과 대비시키며, 리를 근본적인 것(本)으로 기를 지엽적인 것(末)으로 구분한다. 이 구분 자체가 리와 기의 우월성과 리와 기를 파악하는 간법看法의 논리적 근거가 된다. 순추와 역추, 횡간－수간－도간은 이 근거에서만 그 논리적 타당성을 인정받을 수 있다.

한국 성리학의 발달 과정에서 이러한 우월성은 이황이 정립했고, 그 후학들이 계승했다. 그리고 이진상에게서 형식화되어 나타나는 복잡한 간법은 주희가 '리약기강'을 인정하면서 나타났던 리의 사물화死物化에 대한 반박임과 동시에 '리약기강'과 '리강기약'을 동시에 보존하려고 했던 성리학적 사유의 결과라고 해석할 수 있다.

8.

이 글은 체험주의의 은유이론을 바탕으로 리와 기의 관계에 대한 몇 가지 서술들이 인간의 몸에 근거한 공간 체험, 힘의 체험, 시간의 체험, 그리고 여기에 수반하는 기본적인 인식 내용으로서의 위－아래, 강함－약함, 앞－뒤라는 기본적 구도에 의거하여 은유적 투사에 의해 구성되었다는 것을 보여 주었다. 나는 이를 근거로 얻어진 세 가지 결과를 통해 다음 연구의 방향을 암시하는 것으로 결론을 대신하고자 한다.

첫째, 리와 기의 관계에 대한 어떤 언급들은 분명하게 경험적으로 서술

진상의 간법에서 차지하는 위상을 다시 한 번 분명하게 보여 준다. 「理學綜要」, 권 1, 『寒洲全書』 vol.2, 13쪽, "逆推之見……形下者爲主, 而形上者爲賓."

되고 있다. 체험주의적 해석에 의하면 이 언급들은 형이상학적 대상에 투사된 우리 경험의 어떤 측면들이다. 이 경험적 내용들은 우리의 '몸'이라는 조건이 없이는 불가능한 것들이며, 따라서 형이상학적 대상들에 대한 사유의 어떤 부분들은 신체적 기반을 갖는다. 이 신체적 기반과 형이상학적 사유 사이에 연결이 존재한다는 것은 근본적으로 형이상학적 대상들의 본성이 무엇인가에 관한 반성의 필요성을 불러일으킨다. 리와 기를 이해하기 위해 우리는 먼저 세계 내에서 우리가 자신의 경험을 구축하는 방식과 그 인식 내용의 본성이 무엇인가를 물어야 한다.

둘째, 형이상-형이하, 인승마, 리기의 강약, 리기의 선후는 내적 정합성을 유지하고 있는 구조적 사유의 부분들이다. 이것은 은유가 철학적 사유를 감당할 만큼 충분히 구조적이라는 것을 실증한다. 따라서 진전된 논의를 위해서는 이 구조가 발생할 수 있는 사유 과정, 즉 '경험적 인식 → 은유적 투사 → 철학적 사유'의 영역을 포함하는 포괄적 사고 과정에 대한 탐구가 필요하다.

셋째, 이 글에서 분석한 은유적 사유는 수사적인 것이 아니라 리와 기의 관계를 우리들에게 '의미 있게' 알려 주는 통로다. 나는 한 걸음 더 나아가 이런 은유적 진술들의 종합이 '리의 있음'(有)에 대한 철학적 믿음의 본성이 어떤 것인지를 따지는 문제와 밀접한 연관이 있을 것으로 추정한다. 이것은 쉽게 단정할 수 없는 질문이다. 왜냐하면 이 추론은 리의 '있음'을 '은유적인 있음'으로 간주하려는 입장을 전제하기 때문이다.[39] 이 글은 이런 까다

---

39) 만일 리의 있음(有)을 존재의 문제로 치환하는 것이 가능하다면 이 문제에 대한 체험주의의 대답은 "존재가 다른 모든 기본적인 철학적 개념처럼 인간의 범주이며, 그것의 표현 자체가 평범한 통속 이론들과 개념적 은유들의 다발에 의존하고 있다"라고 제안하는 것이다. G.레이코프 · M.존슨, 『몸의 철학』, 569쪽 참조.

로운 철학적 문제를 불러일으키면서 성리학의 핵심 개념인 리기를 묘사하는 광범위한 술어들에 대한 체험주의적 해석의 필요성을 제기한다.

제2장 인승마 은유의 형성과 변형 2

> 옛사람이 말을 타고 출입하는 것으로
> 리가 기를 타고 가는 것을 비유한 것은 정말 좋다.
>
> 古人以人乘馬出入, 比理乘氣而行, 正好. 〈李滉〉
>
> · ·

> 사람과 말은 본래 두 가지 물건이지만
> 리와 기는 사람과 말처럼 두 가지 물건이 아니다.
>
> 人與馬, 本是兩物耳. 若理氣, 則非如人與馬之爲兩物者也. 〈張顯光〉
>
> · ·

1.

주희의 '인승마' 은유는 한국 성리학에 어떻게 수용·변형되었는가? 이 주제에 관한 선행 연구는 이미 앞에서 살펴보았다. 여기에서는 선행 연구에서 결여된 측면을 중심으로 '인승마' 은유가 끼친 영향을 검토함으로써 은유적 사고가 어떻게 철학적 사유를 추동하는 기제로 작용하는지에 대한 보다 선명한 사례를 제시하고자 한다.

이 글은 세 가지 측면에서 '인승마' 은유의 변형 과정을 보다 세밀하게 살펴보고자 한다. 첫째, 이황과 이이를 중심으로 '인승마' 은유의 이해가 분기되는 과정을 좀 더 세밀하게 살펴봄으로써 이 분기 과정에 작동하고 있는 은유적 사고의 속성이 부각과 은폐, 은유적 투사의 부분성이라는 점을 지적하고 한다. 둘째, 이이의 '리통기국설'이 '인승마' 은유의 사용을 반대하고 그 대체 은유로서 도입된 일종의 '그릇 은유'에 기반을 둔 성리학적 주장이라는 점을 밝히려고 한다. 셋째, 이이 이후 그의 사상적 성향을 계승하는 일군의 학자들에게 나타난 철학적 사고의 변형 과정과, '그릇 은유'가 리기 사이에 일대일의 대응 관계를 가지는 것으로 이해되어 가는 과정에서 밀접한 연관을 가진다는 점을 밝히고자 한다.

이 글의 논의가 성공적이라면 '인승마' 은유와 한국 성리학의 철학적 전개가 갖는 내적 상관성이 보다 포괄적으로 이해 가능해질 것이다. 동시에 체험주의가 가정하는 성리학의 형이상학적 사고 역시 경험 세계의 다양한 체험에 바탕을 둔 은유들에 의해 구조적으로 구성된다는 주장에 대한 선명한 증거를 얻게 될 것이다.

2.

체험주의는 '은유가 단순히 부가적이거나 파생적인 언어 현상이 아니라 우리의 사고와 행위의 중심적 원리'라는 주장을 근간으로 한다.[40] 이런 주장을 수용할 경우 철학적 사고 역시 은유를 중심으로 이루어질 것이라고 가정할 수 있다. 즉 성리학자들의 철학적 진술들 속에서 빈번하게 발견되는

---

40) 노양진, 「체험주의의 은유이론」, 한국분석철학회 엮음, 『언어·표상·세계』(서울: 철학과현실사, 1999), 87쪽.

은유적 표현들은 개개의 성리학자들의 철학적 사고를 추동하는 원리로 작용했다는 언어적 증거일 수 있는 것이다.

선행 연구는 이런 관점에서 '인승마' 은유를 주제화시켰다. 특히 선행 연구의 방법론은 다음과 같은 세 단계의 구별에 근거하는 것이었다. 첫째, '인승마'와 같은 은유적 언어 표현을 가능하게 만드는 특정한 은유가 존재한다. 둘째, 그 아래에는 이 은유를 만들어 낸 경험 세계의 구체적이고 물리적인 체험과 그에 대한 이해의 영역이 존재한다. 사람이 말을 타는 행위와 그 행위의 반복된 경험과 관찰을 통해 사람이 말을 타는 사태에 대해 어느 정도 일반화된 이해가 존재하는 것이다. 셋째, 은유의 위에는 이 은유를 통해 묘사하고자 하는 추상적인 이론적 층위의 어떤 철학적 주장이 존재한다. '인승마' 은유의 경우 그것은 리와 기의 관계이다.

이런 구조를 통해 볼 때 은유는 경험 세계의 물리적인 체험과 그에 대한 인간의 이해를 추상적인 철학적 이론의 구성화로 이어가는 매개의 역할을 한다. 선행 연구가 '형이상학적 대상에 대한 사유 역시 원초적으로 우리의 신체적 경험을 바탕으로 이해되고 서술된다'고 가정했을 때 말하려 했던 것은 이런 구체적이고 물리적인 층위의 경험이 추상적이고 이론적인 층위의 주장들과 갖는 은유를 매개로 하는 연속성이었다.[41] 즉 체험주의적 표현에 따르자면 '경험과 이해는 물리적·신체적 차원과 추상적·정신적 차원으로 구분되고, 은유적 투사는 기초적 차원의 인식—신체적 경험을 통해서 직접적으로 형성되는—을 추상적 차원의 인식으로 확장해 가는 중심적 방식이라고 간주된다.'[42]

---

41) 이향준, 「인승마 은유의 형성과 변형 1」, 『철학』 79집, 30쪽.
42) 노양진, 「체험주의의 은유이론」, 『언어·표상·세계』, 91쪽 참조.

이런 연속성과 은유의 중심성을 가정할 경우 우리는 추상적이고 이론적인, 달리 말해 형이상학적인 것이라고 간주되는 대상들에 대한 철학적 서술들 속에 왜 그렇게 경험적인 낱말과 표현들이 자주 동원되는지를 이해할 수 있게 된다. 더 나아가 형이상학적 대상들이 함축하는 철학적 주장들에 대해 은유를 매개로 우리의 구체적이고 물리적인 경험 층위로까지 끄집어내려서 기술할 수 있다는 이론적 가능성을 손에 넣게 된다. 즉 형이상학적 진술들에 대한 경험주의적인 접근 방식이 가능하다는 것을 이해하게 되는 것이다.

선행 연구는 실제로 주희에 의해 제창된 '인승마' 은유가 이황을 중심으로 하는 일련의 성리학자들에게 어떤 사고의 과정을 이끌어 내었는지에 대한 구체적 사례를 보여 주었다. 선행 연구는 주희의 리기 관계에 대한 지배적인 은유인 '인승마'와 '리약기강'이 서로 모순적이라는 점을 지적하면서 이 양자 사이의 모순이 한국 성리학의 이론적 탐구 대상 가운데 하나라는 것을 밝혀 주었다. 그리고 이황, 이진상, 기정진의 사례를 들어 이황을 중심으로 구성된 리 중심적 사유는 '인승마'를 수용하고, '리약기강'을 '리강기약'으로 전환시켰으며, 리기의 선후 관계에 대한 은유를 통해 '인승마'와 '리약기강' 및 '리강기약'을 정합적으로 체계화하려고 시도했다고 주장했다. 이것은 결국 '인승마' 은유를 매개로 하는 리기론적 사유가 이황 계열의 성리학적 사고를 구조화하는 주된 측면임을 증명하는 소기의 성과를 달성했다.

그러나 이러한 성과가 부분적이고 일면적인 선행 연구의 약점을 무마할 수 있는 것은 아니었다. 선행 연구는 '인승마'와 '리약기강'이라는 은유가 주희 리기론의 딜레마를 반영하고 있는 두 가지 핵심적 은유라는 사실을 지적하면서, 이에 대한 한국 성리학의 대응 양상이 다음과 같이 구별된다고 주장했다.

한국 성리학은 주자 리기론의 딜레마에 대해 두 가지 방식으로 대답했다. 첫 번째는 리 자체가 능동적이라고 인정함으로써 리가 암시하는 도덕적 세계상을 확장하는 것이고, 두 번째는 리 자체에 능동성이 결여되었다고 대답함으로써 기에 의한 리의 제약을 인정하는 것이다. 첫째 방향의 학자들이 '인승마'를 계승하면서 '리약기강'이라는 은유를 또 다른 은유로 대치하려고 했다면, 둘째 방향의 학자들은 '인승마'를 비판하면서 '리약기강'의 양상이 나타나는 리기론적 세계상을 묘사하려고 노력했다. 이황이 전자의 대표자라면 이이는 후자의 대표자라고 할 수 있다.[43]

하지만 선행 연구는 바로 이 지점에서 이황의 리 중심적 철학으로 방향을 선회함으로써 이이로 대변되는 또 다른 성리학적 사조의 발전 속에서 '인승마' 은유가 어떤 변형을 겪었는지에 대해 대답하지 않았다. 이 일면성 때문에 '인승마' 은유가 어떻게 한국 성리학의 전개 과정에서 철학적 사고의 추동 요인으로 기여했는가에 대한 모습이 파편적으로 제시되었을 뿐 그 내부에 감춰진 역동적 모습이 제대로 전달되지 못하는 결과를 야기했다.

또 다른 선행 연구의 약점은 이황과 이이를 중심으로 하는 일군의 학자들 사이에서 '인승마' 은유를 서로 다르게 이해하게 만드는 분기 과정에 대한 분석이 부재하다는 점이었다. 이것은 사실 첫 번째 약점으로 인한 필연적 한계였다. 이이를 중심으로 하는 학자군의 '인승마'에 대한 이해 방식이 생략되었기 때문에 동일한 은유에 대한 서로 다른 이해와 대응의 차이를

---

43) 이향준, 「인승마 은유의 형성과 변형 1」, 『철학』 79집, 42쪽.

낳는 이론적 기제들에 대한 언급이 부재할 수밖에 없었다. 이런 이론적 해명의 부재는 선행 연구에 적용된 체험주의의 개념적 은유이론의 논리적 정합성을 제대로 해명하지 않은 채 방치하는 결과를 초래했다. 결국 이 두 가지 약점은 공통적으로 선행 연구에 대한 보완 필요성을 제기하고 있다.

이제 아래에서는 이황과 이이의 '인승마'에 대한 이해의 차이가 어떻게 벌어졌고, 이이를 중심으로 하는 일단의 성리학자들이 그 영향으로 말미암아 어떻게 '인승마'를 대체하는 은유를 만들어 내었으며, 그것은 또 어떻게 변형되어 갔는지를 중심으로 살펴보려고 한다. 이 분석을 통해서 이이로 대표되는 성리학자들의 철학적 문제의식이 드러날 수 있다면, 그것은 선행 연구와의 비교를 통해 '인승마' 은유에 의해 동기화된 조선 성리학의 철학적 전개가 얼마나 역동적인 모습으로 진행되었는지를 구체적으로 밝혀 줄 것으로 기대되기 때문이다.

3.

주희의 '인승마' 은유가 한국 성리학자들에게 알려졌을 때 그것이 어떻게 해석되고, 어떤 양상으로 받아들여졌는가를 보여 주는 세 가지 대표적인 사례가 있다. 이황, 이항, 이이는 각기 다른 세 가지 이해 방식을 대표한다. 이황이 가장 적극적으로 '인승마' 은유를 받아들였다는 것은 주지의 사실이다.[44] 이에 그치지 않고 이황은 '인승마' 은유에 나타난 '리의 기에 대한 통

---

44) 李滉, 「答奇明彦(論四端七情第二書)」, 『退溪先生文集』(한국문집총간 vol.29), 권16, 419쪽, "古人以人乘馬出入, 比理乘氣而行正好. 蓋人非馬不出入, 馬非人失軌途, 人馬相須不相離."

제'라는 관념을 더욱 강화하기 위해 '리 = 장군, 기 = 병사'라는 은유를 통해 리를 기의 명령자로 고양시켰다. 그러나 이황의 노선을 따라 '인승마' 은유를 옹호했던 성혼成渾의 언급 속에서부터 이러한 강력한 리의 이미지는 불안한 모습을 드러내고 있다.

(퇴계는) "옛사람이 사람이 말을 타고 드나든다는 것으로 리가 기를 타고 행한다는 것을 비유한 것은 정말 좋다. 사람은 말이 아니면 드나들 수가 없고, 말은 사람이 아니면 궤도를 잃게 되니, 사람과 말은 서로 의지해서 분리되지 않는다"고 했다. 그런즉 사람과 말이 문을 나서면 반드시 사람이 가고자 하고 말은 태우는 것이다. 이는 바로 리가 기의 주재가 되고 기가 그 리를 태우는 것과 같다. 문을 나서는 즈음에 미쳐 사람과 말이 궤도를 따르는 것은 기가 리에 순종해서 발하는 것이요, 사람이 비록 말을 타지만 말이 멋대로 뛰놀며 궤도를 따르지 않는 것은 기가 넘쳐 오르면서 내달려 혹은 지나치고 혹은 모자라는 것이다.[45]

아직 여기에서는 이이가 이황의 '인승마' 은유를 비판하려 했을 때 도입했던 관점인 '문을 나서기 이전'의 인마 관계라는 상황은 전혀 나타나지 않고 있다. 여전히 성혼은 '문을 나선 이후'의 인마 관계에 대해서만 언급하고 있다. 이것은 주희의 은유가 의도하던 그 맥락을 성혼이 충실히 따른다는 뜻이다. 그러나 주희의 '인승마'가 가진 진정한 문제점에 대한 해답은 성혼의 주장 속에서 여전히 미해결 상태로 남아 있다. 즉 성혼은 주희의 딜레마

---

45) 成渾, 「與栗谷論理氣」 제4서, 『牛溪集』(한국문집총간 vol.43), 권4, 96쪽, "古人以人乘馬出入, 譬理乘氣而行, 正好. 蓋人非馬不出入, 馬非人失軌途, 人馬相須不相離也. 然則人馬之出門, 必人欲之而馬載之也. 正如理爲氣之主宰而氣乘其理也. 及其出門之際, 人馬由軌途者, 氣之順理而發者也, 人雖乘馬而馬之橫鶩不由其軌者, 氣之飜騰決驟而或過或不及者也."

에서 한 걸음도 더 나아가지 못한다. 주희의 딜레마는 기가 리에 순종해서 발하는 것이 아니다. 중요한 것은 성혼식으로 말하면 "사람이 비록 말을 타지만 말이 멋대로 뛰놀며 궤도를 따르지 않는", "기가 넘쳐 오르면서 내달려 혹은 지나치고 혹은 모자라는" 경우이다. 이 경우에 '인승마' 은유의 구조상 더 이상의 통제 방법이 없다는 것이 진정한 문제였던 것이다. 주희가 '리약기강'이라고 은유적으로 묘사했던 것은 바로 이런 상황이었고, 이황의 문제의식은 이런 경우에 기를 탔다는 리의 의미는 도대체 무엇인가 하는 것이었다. 이런 경우조차 '리가 기의 주재가 된다'고 말할 수 있는가라고 성혼에게 물어보면 여기에는 더 이상의 대답이 없다는 것을 알 수 있다.

주희와 이황의 '인승마' 은유를 비판하면서 주희가 암시했던 '리약기강'의 양상이 나타나는 리기론적 세계상을 받아들이려고 시도했던 일군의 학자들의 문제의식은 바로 여기에 뿌리를 둔 것이었다. 송순宋純은 이황에게 보낸 편지에서 이렇게 말했다.

사단과 칠정에 관한 논변 가운데 "사단은 리가 발용하고 기가 따르고, 칠정은 기가 발용하고 리가 탄다"는 말이 있습니다. 제 생각에는 '기가 발용하고 리가 탄다'는 것은 진실로 바꿀 수 없는 이론이지만 '리가 발용하고 기가 따른다'는 것은 잘못인 듯합니다. 리는 형태가 없는 것이요, 기는 운용과 조작이 있는 것입니다. 리는 무위이지만 기는 유위입니다. 그러므로 이 리는 항상 기 가운데 있으며, 기가 운용·조작하면 리가 역시 탈 뿐입니다. 만일 '리가 발용하고 기가 따른다'고 한다면 리에 도리어 운용이 있고 기는 운용이 없게 되는 것이니 어찌 가하다고 할 수 있겠습니까? 예를 들어 사람이 말을 타는 것으로 비유하자면, 기는 사람이 타는 말인데, 어떻게 사람이 움직이고 말이 타는 이치가 있겠습니까?[46]

송순은 '기발리승氣發理乘'을 '인승마'라는 은유적 구조를 통해 이해한다. 동시에 '리발기수'를 '인승마'가 역전된 형태로 받아들인다. 이것은 송순이 확실히 '리발기수'의 은유적 근거를 잘못 파악한 것이지만, 이황의 '리발기수'를 정당화하기 위해 '인승마'와는 다른 은유가 필요하지 않는가 하는 의심을 불러일으키기에는 충분하다. 즉 '인승마'만을 유일한 은유로 받아들이고, '기발리승'과 '리발기수'를 모두 '인승마' 은유를 모델로 설명하려 할 경우, 송순의 비판은 정확하게 '리발기수'의 약점을 지적한다. 다시 말해 '기발리승'은 '인승마'와 정합적이지만, '리발기수'는 '마승인馬乘人'이라는 역전된 형태를 띠게 된다는 것이다. 그리고 그 결과는 성혼의 언급 속에 나타난 문제점으로 회귀한다.

그러나 송순의 비판이 단순히 이것 때문에만 중요한 것은 아니다. 송순의 비판은 이론적으로 중요한 두 가지 점을 함께 지적하고 있다. 첫째, 송순에 의하면 이황의 호발설은 리와 기의 분리를 암시한다. 이 때문에 그는 '리는 항상 기 가운데 있다'고 강조했다. 사실상 이와 똑같은 입장에서 이이는 이황의 '인승마' 은유를 비판했다.

(퇴계의) 호발설은 비유컨대 아직 문밖을 나가기 전에 사람과 말이 다른 곳에 있다가 문을 나간 후에 사람이 곧 말을 타는 것인데, 혹 사람이 나아감에 말이 이를 따르기도 하고 혹 말이 나아감에 사람이 이를 따르기도 하는 것이니, 명목

---

46) 宋純, 「與李景浩」, 『俛仰集』續集(한국문집총간 vol.26), 권2, 336~337쪽, "四端七情之辨有曰, 四端理發而氣隨之, 七情氣發而理乘之. 竊謂氣發理乘, 此固不易之論, 而理發氣隨一句, 似有未安. 夫理者無形底也, 氣者有運用造作底物也. 理則無爲, 而氣則有爲, 故此理常具於氣之中, 而氣能運用造作, 則理亦乘之而已. 若曰理發氣隨, 則是理反有運用, 而氣反無運用也, 烏其可也. 譬如人之乘馬, 氣便是所適之馬也, 何嘗有人動之而馬乘之理哉."

(名)과 이치(理)를 함께 잃어 말이 될 수 없다.[47]

이이의 비판은 송순과 마찬가지로 사람이 말을 탄다는 비유를 호발설에 적용할 경우 말과 사람의 분리를 가정한다는 데에 근거를 두고 있다. 이것은 리와 기가 분리될 수 있다는 논리로서, 리와 기가 본질적으로 구체적인 사물 속에 원래적으로 결합되어 있다는 소위 '리기불상리理氣不相離'라는 리기론의 전제와 어긋난다는 것이다. 은유적으로 보자면 이것은 이황과 성혼, 심지어 주희 자신조차 생각지 못했던 '인승마' 은유의 사용에 따른 자연스러운 결과이다.

주희가 처음 '인승마' 은유를 고려했을 때 그가 암묵적으로 가정한 것은 말을 탄 상태라는 특수한 상황에서의 사람과 말의 관계였지, 그 이전이나 그 이후를 예상한 것이 아니었다. 즉 주희는 '인승마'를 통해, 사람과 말의 관계를 통해 리기 관계를 사유할 수 있다고 제안했다. 이때 그는 '사람이 말을 타고 있는 상황'이라는 아주 특수한 상황에서의 관계를 염두에 두고 있었다. 여기에서 이이의 의문으로 나아가기 위해서는 그 특수한 상황을 사람과 말의 전반적인 관계로 확장하기만 하면 된다. 이이는 단지 사람과 말의 관계를 확장해서 '문을 나서기 이전'에도 사람과 말의 관계를 생각해 볼 수 있지 않는가 하는 질문을 던졌을 뿐이었다. 만일 '인승마' 은유가 없었더라면 이런 질문은 나올 필요도 없었을 것이다. 그러나 이 질문이 '인승마' 은유를 배경으로 나타나자마자 그 이론적 의의는 리기론의 핵심적인

---

47) 李珥, 「答成浩原」, 『栗谷先生全書(Ⅰ)』(한국문집총간 vol.44), 권10, 206쪽, "若以互發之說譬之, 則是出門之時, 人馬異處, 出門之後, 人乃乘馬, 而或有人出而馬隨之者, 或有馬出而人隨之者矣, 名理俱失, 不成說話矣."

측면을 지적하고 있다는 것이 곧 드러났다. 그것은 이이의 비판에 대한 장현광張顯光의 부연 설명 속에서 명확하게 드러난다.

　선유는 리기를 사람과 말로써 비유하여, 리를 사람에 기를 말에 견주고, 리가 기를 타는 것이 마치 사람이 말을 타는 것과 같이 리는 스스로 다닐 수 없고 기를 타고서야 행할 수 있다고 했다. 즉 사람은 스스로 다닐 수 없고 말을 타고서야 행할 수 있음을 비유한 것이다.…… 그러나 감히 생각해 보면 사람과 말은 본래 두 가지 물건(兩物)이지만 리와 기는 사람과 말처럼 두 가지 물건이 아니다.48)

　장현광의 말에서 분명해지는 것은 '인승마' 은유를 확장해서 해석할 경우, 사람과 말이 따로따로 분리될 가능성에 대한 우려이다. 즉 이이와 장현광 두 사람은 모두 '인승마' 은유의 잠재적 위험성은 '리기불상리'라는 원칙이 '인승마' 은유에 의해 훼손될 수 있다는 이론적 가능성이다.
　둘째, 송순의 비판에서 노골적으로 드러나는 불안은 리와 기에 대한 무위·유위의 규정이 전도될 수 있다는 점이다. 이 비판은 '리무위理無爲, 기유위氣有爲'라는 전제가 이이가 이황의 리기호발설을 비판하는 핵심적 근거였기 때문에 중요하다. 이이는 이 전제를 수용함으로써 '리기호발설'은 잘못이고, '기발리승일도설氣發理乘一途說'만이 이론적으로 가능할 수 있다고 주장했다. 즉 송순의 비판은 이황이 기대승과 사단칠정논변을 전개했던 시기에

---

48) 張顯光, 「經緯說總論」, 『旅軒先生全書』 하(인동장씨남산파종친회 간, 1983), 114쪽, "先儒以人馬猶理氣, 理比之人, 氣比之馬, 理之乘氣, 若人之乘馬, 理不能自行, 乘氣而行. 猶人不能自行乘馬而行也.……竊以爲人與馬, 本是兩物耳, 若理氣則非如人與馬之爲兩物者也."

기발리승일도설과 비슷한 사상적 경향이 이이가 아닌 다른 사상가에게서도 나타났다는 증거라는 점에서 중요하다.[49] 이것은 리의 무위성과 기의 유위성이라는 주자학의 대전제를 따라서 사단칠정론을 구성할 경우 이론적으로 자연스러운 것은 '리발설理發說'보다는 '기발설氣發說'이라는 것이 이이만의 생각은 아니었다는 것을 암시하기 때문이다.

송순과 이이의 비판은 결국 '인승마' 은유가 리기의 분리 가능성을 함축하고, 리기의 혼륜일체성을 부정한다는 것이다. 이런 비판은 이중적인 효과를 가져왔다. 이황의 후학들은 이 비판으로부터 자신들의 리기론을 옹호하기 위해 두 가지 문제를 해결해야 했기 때문이다. 첫째, '인승마' 은유에 대한 비판을 극복해야 했고, 둘째, 이와 동시에 '인승마' 은유가 내포하는 리의 우월성에 대한 주장을 옹호해야만 했다. 반면에 이이의 후학들에게 이것은 또 다른 문제를 야기시켰다. 즉, 이이가 이황의 '인승마' 은유를 비판하고 있다지만, 이것은 사실상 주희의 '인승마' 은유를 비판한다는 것을 의미했다. 따라서 이이의 후학들은 주희와 이이 성리학의 이런 차이가 가져오는 갈등을 해소함과 동시에 자신들의 비판에 대한 퇴계학파의 반박을 극복해야 했다. 이 과정에서 이황식의 '인승마' 은유에 대한 이해가 일차적으로 이이에 의해 비판되었기 때문에, 율곡학파 학자들에게 남겨진 대안은 '인승마' 은유를 배제하면서 자신들의 두 가지 철학적 규정, 즉 이이가 강조한 '리무위, 기유위' 및 '리기불상리'라는 주장과 정합적인 새로운 은유를 창조해야만 하는 것이었다.

---

49) 고영진, 「16세기 호남사림의 활동과 학문」, 『남명학연구』 3집(진주: 경상대 남명학연구소, 1993), 36~37쪽 참조.

4.

이황과 이이가 대립하는 이론적 갈등을 어떻게 해결했는가에 앞서는 질문은 어떻게 해서 두 사람이 동일한 은유에 대해 서로 다른 이해에 도달하게 되었는가 하는 것이다. 이 지점에서 이항의 '인승마'에 대한 이해는 이황과 이이의 차이를 해명하는 데 많은 시사점을 던져 준다.

편지에서는 또 "주자는 태극이 음양을 타는 것이 사람이 말을 타는 것과 같다고 했으니 결코 사람을 말로 여겨서는 안 될 것입니다"라고 했습니다. 이것은 주자가 사물을 빌려서 '리가 기를 탄다'는 것을 형용한 것일 뿐, 참으로 사람과 말의 관계와 같다는 것이 아닙니다. 사람과 말은 혹은 타기도 하고 혹은 떨어져 있기도 합니다. 말이 있으면 타지만, 말이 없으면 걸어가기도 하는 것입니다. 리와 기가 어떤 때는 타다가 어떤 때는 떨어지기도 한단 말입니까? 리가 기를 얻으면 타고, 기를 얻지 못하면 걸어간단 말입니까? 이것은 그렇지 않을 것입니다. 주자가 사물을 빌려 비유한 일을 그대가 너무 지나치게 받아들여 리와 기를 매우 심하게 구분해서 마치 사람과 말이 다른 것과 같다고 하는데, 이것은 '『서경』의 내용을 모두 믿는다면 『서경』이 없는 것만 못하다'는 격입니다.[50]

이항은 분명하게 '인승마'가 은유라는 것과 그것이 전통적인 은유로서 갖는 특성을 함께 지적하고 있다.[51] 즉 그것은 '다른 사물을 빌려서 묘사한

---

50) 李恒, 「答湛齋書」, 『一齋集』(한국문집총간 vol.28), 428쪽, "來書又云, 朱子曰, 太極之乘陰陽, 如人之乘馬, 則決不可以人爲馬也. 蓋此則朱子借物形容理乘氣也, 非眞人馬然也. 人馬則或乘或離. 得馬則乘, 不得馬則徒行. 夫理氣, 亦或乘或離耶. 理得氣則乘, 不得氣則徒行耶. 是不然. 朱子假物比喩之事, 君實過聽, 分理氣太甚, 而如人馬之不同, 此所謂盡信書, 不如無書."

51) 전통적 은유관과 체험주의적 은유관의 동이에 대한 개관은 나익주, 「은유의 신체적 근거」, 『담화와 인지』 제1권, 187~213쪽을 참조.

다'(借物形容)는 특징을 지닌다는 것이다.[52] 그보다 더 중요한 것은 그가 은유의 어떤 한계를 지적하고 있다는 점이다. 체험주의적 관점에서 볼 때 이항은 사실상 하나의 은유가 갖는 부각과 은폐라는 이중적인 작용을 지적하고 있고, 이것은 동시에 은유적 투사의 부분성에 관해 이항이 정확하게 이해하고 있었다는 것을 의미한다. 그리고 이황과 이이의 '인승마'에 대한 이해의 분기 역시 여기에서 기인한다고 볼 수 있다. 이에 대한 현대적 표현은 '논증은 전쟁'이라는 은유를 설명하는 과정에서 레이코프와 존슨이 다음과 같이 말한 대목을 통해 잘 드러난다.

> 은유의 본질은 한 종류의 사물을 다른 종류의 사물의 관점에서(in terms of) 이해하고 경험하는 것이다. 이 말은 논쟁이 전쟁의 하위 種(종)이라는 말이 아니다. 논쟁과 전쟁은 다른 종류의 사물, 즉 언어 담화와 무장 분쟁이며, 거기에서 수행되는 행위도 다른 종류의 행위이다. 그러나 '논쟁'은 '전쟁'의 관점에서 부분적으로 구조화되고, 이해되고, 수행되고, 말해진다.[53]

사람과 말의 관계와 리기의 관계는 분명 다른 것이다. 사람과 말은 경험 세계에서 구체적으로 발견되는 것이고, 리와 기는 성리학의 리기론이라는 추상적 이론 구조물 안에서 의미를 갖는 형이상학적 개념들이기 때문이다. 중요한 것은 그럼에도 불구하고 '논쟁'이 '전쟁'의 관점에서 부분적으로 구조화되고, 이해되고, 말해지는 것처럼, 리기 관계도 사람과 말의 관계에서

---

52) 장현광은 보다 정확하게 이것을 '다른 사물을 빌려 이치를 분명하게 밝히는 것'(借物明理)이라고 표현했고, 이러한 은유가 필요한 이유 역시 '사물은 경험적으로 쉽사리 식별할 수 있지만 이치는 그렇게 할 수 없기 때문'(以物可見而理難見故也)이라고 지적하고 있다. 張顯光, 「論經緯可以喩理氣」, 『旅軒先生全書』 하, 76쪽 참조.
53) G. 레이코프·M. 존슨, 『삶으로서의 은유(수정판)』, 24쪽.

그렇게 구조화되고, 이해되고, 말해진다는 것이다. 이때 이항이 지적한 것처럼, 사람과 말의 모든 관계가 리기 관계에 은유적으로 투사되는 것이 아니라는 점을 인식하는 것이 중요하다. 의사소통과 시간, 논쟁에 대한 은유들의 검토에 뒤이어서 레이코프와 존슨은 이렇게 말한다.

> 우리가 관찰해 온 은유적 개념이 우리에게 의사소통, 논쟁, 그리고 시간에 대한 부분적 이해를 제공하며, 또한 그렇게 함으로써 이 개념들의 다른 측면들을 은폐한다는 점이다. 여기에 관련된 은유적 구조화는 전체적이 아니라 부분적이라는 점을 이해하는 것이 중요하다. 만일 그것이 전체적이라면, 한 개념은 단순히 다른 개념의 관점에서 이해되는 것이 아니라 실제로 다른 개념이 될 것이다.[54]

레이코프와 존슨의 말을 염두에 두고 이항의 말을 검토할 때 다시 한 번 명확하게 드러나는 것은 이 은유적 투사의 부분적 성격과 여기에서 기인하는 은유의 부각과 은폐에 대한 인식이다. 이항뿐만 아니라 이황과 성혼은 모두 반복적으로 '인승마'가 '사람이 말 위에 타고 있는 특수한 상황'만을 부각시켜 리기 관계를 설명하려는 은유라는 점을 지적한다. 이것은 일면 타당한 이해이다. '인승마' 은유는 분명 이 상황을 부각시키기 위해 만들어진 것이다. 그러나 이것이 '인승마' 은유의 진실이라면, 이 부각이 반대편에 또 다른 많은 상황들을 은폐하고 있다는 것 역시 똑같은 정도로 진실이라고 해야 한다. 그것이야말로 송순과 이이, 장현광이 지적하고 싶었던 것이다. 즉 '인승마' 은유에서 은폐된 측면을 통해 그들은 리기 관계를 사유하려고 했던 것이다. 이들 여섯 사람의 인승마에 대한 이해의 비교는 은유의 사용

---

54) G.레이코프 · M.존슨, 『삶으로서의 은유(수정판)』, 35쪽.

에 따른 부각과 은폐라는 두 가지 측면이 '인승마' 은유를 매개로 성리학적 사유 속에서 어떻게 서로 갈등하고 있는지에 대한 독특한 장면을 연출하고 있다. 그리고 이 독특한 장면의 한복판에는 은유의 부각과 은폐, 은유적 투사의 부분성이라고 하는 일반적 원리가 함축되어 있다.

5.

이러한 부각과 은폐 및 투사의 부분성에 관한 점은 정시한의 이이에 대한 비판에서 잘 찾아볼 수 있다. 정시한은 이이의 비판에 맞서 이황의 '인승마' 은유를 옹호하려고 한다. 이때 그가 옹호하려는 주장의 근거로 내세우는 은유에 대한 이해 방식은 이항의 입장과 맥락이 맞닿아 있다. 그러나 그의 비판은 이항보다 한 걸음 더 나아간 문제의식을 포함하고 있다. 거기에는 벌써 '인승마' 은유에 대한 비판을 극복하기 위해 또 다른 은유를 설정하려는 암시가 나타나고 있기 때문이다.

> 사람이 이미 말을 탔다면 사람과 말은 함께 길을 간다. 사람을 중심으로 말하는 경우도 있고, 말을 중심으로 말하는 경우도 있다. 율곡이 비유한 것으로 말한다고 하더라도…… (율곡은) 반대로 '문을 나서기 이전(未出門之時) 사람과 말이 다른 곳에 있다'고 하고 '문을 나선 이후에야(出門之後) 사람이 비로소 말을 탄다'고 하면서, 사람이 길을 나서면 말이 따르기도 하고 말이 길을 나서면 사람이 따르기도 한다는 것으로 호발설을 비유하며 이름과 이치를 모두 잃었다고 비난하니, 말이 되지를 않는다. 퇴계도 리기를 사람과 말에 비유하면서 사람은 말이 아니면 드나들 수 없고, 말은 사람이 아니면 궤도를 잃는다고 했으니, 사람과 말은 서로를 의지하면 서로 떨어질 수 없는 것이다. 언제 미발의 이전에는 리와 기가

각각의 장소에 있다가, 리발의 이후에 리가 기를 타게 되고, 혹은 리가 앞서 나오고 기가 뒤따르며(理先出而氣隨後), 혹은 기가 앞서나오고 리가 뒤따른다(氣先 出而理隨後)고 했단 말인가?[55]

정시한은 분명하게 '출문' 이후와 이전을 구분하면서, 출문 이후의 상황 이 인승마 은유가 부각시키고자 한 본래적 상황이라는 점을 지적한다. 그래 서 문을 나서기 이전을 강조하는 이이의 이해 방식은 '인승마' 은유가 은폐 하려고 했던 것에 주목하는, 말하자면 이 은유를 제대로 이해하지 못한 것 이라고 강조한다. 이것은 사실 이항이 주희의 말을 상대방이 너무 지나치게 해석하려 한다고 쓴 편지 속에서 이미 표명된 입장이다.

정시한의 말이 이항의 언급보다 더욱 중요한 것은 이 때문이 아니다. 정시한은 갑자기 '인승마' 은유에 대한 이이식의 이해가 리기의 선후 관계 에 대한 논의를 불러일으킬 것이라는 점을 암시한다. 그래서 그는 서둘러 이황의 호발설이 리기의 선후 관계를 주장하지 않았다고 단언한다. 정시한 의 말에 따르면 리기의 선후 관계에 대한 주장은 호발설이 전혀 의도하지 않았던 것이다.

이것은 정시한이 이이의 '인승마' 은유에 대한 비판의 핵심을 정확하게 읽었다는 것을 의미한다. 왜냐하면 이이의 인승마 비판은 장현광이 말하는

---

55) 丁時翰,「四七辨證」,『愚潭集』(한국문집총간 vol.126), 권7, 336쪽, "人旣乘馬則人馬
之行一也. 而有主人而言者, 有主馬而言者. 雖以栗谷所譬者言之, 其曰馬從人意而出
者, 非理發而氣隨之者乎. 其曰人信足而出者, 非氣發而理乘之者乎. 以此驗之, 亦
可見理氣之互發矣. 今反以未出門之時人馬異處, 出門之後人乃乘馬, 而或有人出而
馬隨之者, 或有馬出而人隨之者, 爲互發之喩, 而斥之以名理俱失, 不成說話. 退溪亦
以理氣譬人馬以爲人非馬不出入, 馬非人失軌途, 人馬相隨不相離. 何嘗曰未發之前,
理氣各在一處, 已發之後, 理乃乘氣, 或理先出而氣隨後, 或氣先出而理隨後乎."

것처럼 결국 이황이 리기를 양물로 여기지 않는가 하는 것이었는데, 이런 주장의 은유적 근거가 '인승마' 은유의 구조를 출문 이전의 상황으로 확장한 데에서 나타났기 때문이다. 이이나 장현광의 사고는 '인승마' 은유의 은폐된 측면을 파고들 경우, 이 은유가 사실상 리기를 두 개의 개체로 보는 일종의 존재론적 은유라는 것이다. 그리고 그들이 서로 다른 개체라면 그들 사이에는 경험 세계에서 두 개체를 경험할 때 우리가 파악할 수 있는 그런 관계가 성립될 것이다. 그 관계 가운데 하나는 둘 가운데 누가 앞서고 누가 뒤서는가 하는 것도 포함된다. 이 질문이 성리학적으로 얼마나 상투적인 것인가 하는 것은 『주자어류』의 권1만 읽어 보아도 잘 알 수 있다.

정시한이 무의식적으로 드러내고 있는 것은 이이의 비판이 '인승마'에 적용될 경우 리기의 선후 관계가 질문될 수 있다는 가능성이다. 이 때문에 정시한은 서둘러 이황의 호발설에는 리기의 선후를 분리하는 어떤 요소도 없다고 주장하고 말았다. 이런 결론의 문제점은 이항이 이미 지적한 것처럼 '인승마' 은유 자체가 은유라는 점을 정시한이 망각했기 때문에 발생한 것이다. 즉 '인승마' 은유는 명제적인 의미에서의 '사람이 말을 탄다'는 말이 아니다. 이 은유의 은폐된 측면 즉 '출문 이전의 상황'을 이이가 가정했더라도 이것은 여전히 은유의 문제인 것이다. 따라서 이 은유의 확장 결과 리기의 선후가 논의될 여지가 있다면 이러한 리기의 선후는 여전히 은유적인 의미에서의 선후라는 뜻에서 사용된 것이다. 그런데 정시한은 이이식의 비판에서 도출되는 선후라는 개념을 문자적인 의미의 선후라고 간주하고서, 그런 것은 있을 수 없다고 서둘러 말문을 닫고 있다.

그러나 정시한이 이처럼 리기의 선후 관계를 서둘러 부정하고 말았지만, 이후 퇴계학파의 학자들은 오히려 리기 관계를 언급하는 은유적 장치로 선후 관계를 적극 도입하는 정반대의 결과를 낳았다. 물론 이런 역전된 현상이 일어난 근본적인 이유 가운데 하나는 이황의 '인승마' 은유에 대한 율곡학파의 비판을 극복하고 자신들의 리기론적 관점을 정당화하기 위해서였다. 그들은 '인승마'를 받아들이는 경우 사람과 말이 분리되어 있는 때를 가정하지 않는가라는 질문, 즉 바꿔 말하면 리와 기에 시간적 선후가 있는가라는 질문에 대해 대답할 때에는 리기의 선후 관계를 사실로 받아들이지 않았다. 그러나 이황이 강조했던 '리강기약'과 주희가 어쩔 수 없이 인정했던 '리약기강'을 동시에 정합적으로 설명하려고 할 때에는 리와 기의 선후 관계를 은유적으로 도입해서 '리선기후'라거나 혹은 '기선리후'라고 대답함으로써 은유적 측면에서 리기의 강약 관계에 대한 해명 방식으로 리기의 선후 관계를 받아들였다. 이것은 사실 관계라는 차원에서는 부정하고, 강약 관계가 암시하는 리와 기의 가치론적 우선성이라는 판단 영역에서는 선후 관계의 은유를 받아들이는 모순적인 태도를 보여 준다. 이 선후 관계를 근거로 하는 시간 은유의 사용이 퇴계학파 리기론의 중요한 모티브가 되었다는 사실은 이미 이진상에게서 확증되었다.[56]

6.

그렇다면 이이와 그의 후학들의 경우는 어떠한가? 무엇보다 먼저 이이는 노골적으로 이황식의 '인승마' 은유에 대한 이해를 배격했다. 이이 자신이 '인승마' 은유를 배격했기 때문에 퇴계학파에서 나타나는 것처럼 '인승

---

56) 이향준, 「인승마 은유의 형성과 변형 1」, 『철학』 79집, 45~50쪽 참조.

마' 은유의 약점을 보완해 가는 은유적 사고의 진행은 그 자체로 불가능해졌다.[57] 그런데 이것은 반대 측면에서 보자면 '리무위 기유위'에 근거한 리기의 불가분리성을 옹호하는 새로운 은유의 발생 가능성이 높아졌다는 것을 의미한다. 즉 퇴계학파는 '인승마' 은유의 문제의식이 연장되는 과정에서 은유의 변형이 발생하는 데 반해 율곡학파에서는 아예 처음부터 '인승마'를 대체하는 다른 종류의 은유가 필요했다는 뜻이다.

　이이 자신에게서 이미 리기의 불가분리성을 함축하는 일종의 '그릇 은유'가 나타났다. 나는 이 은유가 이미 주희에 의해 도입되었다는 사실을 지적했다. 특히 이이는 그 과정에서 주희의 그릇 은유가 '큰 그릇 은유'와 '작은 그릇 은유'로 명명될 수 있는 두 가지 서로 다른 형태의 은유를 동시에 포함하고 있다는 사실을 함께 밝혔고, '작은 그릇 은유'의 전형적인 사례가 이이의 리통기국과 일치한다고 주장했다.

> 만약에 제약당하는 리의 유행하는 측면의 원인이 기에 있고, 이 기가 리의 어떤 양상을 제약한다는 표현을 '기국氣局'이라고 달리 표현할 수 있다면, 기에 의해 제약당하지 않는 리의 본질적이고 단일한 측면을 '리통理通'이라고 부를 수 있다는 것은 당연할 것이다. 이런 측면에서 보자면 이이가 주장했던 '리통기국'은 사실상 주자 리일분수의 '작은 그릇 은유'와 정확하게 일치한다.[58]

---

57) 이것은 '인승마' 은유를 리기론에만 한정하는 제한적인 경우에만 가능한 표현이다. 실제로 '인승마'는 이이에 이르면 성과 기질의 관계에 적용되어 인심과 도심의 관계를 설명하는 은유적 기제로 수용되고 있다. 리기론에서는 배척하고 심성론에서는 수용하는 이와 같은 '인승마' 은유의 사용이 이이 성리학에서 가지는 기묘한 특징에 대해서는 기발리승일도설을 다루는 별도의 글에서 보다 섬세하게 다루어질 예정이다. 李珥, 『栗谷先生全書(Ⅰ)』(한국문집총간 vol.44), 205쪽 참조.
58) 이향준, 「주자 理一分殊의 은유 분석」, 『동양철학』 24집, 79쪽.

이이의 '리통기국'을 일종의 '그릇 은유'라고 간주하면 흥미로운 점이 발견된다. 그릇 속에 내용물이 담겼다고 할 때, 이 말의 의미를 보다 선명하게 파악하기 위해서는 그릇과 내용물을 구체화시키는 것이 한 방법이다. 그런데 이렇게 그릇을 구체화하려 할 때 당장 마주치는 것은 우리에게 그릇이라는 개념과 정확히 일치하는 단일한 모형이 없다는 사실이다. 이 말은 결국 우리가 떠올릴 수 있는 구체적인 그릇의 이미지가 헤아릴 수 없을 만큼 다양하다는 뜻이다. 그 그릇들이 서로 다른 이유는 물론 미학적인 이유도 있겠지만 기능적인 측면에서 서로 다른 내용물을 담기 위해 내용물에 맞추어 제작되었기 때문이라고도 할 수 있다. 쉽게 말하면 그릇도 다양하고 그릇 속에 담기는 내용물도 다양하다. 그래서 밥그릇에는 밥을 담고 국그릇에는 국을 담는 것이다. 이것은 일상적인 그릇에 대한 우리의 경험과 이해 속에서는 많은 그릇이 있고, 거기에는 서로 다른 내용물들이 담기는 것이 당연하다는 것을 의미한다.

문제는 이러한 일상적 이해가 리통기국이라는 리기 관계를 묘사하기 위해 투사되면 어떤 어긋남을 가져온다는 점이다. 리통기국은 '리 = 내용물, 기 = 그릇'이란 개념적 은유—'그릇 은유'라고 명명할 수 있는—의 언어적 표현이다. 이 경우 그릇으로서의 기가 다양하다는 것은 성리학적 사고에서 자연스럽다. 기는 애초부터 다양한 것으로 가정되기 때문이다. 그러나 리도 그런가? 이이에 의하면 리는 어떤 '보편성'(通)을 가지는 것이라고 주장된다. 이것을 우리가 그릇을 사용해서 많은 내용물을 담는 것과 비교하면 이이의 사고방식이 아주 독특하다는 것을 알 수 있다. 즉, 이이가 리통기국을 통해 표현하려는 은유적인 그릇은 단 한 종류의 내용물만을 담는 그릇이다. 오히려 이것마저도 부적절한 표현이다. 일상적으로 작은 그릇과 큰 그릇에 동일한 내용물을 담을 때 양적인 차이가 생겨나기 때문이다. 그릇은 설령 정성적인 측면에서는 내용물에 아무런 제약을 가할 수 없을지 모르지만, 정량적인 측면에서는 내용물에 어떤 한계를 부여한다. 작은 바구니에 사과를 열 개밖에 담지 못하는 것은 단순히 바구니가 작기 때문이다. 여기에서 '그릇 은유'를 사용하는 사람은 이 은유의 해석 과정에서, 정성적인 측면에서 내용물을 파악할 것인가 정량적인 측면에서 파악할 것인가라는 두 갈래 해석 가능성에 마주칠 수 있다는 것을 알 수 있다.

정성적 해석은 그릇의 다양성에도 불구하고 동질성이 유지되는 내용물의 불변적 속성에 주목한다. 반면에 정량적 해석은 정성적 동질성에도 불구하고 그릇에 의해 달라지는 내용물의 가변적 측면에 주목한다. "물에 비유하자면, 천리는 근원의 물이고, 인성은 그릇 속의 물이다. 근원의 물은 맑지만 흰 그릇에 담기면 그릇처럼 희게 보이고, 푸른 그릇에 담기면 그릇처럼 푸르게 보인다"라고 물었던 김진강金振綱의 말에 동의할 때, 이이는 그릇에 따라 내용물의 어떤 측면이 변했다고 해석하고 있는 것처럼 보인다.[59] 그러나 그가 다시 "리의 본체라는 관점에서 보자면 말라비틀어진 나무나 불 꺼진 재 속에 있더라도 본체의 혼연함은 본시 늘 그대로이다"[60]라고 말할 때, 그는 여지없이 정성적 해석으로 기울고 있다. 즉 이이에게 중요한 것은 외적으로 나타나는 차별상이 아니라, 불변하는 리의 동질성이다. 리의 발현이 기에 의해 제약된다는 점을 인정하는 것처럼 보인다고 말할 때조차 이이는

---

59) 李珥, 「語錄」 上, 『栗谷先生全書(Ⅱ)』(한국문집총간 vol.45), 247쪽, "曰, 譬之於水, 則天理源頭之水也. 人性在器之水也. 源頭之水無有不淸, 而盛之於白盌中, 則同是一般色, 盛之於靑盌中, 又是一般色也. 先生曰, 此段議論, 大槪亦是."
60) 李珥, 「答成浩原」, 『栗谷先生全書(Ⅰ)』(한국문집총간 vol.44), 214쪽, "以理之本體言, 則雖在枯木死灰, 而其本體之渾然者, 固自若也."

명확하게 정량적 해석을 외면하고 정성적 해석을 강조한다. 이것은 그가 '그릇 은유'의 정량적 해석 가능성을 몰랐다는 뜻이 아니다. 오히려 그의 '그릇 은유'는 해석의 측면에서 정성적 해석을 부각시키고 정량적 해석을 은폐시키고 있다고 하는 것이 더욱 적합하다.

'그릇 은유'에는 이것 외에 다른 문제가 함축되어 있다. '인승마' 은유는 강하든 약하든 간에 마치 기수가 말을 통제하듯이 암묵적으로 '리는 기를 통제하는 힘'을 갖는다고 주장한다. 그러나 그릇 속에 담긴 내용물이 그릇을 통제한다는 이해는 우리의 일상적인 영역에서 찾아볼 수 없다. 이런 이해를 잠재적으로 포함하는 '그릇 은유'는 원천적으로 기에 대한 리의 통제를 설명하기에 부적합한 은유이다. 이것은 율곡학파가 '그릇 은유'로서의 리통기국을 받아들이는 한 지속적으로 리의 기에 대한 통제의 문제, 즉 성리학적 용어로 '리의 주재' 문제가 논란거리가 될 수밖에 없다는 것을 의미한다.[61]

한편 '그릇 은유' 자체에 정량적 해석 가능성이 포함되어 있다는 사실은 이이의 후학들에게 또 다른 제약을 부과했다. 즉 '인승마'를 배제하고 '그릇 은유'로 대체한 이이의 입장을 옹호하기 위해 그의 후학들이 '그릇 은유'를 성리학적 사유의 도구로 사용하면 할수록, 거꾸로 이이 자신이 은폐하고자 했던 측면들을 더욱 도드라지게 만드는 결과를 가져왔기 때문이다.

---

61) 이이의 리무위와 기에 대한 리의 주재라는 주장에 대한 김창협, 조성기, 임영의 불신과 의심에 대해서는 송영배·금장태 외, 『한국유학과 리기철학』(서울: 예문서원, 2000), 177~180쪽 참조.

7.

한원진은 리통기국에 대한 사고가 어떻게 이런 과정으로 진행되어 갈수밖에 없는지 그 과정을 잘 보여 준다. 역설적인 것은 한원진이 학통의 특성상 이이 철학의 강력한 옹호자일 수밖에 없음에도 불구하고, 그의 이이 철학에 대한 옹호가 오히려 이이가 은폐하고자 했던 것을 부각시키는 결과를 가져왔다는 점이다. 이런 점에서 한원진의 역할은 이중적이었다. 즉 그는 '그릇 은유'를 강화함과 동시에 바로 그 의도 때문에 '그릇 은유'를 보다 섬세하게 설명하는 과정에서 이이의 '그릇 은유'가 은폐하려던 것을 노출시키고 말았기 때문이다.

이이의 리통기국이 하나의 은유이고 은폐와 부각의 측면을 갖고 있다면, 이렇게 질문하는 것은 자연스럽다. 즉 어째서 이이 자신의 '그릇 은유'에 대해 그가 이황의 '인승마'를 비판하면서 사용했던 것과 똑같은 비판을 제기할 수 없는가? 이황에 대해 이이 자신이 제기했던 비판을 그 자신의 이론에 적용할 때 그의 '리통기국'은 '인승마'가 가정했던 것과 똑같은 부분적인 상황만을 가정하고 있다는 것이 분명히 드러난다. 즉 '그릇에 담긴 내용물'이란 은유에서는 '담긴'이라는 특수한 상황에 초점이 맞추어져 있다. 따라서 이들을 분리시켜 아직 그릇에 담기지 않은 내용물, 즉 바구니에 아직 담기지 않은 사과를 가정하면, 바구니와 사과는 개념적으로 분리될 수도 있다는 결론에 이른다. 그렇다면 이이의 리통기국도 그 자신이 제창한 '리기불상리'의 원칙을 위배하는, 그래서 리기를 양물로 간주하게 만드는 것은 아닌가?

이렇게 질문하면, 이이의 리통기국은 '인승마'와 똑같은 문제점을 안고 있다는 것이 자명하다. 즉 '그릇 은유'는 그릇과 그 내용물을 그릇에 내용물이 담기기 이전의 상태로 분리시킬 수 있다는 해석 가능성을 함축한다. 장현광과 한원진은 바로 이 가능성을 회피하려는 각기 다른 사유 방식을 보여준다. 먼저 장현광은 리기를 포괄하는 또 다른 개념을 도입하고, 리기가 제3의 개념을 구성하는 필수불가결한 것이라고 주장한다. 이 점은 확실히 장현광의 독창적인 측면이었다. 왜냐하면 그는 이 과정에서 '리통기국'을 옹호하는 보조 은유로서 '리 = 날실, 기 = 씨실'이라는 구조적 은유를 창조했기 때문이다.

경은 베를 짜면서 세로줄이 도투마리에서 나오고, 위는 가로줄로서 북에서 나오는 것이다. 경은 처음부터 끝까지 이어져 뒤바뀌지 않고, 위는 좌우로 반복 왕래하면서 짜진다.…… 경과 위가 뜻이 이렇기 때문에 이 두 글자를 들어 리기를 비유해 보면 가장 근사한 표현인 것을 생각할 수 있다. 리는 도의 경이고 기는 도의 위이다. 경이 되고 위가 되는 것이 구별이 있다고 해도 같은 실인데 그 근본을 둘이라 하겠는가? 리가 되고 기가 되는 것이 나누어지는 것이긴 해도 같은 도인 것이다.[62]

사실상 장현광이 하고 있는 것은 세계 전체를 하나의 천으로 가정하고, 그 천을 이루는 필요충분조건으로 씨실과 날실을 제시함으로써, 하나의 천이 존재하는 한 씨실과 날실의 동시 공존은 불가피한 상황임을 역설하려는 것이다. 날실과 씨실은 개념상 하나의 천의 두 측면을 구성하는 불가분리적

---

62) 張顯光, 「論經緯可以喩理氣」, 『旅軒先生全書』 하, 76쪽, "經卽織縷之繼而在袖者也, 緯卽織絲之橫而杼者也. 經則自始至終貫通在達而無有變易, 緯則一左一右反覆往來而循備曲折.……經緯之義如是, 故提此二字擬之於理氣, 則竊以爲似乎近矣. 理乃道之經也; 氣乃道之緯也. 爲經爲緯雖別, 而同是絲也, 則其可以二其本乎? 爲理爲氣者雖分而同是道也."

인 요소이기 때문이다. 이것은 리기의 불가분리성이 전체로서의 제3의 개념에 의존한다는 것을 뜻한다. 그래서 장현광의 리기론에서 전체로서의 도의 존재가 부각되고, 유명종이 「도일원론적인 이기철학」이라고 제목 붙인 것은 바로 '날실 씨실 은유'의 논리적 귀결로 해석될 수 있다.[63] 어쨌든 중요한 것은 장현광의 '날실 씨실 은유'가 '그릇 은유'로서 리통기국의 은유적 문제를 해결하려는 하나의 시도라고 간주될 수 있다는 점이다. 물론 이 방식에도 이론적 허점이 있다. 즉, 천이 존재하지 않는다면 장현광의 날실 씨실 은유는 적용될 토대 자체가 사라지기 때문이다.

이런 점에서 한원진의 사유 방식은 이이뿐만 아니라 장현광의 은유가 가진 약점도 확실하게 보완한다. 주희는 분명히 '천지가 존재하기 이전에도 이 리는 존재한다'고 주장했다. 즉 주희는 '천지가 존재하기 이전'이라는 전제를 설정할 수도 있다고 여겼다. 이런 전제에 따르면 주희의 말은 기에 앞서 그와 상관없이 리가 존재한다는 말처럼 들린다. 천지의 존재 이전에는 기의 존재를 가정할 필요가 없기 때문이다. 반면에 이이는 리와 기는 절대 분리될 수 없다고 주장했다. 여기에는 분명히 이론적 괴리가 존재한다. 한원진은 이 두 가지 주장의 괴리를 메우기 위해 장현광과 동일한 생각을 우주론적으로 확장시킨다. 장현광의 논리에 따르면 리기의 불가분리성이 주장되기 위해서는 리기를 불가분리적으로 결합되도록 만드는 리기의 결합체가 가정되어야 한다. 즉 그것이 가정될 때, 그 속에 리기는 불가분리적인 결합으로 이해되는 것이다. 장현광은 추상적인 어투로 그것을 도라고 불렀다. 그러나 한원진은 훨씬 합리적으로 생각한다. 즉 한원진에 의하면 리기

---

63) 유명종, 「張旅軒 思想의 硏究—性理說을 中心으로」, 『경북대논문집』 5(1962), 444~449쪽 참조.

가 불가분리적으로 결합된 장소는 이 세계를 의미한다. 그러므로 이 세계가 존재한다는 사실 자체가 리기의 불가분리성을 보장하는 것이다. 그러나 주희는 '천지가 존재하기 이전'이라는 상황을 가정하지 않았는가? 그때조차 리기의 분리가능성을 부정할 수 있단 말인가? 이런 반박에 대한 한원진의 방어 논리는 일종의 무한세계론이었다. 즉 천지의 이전에는 정결공활한 리의 세계만이 있는 것이 아니라 또 다른 천지가 있다고 주장하는 것이다.

> 이전 세계가 이미 소멸한 다음에 이 세계가 생겨나고, 이 세계가 이미 소멸한 다음에 다음 세계가 생겨난다. 이 세계 이전에 얼마만큼의 세계가 있었는지 알 수 없고, 이 세계 이후에 또 얼마만큼의 세계가 존재할지 알 수 없다. 이것이 세계가 끊임없이 개벽하는 이유이다.[64]

이 진술은 세계가 무한하게 생성과 소멸을 반복한다는 순환적인 무한세계론을 제시하고 있다. 얼핏 보면 도대체 무엇 때문에 정당화가 불가능한 이런 주장을 불쑥 내놓는 것인지 아리송하다. 그러나 이 진술은 이이의 '그릇 은유'와의 상관성 속에서 해석될 때 제대로 된 의미가 드러난다. 왜냐하면 이런 무한세계론이야말로 그릇에 담기기 이전의 그릇과 독립된 내용물로서의 리의 존재 가능성을 부정하는 근거가 되기 때문이다. 즉 세계가 무한하다면 그 세계를 구성하는 두 가지 실체로서의 리와 기의 결합 상태는 무한할 수밖에 없다는 결론에 이르기 때문이다. 다시 말하면 장현광의 도나

---

64) 韓元震, 「示同志說」, 『南塘集(II)』(한국문집총간 vol.202), 권29, 136~137쪽, "前天地既滅之後, 此天地方生, 此天地既滅之後, 後天地方生. 此天地之前, 未知其有幾天地也, 此天地之後, 又未知其有幾天地也. 此天地之所以闔闢而無窮也." 이미 이이는 김진강과의 대화 과정에서 이와 유사한 세계관에 동의하고 있다. 李珥, 「語錄」上, 『栗谷先生全書(II)』(한국문집총간 vol.45), 237쪽 참조.

한원진의 무한세계론은 둘 다 '그릇 은유'로서의 리통기국이 함축할지도 모르는 '그릇에 담기기 이전의 내용물로서의 리'라는 개념의 사유 가능성을 근원적으로 차단한다는 공통성을 갖는다.

반면에 한원진의 기여가 이렇게 긍정적인 것만은 아니었다. 한원진은 이이의 '그릇 은유'가 정량적으로 해석될 여지가 있다는 이론적 가능성을 그만의 용어로 제시했기 때문이다.

> 율곡이 기국을 논하면서 "인성이 물성이 아닌 것은 기국 때문이다"라고 했고, 또 "리가 나뉘어 갖가지로 다른 것은 기국 때문이다"라고 했으며, 또 "만물은 성에 온전한 덕을 품부받을 수 없다"라고 하였다. 이것은 기를 논하는 것일 뿐만 아니라 기국의 리를 논하는 것이다. 무엇을 기국의 리라고 하는가? 리가 양에 국한되면 건이 되어 양의 성이 되고, 음에 국한되면 순이 되어 음의 성이 된다. 이를 미루어 나가면 오행이나 만물도 다 그러하지 아니함이 없다.[65]

한원진의 언급에서 중요한 것은 그가 '기국'의 대칭 개념으로 '리통'을 가정하지 않고, '기에 국한된 리'(氣局之理)라는 개념을 상정하고 있는 것이다. 기국 대 기에 국한된 리라는 구도는 기국에 대응하는 것이 리통이라는 이이의 주장과는 다른 것이다. 그 다른 점이 무엇인가 하는 것도 분명하다. 한원진과 이이의 차이는 이이가 '그릇 은유'를 정성적으로 해석하는 것에 비해서, 한원진은 동일한 은유를 정량적으로 해석하기 때문이다. 즉 이이는

---

65) 韓元震, 「李公擧上師門書辨」, 『南塘集(II)』(한국문집총간 vol.202), 권28, 117쪽, "栗谷之論氣局曰, 人之性非物之性, 氣之局也, 又曰理之萬殊, 氣之局故也. 又曰萬物則性不能稟全德, 是不但論氣而論其氣局之理也. 何謂氣局之理, 理局於陽則爲健而爲陽之性, 局於陰則爲順而爲陰之性, 推之五行萬物, 莫不然也."

리통기국을 통해 기의 제약에도 불구하고 불변하는 리의 보편성을 강조하려고 한다. 이에 반해 한원진은 기에 의해 제약된 리의 존재를 인정한다. 앞에서도 말했지만 이이의 해석에 이런 측면이 없다는 것은 아니다. 그러나 이이는 의도적으로 이런 해석의 의미를 축소하고자 했지만, 이제 한원진은 리통기국이 실제로 '기에 의해 제한된 리'라는 개념을 함축한다고 주장하는 것이다.

리통기국에 근거한 리기론적 사유가 이렇게까지 나아간 것과 '리의 주재' 문제와의 연관성을 살펴보면, 두 사람의 이론적 차이가 무엇인지는 더욱 분명해진다. 이이가 리통기국을 주장할 때부터 리의 주재 문제는 정당화시키기 곤란하게 되었지만, 그럼에도 불구하고 리통기국은 기가 제약할 수 없는 리의 동질성을 인정하는 이론이다. 이것은 암암리에 기가 훼손할 수 없는 리의 우월성을 암시한다. 그러나 이제 '기에 제한된 리'라는 개념에 이르면 리의 보편성은 분명 어떤 차원에서 기에 의해 분명하게 제약당한다고 주장해야만 한다. 물론 어떤 측면에서는 여기에 새로운 것이라고는 없다고 말할 수도 있다. 층차를 나누어 보편성과 특수성을 구분시키고 리가 제약당하는 측면을 특수성에 귀속시키는 것은 리일분수 이래로 성리학적 사고의 상투적인 논법이었기 때문이다. 그러나 그럼에도 불구하고 '기에 의해 국한된 리'(氣局之理)라는 개념은 '기에 의해 제약당하지 않는 리의 보편성'(理通)이란 개념에 비춰 보면 확실히 리의 우월성이 후퇴한 개념이다. 즉, 점점 더 기에 의해 국한된 리라는 개념으로 이끌릴수록 '리의 주재'는 더욱더 주장하기 힘들어진다.

여기에서 지적하고자 하는 것은 바로 이러한 변화가 '그릇 은유'로서의 리통기국이란 사유를 좀 더 섬세하게 다듬는 과정 자체에서 나타났다는 것이다. 더구나 그 변화 과정은 분명하게 리통―기국―기국지리라는 연속성을 가지는 구도로 도식화될 수 있다. 사실상 한원진은 이이보다 한 걸음을 더 나아갔을 뿐이지만, 이 한 걸음을 내딛는 순간 그는 이이의 리통기국이 굳이 언급하고 싶지 않았던 '기에 의해 국한된 리'라는 개념을 노골화시킨 것이다.

8.

일단 리통으로부터 기국의 리(氣局之理)라는 개념 변화를 거치면서 리가 기에 의해 제약당할 수 있다는 가능성을 확대해 나가면, 점점 더 '리의 주재'와는 멀어지기 마련이다. 그리고 그 이론적 귀결은 임성주에 이르면 보다 명백하게 드러난다. 한원진은 기국과 기국의 리를 서로 호응하는 개념쌍으로 제시하는 데 그쳤지만, 임성주는 여기에서 한 걸음 더 나아가 똑같은 논법으로 리일분수는 기일분수와 호응하는 것이라고까지 주장했다.

> 요즘 사람들은 언제나 리일분수를 '리는 같은데 기는 다르다'는 식으로 이해한다. 모르겠다. 리의 일이란 기의 일에 즉해서 드러나는 것인데, 기의 일이 아니라면 어디를 좇아서 그 리가 반드시 하나임을 알겠는가? 리일분수라는 말은, 리를 중심으로 말한다면 '분' 자는 당연히 리에 속해야 하지만, 기를 중심으로 말한다면 기일분수氣一分殊라고 하더라도 무슨 상관이 있겠는가?[66]

---

66) 任聖周, 「鹿廬雜識」, 『鹿門集』(한국문집총간 vol.228), 권3, 384쪽, "今人每以理一分殊, 認作理同氣異. 殊不知理之卽夫氣之一而見焉, 苟非氣之一從而知其理之必一乎. 理一分殊者, 主理而言, 分字亦當屬理, 若主氣而言, 則曰氣一分殊, 何亦無不可矣."

사실 임성주의 이런 주장은 예상치 못한 방식으로 이이의 리통기국론이 갖는 이론적 약점을 드러내고 있다. 임성주와 같은 관점에서 리통기국을 해석하려면 아주 이상한 상황에 마주치게 된다. 여러 가지 그릇에 서로 다른 내용물이 담겼다고 가정하고, 이 그릇과 내용물을 분리시켜 보자. 그러면 각각의 내용물과 그 내용물을 담고 있던 그릇이라는 서로 다른 두 종류의 물건으로 분류된다. 동시에 이제 이들 사이에는 일종의 대응 관계가 성립한다. 왜냐하면 오직 그 그릇에만 어떤 특수한 내용물이 담길 수 있기 때문이다.

이처럼 그릇과 내용물 사이의 대응 관계라는 관점에서 리통기국을 살펴보자. 리통기국에서 그릇은 기고 내용물은 리이다. 그러니까 리는 기와 대응한다. 문제는 이 논리에 따라 대응 관계를 설정할 때 '리통'은 '기통'과 대응해야 자연스럽고, 한원진처럼 '기국의 리'는 '기국'과 대응해야 자연스럽다는 것이다. 그러나 이이는 '리통'과 '기국'을 대응시키고 있다. 한원진이 제시한 기국의 리라는 문제를 제외하더라도 이것은 이이의 철학 속에서 '기통'에 해당하는 개념이 모호하다는 것을 뜻한다.[67] 이에 반해 임성주의 사고는 한원진과 아주 흡사하다. 한원진이 기국과 기국의 리를 대응시키는 순간 그는 기국과 리통의 대응이라는 이이의 구도를 파괴시킴과 동시에 '리통'과 대비되는 '기통'에 대한 의문을 잠재적으로 제기하고 있기 때문이다. 결국 한원진과 임성주는 '그릇 은유'를 내용물과 그릇의 일 대 일 대응 관계로 변형시켜 사유했고, 그 결과 한원진은 기국과 기국의 리를 대응시켰지만, 임성주는 내용물로서의 리의 리일분수가 정당하다면 그릇으로서의 기

---

67) 송석구, 『율곡의 철학사상 연구』(서울: 형설출판사, 1987), 68~70쪽 참조.

의 기일분수도 가능하다고 주장할 수 있었던 것이다.

이런 대응 관계가 전제되면 이제 리를 말하는 것은 기를 말하는 것이 되고, 똑같이 기를 말하는 것은 리를 말하는 것이 된다. 이런 지점에 이르게 되면 이제 리와 기의 관계는 임성주 자신이 말하는 것처럼 '리기동실理氣同實'의 관계가 되어 더 이상 리가 기보다 우월하다느니, 리가 기를 통제한다느니 등의 설명은 불가능해진다. 이이가 도입한 리통기국 속에 포함된 '그릇 은유'는 결국 리와 기의 관계를 일종의 대응 관계로 간주하게 만들었으며, 이 대응 관계에 대한 사유는 임성주에 이르면 드디어 전통적인 성리학적 전제, 즉 리가 기보다 우월하다는 암묵적이고 은유적인 전제마저도 해체시키는 기능을 하는 것으로 변해버린다. 따라서 임성주의 뒤를 이어 최한기 崔漢綺가 리를 '기의 조리'로까지 격하시키는 것도 이런 관점에서 평가하자면 더 이상 이상할 것도 없는 셈이 되고 만다.[68]

9.

이 글은 체험주의적 시각에서 주희의 '인승마' 은유가 한국 성리학에 어떻게 수용·변형되었는지를 탐구한 것이다. 이 탐구의 결과 단순한 은유에 불과한 것으로 간주되었던 '인승마' 은유는 한국 성리학의 전개와 밀접한 연관을 갖는다는 점이 밝혀졌다.

다시 말하면, 주희의 '인승마' 은유는 이황을 통해 퇴계학파에서 수용·강화된 것과는 달리, 율곡학파에서는 거부되었고, 그 대체 은유로서 '그릇

---

68) 崔漢綺, 「氣學」, 『明南樓叢書』vol.1(서울: 여강출판사, 1986), 13쪽, "氣之條理爲理, 條理卽氣也. 常在其中, 常隨氣運而行, 氣運一分, 理運一分."

은유'가 도입되었으며, '그릇 은유'는 이이의 후학들에게 리기의 대응 관계에 대한 사유를 유발했다. 이 같은 과정에서 '인승마' 은유가 주장하고자 했던 기에 대한 리의 통제력은 '그릇 은유'와 그 변형의 과정들을 거치면서 점점 상실되어, 마침내는 임성주에 이르러 리와 기가 우열 관계를 논할 수 없는 수평적인 관계로 귀결되었다는 사실이 밝혀졌다. 즉 '인승마' 은유를 거부하고 '그릇 은유'로의 대체를 시도한 율곡학파의 성리학적 사유는 리의 우월성을 끊임없이 후퇴시켜 마침내는 그 우월성을 주장할 수 없는 이론적 극한으로까지 성리학적 사고를 진행시켰는데, 이 과정 속에 '인승마' 은유의 수용과 거부, 그리고 대체와 변형의 과정이 성리학 이론의 변형 과정과 조응하는 인지적 기제로서 작용하고 있었던 것이다.

제3장 말타기에 대하여

나는 마치 서투른 승마자가 말을 타고 있는 것처럼
삶을 타고 앉아 있다.
내가 지금 바로 내던져지지 않는 것은
순전히 말의 좋은 심성 덕분이다.

〈L. Wittgenstein〉

· ·

1.

주희와 비트겐슈타인, 이황과 이이, 김유신金庾信과 프로이트(S. Freud). 이렇게 상관없어 보이는 여섯 명의 인물들 사이에는 희미하지만 분명히 어떤 연속성을 가지는 연관이 하나 존재한다. 그들은 모두 '말'(馬), 혹은 '말타기'(乘馬)와 관련된 진술을 통해 연결되는 최소한의 공통점을 갖고 있다. 이 글은 바로 이러한 희미한 공통성이 철학적으로 무엇을 의미하는지에 대한 하나의 해명이다.

이 탐구는 애초에 주희가 리기론적 은유로 상정하고 이황이 수용했던 '인승마' 은유가 이이에 의해 리와 기의 관계가 아닌 성과 기질의 관계를 묘사하는 은유로 변형되었다는 단순한 사실에 대한 의문에서 출발했다. 이이는 어떻게 그렇게 할 수 있었고 그 철학적 의의는 무엇일까?

　이 의문은 하나의 은유를 이렇게 각기 다른 영역에 적용하는 것이 일반적인 것인지, 아니면 희귀한 성리학적 사례에 불과한 것인지에 대한 의문을 낳았다. 이 때문에 보다 넓은 의미에서 '인승마' 은유와 유사한 것들이 다른 영역에서도 발견되는지의 여부를 조사하고, 또 그렇게 발견된 것들이 각각 어떤 이론적 역할을 하는지에 대한 검토를 요구했다. 이렇게 해서 주희와 이황, 이이의 '인승마' 은유 및 『파한집』에 실린 김유신의 설화, 비트겐슈타인의 자신의 삶에 대한 자술, 프로이트의 자아와 이드에 관한 진술들 속에서 나타나는 동일한 은유—이 은유들의 일반화된 이름을 이 글에서는 '말타기' 은유라고 부른다—의 반복적인 사용과 변형이 주목받게 된 것이다. 결국 이 글은 주희와 이이의 '인승마' 은유에 대한 문제의식에서 출발해서, 그것을 성리학적인 특수 사례로 포함하는 일반적인 '말타기' 은유에 대한 체험주의적 고찰로 확장되어 갈 것이다.

　이 고찰을 통해 다양한 '말타기' 은유들이 공통적으로 말타기의 개념 영역을 중복해서 사용하고, 이 중복된 사용에서 일반화된 양상은 기수와 말로 은유화되는 두 개념 사이에 힘에 기반을 둔 관계가 설정되어 있다는 것을 보여 줄 것이다. 나아가 이 결론과 이이의 리기론이 '리무위 기유위'를 대전제로 한다는 사실과의 대조를 통해서, 이이가 리기론에서 '인승마' 은유를 받아들이지 않았던 것은 리와 기 두 개념 사이의 관계에, 특히 리 개념 자체에 '힘'이란 범주를 개입시킬 수 없다는 그의 리기론적 전제에 의한 필연적 귀결이라는 점을 논증할 것이다.

　이런 주장은 주희의 '인승마' 은유를 수용한 이황의 리와 동일한 은유로 리기 관계를 묘사하기를 거부하는 이이의 리가 서로 다른 의미 내용을 가질 수 있다는 철학적 가능성을 포함한다. 결국 이황과 이이의 리 개념은 '리'라는 동일한 외적 언표에도 불구하고 서로 다른 의미 내용을 갖는, 문자 그대로 같은 외양을 한 서로 다른 개념일 수 있다.

2.

이 글의 출발을 이루는 물음의 발단은 앞에서 살펴본 「인승마 은유의 형성과 변형」 1, 2라는 두 연구와 그 연구의 사소해 보이는 한계에서부터 시작되었다.[69] 선행 연구는 철학적 사유의 대부분이 은유적이라는 가정에 따라, 체험주의적 관점에서 주희가 제창했던 '인승마' 은유가 한국 성리학에 끼친 영향을 고찰하였다. 이를 통해서 이황이 주희의 '인승마' 은유를 옹호하고 강화한 반면, 이이는 이황식의 '인승마' 은유에 대한 수용을 거부했다는 사실을 지적하고, 이러한 은유의 수용과 거부가 후대의 리기론적 사유에 끼친 영향을 분석함으로써 은유적 사고에 대한 대응 방식이 이황과 이이로 대표되는 두 갈래의 리기론적 분기와 상호 조응하고 있다는 사실을 발견했다.

그러나 이 과정에서 단순히 리와 기의 불가분리적 결합에 대한 이이의 리기론적 주장이 '인승마' 은유가 잠재적으로 포함하는 리와 기의 분리 가능성 때문에 '인승마' 은유를 배제하였다는 피상적 결론에 안주하고 말았을 뿐, 이이의 거부가 갖는 철학적 의미를 고찰할 여유를 갖지 못했다. 이제 이 글은 그렇게 유보되었던 질문을 제기하고자 한다. 주희의 리기론적 은유

---

69) 이향준, 「인승마 은유의 형성과 변형 1」, 『철학』 79집, 29~53쪽; 「인승마 은유의 형성과 변형 2」, 『동양철학』 27집, 1~28쪽.

였던 '인승마' 은유는 어떻게 해서 이이에 의해 거부되었으며, 그 내재적이고 핵심적인 이유는 무엇인가?

문제의 출발점이 어디에 있고 거기에 연관된 문제가 무엇인지를 분명하게 하기 위해 주희와 이이 사이에 나타난 차이가 무엇이었는지를 살펴보자. 동일한 '인승마' 은유의 사용자로서 주희와 이황, 이이의 대비되는 진술을 병치시키면, 이 글이 다루고자 하는 문제의 소재가 어디에 있는지 뚜렷하게 드러난다.

태극은 리다. 움직임과 고요함은 기다. 기가 유행하면 리도 역시 유행한다. 리와 기는 언제나 서로 의존하면서 분리되지 않는다. 비유하자면 태극은 사람, 움직임과 고요함은 말과 같다. 말은 사람을 태우는 것이요, 사람은 말을 탄다. 말이 한 번씩 드나들면 사람도 역시 말과 함께 한 번씩 드나든다. 움직임과 고요함이 반복적으로 전개되면 태극의 오묘함은 언제나 거기에 있는 것이다.[70]

옛사람들이 말을 타고 출입하는 것으로 리가 기를 타고 가는 것을 비유한 것은 정말 좋다. 대체로 사람은 말에 의하지 않으면 출입할 수 없고, 말은 사람이 없으면 길을 잃고 마는 것이니 사람과 말은 서로를 필요로 하면서 서로 떨어지지 않는다.[71]

사람이 말을 탄 것으로 비유를 하면, 사람은 성이요, 말은 기질이니, 말의 성질이 혹 양순良順하기도 하고 불순하기도 한 것은 기품의 청淸·탁濁·수粹·박駁의 다름과 같은 것입니다. 문을 나설 때 혹 말이 사람의 뜻을 따라 나가는 경우도

---

70) 黎靖德 編, 『朱子語類』 vol.6(臺北: 中華書局, 1983), 2376쪽.
71) 李滉, 「答奇明彦」, 『退溪集(Ⅰ)』(역대한국문집총간 vol.29), 권16, 419쪽.

있고, 혹 사람이 말의 다리만 믿고 그대로 나가는 경우도 있으니, 말이 사람의 뜻을 따라 나가는 것은 사람이 주主가 되니 곧 도심이요, 사람이 말의 다리만 믿고 그대로 나가는 것은 말이 주가 되니 곧 인심입니다.[72]

여기에 나타난 변형은 쉽게 파악될 수 있다. 즉 주희와 이황의 '인승마' 은유는 '리 = 사람, 기 = 말'이라는 형태로 표기될 수 있는 반면에, 이이의 '인승마' 은유는 '성 = 사람, 기질 = 말'이라는 형태로 표기될 수 있다. 세 사람은 공통적으로 '인승마' 은유를 사용한다. 그러나 주희와 이황이 '인승마' 은유를 통해 리와 기의 관계를 진술하는 데 반해, 이이는 동일한 은유를 통해 성과 기질의 관계를 진술한다. 동일한 은유가 서로 다른 관계를 묘사하는 도구로 사용되는 차이, 즉 이 은유의 동질성과 사용 방식의 차이는 일견 사소하고, 아무런 문제가 없는 것처럼 보인다. 왜냐하면 니체(F. Nietzsche)와 콰인(W. Quine)의 다음과 같은 말은 한 철학자의 주장이 다른 철학자에 의해 수정되는 것이 철학의 역사에서 얼마나 흔하게 일어나는지를 잘 보여 주기 때문이다.

철학적 체계들은 오직 그 창설자들에게만 전적으로 참이다. 훗날의 모든 철학자에게 그것은 으레 위대한 오류이고, 우둔한 사람들에게는 오류와 진리의 합계이다.[73]

어떤 진술이든지 우리가 체계 내의 여러 속을 충분히 철저하게 조정한다면 경우

---

72) 李珥, 「答成浩原」, 『栗谷集(Ⅱ)』(역대한국문집총간 vol.44), 권10, 205쪽.
73) 프리드리히 니체, 이진우 옮김, 『유고(1870년~1873년)』(니체전집 vol.3), 「그리스 비극 시대의 철학」(서울: 책세상, 2001), 351쪽.

제3장 말타기에 대하여　219

에 상관없이 참이라고 주장될 수 있다. 주변부에 아주 가까이 있는 진술까지도 완강히 저항하는 경험에 직면하였을 때, 환각을 이유로 내세우거나 아니면 논리 법칙이라 불리는 일정한 종류의 진술을 수정하여 참이라고 주장될 수 있다. 더 구나 거꾸로 말한다면, 어떤 진술도 수정에서 면제되어 있는 것은 없다.[74]

아마도 이런 관행을 받아들이는 것이 이 문제를 해결하는 가장 손쉬운 방법일 것이다. 주희의 은유를 이이가 조금 다르게 사용했고, 그와 유사한 종류의 사건이 철학사의 일반적 풍경이라면 더 이상 문제될 것이 무엇이 있단 말인가? 그러나 이 대답을 수용한다는 것은 사실상 '철학은 원래 그런 것이다'라는 가정을 수용하는 것과 다를 것이 없기 때문에 하나의 대답이라 고 간주할 수 없는 동어반복적인 결론에 이르게 된다. 이것은 마치 사람이 왜 죽는가에 대해 '사람은 원래부터 죽는다'고 대답하는 것과 똑같은 해결 방식이다.

그래서 주희와 이이의 구체성에 주목해서 한 걸음을 더 나아가면 또 하 나의 손쉬운 해답이 존재한다는 것을 알 수 있다. 즉 그들은 성리학자였다. 그리고 성리학적 사유 속에서 리는 성 개념과 강력한 근친성을 갖는다. 게 다가 기질氣質이란 낱말은 노골적으로 기氣의 하위 범주에 속하는 것이다. 이 때문에 성리학이라는 명칭 자체를 가져왔던 유명한 모토, 즉 '성이 곧 이치이다'(性卽理)라는 주장에 따르면, 사실상 성과 리는 어느 의미에서 동일 한 범주에 속하고, 이 때문에 리에 대한 은유가 성에 대한 은유로 치환된다 한들, 기에 대한 은유가 기질에 대한 은유로 치환된다 한들 달라진 것은 아무 것도 없다고 대답하는 것이 한.가지 방법인 것이다. 그러나 이 해답

---

74) 콰인, 허라금 옮김, 『논리적 관점에서』(서울: 서광사, 1993), 62쪽.

역시 한 가지 약점을 갖고 있는데, 그것은 사실상 이이가 주희의 은유에 대해 변경한 것이 아무 것도 없다는 가정을 함축하기 때문이다. 즉 이러한 대답에는, 이이는 결과적으로 무언가를 한 것처럼 보였지만 실제로는 아무 것도 한 일이 없다는 결론이 뒤따른다.

아마도 이이와 주희의 차이만을 놓고 본다면 위와 같은 두 가지 방식의 손쉬운 결론으로도 충분할지 모른다. 그러나 아래에서 인용하는 사례들은 이런 손쉬운 결론의 가능성을 부정적으로 만든다. 이 사례들은 어째서 이 질문이 동어반복적으로, 혹은 아무런 일도 일어나지 않았다는 식으로 성급하게 대답되어서는 안 되는지에 대한 이유를 잘 보여 준다.

자아의 기능적 중요성은 그것이 일반적으로 운동성의 통제적 임무를 떠맡고 있다는 사실 속에서 잘 드러난다. 그와 같이 이드와의 관계에 있어서 자아는 말 등에 타고 있는 사람과 같다. 이 사람은 자기보다 더 센 말의 힘을 제어해야 한다. 한 가지 차이점은 말을 탄 사람은 자기 자신의 힘으로 그 일을 하는 반면 자아는 빌려 온 힘을 사용한다는 것이다.[75]

나는 마치 서투른 승마자가 말을 타고 있는 것처럼 삶을 타고 앉아 있다. 내가 지금 바로 내던져지지 않는 것은 순전히 말의 좋은 심성 덕분이다.[76]

프로이트는 자아와 이드라는 정신분석학적 개념의 상호 관계를 설명하기 위해, 비트겐슈타인은 자신과 자신의 삶의 관계를 묘사하기 위해 사실상

---

75) 지그문트 프로이트, 윤희기 · 박찬부 옮김, 『정신분석학의 근본개념』(프로이트전집 vol.11, 서울: 열린책들, 2003), 364쪽.
76) 루트비히 비트겐슈타인, G.H.폰리히트 엮음, 이영철 옮김, 『문화와 가치』(서울: 천지, 1998), 84쪽.

주희나 이황, 그리고 이이의 '인승마' 은유와 구별되지 않는 동일한 은유를 사용한다. 세 사람을 함께 고려할 때 최소한 이런 사례들은 동일한 은유가 리와 기, 성과 기질, 자아와 이드, 자기 자신과 자신의 삶이라는 상이한 영역들을 묘사하기 위해 다양하게 사용되고 있다는 사실을 보여 준다. 이런 사실은 즉각적으로 하나의 질문을 구성한다. 즉 성리학의 '인승마' 은유는 사실은 광범위한 '말타기' 은유의 특수한 사례가 아닌가? 그리고 이 의문은 보다 일반화된 다음과 같은 질문을 자연스럽게 유도해 낸다. 즉, 어째서 '말타기' 은유는 이처럼 다양한 관계들을 묘사하는 공통의 도구로서 사용될 수 있는 것인가? 이 공통의 도구로서의 '말타기' 은유가 갖는 일반성의 내용은 무엇이고, 이와 동시에 이 동일한 은유가 각각 다른 의미 내용들과 다양하게 연관될 수 있는 이유는 무엇인가? 이러한 질문은 하나의 은유가 서로 다른 추상적 영역에 사상된다는 사용의 양식으로부터 나오는 것이기 때문에, 결국 질문의 핵심은 하나의 동일한 은유가 다양한 사용을 갖는다는 사실과 깊이 연관되어 있다.

3.

하나의 은유가 어떻게 다양하게 사용되는가 하는 질문은 후기 비트겐슈타인이 언어의 사용이론이라고 불렀던 것을 정립하기 위해 제기했던 질문과 거의 흡사하다. 그것은 양자가 모두 기본적으로 일종의 언어 현상을 다룬다는 피상적인 측면에서뿐만이 아니라, 근본적으로 어떤 것의 '사용'에 관련된 문제를 다룬다는 점에서 더욱 유사성이 두드러진다. 비트겐슈타인이 『철학적 탐구』를 통해 언어에 대해 제기하고자 했던 질문의 핵심에는 바로 위의 질문과 동일한 형태의 문제의식이 자리 잡고 있었다. 어떻게 하나의 낱말은 서로 다른 의미, 즉 서로 다른 사용을 가질 수 있는가?

전통적인 철학적 탐구에 따르면 철학은 진리에 관계된 담론들의 체계라고 가정된다. 즉 철학적 주장은 명제적인 진술들로 채워져 있다는 것이다. 『논리철학논고』는 바로 이런 전통적 입장에 확고한 근거를 마련하려는 시도였다. 이를 위해 비트겐슈타인은 언어에는 그것에 대응하는 참된 의미가 오직 하나가 있어야 한다고 가정했고, 그것은 언어에 대응하는 세계 내의 사태들이라고 간주했다. 그러니까 '대응'이라는 관념을 전제하고서, 원초적 사태에 대응하는 요소명제들의 복잡한 짜임이 하나의 철학적 주장을 구성하고, 그 철학적 주장들이 다수가 합쳐져서 하나의 철학 체계가 건설되는 것이라고 주장했던 것이다. 이런 관점에 따르면 아무리 복잡한 철학 체계라도 그들은 결국 몇몇 독립적인 요소명제들로 환원될 수 있고, 그 철학 체계의 진리성은 그 요소명제들 사이의 논리적 관계에 따른 진리값에 따라 결정된다고 보았다. 이런 점에서 볼 때 철학적 탐구란 명제들의 진리에 대한 탐구인 것이다.

그러나 후기에 들어 비트겐슈타인은 이렇게 언어를 그것이 가리키는 세계 내의 사태에 고정시키려는 시도가 언어에 대한 편협한 이해에서 나온 이론적 요구라는 것을 자각하고, 자신이 제기했던 지칭이론이라 불리는 것을 폐기했다. 그 대신에 그는 언어로부터 탐구되어야 할 것은 그것의 진리값이 아니라, 그것의 의미라고 주장하기 시작했다. 그리고 언어의 의미는 언어와 세계 내 사태의 '대응' 관계에서 오는 것이 아니라, 그것의 사용으로부터 오는 것이라고 주장했다.

이런 주장이 즉각적으로 해명하는 현상 가운데 하나는 동일한 낱말이 서로 다른 의미를 갖는 동음이의어 현상이다. 언어에 대한 지칭이론은 기본적으로 언어와 대상의 유일무이한 지칭 관계를 가정하기 때문에 이러한 현상의 해명에 근원적으로 취약하다. 반면에 언어의 사용이론은 하나의 낱말에 대한 다양한 사용을 가정하고, 그 사용에 따라 의미가 결정된다고 파악함으로써 이 현상을 설명하는 강력한 논증을 제공한다. 이러한 사례들은 여러 곳에서 빈번하게 발견되는데, 다음과 같은 대표적인 사례를 들 수 있다.

> '장미는 붉다'라는 문장에서의 '(이)다'가 '2 곱하기 2는 4이다'에서와 다른 의미를 가지고 있다는 것은 무슨 뜻인가? 그것은 이 두 낱말에 대해 상이한 규칙들이 적용됨을 뜻한다고 대답한다면, 우리는 여기서 오직 하나의 낱말만을 가지고 있다고 말해질 수 있다. ─그리고 내가 단지 문법적인 규칙들에만 주목한다면, 이것들은 '(이)다'란 낱말의 사용을 두 가지 맥락에서 허용한다.─ 그러나 '(이)다'란 낱말이 이 문장들 속에서 상이한 의미를 가지고 있음을 보여 주는 규칙은 두 번째 문장에서 '이다'란 낱말을 동일성 기호로 대체하는 것을 허용하는 규칙이며, 첫 번째 문장에서는 이러한 대체를 금지하는 규칙이다.[77]

첫 번째 문장에서는 '이다'를 동일성을 의미하는 기호로 바꿀 수 없다는 규칙이 적용된다. 따라서 동일성 기호, 예를 들자면 '='는 첫 번째 문장의 '이다'를 대신해서 환입이 불가능하다. 이 문장은 '장미 = 붉다' 혹은 '장미는 붉음과 같다'란 표현으로 해석되지 않는다. 그러나 이에 반해 두 번째 문장은 '2 곱하기 2 = 4' 혹은 '2에 2를 곱한 것은 4와 같다'로 대체되어도 의미상의 변화가 없다. 이것은 두 번째 문장의 '이다'는 '='와 같은 뜻으로 쓰였다

---

77) 루트비히 비트겐슈타인, 이영철 옮김, 『철학적 탐구』(서울: 책세상, 2006), §.558.

는 것을 의미한다. 이렇게 하나의 낱말 '이다'는 '='를 의미할 수도 있고, 그렇지 않을 수도 있다. 당연히 두 경우에 '이다'의 의미는 서로 다르다고 해야 할 것이다. 비트겐슈타인이 전기와 갈리는 점은 바로 여기에서 '그렇다면 과연 이 둘 가운데 어떤 것이 '이다'의 참된 의미인가?'라고 묻지 않고, 오히려 이 둘이 모두 '이다'의 의미를 구성하는 것이라고 간주했다는 점에 있다. 그래서 그는 '이해하다'란 낱말에 대한 유사한 사례를 거론한 후 이렇게 말했다.

> 여기서 '이해하다'는 상이한 두 가지 의미를 가지고 있는가? 나는 오히려 '이해하다'의 이러한 사용 방식들이 그것의 의미를, 나의 이해 개념을 형성한다고 말하고 싶다.
> 왜냐하면 나는 '이해하다'를 그 모든 것에다 적용하고자 하기 때문이다.[78]

비트겐슈타인이 말하고자 하는 것은, 만일 언어의 사용이 언어의 의미를 가지는 것이라면, 언어는 그것이 사용되는 방식과 적용되는 영역의 다양성에 따라 제한적인 의미를 갖게 될 것이고, 그 제한적인 의미들 가운데 유일하게 그것이 한 언어의 명제적 의미라고 주장할 만한 것은 없다는 것이다. 오히려 어떤 기준이 있다면 그것은 언어에서 오는 것이 아니라, 언어를 형성시키고 유통시키는 기반으로서의 '삶의 형식'이라고 이름 붙일 수 있는 것으로부터 온다고 하겠다.

이렇게 볼 때 비트겐슈타인의 언어에 대한 고찰로부터 얻어지는 유력한 가설 가운데 하나는 언어적 '사용'이 문제가 되는 경우, 의미의 다양성은

---

78) 루트비히 비트겐슈타인, 『철학적 탐구』, §.532.

부인할 수 없는 필연적 결과라는 것이다. 그리고 그것은 은유가 문제 되는 경우에도 마찬가지다.

오늘날 여전히 통용되고 있는 고전적인 은유에 대한 정의는 수전 손택이 『은유로서의 질병』에서 다음과 같이 말했을 때 표명되는 입장이다.

> 은유라는 표현을 쓸 때, 나는 내가 알고 있는 한 가장 오래되고 가장 간결한 정의, 즉 아리스토텔레스가 『시학』(1457b)에서 내린 정의를 따르고 있다. 아리스토텔레스에 따르면, "은유란 어떤 사물에다 다른 사물에 속하는 이름을 전용轉用하는 것이다." 그것이─아닌─다른 것으로, 또는 그것이─아닌─다른 것처럼 보이는 것으로 어떤 사물을 부르는 것은 철학이나 시만큼 오래된 정신 작용이며, 과학적 지식과 표현력을 포함해 각종 이해 방식을 낳은 기초이다.[79]

수전 손택은 아리스토텔레스식의 정의를 사용한다고 공언했지만, 실제로는 그보다 조금 더 나아간 정의를 사용한다. 즉 그녀는 은유를 하나의 수사학적 언어 현상이 아니라, 정신 작용의 일종이라고 간주한다. 물론 언어 현상은 그것이 수사적이든지 그렇지 않든지 정신 작용을 기초로 한다는 점에서, 수전 손택의 정의가 아리스토텔레스보다 더 나아갔다고 말하는 것은 하나마나한 진술일 수도 있다. 중요한 것은 은유가 기본적으로 수사학적인 언어 현상이라면 그것의 생산과 유통은 이미 비트겐슈타인이 말하는 것과 사용이론의 관점에서 볼 때 다양한 사용에 의한 다양한 의미의 창출이라는 일반적 관행 속에 놓여 있다는 점이다. 이런 관점에서 볼 때 하나의 은유를 다양하게 사용하는 것은 하나의 낱말을 다양하게 사용하는 것과 아무런

---

79) 수전 손택 지음, 이재원 옮김, 『은유로서의 질병』(서울: 이후, 1998), 129쪽.

차이가 없다. 다시 말하면 은유의 사용 규칙에서 어떤 하나의 은유를 어떤 하나의 대상에만 연결시켜야 한다는 순수성, 즉 비트겐슈타인적 버전에 따르면 하나의 낱말을 하나의 지칭 관계로만 설명해야 한다는 '논리학의 수정체와 같은 순수성'은 탐구의 결과가 아니라 이론적 요청에 불과한 것이라고 말할 수 있다.[80]

4.

이러한 현상은 은유에 대한 인지언어학적 견해라고 불리는 체험주의의 은유이론에서도 동일하게 성립된다. 문제는 체험주의의 은유이론이 개념적 영역들 간의 사상 관계를 가정하기 때문에, 낱말의 다양한 사용을 용인하는 비트겐슈타인과 전통적 은유이론의 차이를 빚는 대목이 존재한다는 사실이다. 이것은 커베체쉬가 체험주의의 개념적 은유이론에 대해 도식적으로 정의한 두 문장을 대조시킴으로써 분명해진다.

> 인지언어학자의 견지에서, 은유란 하나의 개념영역을 또 다른 하나의 개념영역으로 이해하는 것으로 정의된다.······ 이러한 은유관을 포착하는 편리한 속기식 방법은 다음과 같다. 개념영역 (A)는 개념영역 (B)이며, 이것이 바로 개념적 은유 (conceptual metaphor)라고 불리는 것이다. 개념적 은유는 두 가지 개념적 영역으로 구성되는데, 한 영역이 또 다른 영역으로 이해된다. 하나의 개념영역은 경험에 대한 일관성 있는 조직화이다.[81]

---

80) 루트비히 비트겐슈타인, 『철학적 탐구』, §.107 참조.
81) Z.커베체쉬, 『은유: 실용입문서』, 2~3쪽.

A가 B로 이해된다는 것은 정확히 무엇을 의미하는가? 그 대답은 B의 개념 구성 요소가 A의 구성요소에 대응된다는 의미에서 근원과 목표 사이에 일련의 체계적 대응 관계(correspondences)가 있다는 것이다. 전문적으로, 이 개념적 대응 관계는 흔히 사상(mapping)이라 불린다.[82]

개념적 사유의 도구로서의 은유라는 인지적 통로는 두 개의 개념 영역 사이에 존재하는 일련의 연관된 사상 관계를 창조함으로써 특정 대상에 대한 우리의 이해를 구조화하고 정교화하는 역할을 담당한다. 이 경우 'B 개념의 구성 요소가 A의 구성 요소에 대응한다'는 사실은 낱말의 사용과는 다른 구조적 요소를 은유적 사상 관계 속에 부여한다. 즉 개념 영역들은 어떤 요소들의 구조적 집합으로 간주되고, 은유는 그 요소들 사이의 사상으로 성립된다. 그렇다면 개념적 은유는 완전히 무작위적일 수 없다. 즉 동일한 은유의 반복적인 사용에는 그럴 만한 이유가 있는 것이다. '말타기' 은유의 여러 가지 예를 구체적으로 살펴보면 이러한 구조적인 면은 분명하게 드러난다.

예를 들어 주희의 '인승마' 은유는 다음과 같은 이중적인 사상 관계를 포함한다.

기수(人)	→	리	→	위
말	→	기	→	아래
기수는 통제, 말은 피통제	→	리는 통제, 기는 피통제	→	위는 통제, 아래는 피통제

---

82) Z.커베체쉬, 『은유: 실용입문서』, 8쪽.

이러한 사상 관계는 주희가 '인승마' 은유를 어디에 쓰려고 했는지에 대한 목적을 분명하게 보여 준다. 즉, '인승마' 은유에서 제일 중요한 것은 기수와 말의 관계인데, 이 기수와 말의 관계가 상―하라는 영상도식적 관계와 동일시되고, 상―하 관계가 우리의 문화적 전통에서 통제와 피통제를 은유적으로 포함하기 때문에, 리와 기의 관계는 위가 아래를 통제하는 것이 자연스러운 것처럼 리가 기를 통제하는 것이 자연스럽다는 은유적 이해를 자동적으로 산출한다. 이 경우 자연스럽게 리는 통제하는 '힘'을 갖고, 기는 그 힘에 통제당한다. 이것은 '인승마' 은유의 정신분석학적 버전이라고 할 수 있는 프로이트의 은유를 통해 보다 분명하게 드러난다.

프로이트의 은유는 주희나 이황의 리와 기가 자아와 이드로 변했을 뿐 구조적인 면에서는 완전히 일치한다. 기본적으로 그가 은유를 사용하는 근본 이유는 자아의 기능적 중요성으로서의 '운동성의 통제적 임무'를 묘사하기 위해서이다. 주희의 '리＝사람, 기＝말'이란 구도가 프로이트에게서 '자아＝사람, 이드＝말'이란 구도로 전환되었고, 은유 창조의 배경도 다르고 문화적 기반조차 상이하지만 그들이 '인승마' 은유를 사용할 때 통제―피통제 관계에 대한 함축은 정확하게 겹친다. 이것은 거꾸로 말해서 주희와 프로이트가 자신들이 다루는 이론적 개념들 사이의 통제―피통제 관계를 묘사하기 위해 '인승마' 은유를 도입했다는 것을 의미한다.

그럼에도 프로이트의 은유에는 비일상적인 측면이 존재한다. 그것은 그가 '통제하는 힘의 기원'에 대한 설명을 자신의 은유 속에 끄집어들였기 때문이다. 프로이트에 따르면 자아는 통제하지만, 그 힘의 기원은 이드에 있다. 이 점은 프로이트의 은유를 주희보다 독특하게 만들어 줄 뿐만 아니라, 어떤 새로운 은유의 가능성을 함축한다는 점에서 시사적이다. 힘이 이드에 기원을 두고 있다는 것은 그 힘이 자아에게로 제대로 분배되지 않고 이드에 의해 발휘될 때 오히려 자아가 이드에 의해 휘둘릴 가능성이 있다는 점을 암시하기 때문이다. 이 때문에 프로이트의 은유에는 주희의 '인승마' 은유가 내적으로 가지는 약점, 다시 말해서 사람과 말의 통제-피통제 관계가 역전될 수 있다는 은유적 가능성이 훨씬 더 명시적으로 표현되고 있다. 즉 원칙적으로 '인승마' 은유는 '사람 = 위, 말 = 아래', '위 = 통제, 아래 = 피통제'라는 두 가지 도식적 은유에 근거를 두고 '사람 = 통제자, 말 = 피통제자'라는 도식적 관계를 우선적으로 제시하려는 것이다. 그러나 이러한 관계는 '말 = 통제자, 사람 = 피통제자'라는 형태로 역전될 수도 있다. 프로이트와 주희에게 이런 가능성이 잠재적인 것이었다면, 비트겐슈타인이 동일한 '말타기' 은유를 사용했을 때 그 가능성은 현실화된다.

기수	→	비트겐슈타인	→	위
말	→	비트겐슈타인의 삶	→	아래
위는 통제, 아래는 피통제	→	삶은 통제, 비트겐슈타인은 피통제	→	아래는 통제, 위는 피통제

비트겐슈타인에 이르면 이제 주희와 프로이트에게 암묵적으로 가정되었던 기수와 말의 관계, 위와 아래의 일반적인 은유적 함의는 역전된다. 그래서 비트겐슈타인의 고백은 말의 성품에 의존하는 아주 수동적인 기수의 모습을 보여 준다. 이것은 프로이트와 주희의 은유가 은폐하고자 하는 불길한 이미지를 상기시킨다.

위와 아래의 통제-피통제 관계가 역전되는 이런 은유적 전환이 비단 비트겐슈타인에게서만 발견되는 것은 아니다. 『사기색은史記索隱』은 안회가 공자로 인해 그 품행이 더욱 돋보이게 되었다는 진술을 은유적으로 묘사하는 "파리도 천리마의 꼬리에 들러붙어서 천리를 간다"(蒼蠅附驥尾而致千里)[83]는 말을 싣고 있고, 또 『논어』에서는 맹지반의 용기를 언급하면서 공자의 말을 인용해 "맹지반孟之反은 공功을 자랑하지 않았다. 패주하면서 군대 후미에 처져 있다가, 장차 도성 문을 들어가려 할 적에 말을 채찍질하며 '내 감히 용감하여 뒤에 있는 것이 아니요, 말이 전진하지 못하여 뒤에 처졌을 뿐이다' 하였다"[84]는 대목을 언급하고 있다. 이 두 사람의 이야기는 비트겐슈타인의 자술과 정확하게 그 구조가 일치한다. 그들은 공통적으로 행위를 추동하는 원인으로서의 힘을 말에게 부여하지, 기수에게 부여하지 않는다. 이런 점에서 이 사례들은 모두 은유적으로 '강한 말, 약한 기수'라는 은유적 구도를 극단적으로 강화한 것이다. 다시 말해 이 은유적 진술들은 기수, 말, 기수와 말의 관계라는 도식적 구조 속에서 말의 역할을 부각하고 말 탄 이의 역할을 극도로 은폐하는 공통성을 보여 준다.

5.

지금까지의 은유들은 통제와 피통제 관계 중 위에 속하는 기수에게 통제력이 있는지, 아니면 아래에 속하는 말에게 통제력이 있는지의 이분법적 사고 속에서 은유가 만들어지고 표현되었음을 보여 준다. 이것은 은유적 사고에서 이 두 가지 가능성, 즉 위-아래의 통제-피통제 관계가 그렇게

---

83) 司馬遷, 『史記』(교점본 25사), 권61, 「伯夷列傳」 제1, 2127쪽, 각주 11).
84) 『論語』, 「雍也」 13장.

고정적이지 않다는 것을 의미한다. 은유 사용자가 자신이 의도에 맞게 '말타기' 은유 속의 통제−피통제 관계를 재조정할 수 있는 것이다. 따라서 이 두 가지 상반되는 가능성을 조화시키려는 시도가 '인승마' 은유의 또 다른 사용 속에서 나타난다고 하더라도 그리 이상할 것은 없을 것이다.

> 아마도 사단이 본시 기에서 나오지만 리로 인해 완성되는 듯합니다. 비유해서 논하자면 사람이 말을 타고 길을 간다고 할 때, 그 모습을 가리키면서 사람이라고 말합니까? 말이라고 해야겠습니까? 만일 사람이라고 한다면 괜찮겠지만, 말이라고 하는 것은 안 될 것입니다. 어째서 그렇게 말하는 것일까요? 말을 타고 갈 때 사람이 말을 주재하고 말이 사람에게 복종하기 때문에, 가는 것(行者)은 비록 말이지만, 가게 하는 것(行之者)은 사람인 것입니다. 그러므로 말이 가는 것이 아니요 사실은 사람이 가는 것입니다(人之行也).[85]

이굉중의 '인승마' 은유에 대한 이해는 주희의 것과 별반 차이가 없어 보인다. 하지만 이굉중이 시도하고 있는 것은 프로이트와 비트겐슈타인의 은유를 거치면서 분명해지는 기수로서의 리와 말로서의 기의 불안정한 통제−피통제 관계에 대한 논의를 신비스럽게 합일시키려는 것이다. 말과 기수의 관계가 불가분리적인 일체로서 이해된다면 말과 기수의 통제−피통제 관계를 따지는 것은 의미가 없을 것이기 때문이다. 이를 위해 이굉중은 주희식의 '인승마' 은유의 구도를 고스란히 받아들인다. 동시에 그는 '인승마' 은유가 기수와 말의 역할을 구분하고 그 둘 사이에 분명한 차이를 야기시키며, 그것들의 통제−피통제 관계가 이리저리 뒤바뀌고 충돌을 일으킬

---

85) 李滉, 「答李宏仲問目」, 『退溪集(Ⅱ)』(한국역대문집총간 vol.30), 권36, 311쪽.

수 있다는 것을 두루뭉술하게 얼버무리려고 시도한다.

이를 위해 그는 어떤 언어적 해결 방법을 사용한다. 그것은 '가다'(行)라는 낱말의 이중적인 사용 속에서 달성된다. 그가 '가는 것은 말이지만 가게 하는 것은 사람'이라고 말할 때 그의 말 속에서 사람과 말은 그 역할이 분명하게 '행지行之'와 '행行'으로 구별된다. 그러나 그 다음 문장에서는 무슨 이유에선지 '행지'라는 단어가 사라지고 말이나 사람에 대해서 '행'이라는 공통된 술어가 사용되고 있다. 어떻게 이런 갑작스러운 변경이 가능한 것일까?

앞 구절에서의 '행'은 분명하게 '행지'와 동일시되지 않는다. 그러나 후반부의 행은 '행지'와 동일시되거나 혹은 그것을 함축하는 행이라고 해야 한다. 왜냐하면 전 단계의 '행'은 말에만 속하고 사람에게는 해당되지 않는 것이지만, 후반부의 '행'은 말과 사람에게 동시에 속하기 때문이다. 만일 후반부의 '행'이 사람에게 속한다면 전 단계에서 진술된 '행지'의 의미를 함축해야 할 것이다. 그렇지 않으면 앞에서는 사람에게 '행지'를 소속시키고, 뒤에서는 '행'을 소속시키는 서로 일관되지 못한 어법이 발견되기 때문이다. 이렇게 하나의 '행'이란 낱말이 한 번은 '행지'의 의미를 함축하지 않고, 또 한 번은 '행지'의 의미를 함축하는 것은 같은 낱말이 서로 다른 두 가지 의미로 사용되었다는 것을 의미한다. 마치 비트겐슈타인이 '이다'가 계사로도, 동일성 기호로도 쓰일 수 있다고 한 것과 똑같은 현상이 이굉중의 말에서도 발견되는 것이다.

사실 이것은 '통제자로 통제되는 것을 대신함'이라는 환유를 사용한 결과이다. 이굉중은 이렇게 생각한다. 사람은 말을 가게 하고, 말은 간다. 이 경우 실제로 움직이는 것은 말이지만, 통속적인 견해에 따른다면 사람의 말에 대한 조종 때문에 말이 움직였다고도 말할 수 있다. 사람의 조종이 말의 운동의 원인이고 이 때문에 말이 움직이는 사건이 발생했다면, 사람과 조종과 말의 운동을 구성 요소로 포함하는 말의 움직임이란 전체 사건에서 이 둘은 서로 부분적인 측면을 구성하게 되고, 이때 부분으로 부분을 묘사하는 환유의 일종으로 '통제자로 통제되는 것을 대신하는' 환유가 발생할 수 있다. 경찰이 서울 한복판에 촛불집회를 막기 위해 컨테이너 장벽을 쌓았지만, 사람들은 '경찰청장이 혹은 대통령이 컨테이너 장벽을 쌓았다'고 말하는 것이 바로 이런 경우이다. 실제로 컨테이너로 장벽을 쌓은 것은 노동자들이었지만, 이들은 피통제자로서 이 사건의 통제자들에 의해 대체되어 밀려나는 것이다. 여기에는 인과적으로 그럴듯한 추론이 개입되어 있다. 왜냐하면 피통제자들은 통제자들의 통제에 따라 그렇게 했을 것이기 때문이다.

하지만 실제로 이괵중의 환유에 설득력을 부여하는 것은 그가 이미 앞에서 '사람이 말을 주재하고 말은 사람에게 복종한다'는 일방적 상황을 가정하고 있기 때문이다. 즉 사람이 말을 주재하지 못하거나, 말이 사람에게 복종하지 않는다고 전제하면 이런 환유는 설 곳을 잃게 되고, 말의 운동력과 기수의 조종력 사이의 아름다운 조화는 즉시 사라진다. 그리고 이 조화가 사라지고 나면 위와 아래로 구분되는 기수와 말의 관계는 위는 통제, 아래는 피통제라는 관계가 이리저리 흔들리는 혼란스러운 양상을 띠게 된다. 그래서 어떤 '말타기' 은유 속에서 기수의 조종력과 말의 운동력이 조화를 이루지 못하고, 심지어 극적으로 둘의 역할이 역전되기까지 하는 사례가 나타난다고 한들 그 역시 이상할 것이 없을 것이다.

김유신은 계림鷄林 사람이니 그의 사업이 국사에 빛나게 실려 있다. 아이 때에 모부인母夫人이 날로 엄하게 훈계하여 망령되이 교유치 못하게 하였다. 하루는 우연히 기생집에서 잤더니, 그 어머니가 책하기를 "…… 이제 네가 불량한 무리 (屠沽)들과 어울리어 음방淫放과 주사酒肆에서 유희한다는 말이냐" 하고 꾸짖기를 마지않았다. 그는 곧 어머니 앞에서 맹세하고는 다시는 그 기생집 문 앞을 지나가지 않았다. 술이 취하여 집으로 돌아오는데 말이 전에 다니던 길을 따라 기생집에 이르렀더니 기생이 한편으로는 기뻐하며, 한편으로는 원망하고 눈물을 흘리면서 나와 맞이하였다. 공이 얼른 깨달아 탔던 말의 목을 베고 안장을 버린 채 돌아오니 그 기녀妓女가 원사怨詞한 곡조를 지어 전한다.[86]

김유신의 젊은 날을 다룬 이 이야기는 두 가지 점에서 특이한 요소를 포함하고 있다. 하나는 이제까지의 '말타기' 은유들과 달리, 이 설화 속에서 말과 기수의 관계는 통제-피통제 관계가 삼중의 극적인 역전을 포함한다는 것이다. 김유신은 애초에 이꽁중이 말하는 것처럼 그의 말과 조화로운 상태에 있었다. 그가 술에 취했을 때 이런 조화는 깨지고 말의 일방적인 운동에 의해 그는 극단적인 수동적 상태로 전환된다. 하지만 그가 술에서 깨었을 때 그는 말에 대한 완벽한 지배력을 되찾고 그 결과 말을 죽이고 만다. 이런 구도 속에서 보이는 기수로서의 김유신과 그의 말의 관계는 앞에서 언급했던 '말타기' 은유의 통제-피통제 관계가 이야기의 진행에 따라 극적으로 전환되는 복잡한 구도를 보여 준다.

또 한 가지 특이한 부분은 김유신이 왜 그렇게 말에게 극단적으로 적대적인 행동을 했는가 하는 점이다. 그는 정신을 차리고 말 머리를 돌려 집으

---

86) 이인로 지음, 구인환 엮음, 『파한집』(서울: 신원문화사, 2002), 80~81쪽.

로 돌아갈 수 있었다. 술에 만취된 자신을 조금 질책하더라도 이 정도로 충분했지, 말에게 그렇게까지 적대적일 필요는 없었던 것이다. 이것은 프로이트가 '두려운 낯섦'(Das Unheimliche)이라고 불렀던 독특한 심리적 경험으로 설명될 수 있다. 그의 설명에 따르면, 이것은 '공포감의 한 특이한 변종인데, 오래전부터 알고 있었던 것, 오래전부터 친숙했던 것에서 출발하는 감정이다.'[87] 즉, 예전부터 친숙했던 어떤 것이 주로 억압을 통해 잊혔다가 우연한 기회에 다시 나타났을 때 사람들이 느끼는 두려움이다. 프로이트는 이것을 "내적인 반복 강박이라고 부를 수 있는 것이 바로 이상하게 두려운 것으로 느껴진다"고 설명한다.[88] 이와 같은 구도의 복잡성과 심리적 기제의 도움을 바탕으로 하고, 프로이트 자신이 묘사했던 것처럼 '자아 = 기수, 이드 = 말'이라는 은유적 구도를 적용해서 '김유신의 자아 = 김유신, 김유신의 이드 = 말'로 가정해 보면 그의 설화는 이렇게 해석될 수 있다.

김유신의 이드는 기생 천관을 욕망한다. 어머니로 대표되는 그의 초자아가 그것을 억압하기 전까지 그것은 자연스러운 것이었고, 그에게 친숙한 것이었다. 그러나 일단 어머니란 이름으로 억압이 일단 시작되자 그의 욕망은 이제 사라지는 대신 무의식으로 미끄러져 들어간다. 자아는 욕망이 사라졌다고 판단하지만, 욕망은 이제 무의식 속에 잠복한 채 밖으로 나올 날만을 기다리고, 그 기다림은 헛되지 않아서 이윽고 의식과 무의식이 역할을 바꾸는 순간이 도래한다. 김유신의 자아는 술에 취해 문자 그대로 의식을 잃어버린 것이다. 이제 말로 은유되는 김유신의 이드는 의식의 방해 없이

---

87) 지그문트 프로이트, 정장진 옮김, 『예술, 문학, 정신분석』(프로이트 전집 vol.14), 「두려운 낯설음」(서울: 열린책들, 2004), 402쪽.
88) 지그문트 프로이트, 『예술, 문학, 정신분석』, 「두려운 낯설음」, 430쪽.

자신의 욕망을 실현하기 위해 억압이 발생하기 이전의 행위를 반복한다. 즉 기생 천관의 집을 찾았던 것이다. 그러나 결정적인 순간 김유신의 자아는 술에서 깨어 다시 눈을 뜨고 그는 자신이 제거했다고 믿었던 자신의 이드를 눈앞에서 목격하게 된다. 바로 이 순간 김유신은 기묘한 당혹감에 휩싸인다. 왜냐하면 그는 '두려운 낯섦'을 느꼈기 때문이다. 아주 익숙한 행동이 반복되었음에도 김유신은 그것을 기묘하게 낯선 것으로 바라본다. 그리고 어떤 두려움에 사로잡힌 자신을 발견하게 되는 것이다. 이드에 의해 통제력을 상실당한 자아에 대한 좌절감이 자기 자신에게서 기인했던 과거에는 아주 익숙했던 욕망을 똑바로 쳐다보도록 방해하기 때문이다. 그는 이제 당혹감을 넘어서 자신의 이드에 대한 적대감을 느끼게 되고, 단순히 자신의 욕망을 달래서 진정시키는 것에 그치지 않고 아예 그것을 끝장내기로 작정한다. 그는 말의 목을, 결국 자신의 욕망을 거세하기로 결정하는 것이다. 그리고 이드를 희생시키는 이 제의적 행위를 통해 그는 자아의 회복을 선언하고, 이드의 욕망을 극복한 성숙한 인간으로 자신을 선언한다.

6.

이제 처음의 질문으로 돌아가 보자. 주희는 애초에 '인승마' 은유를 리와 기의 상호 관계 속에 포함된 리가 기를 통제하는 당위성을 묘사하기 위해 그의 이론체계 속에 도입했고 이황은 이를 수용했다. 그러나 이이는 이러한 '인승마' 은유를 리기론적 차원에서 수용하기를 거부했다. 지금까지의 논의는 이러한 현상에 대해 어떻게 해명하는가?

김유신의 이야기를 비롯해서 지금껏 살펴보았던 사례들의 공통점이 존재한다. 이것은 하나의 개념 영역이 은유의 근원 영역으로 선택되고, 이것이 다양한 목표 영역에 사상될 때 어느 정도 일반적 현상이 나타난다는 것을 의미한다. 낱말의 다양한 사용에서는 발견되는 않는 일반성이 개념적 은유의 이런 사용 방식 속에서 나타난다. 근원 영역을 이루는 요소들은 그것들이 어떤 추상적 영역에 사상되더라도 변함이 없기 때문에, 그 요소들 가운데 어떤 측면을 특별하게 부각하고 다른 측면을 은폐할 수는 있겠지만, 그 가운데 핵심에 속하는 것들은 반복적으로 되풀이해서 나타날 수밖에 없는 것이다.

일반적인 '말타기' 은유의 사례들은 모두 기수와 말, 그리고 기수와 말의 통제—피통제 관계와 그와 연관된 힘의 배치가 어디에 초점이 맞추어져 있는가에 따라서, 똑같은 '말타기' 은유가 서로 다른 추상적 개념들의 서로 다른 의미 내용에 어떤 이론적 함축을 부여하는지를 보여 주었다. 주희에게서는 리가 기를 통제해야 한다는 당위성이, 비트겐슈타인에게서는 자신의 삶을 어찌할 수 없다는 느낌 속에 빠져 있는 사람의 비관적 분위기가, 프로이트에게서는 이드에 힘의 원천을 둔 자아가 이드를 통제해야 한다는 이론적 특징이 강조되었다. 이광중에게서는 기수로서의 리와 말로서의 기가 함축하는 힘의 충돌을 회피하려는 언어적 조작을 통해, 『파한집』에서는 김유신의 자아가 그의 욕망을 거세하는 이론적 장치로서 기수의 통제력이 상실되었다 회복되었다 하는 극적 전환의 묘사를 위해 사용되었다. 그 각각의 은유를 전체적으로 고찰했을 때 모든 은유에서 반복적으로 나타나는 것은 어떤 '힘'의 개념이다. 왜냐하면 기수와 말의 관계는 바로 그 힘에 의해 좌우되고, 그 힘에 의해 좌우되는 상황의 독특성이 특정한 '말타기' 은유의 고유한 의미를 구성하기 때문이다. 그것이 기수에게 부여되었든 말에게 부여되었든 아니면 기수와 말의 사이에서 요동을 하든, '말타기' 은유는 기수와 말의 관계에서 힘의 개념을 함축한다.

동시에 이것이야말로 우리가 어떻게 해서 '말타기' 은유가 포함된 이론적 진술들을 그렇게 잘 이해할 수 있는가에 대한 해답이기도 하다. 즉 전혀 낯선 텍스트 속에서 '말타기' 은유가 진술될 때, 우리의 이해는 대부분 말타기의 개념 영역에 포함된 기수, 말, 그리고 양자 사이의 힘의 강약 관계라는 이론적 틀을 무의식적이고 자동적으로 생산해 내고, 이 틀 속에서 그 낯선 텍스트 속의 '말타기' 은유의 의미를 파악하려고 한다.

조심해야 할 것은 이런 추론이 타당하다고 해서 모든 '말타기' 은유가 이와 같은 힘의 개념을 함축해야 한다고 주장할 수는 없다는 사실이다. 왜냐하면 은유적 사고에서 근원 영역의 어떤 개념 영역을 공통적으로 사용하고, 다른 측면은 사용하든지 안 하든지 상관없다고 하는 그런 규칙은 존재하지 않기 때문이다. 다만, 지금까지의 추론은 동일한 은유가 반복적으로 서로 다른 추상적 영역에 사상된다면, 은유의 근원 영역들은 되풀이해서 나타날 가능성이 높다는 정도의 잠정적인 결론만을 허용할 뿐이다.

그렇다고 하더라도 이 결론은 잠정적 가설로 주어지기 때문에 일종의 가추법적 추리에 의해 다음과 같은 추론을 가능하게 만든다. 즉, 지금까지 살펴본 다양한 '말타기' 은유들은 모두 힘의 관계를 포함하고 있다. '말타기' 은유의 사용에서 '힘'의 개념은 어느 정도 일반적인 것이다. 그런데 만일 어떤 사람이 의도적으로 이 '말타기' 은유를 거부한다면 그는 도대체 어떤 이유 때문에 그렇게 한 것일까? 구체적으로 말해서, '말타기' 은유의 사용에서 힘의 관계를 포함하는 것이 어느 정도 일반적이라면, 이이가 '인승마' 은유를 수용할 수 없었던 이유 가운데 하나는 리와 기의 관계에서 어떤 '힘'

의 개념을 개입시킬 수 없었기 때문이었던 것은 아닐까? 이러한 가추법적 추리는 그 자신의 정당화를 위해 이이의 리기론적 진술들 속에서 리와 기 사이에 힘의 개념을 개입시킬 수 없다는 주장을 정당화하는 사례가 있어야 한다고 가정한다.

그런데 이이의 리기론에서 이런 가정은 너무도 쉽게 정당화된다. 이이 의 리기론은 이황과의 대척적 구도 속에서 성립되었는데, 바로 그 대척적 구도의 정점에 서 있는 이황의 리발설이야말로 바로 주희의 '인승마' 은유 속에서 불안하게 똬리를 틀고 있는 기에 비해 약한 힘을 갖는 리라는 개념 적 측면을 의도적으로 제거하려는 것이었기 때문이다. 이 때문에 그는 '리' 를 '자기원인적 힘을 갖는 리'로 가정했던 것이다.[89] 그러나 이이의 경우 당장 이러한 철학적 은유는 눈에 띄는 변화를 겪는다. 이이에 의하면 '리는 무위無爲이고 기는 유위有爲'이다. 이것은 이황이 그랬던 것처럼 '자기원인적 힘을 갖는 리'라는 은유적 개념화가 이이의 리 개념에는 불가능하다는 것을 의미한다. 황준연은 더욱 분명한 어투로 "율곡栗谷은…… 리理를 하나의 자 명自明한 원리原理로 파악하고, 기氣를 그 원리原理를 실현實現하는 능동적能動 的인 힘으로 파악하고 있다"고 말했다.[90] 그는 이이의 리 개념 속에는 이미 '힘'이란 개념이 자리 잡을 수 없다는 것을, 그리고 '힘'이란 개념은 기와 연관될 수밖에 없다는 사실을 현대적인 해석 속에서 정확하게 지적하고 있 는 것이다.

이러한 주장을 '인승마' 은유에 대입시켜 보자. 이이가 '힘' 개념이 부재 한 자기만의 리 개념으로 '인승마' 은유를 구성할 경우, 곧장 이 은유는 말

---

89) 이향준, 「이발설의 은유적 해명」, 『철학』 91집, 35쪽 참조.
90) 황준연, 『이이철학연구』(광주: 전남대 출판부, 1989), 40쪽.

에 대한 통제력을 상실한 기수라는 측면을 두드러지게 만들 것이다. 나아가 이런 식으로 구성된 '인승마' 은유를 이이가 제창한 기발리승이란 은유적 구도와 대조했을 때는 더욱 심각한 괴리가 나타난다. '리＝기수, 기＝말'이 란 은유적 구도 속에서라면 '기발리승'은 '마발인승馬發人乘'의 관계로 해석 되어야 하는데, 이런 관계 속에서 말에 대한 통제력은 고사하고, 애초부터 통제하는 어떠한 동작도 할 수 없는, '힘'이 없는 기수란 무슨 의미가 있단 말인가.[91] 말 위에 잠든 김유신과 말꼬리에 매달린 파리와도 다를 바 없는 이런 식의 리에 대한 은유적 이해는 주희가 마지못해 인정한 '리약기강'이 란 은유적 상황과 비교도 되지 않을 정도로 리의 위상을 약화시킨 것이다. 기에 대한 리의 우위가 이런 식으로 파괴된다는 것은 아마 어떤 성리학자들 도 받아들이기 힘들 것이다. 결국 이것은 더 이상 이이의 리기론에서 '인승 마' 은유의 구조가 온전하게 유지될 수 없다는 것을 뜻한다. 이이의 리기론 적 전제를 깔고 '인승마' 은유를 받아들이면, 기를 통제하는 데 완전히 무기 력한 리라는 개념을 허용해야 하기 때문이다.

7.

이 결론이 타당성이 있다면 정말로 중요한 질문이 뒤를 따른다. 만일 이황의 리 개념이 '힘'을 포함하고 이이의 '리' 개념이 힘을 배제한다면, 이 들 두 사람이 외적으로 동일한 낱말로 표현하는 '리'라는 개념은 그 의미 내용이 서로 다르다고 해야 한다. 그렇다면, 이황의 리 개념과 이이의 리

---

91) 리에 대한 이러한 이해가 리를 '死物'로 만드는 결과를 가져온다는 비판은 이황 이 래 줄곧 율곡학파의 리 개념에 가해지는 퇴계학파의 전형적인 비판이었다.

개념은 같은가? 다른가?

비트겐슈타인은 하나의 낱말에 대한 서로 다른 사용이 모두 그 낱말의
의미를 형성하는 것이라고 주장했다. 이에 따르면 '리'라는 개념은 이황식
으로도 사용될 수 있고, 이이식으로도 사용될 수 있으며, 이 둘 가운데 어떤
것도 '리'의 명제적 의미라고 간주될 만한 것은 없다고 말할 수 있다. 이때
조심해야 할 것은 그렇다고 해서 이 주장이 이이의 리기론에 이황식의 리
개념을 사용할 수 있다거나, 이황의 호발설에 이이식의 리 개념을 사용할
수 있다고 말하는 것은 아니라는 점이다. 그와 같은 사용, 다른 말로 적용
영역의 혼동은 길버트 라일에 의해 이미 '범주적 오류'라고 이름 붙여진 지
오래이다. 그렇다면 이이의 리 개념은 이이적인 적용 영역만을 갖고, 이황
식의 리 개념은 이황적인 적용 영역만을 갖는다는 뜻인가? 비트겐슈타인은
사용 방식뿐만 아니라, 그것의 적용 영역을 검토하는 것이 좋을 것이라고
충고하고 있다. 그리고 우리가 확인할 수 있는 것은 이황과 이이의 리 개념
이 의미 내용을 달리할지 모르지만, 그들의 이론이 적용되는 곳은 바로 우
리의 삶이 이루어지는 경험 세계라는 사실이다.

여기에서 어떤 이중의 적용 영역의 문제가 발생한다는 것을 알 수 있다.
이황과 이이의 '리'라는 개념은 리기론이란 철학적 논의의 차원에서 그렇게
불린다. 그렇지만 그 '리'라는 개념이 우리의 경험 세계라는 적용 영역 안에
서도 똑같은 이름, 즉 '리'라고 공통적으로 불릴 수 있을까? 이것은 미묘한
질문을 낳는다. 리기론이란 철학적 논의의 지평에서 똑같이 '리'라고 불리
는 것이 경험적인 영역에 적용되었을 때도 서로 같은 이름으로 불릴 수 있
을 것인지가 불분명하기 때문이다. 다시 말해 지금까지의 고찰을 통해 확신
할 수 있는 것은, 주희나 이황의 리 개념은 기 개념과의 상관관계 속에서

힘의 관점을 통해 사유될 수 있지만, 이이의 리 개념은 똑같은 관계에서 그럴 수 없다는 것이다. 이것은 단적으로 두 가지 가능성을 포함한다. 첫째는 '리'라는 낱말을 이황과 이이가 사용하는 그렇게 서로 다른 의미 내용을 포함하는 같은 이름으로 계속 사용할 수 있다는 것이다. 둘째는 서로 다른 의미 내용을 가진 서로 다른 이름의 경험적인 어떤 것이 추상적인 리기론의 차원에서 '리'라는 동일한 낱말의 외양으로 나타난 것은 아닌가 하는 가능성을 탐구할 수도 있다는 것이다.

만일 후자의 가능성이 사실이라면 그것은 이황과 이이의 리 개념이 지금까지의 논의와는 다른 전혀 다른 차원에서 다루어져야 한다는 것을 의미한다. 이것은 이황과 이이의 차이가 '주리' 혹은 '주기'라는 이론적 기준과는 전혀 다른 근거 위에서 재설정되어야 한다는 이론적 요구를 포함하기 때문이다. 이미 리발설에 대한 체험주의적 분석은 이황의 리 개념을 '은유적 사고를 통한 양심의 추상화'라고 결론 맺은 적이 있다.[92] 그렇다면 이이의 리 기론적 진술 가운데 대표적이라 할 수 있는 '리통기국'과 '기발리승일도설'에 대한 체험주의적 분석은 어떤 결론에 이를 것인가? 이 글은 이 질문에 대답하기에 불충분하지만, 최소한 한 가지만은 예측할 수 있다. 이이의 리 개념은 절대 이황의 리발설이 그런 것처럼 '은유적 사고를 통한 양심의 추상화'라는 결론으로 이끌리지는 않으리라는 것이다. 왜냐하면 이 글의 탐구가 보여 주듯이 이황과 이이의 리 개념은 '힘' 개념의 수용 여부를 둘러싸고 확연하게 서로 다른 의미를 갖기 때문이다. 이황의 리 개념이 힘을 함축하고, 이 함축이 '양심'이라는 경험적 사태에 대한 추상화라는 결론과 연결되

---

92) 이향준, 「이발설의 은유적 해명」, '7절', 『철학』 91집, 44~47쪽 참조.

는 이상, 이이의 리 개념이 힘의 배제라는 측면에서 이황과 다르다면 그것이 무엇이든지 최소한 이황의 그것과는 달라야 할 것이기 때문이다.

8.

이 글은 주희가 리와 기의 관계를 묘사하기 위해 사용한 '인승마' 은유가 이이에 의해 거부된 것에 주목해서 그 철학적 의의를 밝히려고 시도한 것이다. 이를 위해 성리학에서 발견되는 '인승마' 은유가 사실은 일반적으로 존재하는 '말타기' 은유의 성리학적 사례라는 가정하에 몇 가지 유사한 은유의 사례를 제시한 후, 이들이 모두 동일한 '말타기' 은유의 각각 다른 사용으로부터 비롯되었다는 점을 밝혀 주었다.

이를 근거로 '동일한 은유의 서로 다른 사용'이라는 현상이 은유적 사고에서는 일반적인 것이며, 이러한 '사용'의 다양성과 그에 근거한 의미의 다양성의 출현은 이미 비트겐슈타인의 후기 언어이론에서 그 이론적 형태가 암시되고 있다는 사실을 지적했다. 그러나 언어의 다양한 사용과 달리 체험주의적 관점에서 개념적 은유의 다양한 사용은 근원 영역의 중복된 사용으로 말미암아, 근원 영역의 개념 영역에 포함된 핵심적 요소들이 반복적으로 개념적 은유의 목표 영역에서 드러나는 공통점을 지니고 있으며, '말타기' 은유의 경우에 그것은 기수와 말로 은유화되는 개념들 사이의 관계 속에 개입된 '힘'의 개념이라는 것을 드러내 주었다.

이것은 성리학적 '인승마' 은유 속에도 기수와 말로 은유화되는 두 개념 사이에 힘에 기반을 둔 관계가 설정되어 있다는 것을 함축하고, 이이가 리기론에서 '인승마' 은유를 받아들이지 않았던 것은 결국 리와 기 두 개념 사이의 관계에, 특히 리 개념 자체에 '힘'이란 범주를 개입시킬 수 없다는 그의 리기론적 전제에 의한 귀결이라고 추론하게 만들며, 이이 자신의 '리 무위 기유위'라는 진술과 황준연의 해석은 그런 추론에 정당성을 부여한다는 것을 보여 주었다.

이런 결론은 주희의 '인승마'를 리기론에 수용한 이황과 동일한 것을 거부한 이이의 리 개념이 서로 다를 수 있다는 이론적 가능성을 함축한다. 그리고 선행하는 체험주의적 분석에 의해 이황의 리 개념이 양심의 은유적 추상화의 결과라는 점과 대조할 때, 이이의 그것은 양심이 아닌 다른 어떤 경험적 사태에 대한 은유적 추상화의 결과물이라는 가정을 포함한다.

[제3부]
사유의 갈림길

.

.

제1장 리발설과 은유: 체험주의적 분석의 필요성

> 마음은 본유적으로 신체화되어 있다.
> 사고는 대부분 무의식적이다.
> 추상적 개념들은 대체로 은유적이다.
>
> 〈G. Lakoff · M. Johnson〉

1.

이황의 리발설은 한국 성리학의 대표적인 독창적 이론으로 알려져 있다. 수많은 학자들에 의해 주목을 받았고, 연관된 많은 글들이 발표되었다. 하지만 아직까지도 리발설에 대한 해명은 불충분해 보인다. 그 가운데서도 리발설의 형성과 관련된 인지적 과정에 대한 탐구는 거의 전무한 편이다. 이러한 인지적 과정에 대한 탐구가 어떤 이론적 배경을 가져야 하는지에 대한 서술은 찾아볼 수 없는 것도 어떤 측면에서는 당연한 일이다.

여기에서는 리발설에 대한 체험주의적 해명에 앞서, 새로운 방법론으로서의 체험주의적 분석의 필요성을 주장하려고 한다.[1] 물론 이 글의 목적이

---

[1] 체험주의 전반의 철학적 특징에 대해서는 노양진, 「체험주의의 철학적 전개」, 『범한철학』 10집, 341~376쪽 참조. 체험주의 은유이론의 철학적 요약에 대해서는 노

단순히 여기에만 머무는 것은 아니다. 이 글에서 제기된 방법론이 타당성을 갖는다면 리발설에 대한 체험주의적 분석이라고 불릴 수 있는 것이 뒤를 이을 것이기 때문이다. 따라서 이 글은 리발설에 대한 체험주의적 접근이 무엇 때문에 필요하고, 그 필요성이 어떻게 확보될 수 있는가에 대한 분석으로, 일종의 선결문제를 해결하려는 시도라고 할 수 있다.

먼저 이 글은 은유적 사유에 대한 분석이 왜 논의의 쟁점이 되어야 하는지에 대해 밝히려고 한다. 특히 리발설과 직간접으로 연관된 몇 가지 선행 연구, 즉 손영식의 은유에 대한 거부, 윤사순의 이황 리 개념에 대한 이해에서 나타난 모순성, 이상은의 사단칠정론에 대한 은유적 해명 등을 비판적으로 검토함으로써, 이들이 서로 다른 주제에 대해 서로 다른 결론에 도달한 것처럼 보이지만, 사실은 하나의 공통 지반을 공유한다는 것을 드러내려고 한다. 나아가 이 공통의 지반이 '은유적 사유'라는 점을 밝힘으로써 은유적 사유에 대한 접근 방식의 차이가 철학적 탐구의 결과에 차이를 가져온다는 점을 밝히려고 한다.

이러한 결론은 은유적 사유에 대한 분석을 통해 이들의 연구 결과의 다양성과 그 이면에 감춰진 배경의 동질성을 해명하고, 다시 이 바탕 위에서 은유적 사유에 대한 새로운 분석 가능성을 제시하는 어떤 방법론의 필요성을 제기한다. 이 글은 체험주의가 은유적 사유의 새로운 분석 방법론이라는 사실을 제시함으로써 최종적으로 리발설에 대한 체험주의적 분석이 요구되고 또 가능하다는 사실을 논증하려는 것이다.

양진, 「체험주의의 은유이론」, 『언어·표상·세계』를 참조. 체험주의의 한 축을 이루는 인지언어학적 측면에서 체험주의 은유이론을 개괄한 사례로는 나익주, 「은유의 신체적 근거」, 『담화와 인지』 제1권, 187~213쪽을 참조.

2.

체험주의의 두드러진 특징은 제2세대 인지과학이라고 불리는 경험과학에 의해 수렴된 증거들에 의존하는 철학적 가정에서 출발한다는 점이다. 그 철학적 가정 가운데 가장 핵심적인 것은 신체화된 마음, 인지적 무의식, 은유적 사고라고 명명할 수 있는데, 이 세 가지 가정이 함축하는 철학적 결과는 상당히 과격하다.

> 이것들이 인지과학의 세 가지 주요 발견이다. 이성의 이러한 측면들에 관한 2천년 이상의 선험적인 철학적 사색은 끝났다. 이런 발견들 때문에 철학은 결코 다시 옛날과 동일할 수 없을 것이다.[2]

여기에서 체험주의는 강한 경험주의적 요소, 즉 자연주의적 경향을 띠게 될 것이라는 점을 암시한다. 동시에 체험주의가 돌이킬 수 없다고 말하는 철학적 사고의 특징이 전통적인 이성 개념에 근거한 선험적 사고라는 점이 명시된다. 이런 주장은 경험 과학의 성과를 철학적 사유에 도입한다는 상투적인 의미를 훨씬 벗어나는 것이다. 사유 능력으로서의 인간 이성의 개념 자체에 대한 의미 변경을 요구하고 있기 때문이다. 이성에 대한 의미 변경은 사실상 사유의 성격 그 자체를 달리 보아야 한다는 것을 의미하기 때문에 체험주의의 이성 개념을 받아들이게 되면 '이성적 사유'라는 것이 무엇을 의미하는 것인지 다시 돌이켜 보아야 한다는 결론에 이른다.

이런 전제로부터 출발해서 체험주의는 선험적 사고를 대신하는 대안적 사유의 본성을 두 가지로 요약한다. 첫째, 인간의 의미와 개념화 사유 작용

---

2) G.레이코프 · M.존슨, 『몸의 철학』, 25쪽.

은 신체적 경험, 특히 감각운동 경험에 근거한다. 둘째, 이성의 이러한 신체화된 양식이 개념적 은유의 상상적 기제를 통해 추상적 사고에까지 이른다.[3] 이런 입장에 따르면 은유는 철학적 활동의 주된 사유 대상인 개념 혹은 개념체계(conceptual system)와 밀접한 연관을 가진다.[4]

> 우리의 사고를 지배하는 개념들은 단순히 지성의 문제가 아니다. 그것들은 가장 세속적인 부분에 이르기까지 우리의 일상적인 활동을 지배한다. 개념은 우리가 지각하는 것, 우리가 이 세계 안에서 살아가는 방식, 그리고 다른 사람들과 관계를 맺는 방식 등을 구조화한다. 따라서 개념체계는 우리의 일상적인 실재를 규정하는 데 핵심적인 역할을 한다. 만일 개념체계가 대부분 은유적이라는 우리의 제안이 옳다면, 우리의 사고방식, 경험 대상, 일상 행위 등은 매우 중요한 은유의 문제이다.[5]

개념적 사고가 은유적이고, 은유적 사고를 통해 개념체계가 형성되는 것이라는 주장은 철학적 사유와 은유적 사고 사이의 긴밀한 연관을 가정한다. 왜냐하면 이 가정을 받아들일 경우에 은유 분석은 철학적 분석의 유용한 수단일 수 있기 때문이다.

철학적 분석의 한 형태로서 은유 분석이라는 단어가 사용될 때, 이 단어의 용법이 전통적인 은유 개념의 용법과 다르다는 것이 암시된다. 이런 점에서 손영식이 사용하는 은유 개념의 용례를 살펴보는 것은 그의 비판이

---

3) G.레이코프 · M.존슨, 『몸의 철학』, 13쪽.
4) 개념체계를 둘러싼 논쟁과 여기에 대한 체험주의적 입장에 관한 더 자세한 내용은 노양진, 「개념체계의 신체적 기반」, 『철학』 68집(한국철학회, 2001), 307~328쪽을 참조.
5) G.레이코프 · M.존슨, 『삶으로서의 은유』, 21쪽.

향하는 대상이 무엇인지를 파악하는 데 도움이 된다. 그는 "태극이 움직여
서 양을 낳는다"는 언표와 "순이가 임신해서 아이를 낳는다"는 언표를 대
립시킨 후, 이렇게 말한다.

> 순이가 애를 낳는 것과 태극이 양을 낳는 것이 같을 수 있는가? 단지 태극에서
> 양이 나오는 것을 설명하기 위해서, '낳는다'는 말을 빌려 온 것이다. 은유는
> 바로 그런 식으로 하는 것이다. 태극 → 양(p)을 설명하기 위해서, 우리가 익히
> 아는 애를 낳는다(q)는 표현을 빌린 것이다.…… 빌린 표현은 빌린 것에 불과하
> 다. 그 한계를 우리는 명확하게 해야 한다. 그러나 사람들은 너무 쉽게 (p)를
> (q)와 동일시한다. 아니 (p)를 잊고 (q)만을 떠올리라고 말한다.[6]

은유가 언어적 차용에 불과하다는 손영식의 주장 속에 포함된 은유에
대한 전통적 이해는 이렇게 요약할 수 있다. 즉 '은유는 낱말의 속성이고
어떤 미적 수사적 목적을 달성하기 위해 사용되며, 은유는 비교되고 동일시
되는 두 개체 사이의 닮음에 기초하고 있는 낱말의 의식적이고 고의적인
사용이고, 그것이 없어도 우리가 살아가는 데 아무런 문제가 없는 비유적
표현'이다.[7] 이 전통적 견해는 은유와 개념적 사유 사이의 어떠한 연관도
고려하지 않고 있다. 이런 관점에서 은유의 배제는 어떤 자의성을 배제하려
는 것이고, 주관성에 의해 좌우되지 않는 객관성의 추구를 목적으로 하는
것이다. 그래서 손영식은 학문적 엄밀성을 위해 은유적 사유를 배제할 것을
다음과 같이 주장한다.

---

6) 손영식, 「존재 물음에 내몰린 '퇴계학', 겨우 존재하는 리」, 『오늘의 동양사상』 11호
   (서울: 예문동양사상연구원, 2004), 36쪽.
7) Z.커베체쉬, 『은유: 실용입문서』, 10쪽 참조.

리와 기에 강약強弱이나 귀천貴賤, 장졸將卒이라는 말을 붙이는 것도 문제가 있다. 강약·귀천·장졸은 은유적 개념이다. 필자가 보건데, 그런 식의 비유—은유는 비효율적일 뿐만 아니라, 리와 기의 정체를 오히려 더 호도할 가능성이 많다. 리-기-발이라는 말 자체가 은유적인 개념인데, 거기에다 강약-귀천 같은 현상 사물에 쓰는 술어를 붙인 결과, 리-기 등은 현상 사물 비슷한 느낌이 들게 된다. 그리고 전체적으로 리와 기로 이루어진 그 형이상학적 논의들은 우화-동화-신화적인 수준으로 후퇴하게 된다. 학문은 엄밀성을 추구해야 한다. 그렇게 은유에다 의물법적인 비유로 나가면, 엄밀성이란 쉽사리 실종된다.[8]

손영식의 견해는 '은유 그리고 다른 종류의 시적·환상적·수사적·비유적 언어는 객관적인 대화에서 언제나 제외될 수 있으며 또 제외되어야 한다. 왜냐하면 그것의 의미가 명료하거나 정확하지 않으며 명백한 방식으로 실재에 합치하지 않기 때문이다'라는 주장의 재천명이라고 할 수 있다.[9]

외관상 이 주장은 개념적 사고의 상당 부분이 은유나 환유 같은 상상적 사유에 의존한다는 체험주의적 주장과 정면에서 대립하는 것처럼 보인다. 그러나 실제 사정은 조금 다르다. 손영식이 거부하는 은유 개념은 체험주의가 극복하고자 하는 전통적 은유 개념과 일치하기 때문이다. 여기까지는 손영식과 체험주의의 입장이 일치한다. 달라지는 지점은, 손영식이 학문적 논의에서 은유를 배제한 엄밀성을 추구하자고 주장하는 데 비해서, 체험주의는 오히려 은유 개념에 대한 새로운 이해를 통해 새로운 방식의 학문적 탐구가 가능하다고 주장한다는 점이다.

---

8) 손영식, 「존재 물음에 내몰린 '퇴계학', 겨우 존재하는 리」, 『오늘의 동양사상』 11호, 40~41쪽.
9) G. 레이코프·M. 존슨, 『삶으로서의 은유』, 236쪽.

그렇다면 체험주의의 개념적 은유이론은 전통적 은유 개념을 어떻게 반박하는가? 여기에 대답하기에 앞서 한 가지 살펴봐야 할 것이 있다. 그것은 손영식과 같은 사고의 노선을 따를 경우 나타나는 결론이 무엇인가 하는 것이다. 다시 말해 은유와 비유를 배제하고 이황의 리기론을 고찰할 경우 그 이론적 결과는 무엇인가? 여기에 관한 명백한 본보기를 윤사순의 연구가 보여 준다.

3.

이황의 리 개념에 대한 윤사순의 분석은 기본적으로 손영식과 유사하게 은유나 비유를 배제한 논리적이고 객관적인 접근 방식을 취하고 있다. 그의 결론은 이황의 리 개념이 양립 불가능한 주장을 포함하는 모순적 성격을 가진다는 것이다. 그는 이황의 리 개념이 '필연적 원리'와 '원인'이란 두 가지 의미를 가지고 있다고 파악하면서, 이황이 '원리'와 '원인'이란 두 개념의 차이를 간과했다고 비판한다.

> 필연적 원리란 어떤 것의 인과관계 또는 필연의 계열이라는 하나의 사유형식만을 의미한다. 그러므로 이것은 일종의 개념 내지 논리체계에 그친다. 그 개념 및 관계만을 생각할 수 있으면 되므로 이것은 실재해야 하는 것이 아니다. 퇴계와 같이 실재한다고 믿는 것은 이 개념 내지 논리성을 경험화 사실화하는 것이다.[10]

---

10) 윤사순, 『퇴계철학의 연구』(서울: 고려대 출판부, 1993), 68쪽.

윤사순의 비판은 이황이 리를 원리라는 측면뿐만 아니라 원인이라는 측면으로 이해함으로써 일종의 개념적 존재인 리를 경험적 실재로 간주했다는 것이다. 이런 식의 비판은 윤사순에게서만 발견되는 것이 아니다.[11] 그리고 이런 비판이 다수의 성리학 연구자들에게 '퇴계 언표의 잘못'으로 공유되는 근본적인 이유는 철학적으로 중요한 의미를 갖는다. 이와 똑같은 비판이 서로 다른 영역의 서로 다른 철학자들에 의해 반복적으로 지적되었기 때문이다. 유사한 종류의 비판들이 반복적으로 제기된다는 바로 그 사실은 윤사순의 비판이 어떤 일반적 비판의 한 사례라는 생각을 불러일으키기에 충분하다.

두 가지 사례만 들어 보자. 길버트 라일은 데카르트의 이원화된 심신 개념을 비판하면서 윤사순이 지적한 이황식의 오류를 보다 일반화된 용어로 이렇게 지적하고 있다.

나는 앞으로 이를 약간 나쁜 의미에서 '기계 속의 유령에 관한 도그마'라고 부를 것이다.…… 한마디로 이 도그마는 '범주적 오류'(category-mistake)를 범하고 있다. 범주적 오류란 실제로는 A라는 논리적 유형이나 범주(혹은 유형들이나 범주들의 범위)에 속하는 정신생활의 사실들을 엉뚱하게 B라는 유형이나 범주에 귀속시키는 것을 말한다. 따라서 이 도그마는 철학자의 신화이다.[12]

---

11) 이동희는 이완재, 윤사순, 황의동의 연구를 개괄한 후 "이상에서 살펴본 바와 같이 퇴계의 존재론에 있어서 소위 '리동설'은 문제가 있다고 지적되었고, 그 해석에 있어서 '형이상학적 능동성', '리의 순수성 강조' 등으로 퇴계의 언표의 잘못을 감안하면서 철학적 의미를 드러내려고 하였다"고 결론 맺고 있다. 여기에서 언급되는 '퇴계의 언표의 잘못'은 바로 윤사순을 비롯한 다수의 연구자들이 공통적으로 지적하는 이황 리 개념의 약점이다. 이동희, 「퇴계 연구의 성과와 반성」, 『동양철학연구』 제30집, 116~117쪽 참조.
12) 길버트 라일, 이한우 옮김, 『마음의 개념』(서울: 문예출판사, 1994), 19쪽.

물론 라일은 심신 관계의 범주를 혼동하는 오류를 명료화하기 위해 범주적 오류라는 개념을 사용했다. 그러나 유사한 상황이 이황의 리 개념뿐만 아니라 모든 형이상학적 사유에서 일반적으로 발생한다는 것을 로티의 다음과 같은 비평이 증명하고 있다.

현상적인 것과 비물질적인 것을 동일시하는 유일한 방법은 보편자를 실체화하여 그 보편자를 시간과 공간 속에 있지 않은 것으로 만들면서도 그것을 개별자로부터 추상화하는 것이 아니라 그 자체로 개별자로 생각하는 것이다.[13]

로티식의 표현에 따르면, 윤사순이 비판하는 이황의 리에 대한 이해는 보편자인 리를 '비시공간적인 존재로 가정하면서도 동시에 개별자처럼 간주하는' 방식의 이해이다. '필연적 원리'라는 것은 일종의 개념 즉 보편자이기 때문에, '개념 내지 논리성을 경험화·사실화한다'는 것은 '보편자를 개별자로 간주'하는 것과 상응한다. 라일에 의하면 이것은 두말할 나위 없이 범주를 혼동하는 철학적 오류이고 따라서 리가 이 두 가지 성격을 함께 갖는다는 것은 화해 불가능한 진술이다. 손영식의 은유에 대한 비판은 바로 이러한 사실을 지적하고 있다. 즉 은유의 사용은 범주가 다른 두 대상의 동일시를 초래할 위험이 높은데, 그 동일시의 정도가 고조되면 될수록 범주적 오류에 근접한다는 것이다.

---

13) 화이트헤드가 '잘못 놓인 구체성의 오류'(fallacy of misplaced concreteness)라고 이름 붙인 오류 역시 라일과 로티의 비판과 궤를 같이한다. 즉 이 오류 역시 '추상적인 것을 구체적인 것으로 오인하는 데서 오는 오류'이며, '철학에 있어 커다란 혼란의 원인이 된다'고 화이트헤드는 지적하고 있다. 리처드 로티, 박지수 옮김, 『철학 그리고 자연의 거울』(서울: 까치, 1998), 41쪽; A.N.화이트헤드, 오영환 옮김, 『과학과 근대세계』(서울: 서광사, 1991), 84쪽 참조.

손영식, 윤사순, 라일, 로티의 지적은 타당할 뿐만 아니라 중요하다. 그러나 이런 비판의 결과는 그렇게 바람직한 것이 아니다. 윤사순에 의하면 이황의 리 개념은 철학적 오류를 범하고 있다. 이 오류를 시정할 수 없다면 논리적인 분석가는 이 지점에서 이황 리 개념에 대한 논의를 멈추어야 한다. 왜냐하면 이런 내적 오류를 함축하는 리 개념에 의존하는 여타의 논의 —예를 들자면 리기호발설—는 그 자체로 합리성을 결여한 것이 되기 때문이다.

그런데 이렇게 따진다면 이황의 리 개념이 오류라고 주장하기에 앞서 주희의 리 개념도 오류라고 주장해야 한다. 이와 같은 종류의 오류는 앞에서 언급한 것처럼 형이상학적 존재를 개별자처럼 취급하려는 거의 모든 형이상학에서 공통적으로 드러나는데, 이런 점에서는 주희도 예외가 아니기 때문이다. 주희의 경우 이것은 분명한 대비를 통해서 너무도 쉽게 모습을 드러낸다.

> '무극이면서 태극이다'라는 말은 단지 형체는 없으나 이치는 있다는 것이다(無形而有理).14)

> 리는 애초부터 있다거나(有) 없다(無)는 것으로 논할 수 없다.15)

문자 그대로의 의미에서 주희의 말은 서로 모순이다. 두 인용문에서 사용된 '있다'(有)는 술어가 같은 의미로 쓰인 것이라면, 두 인용문의 동시적 공존은 불가능하다. 후자의 경우 '있음'은 경험적인 '있음'을 의미한다. 다시

---

14) 黎靖德 編, 『朱子語類』 vol.6(臺北: 中華書局, 1983), 2366쪽.
15) 朱熹, 「答楊志仁」, 『朱子全書』 vol.23(上海古籍出版社・安徽敎育出版社, 2002), 2764쪽.

말해 리는 경험적인 '있음'이나 '없음'이라는 언표를 통해 이해될 수 없다는 의미 정도로 해석할 수 있다. 그러므로 전자의 '있음'은 경험적 있음이 아니다. 그런 있음은 이미 후자에 의해 부정되고 있기 때문이다. 그렇다면 경험적 '있음'이 아닌 또 다른 '있음'이란 무슨 의미인가? 전통적인 형이상학자들은 이것이 형이상학적 있음의 표현이라고 간주한다. 그러나 로티의 비판은 다르다. 그의 비판을 따르자면 주희는 시간과 공간이라는 경험적 조건 속에 있지 않는 실체로 리를 가정하면서도 그 리의 실체성을 묘사하기 위해서 시공간 속의 개별자들에게 사용하는 경험적 술어인 '있음'(有)이라는 단어를 리의 술어로 사용하고 있다. 즉, 개별자에게 사용 가능한 술어를 보편자에게 적용한 것이다. 이황에 앞서 주희의 언급에서 이런 모순이 나타난다면, 또다시 논리적인 분석가는 여기에서 논의를 멈추어야 한다.

윤사순은 이런 오류가 장벽이 되는 바람에 더 이상 나아가지 못했고, 이황의 리에 대한 주장이 하나의 이론인 이상 모순 없는 이론이 되기를 기대한다는 소망을 피력하는 것으로 논의를 끝마칠 수밖에 없었다.[16] 만일 이 지점에서 멈추지 않으려는 분석가가 있다면 그는 자신의 분석을 위해 지금까지의 논의 과정에서 나타난 문제를 해결해야만 한다. 다시 말해 손영식의 비판과 윤사순의 논의가 갖는 한계 이상으로 밀고 나가기 위해서는 라일이나 로티가 지적했던 문제를 해소하지 않으면 안 된다. 이것이 이동희가 '이황 존재론의 해석에 있어서 그의 언표의 잘못을 객관적으로 분석하며 그러한 언표가 나타내는 이황 사상의 의미를 해명'하는 방향으로 연구가 진행되어야 한다고 주장하는 이유이기도 하다.[17]

---

16) 윤사순, 『퇴계철학의 연구』, 72쪽.
17) 이동희, 「퇴계 연구의 성과와 반성」, 『동양철학연구』 제30집, 117쪽.

그렇다면 이동회가 제시하는 것처럼 언표의 잘못을 분석하면서 동시에 이황 사상의 의미를 해명하는 방향의 연구는 어떤 것인가? 또 이런 연구가 가능하다면 그 연구에서도 여전히 은유는 배제되어야 하는가? 이제 사단칠정론에 대한 이상은의 연구를 검토함으로써 이 문제를 다시 생각해 보기로 하자.

4.

사단칠정론에 대한 이상은의 접근은 손영식, 윤사순과는 입장이 다르다. 그는 기대승의 성리학적 사유가 신체성에 기반을 둔 공간 지향성에 의존한다는 점에서 은유적 사고를 축으로 전개된다는 사실을 지적하고 있기 때문이다. 그는 이황과 기대승의 사단칠정론에 대한 분석의 말미에 다음과 같이 주장했다.

> 고봉은 대설이란 좌우를 말하는 것과 같으니 그것은 대대하는 것을 말하는 것이라고 한다. 이 좌우·대대란 말이 무엇을 의미하는가를 위의 비교도를 보면 얼른 이해할 수 있을 것이다. 비교도에서 좌측의 리기호발理氣互發을 보면 마음속에서 기질지성氣質之性인 흑권黑圈과 본연지성本然之性인 백권白圈이 좌우로 갈라서서 대대하고 있다. 이 맞서는 기질지성과 본연지성이 퇴계가 주장하는 사단·칠정의 소종래의 근원이다.[18]

---

18) 이상은, 「四七論辯과 對說·因說의 의의—退高論爭의 초점을 찾아서」, 『아세아연구』 vol.16(고려대 아세아문제연구소, 1973), 103쪽.

고봉이 상·하라 말할 때는 일반적인 사물에 있어서의 위치를 말하는 상하를 말한 것이지만, 앞의 비교도의 우측 그림 즉 리타기질중도理墮氣質中圖를 보면 그 상하란 말은 그 실實 형이상形而上의 리理가 형이하形而下의 기氣 속에 들어왔다 해서 상하란 용어를 쓴 것임을 알 수 있다.[19]

사단칠정론을 논하는 과정에서 기대승은 사단과 칠정의 관계를 인설과 대설의 관계로 전환시켜 사유했는데, 이것은 사칠론의 근거로서 리기 관계를 인설과 대설의 관계로 사유했다는 말과 같다. 인설이 리기의 상하 관계를 말하고, 대설이 리기의 좌우 관계를 말하는 것이라면, 이것은 기대승이 리기에 대해 상하, 좌우와 같은 공간적 개념을 적용했다는 것을 의미한다. 이러한 적용을 문자 그대로 이해하는 것은 앞에서 언급한 것처럼 범주적 오류에 속한다. 그러나 이상은은 그러한 오류의 폭로를 목적으로 하지 않는다. 그는 이러한 기대승의 사유가 사단칠정론의 이해에 어떻게 작용했는가를 묻는다. 이런 질문의 결과 기대승이 인설을 찬성하고 대설을 부정했다는 사실을 지적한다.

리와 기에 대한 지향성 은유는 고대로부터 형이상·형이하 또는 일종의 그릇 은유인 도기론의 구조를 따라 이해하는 것이 상례였고, 이것은 곧 상하 은유가 리기에 대한 지배적인 형태로 관습화되어 있었다는 뜻이다. 더 나아가 주희는 '인승마' 은유를 통해 이 상하 은유를 더욱 강화했다. 그래서 이상은은 기대승의 입장을 다음과 같이 최종적으로 정리한다.

---

19) 이상은, 「四七論辯과 對說·因說의 의의―退高論爭의 초점을 찾아서」, 『아세아연구』 vol.16, 104쪽.

왜 고봉은 주자의 '사단시리지발四端是理之發 칠정시기지발七情是氣之發'이란 말이
인설(자기가 주장하는 설)로 한 말이요 대설(퇴계가 주장하는 설)로 한 말이 아
니라고 하는가? 인설로 말하면 '사단리지발·칠정기지발'이라 해도 그 리기는
서로 떠나는 리기가 아니고 함께 있는 리기가 되기 때문에 실제 사물에 있어서
리기불상리의 근본 대전제에 위반되지 않지만, 대설로서 말하면 사단의 '리발'과
칠정의 '기발'이 각각 떨어져 리기불상리의 근본 원칙에 위반되기 때문이다. 아
무리 주자가 한 말일지라도 성리학의 근본 대전제를 파괴할 수는 없는 것이므로
대설로 한 말이라면 주자가 틀린 것이라고 하는 것이다.[20]

요약하자면 주희의 말에 대한 두 가지 이해 방식이 있고, 이 두 가지
이해 방식의 차이를 기대승이 언급했으며, 이상은은 기대승의 말을 빌려
기대승과 이황의 사단칠정론에 대한 이해의 차이를 해명하고 있다. 이러한
이상은의 주장은 '인설'과 '대설'이란 개념으로 인해 설득력을 가지는 것이
아니다. 오히려 그 안에 포함된 '상하'와 '좌우'라는 지향적 개념이 우리의
인지 구조에 자연스럽기 때문이다. 위-아래와 좌-우를 구별하는 평균적
인 어른을 상상하는 것은 힘들지 않지만 인설과 대설을 구별할 수 있는 평
균적 어른을 상상하는 것은 힘들다. 이 단순한 사실은 인설과 대설에 근거
한 사칠론의 해명이 어째서 듣는 사람들에게 강한 설득력을 가지는가에 대
한 분명한 해답을 보여 준다.
　상하라는 지향적 구조는 상하에 투사된 문화·사회적 개념의 구조를
함께 함축한다. 즉 '위 = 좋음, 아래 = 나쁨'이라든지, '위 = 무형, 아래 = 유형'
이라든가, '위 = 지배 아래 = 피지배' 등의 가치들이 함께 연관되어 있다. 좌

---

20) 이상은, 「四七論辯과 對說·因說의 의의—退高論爭의 초점을 찾아서」, 『아세아연
　구』 vol.16, 104쪽.

우 역시 마찬가지다. 중요한 점은 상하와 좌우가 은유적으로 투사될 때 나타나는 가치의 차이이다. 일반적으로 좌우가 병칭되는 것은 동등한 관계를 의미하는 경우가 대부분이다. 좌익과 우익, 좌청룡과 우백호 등이 그 사례들이다. 따라서 그들은 대부분 병렬적으로 언급된다. 그러나 상하 관계는 비동등성을 내포한다. 주희의 '인승마' 은유라든지, 리와 기가 형이상·형이하로 나뉠 때 그 차이는 단적으로 드러난다.

이상은의 분석은 기대승 사유의 독창성이 어디에 있는지 또 그 목적은 무엇인지를 잘 보여 준다. 기대승의 언급에서 핵심적인 은유적 투사는 '연결'과 '분리'이다. 기대승이 상하, 좌우와 같은 공간적 개념을 통해 리기와 사단칠정을 이해하려고 했을 때, 그가 말하고자 하는 것은 상하 관계가 '연결'을 함축하고, 좌우 관계가 '분리'를 함축한다는 점이다. 이 연결 관계는 형이상·형이하라는 지향적 은유가 '도 = 내용물, 기 = 그릇'이라는 도기론의 구조와 밀접한 연관을 가진다는 사실에서 은유적으로 유추된다. 다시 말해 리기의 상하 관계는 도기의 관계와 같으며, 도기의 상호 관계는 그릇 속의 내용물로 이해되기 때문에, 도기는 애초부터 긴밀하게 상호 연관된 것으로 사유되는 것이다. 기대승이 리기의 상-하를 말할 때 그릇 은유로서의 도기의 관계가 소환되고, 그 관계는 도기의 다른 이름으로서의 리기의 긴밀한 상관관계를 주장하는 근거가 된다. 이런 점에서 기대승의 사고는 상-하 관계로서의 리기의 비대칭성이란 전통적 견해를 보존하면서, 이 상-하 관계를 다시 '연결' 관계의 근거로 사유하는 이중적인 은유의 사용을 보여 준다. 반면에 이황의 호발설에 대해서는 좌-우 관계라는 공간 은유 속에서 파악하고, 이렇게 사고할 경우 리기 관계는 병렬 관계가 될 뿐만 아니라 '연결'이 아닌 '분리'를 암시한다고 평가한다. 이런 식의 사유는 성리학적 사유 속에 분명하게 자리 잡고 있는 리기의 상하 관계에 대한 인식 때문에 장점을 가진다. 성리학에서 리기는 상하 관계로 사유된 적은 많지만 좌우 관계로 사유된 적은 드물다. 이 때문에 기대승은 상하 관계를 자신의 이론적 근거로 도입함으로써 성리학적 사유 일반과 자신의 사유 사이에서 정합성을 획득하는 효과를 얻는다. 이것은 기대승식으로 이황의 호발설을 비판할 경우 무엇이 쟁점인가를 물어도 마찬가지다. 기대승에 따르면, 이황의 호발설이 리기의 병렬 관계를 가정한다는 사실 자체가 전통적인 리기의 비대칭적 관계에 대한 이해에 대립하는 것이다.[21]

　　결과적으로 이상은의 사단칠정론에 대한 분석은 두 가지 내용을 포함하는데, 첫째, 기대승이 이황과 자신의 사단칠정론에 대한 이해의 차이를 지향성 은유에 근거해서 설명했다는 점이다. 둘째, 이상은의 분석이 두 사람의 사단칠정론에 대한 특징을 설명하는 설득력을 가질 수 있었던 이유는 바로 그 지점을 지적했기 때문이라는 것이다. 여기서 드러나는 것은, 이상은의 사단칠정론에 대한 분석 방법은 손영식이 배제하기를 원하는 상·하, 좌·우라는 은유적 술어들을 리기 관계에 적용함으로써 이루어졌다는 사실이다. 다시 말해 이상은의 사단칠정론에 대한 분석이 오랜 기간 설득력을 갖는 이유는 기대승 자신이 사용했던 지향성 은유 그 자체의 구도를 통해 이황과 기대승의 사단칠정론이 갖는 이론적 차이를 형상화해 냈기 때문인

---

21) 물론 이황은 이런 비판에 동의하지 않는다. 그래서 그의 사유는 기대승의 비판을 반박하는 또 다른 은유적 사유를 포함하고 있다. 이황의 리기론에서 지배적인 것은 '인승마'로 대표되는 지향성 은유보다는 존재론적 은유에 기반을 둔 힘 은유이다. 그는 주희의 '리약기강'을 '리강기약'으로 전환시키려 했기 때문에 필연적으로 강약의 구별, 즉 힘의 우열에 관한 사고를 리기론적 사고 속에 포함시켰다. 이향준, 「인승마 은유의 형성과 변형 1」, 4장 '인승마의 변형과 확장', 『철학』 79집, 39~50쪽 참조.

것이다.

따라서 최소한 두 가지의 길이 있다는 것이 분명해진다. 하나는 손영식이나 윤사순처럼 은유를 배제하고 논리적 무모순성을 지향하는 관점에서 성리학적 사유를 바라보는 관점이고, 다른 하나는 이상은처럼 은유적 구도를 받아들이고 그 은유적 구도의 해명을 통해 성리학적 사유의 구조를 밝히는 관점이다.

5.

길버트 라일은 "유효한 실천(efficient practice)은 그것에 관한 이론에 선행하고 방법론이란 실제적인 방법들의 사용을 전제하고 있으며, 이런 사용 결과를 비판적으로 탐구한 것이 바로 방법론(methodology)"이라고 말하고 있다.[22] 그렇다면 이상은의 선행 연구와 같은 방식을 지지하는 방법론이 존재하는가라는 질문이 성립 가능할 것이다. 다시 말해 은유를 철학적 분석의 중요한 기제로 간주하는 방법론이 존재하는가라고 물을 수 있다는 뜻이다. 바로 이 지점에서 체험주의는 이상은과 같은 철학적 분석을 정당화할 뿐만 아니라, 왜 그러한 분석이 철학적 사고에 필연적으로 포함되어야 하는지에 대한 이론적 배경을 설명해 준다.

무엇보다 체험주의는 손영식과 윤사순의 학문적 엄밀성과 논리적 분석이 암묵적으로 전제하는 논리적이고 합리적인 이성이라는 개념의 타당성에 의문을 제기하는 데서 출발한다. 단적으로 체험주의는 다음과 같이 묻는다.

---

22) 길버트 라일, 『마음의 개념』, 37쪽.

의미 있는 사고나 이성의 영위라는 것은 단지 추상적인 기호의 조작과 그것들이 어떤 객관적 실체에 대응하는 것에 관여할 뿐, 어떠한 뜻에서의 신체성으로부터도 독립한 것으로 보아도 좋은가?[23]

이 질문의 대답이 부정적이라고 단언함으로써, 체험주의는 철학적 사고의 객관성과 엄밀성의 핵심에 자리 잡은 이성과 이성적 사유를 '신체성'—보다 직접적으로는 '몸'—과 연관된 것으로 재정립시킨다. 단적으로 말하자면 이성적 사유의 기원은 필연적으로 신체성과 연관된 광범위한 경험과 그 경험을 조직화하는 인간의 인지 방식 및 기제들에 의존한다는 것이다. 그리고 그 결과는 다음과 같은 평이한 사실의 확인이다. 즉, 다른 "모든 이론들처럼 철학적 이론들도 주장되는 것처럼 순수하고 초월적인 이성으로부터 완결되어서 솟아나지 않으며, 또 그럴 수도 없다."[24]

체험주의에 따르면 철학이론들은 선험적 이성에 기반을 둔 객관적 사고라는 통로를 통해서가 아니라 "한 문화가 공유하는 일상적인 은유들과 통속 이론들을 세련화하고 확장하고 명료화하며 일관성 있게 만드는 시도"이다.[25] 이것은 다시 말해 '철학적 이론들은 그것들이 발생했던 문화를 규정하는 통속 이론들, 모형들, 은유들의 다발들을 통합'시키는 역할을 하고, 거꾸로 해석하자면 철학적 분석 작업의 하나로서 개념적 분석이 텍스트 속에서 발견해 내어야 하는 것은 통속 이론, 모형, 은유들의 다발이어야 한다는 것을 의미한다.

이런 점에서 체험주의적 분석은 고전적인 텍스트 해석과는 다른데, 가

---

23) G. 레이코프, 이기우 옮김, 『인지의미론』, 「서문」(서울: 한국문화사, 1994), 15쪽.
24) G. 레이코프 · M. 존슨, 『몸의 철학』, 502쪽.
25) G. 레이코프 · M. 존슨, 『몸의 철학』, 502쪽.

장 다른 점은 아마도 '특정한 철학적 입장들을 규정하며 고찰되는 모든 입장들을 가장 잘 일반화하는 최소한의 통속 이론, 은유 인지모형을 추구한다'는 점일 것이다.[26] 그래서 체험주의적 분석은 다음과 같은 네 가지 의도에 의해 그 성격이 구체화된다.

(1) 각각의 철학자들의 형이상학의 핵심적 측면은 그의 몇몇 중심적인 은유들과 통속 이론들로부터 비롯된다는 것을 논증하는 것.

(2) 그의 사유 작용의 논리가 어떻게 그러한 은유들과 통속 이론의 함의들로부터 비롯되는가를 보여 주는 것.

(3) 비교적 소수의 은유들과 통속 이론들의 집합이 어떻게 하나의 복합적인 철학 이론을 일체로 이루어지게 만드는지를 예증하는 것.

(4) 형이상학, 인식론, 도덕이론 체계들이 어떻게 그러한 은유들과 통속 이론들로부터 발생하는지를 보여 주는 것.[27]

요약하자면 체험주의적 분석은 하나의 텍스트를 통속 이론, 모형, 은유의 다발과 같은 이론적 개념들의 상호 작용을 포함하는 복합적인 구성물로 간주한다. 그리고 텍스트 속에 포함된 사유의 과정과 내용을 이런 개념들로 이루어진 이론적 틀을 적용해 분석하는 것을 일차적 목표로 한다. 당연히 이 일차적인 분석의 맨 끝에는 우리의 인지적 이해의 출발점이라고 할 수 있는 몸이 존재하고 있기 때문에 체험주의적 분석은 '자연주의적' 경향을 갖게 된다.

이것은 특정 이론에서 선험적이라고 가정된 개념을 체험주의적으로 분

---

26) G. 레이코프 · M. 존슨, 『몸의 철학』, 506쪽.
27) G. 레이코프 · M. 존슨, 『몸의 철학』, 506쪽 참조.

석할 때 어떤 사태가 벌어질 것인가를 암시한다. 즉, 체험주의는 우리가 선험적이라고 가정하고 있는 개념들의 형성 배경의 최종적 근거에는 몸을 통한 광범위한 체험과 그 체험에 대한 상상적 합리화의 과정이 내포되어 있다고 가정한다. 따라서 체험주의적 분석은 이 상상적 합리화 과정에 대한 해명 못지않게 중요한 철학적 귀결, 다시 말해 선험적 개념의 신체적 기반에 대한 해명을 포함하게 된다. 이것은 결국 하나의 선험적 개념이 형성되는 인지적 과정을 드러냄으로써 그 개념의 선험성이 은폐하려는 신체성의 근거를 밝힌다는 뜻이다.

이런 분석이 특정한 철학 체계 전체나, 한 철학자나, 철학 사조에 대한 전반적이고 완전한 해석을 생산한다고 주장하는 것은 지나친 과장일 것이다. 그렇지만 최소한의 의미에서 위에서 말한 것과 같은 체험주의적 분석이 일차적으로 '선험적 개념의 자연화'라고 부를 수 있는 과정을 포함한다는 것은 분명해 보인다.

6.

존슨은 『마음 속의 몸』을 통해 체험주의의 인식론을 정교하게 묘사하고 있다. 그의 인식론적 논의에서 가장 중심적인 단어는 '상상력'인데, 존슨이 택하는 방법은 철저하게 상상력을 경험적인 것으로 위치시키는 것이다. 이를 위해 존슨은 상상력을 "여러 가지 인지능력들 중의 하나인 구체적인 능력이라기보다는 우리의 인지의 전 과정에서 작용하는 포괄적인 능력을 가리키는 이름"으로 사용한다.[28] 체험주의의 인식론을 신체화된 인식론이라고 부르는 것은 바로 이 상상력이 신체화된 상상력(embodied imagination)이기

때문이다.[29]

이런 주장은 어떤 구조를 가정한다. 즉, 몸을 통한 경험―신체화된 상상력의 작용― 인식으로 이어지는 과정에 대한 구조적 설명이 존재해야 한다는 뜻이다. 이 때문에 인식이 상상력에 기반을 둔다는 말이 무엇을 뜻하는지에 대한 구체적 해명이 필요하다. 실제로 바로 이 신체화된 상상력의 작용을 해명하는 과정에서 체험주의의 이론적 구조와 함께 체험주의적 분석의 특징적인 면모들, 즉 '범주화', '영상도식', '개념적 은유' 및 '은유적 투사'라는 고유한 이론적 개념들이 나타나게 된다.

무엇보다 체험주의의 인식론에서 근본적인 가정은 사고가 신체적 경험으로부터 구성된다는 것이다. 이 과정에서 '범주'와 '범주화'라는 개념이 중요하게 다루어진다. 체험주의적 관점에서 범주화란 선험적인 범주를 통해 경험의 내용을 조직하는 것이 아니라 "어떤 속성은 부각시키고, 어떤 속성은 축소화하며, 또 다른 어떤 속성은 은폐함으로써 어떤 종류의 대상 또는 경험을 식별하는 자연적 방식이다."[30] 이 때문에 범주화 경험 이전에는 사고를 위한 어떤 선험적 범주도 존재하지 않는다. 오히려 범주들의 형성 과정과 범주, 그리고 그 범주를 사용하는 것 자체가 우리 경험의 일부를 이루게 된다.[31] 더 나아가 보다 중요한 것은 "우리의 몸과 두뇌가 그저 우리가

---

28) 노양진·김양현, 「존슨의 칸트 해석: 상상력 이론을 중심으로」, 한국칸트학회 편, 『칸트와 현대 영미철학』(서울: 철학과 현실사, 2001), 197쪽.
29) 존슨의 칸트 인식론에 대한 비판적 독해에 관한 이상의 내용에 대해 더욱 자세한 서술은 다음을 참조하라. M.존슨, 『마음 속의 몸』, 「제6장 상상력 이론을 위하여」 및 노양진·김양현, 「존슨의 칸트 해석: 상상력 이론을 중심으로」, 『칸트와 현대 영미철학』, 177~203쪽.
30) G.레이코프·M.존슨, 『삶으로서의 은유』, 211쪽.
31) G.레이코프·M.존슨, 『몸의 철학』, 49쪽.

범주화한다는 사실을 결정한다는 것이 아니라, 그것들이 우리가 어떤 종류의 범주를 가질 것인지 또 그 구조가 어떠할 것인지도 결정한다는 사실이다."[32]

한편 칸트의 인식론이 설명하는 것처럼 대상들은 어떤 형식적인 구조물들의 틀을 통해 구조화된다. 이 때문에 우리의 이해를 형성하는 구조물과 그것을 설명하는 이론적 장치들이 있어야 한다. 여기에서 체험주의의 핵심적 개념인 '영상도식'(image schema)이 나타난다. 존슨이 상상력을 우리의 경험에 질서를 부여하는 기본적인 영상도식적 능력이라고 주장하는 것은 바로 이런 전제에서이다.[33] 달리 말하면 몸을 통해 체험들이 조직되는 것은 상상력에 기반을 두고 형성된 영상도식을 통해서이다. 그는 이 영상도식을 신체화된 경험의 반복성이 가져다주는 비명제적인 영상들의 추상적 구조물이라고 설명한다.

> 나의 논의는 인간의 신체적 운동, 대상의 조작, 지각의 상호 작용 등이 반복적인 형식들을 수반하며, 그것들 없이는 우리의 경험이 혼란스러울 뿐만 아니라 파악될 수도 없다는 것을 보임으로써 시작될 것이다. 나는 이 형식들을 '영상도식'(image schema)이라고 부르는데, 그 이유는 그 형식들이 기본적으로 영상들의 추상적 구조들로 작용하기 때문이다.[34]

따라서 존슨은 자신의 철학적 탐구는 "어떻게 광범위한 구조들이 신체적 경험으로부터 생겨나고, 우리에게 의미 있으며, 우리의 사유에 영향을

---

32) G. 레이코프 · M. 존슨, 『몸의 철학』, 49쪽.
33) M. 존슨, 『마음 속의 몸』, 37쪽.
34) M. 존슨, 『마음 속의 몸』, 36~37쪽.

미치는 패턴들을 제공하는지"를 밝혀내려는 시도라고 규정한다.[35] 존슨의 상상력 이론이 칸트에게 빚지고 있는 것처럼, 영상도식이란 개념 역시 칸트로부터 유래한다. 존슨의 주장에 따르면 이 영상도식은 우리의 신체적 감각 운동으로부터 창발하는 것이다.

> 의미 있으며 연결된 경험―우리가 이해하고 사유할 수 있는―을 위해서는 우리의 행위와 지각, 개념에 패턴과 질서가 있어야 한다. 도식은 이러한 지속적인 질서 짓는 활동들 안에서의, 또는 이 활동들의 반복적인 패턴, 형태, 그리고 규칙성이다. 이 패턴들은 주로 공간 안에서 우리의 신체적 운동과, 대상 조작, 지각적 상호 작용 수준에서 우리에게 의미 있는 구조들로서 창발한다.[36]

말하자면, 우리의 감각 운동 행위들은 반복되는 경험을 통해 그것을 하나의 비명제적이고 아날로그적인 영상도식으로 창발한다. 이 '창발'이란 단어가 암시하는 것은 인식을 위한 선험적 틀이 존재하는 것이 아니라, 인식을 위한 틀마저도 경험적으로 생성되어야 한다는 것이다.[37] 이와 같은 영상도식은 어떤 확장 가능성을 포함하는데, 그것은 "도식들이 스스로를 특정한 풍부한 영상이 구체성의 수준을 넘어서게 하는 일반성을 갖는다"는 것을 의미한다.[38] 즉 영상도식들은 일차적으로 반복된 경험의 구조를 이해하

---

35) M.존슨, 『마음 속의 몸』, 89쪽.
36) M.존슨, 『마음 속의 몸』, 104~105쪽.
37) 이 때문에 노양진은 존슨의 영상도식과 관련된 논의가 다음의 두 가지 생각을 함축하는 것이라고 주장한다. "첫째, 인식의 근거가 선천적인 어떤 것이 아니라 이 세계 안에서의 우리의 신체적·물리적 활동이다. 둘째, 우리의 인식의 구조와 내용이 특정한 방식으로 고정되어 주어지지 않는다." 노양진, 「체험주의의 은유이론」, 『언어·표상·세계』, 94쪽.
38) M.존슨, 『마음 속의 몸』, 97쪽.

기 위해 창발하는 것이지만, 그 다음 단계에서는 자신의 구조를 창발시킨 경험의 구조를 넘어서 다른 경험의 영역에까지 적용될 수 있다. 따라서 영상도식들은 "일반적이고 포괄적인 수준에서 존재하면서 그것을 바탕으로 확장되어 가는 더 복잡한 지각이나 개념의 인식 근거로 작용한다."[39)]

이렇게 하나의 도식이 서로 다른 두 가지 경험 영역을 이해하는 기제가 될 때 서로 다른 두 가지 경험 영역은 하나의 도식을 공유하면서 어떤 연결을 창조한다. 예를 들어 (1) '유치장 안의 범죄자' (2) '허공 속에 묻힐 그날들' (3) '마음속의 생각'은 모두 동일한 영상도식을 공유하는 언표들이다. 그들은 모두 안-경계-밖이라는 구조를 가지는 동일한 영상도식의 적용 사례들이다. '안'이라는 단어는 (1)의 경우 문자 그대로 물리적 의미를 가진다. 그러나 (2)와 (3)의 경우에는 전혀 물리적이지 않다. 허공이나 마음 같은 추상적 대상들에게 본유적인 안-밖이 존재하지 않기 때문이다. 그렇다면 마음의 안-밖은 도대체 어떻게 해서 결정되는가? 체험주의에 따르면 '우리는 우리의 신체 활동을 통해 직접적으로 발생한 영상도식을 다양한 대상에 은유적으로 투사함으로써 안과 밖이라는 지향성을 부과한다.'[40)] 따라서 물리적 대상들에 대한 안-밖 지향성에 대한 경험이 안-밖 지향성에 대한 영상도식을 만들어 내고, 이 영상도식이 허공과 날의 관계 및 마음과 생각의

---

39) 노양진, 「체험주의의 은유이론」, 『언어·표상·세계』, 94쪽. 더 상세한 영상도식의 정의와 그 대표적 사례 중 하나인 영어의 불변화사 out이 사용되는 구문에서 발견되는 안-밖 지향성 도식의 세 가지 기본적 경우 및 그 확장에 대한 자세한 내용은 『마음 속의 몸』, 「2장 3절 '영상도식의 정의'」 및 「4절 '안-밖 지향성의 비명제적 도식들'」, 104~118쪽을 참조. 한국어에 나타나는 위-아래 영상도식에 대한 개괄은 임혜원, 「한국어 대화에 나타난 수직공간개념화 연구」, 『담화와 인지』 제10권, 217~239쪽 참조.
40) 노양진, 「체험주의의 은유이론」, 『언어·표상·세계』, 96쪽.

관계 속에 투사된 것이다.

그래서 존슨의 영상도식에 관한 논의 중 두 번째로 나타나는 독창성은 이 도식의 확장 과정이 주로 '은유적'이라는 점이다. 예를 들어 개념 영역 A와 B가 있다고 할 때, 개념 영역 A에서 형성된 영상도식은 개념 영역 B를 설명하는 인지적 기제로 사용되고, 이 영상도식의 공유에 근거해서 '개념 영역 A는 개념 영역 B이다'라고 선언된다. 이 때문에 은유적 언어 표현 'A는 B다'의 내용은 A와 B의 '개념 영역 간의 교차 사상'으로 정의되는데, 그 의미는 "B의 개념 구성 요소가 A의 구성 요소에 대응된다는 의미에서 근원과 목표 사이에 일련의 체계적 대응 관계가 있다는 것이다."[41] 이 개념적 대응 관계를 흔히 '사상'(mapping)이라고 부른다. 이 때문에 이런 종류의 은유는 '개념적 은유'라고 불리는 것이다. '사상'이란 이 말은 개념적 은유가 투사의 형태를 취하기 때문에 '투사되는' 경험 영역과 '투사하는' 경험 영역이 구분되고, 이 둘은 각각 근원 영역(source domain)과 목표 영역(target domain)이라고 불린다.[42]

따라서 특정한 은유는 둘로 나눌 수 있다. 즉 하나는 '은유적 언어 표현'이라고 불리는 언표 자체이고, 다른 하나는 언표 속에 포함된 개념적 은유이다. 위에서 언급된 예를 따르자면 '마음속의 생각'은 '은유적 언어 표현'이

---

41) Z.커베체쉬, 『은유: 실용입문서』, 8쪽.

42) 커베체쉬에 따르면, 가장 빈번하게 사용되는 일상적 근원 영역은 인간의 신체, 건강과 질병, 동물, 식물, 건물과 건설, 기계와 도구, 게임과 스포츠, 돈과 경제적 거래, 요리와 음식, 열과 차가움, 빛과 어두움, 힘, 움직임과 방향 등 대략 13가지 종류가 있다. 한편 목표 영역은 추상적이고 퍼져 있으며 명확한 윤곽을 가질 수 없다는 한계에도 불구하고, 가장 일상적인 목표 영역 역시 감정, 욕구, 도덕성, 사고, 사회 혹은 국가, 정치, 경제, 인간관계, 의사소통, 시간, 삶과 죽음, 종교, 사건과 행동 등 13가지 종류로 구분할 수 있다. Z.커베체쉬, 『은유: 실용입문서』 21~44쪽 참조.

고, 그것의 개념적 은유는 안-밖 지향성의 영상도식을 포함하는 '마음은 그릇'이라고 할 수 있다. 추가적인 몇 가지 은유적 언어 표현을 살펴보자.

　　너의 주장은 방어될 수 없다.
　　그는 나의 논쟁의 모든 약점을 공격했다.
　　나는 그의 주장을 무너뜨렸다.

　　이상과 같은 은유적 언어 표현의 내부에 함축된 개념적 은유는 '논쟁은 전쟁'이고, 근원 영역은 전쟁, 목표 영역은 논쟁이며, 따라서 두 경험 영역 간의 투사 관계는 '전쟁 → 논쟁'의 구조를 갖는다. 따라서 위의 사례들에서는 전쟁이란 경험 영역의 요소들이 논쟁이란 경험 영역의 요소들에 사상되고 있으며, 이것은 두 영역 사이의 '은유적 대응'이 존재한다는 것을 의미한다. 체험주의의 은유이론은 은유적 언어 표현과 개념적 은유를 구분함으로써 은유를 단순히 언어의 문제가 아니라, 개념을 사유하는 우리의 사고와 이해의 문제로 다룬다는 점이다. 즉 논쟁에 대한 개념적 은유는 논쟁이라는 추상적 개념을 체계적으로 이해하려는 우리의 관습적 사고방식의 일부를 이룬다. 예로 거론된 다양한 "언어 표현은 개념적 은유를 명시하거나 구체화한다. 똑같은 말을 달리 표현하면, 개념적 은유의 존재를 드러내는 것은 은유적 언어 표현이다."[43] 노양진은 이러한 은유적 투사가 철학적 분석의 대상이 될 수 있는 이유를 이렇게 설명한다.

　　이러한 투사는 그 자체가 하나의 직접적 방식으로 간주되기 때문에 더 이상의

---

　　43) Z.커베체쉬, 『은유: 실용입문서』, 7쪽.

구체적인 설명을 제시할 수 없다.…… 이러한 확장 방식은 우리가 산술적으로 확정할 수 있는 규칙적인 방식이 물론 아니다.…… 우리는 특정한 문화의 은유적 투사를 예측할 수는 없겠지만 그것을 추후적으로 해석할 수 있는 가능성을 갖는다.[44]

이것은 체험주의적 분석이 일종의 환원주의가 될 수 없다는 점을 분명하게 밝혀 준다. 은유적 확장의 비규칙성은 보편적인 환원의 가능성을 봉쇄한다. 모든 이론을 보편적으로 귀결시키는 특정한 은유는 존재하지 않기 때문이다. 이 때문에 은유 분석은 하나의 철학 체계를 일반적인 통속 이론과 모형 및 보편적 은유의 다발로 환원시키는 것만이 아니다. 은유 분석은 이들 이론적 도구를 사용해서 기존의 철학 체계에 대한 개념적 분석, 비판적 평가를 가능하게 만든다. 나아가 이런 경험적인 분석 방법에 근거해서 우리가 어떤 종류의 존재이며, 어떻게 세계와 대상을 경험하고, 당면한 문제를 설정하며, 그것에 대한 해답을 찾아내는지, 왜 그 해답들은 대부분 은유적으로 주어지는지에 관한 경험적인 해답을 제공함으로써 구성적인 철학적 이론화에 기여한다. 다시 말해 우리가 어떤 형이상학적 개념에 근거해서 사고하거나 행위하려고 시도한다면, 최소한 우리는 무의식적인 개념적 은유의 체계들이 그 아래 전제되어 있고, 그것들이 어떻게 하나의 형이상학적 대상에 대한 신념을 형성하는 데 작용하고 있으며, 또 그것들의 실재성을 표현하는 언어들이 어째서 대부분 경험적 술어의 형태로 나타나는지에 대하여 분석할 수 있어야 한다. 이런 종류의 분석 없이 형이상학적 대상에 대한 신념을 유지한다는 것은 그저 '맹목적 신념' 이외에 아무 것도 아니기

---

44) 노양진, 「체험주의의 은유이론」, 『언어·표상·세계』, 98쪽.

때문이다.

7.

이상과 같은 체험주의적 관점이 어떻게 윤사순의 논의를 비판적으로 해체하고 재구성하는지를 살펴봄으로써 리발설에 대한 체험주의적 접근의 필요성을 제기하고자 한다. 이때 이황의 리에 대해 윤사순이 모순이라고 지적한 바로 그 지점이 체험주의적 논의의 출발점이라는 것이 밝혀진다. 윤사순은 '원인'으로서의 리 개념에 대해 이렇게 설명한다.

> 실재하는 원인이란 일정한 결과를 가져오게끔 하는 그 무엇을 말한다. 즉 원인이라고 의미되는 내용 그 자체를 말한다. 이것은 원인이라는 의미 또는 개념에 그치는 것이 아니다. 이것은 실제로 일정한 결과를 가져옴으로써 일정한 인과관계를 수립할 수 있는 능력을 말한다. 따라서 이것은 경험 또는 사실의 영역에 속한 것이다.[45]

이 짤막한 철학적 진술을 통해 윤사순은 이황 리 개념의 어떤 핵심을 지적하고 있다. 주희의 리 개념으로부터 이황의 리 개념으로의 전환이 일어난 어떤 핵심적 기제를 언급하고 있기 때문이다. 그는 먼저 이황이 개념적 존재자를 실재하는 존재로 간주했다고 지적했다. 그리고 그 다음 실재하는 존재는 '원인'이란 속성을 가진다고 주장했다. 이 전환은 어떻게 가능했던 것일까? 먼저 문장의 후반부에서 드러나는 것은 하나의 철학적 은유로서의

---

45) 윤사순, 『퇴계철학의 연구』, 59쪽.

'원인 = 능력'이라는 사고이다. 이 '능력能力'이란 단어 자체가 '힘'(力)을 함축한다는 것은 분명하다. 그러므로 '능력'을 '힘'으로 바꾸는 것은 불가능한 것이 아니다. 그리고 이 변환을 거치면 '원리－원인－능력－힘'으로 리에 대한 사유가 변화되는 과정이 선명해진다. 주희에서 이황으로의 리 개념의 변천의 핵심에서 두드러지는 것은 바로 '원리 = 원인 = 힘'이라는 은유적 사유 방식임을 윤사순의 진술은 이미 지적하고 있는 것이다.

그러므로 문제의 소재는 의외로 간단하다. 첫째, 어떤 방법론적 시각이 이황의 사고를 범주 혼동의 오류가 아닌 사유의 일반적 기제로 재정의할 수 있는가? 둘째, '원리 = 원인 = 힘'이라는 사유는 도대체 어떻게 가능한 것인가? 이 두 가지 질문에만 대답하면 되기 때문이다. 이에 대답하기 위해 다음 진술을 검토해 보자.

> 철학적 물음을 물을 때 우리는 몸에 의해 형성된 이성, 우리가 직접 접근할 수 없는 인지적 무의식, 그리고 우리가 대체로 의식하지 못하는 은유적 사고를 이용한다. 추상적 사고가 대개 은유적이라는 사실은 철학적 물음들에 대한 대답들이 항상 대개 은유적이었으며, 앞으로도 또한 그럴 것이라는 점을 의미한다.……이것은 철학의 모든 양상에 대해 중요한 귀결들을 불러온다. 은유적 사고는 철학적 통찰력을 가능하게 하고 철학이 취할 수 있는 형태를 제약하는 주요 도구이다.[46]

> 우리는 물건과 물질의 관점에서 우리의 경험을 이해함으로써 경험의 부분들을 선택하고, 그것을 동일한 종류의 분리된 물건이나 물질로서 다룰 수 있게 된다. 일단 우리의 경험을 물건이나 물질로서 식별할 수 있다면, 우리는 그것을 지시

---

46) G.레이코프 · M.존슨, 『몸의 철학』, 31쪽.

할 수 있고, 범주화할 수 있고, 무리 지을 수 있으며, 양화할 수 있다. 그리고 이 방법으로 그것들에 대해 사유할 수 있다.…… 물리적 대상(특히 우리 자신의 신체)에 대한 우리의 경험은 매우 광범위하고 다양한 존재론적 은유─사건, 활동, 정서, 생각 등을 개체 또는 물질로 간주하는 방식인─의 근거를 제공한다.[47]

첫 번째 인용문은 은유 이상의 것을 말하고 있다. 왜냐하면 추상적 사고가 은유적이라는 것은 논리적 이성이 아닌 은유적, 혹은 더 나아가 상상적 이성 개념을 전제하기 때문이다. 윤사순의 이황 리 개념에 대한 서술은 이황의 철학을 낳은 사유하는 능력으로서의 이성 개념을 논리적 이성이라고 간주하는 데서 출발한다. 그런데 체험주의는 이러한 이성 개념을 탈신체화된 이성 개념으로 간주하고 반대한다. 그리고 대안적 개념으로 은유적, 상상적 이성 개념을 제안한다. 이런 제안을 받아들일 경우 이황의 리에 관한 진술 속에서 논리적 무모순성이 아니라, 은유적이고 상상적인 사유의 정합성을 발견하려는 이론적 시도를 정당화할 수 있다.

동시에 논리적 이성 개념에 근거한 논리학적 판단이 아니라 은유적 사유의 정합성으로 논의의 지평을 옮기는 순간 두 번째 인용문이 말하는 것처럼 원리에서 원인으로의 전환은 일종의 존재론적 은유에 기반을 둔 전환이라는 것이 분명해진다. 이때 손영식이 경계하는 동일시에 기반을 둔 범주적 오류는 착각이라기보다는 은유적 투사를 통한 사유의 한 방식으로 새롭게 받아들여질 수 있다.

이런 점에서 로티가 범주의 혼동을 언급하면서 그것을 '유일한 방법'이라고 표현하고 있는 것은 의미심장하다. 그것은 우리가 형이상학적 대상들

---

47) G.레이코프・M.존슨, 『삶으로서의 은유』, 49~50쪽.

에 대해 사유하기 위해서 그런 방법을 제외하고는 다른 통로가 없다는 것을 의미하기 때문이다. 다시 말해 형이상학적 대상들의 속성을 긍정적으로 묘사하고, 그 주장을 다른 사람에게 표현하려 할 때, 선택할 수 있는 유일한 방법은 로티가 말한 바로 그 방법, 보편자와 개별자의 동일시밖에 없다. 체험주의에 따르면 그것은 하나의 존재론적 은유이고, 논리적 사유가 아닌 은유적 사유의 일반적인 기제에 따른 진술이다.

따라서 논의되어야 할 내용도 달라진다. 이황의 리기론과 같은 철학적 진술들은 진리값에 따라 참, 거짓이 따져져야 할 것이 아니라, 이동희가 언급한 것처럼 의미론의 입장에서 의미와 그 의미의 생산 양식 및 근거가 다시 분석되어야 할 대상들이다. 이때 은유는 손영식이 반대한 수사학적 수단이 아닌 개념적 사유의 수단으로서, 개념적 분석의 도구로서 호출된다.

이렇게 볼 때 윤사순의 서술은 리발설에 대한 체험주의적 분석을 위해 중요한 의미를 갖는다. 이황의 리 개념에 포함된 사유의 형태를 일종의 존재론적 은유라고 간주한다면 이황의 리 개념은 어떻게 재해석될 수 있는가라는 질문의 출발점으로 작용하기 때문이다. 다시 말해 '원리 = 원인'이라는 사고가 논리적 모순이 아니라 은유적 사유로서 허용된다면 이황의 리 개념은 어떻게 이해될 수 있는가라고 질문했을 때, 은유적 사유의 축으로서의 '원리 = 원인 = 힘'이라는 구도가 이황의 리기론적 사유 속에 포함되어 있다고 윤사순은 말하고 있기 때문이다.

따라서 윤사순이 잠재적으로 언급하고 있고, 내가 명시적으로 표명했던 이황의 리 개념에 함축된 이 은유적 '힘'의 존재는 이황의 리기론 특히 '리발설'에서 어떤 역할을 할 것인가라는 질문이 유도된다.[48] 나아가 체험주의적 분석은 '원리 = 원인 = 힘'이라는 은유적 구도를 중심으로 어떻게 호발설

이 제창될 수 있었고, 그 와중에 나타난 특징적 언표로서 '발發'과 '승乘'·
'수隨'의 의미는 무엇이며, 왜 이 단어들이 호발설 속에 포함되어야 하는지,
또한 이종우가 지적한 것처럼 리 개념이 심지어 어떻게 상제 개념으로까지
접근해 갈 수 있는지 등의 논점들에 대해 대답할 수 있어야 한다. 그리고
마지막으로 '리발설'이라고 불리는 이 철학적 진술의 의미는 도대체 무엇인
가에 대해서도 말할 수 있어야 한다.

8.

이상의 탐구를 통해 드러나는 것은 손영식, 윤사순, 이상은이 동일한 지
평의 주변에서 철학적 논의를 하고 있다는 사실이다. 손영식은 학문적 탐구
에서 은유를 배제하자고 주장했다. 윤사순은 이황 리 개념의 논리적 모순성
을 지적했지만, 내적으로는 은유적 구도를 설명하는 진술을 하고 있다. 이
상은의 사칠론에 대한 해명은 명백하게 기대승의 은유적 구도를 수용하고
있다. 이들 모두의 논의에는 명시적이든 잠재적이든 '은유'라는 공통의 기
반이 포함되어 있다. 어째서 이들 철학자들의 논의는 은유 앞에서 멈추기도
하고, 은유적 사고와 논리적 사고의 사이에서 맴돌기도 하며, 은유적 사유
속으로 들어가 논의를 진전시키기도 하는 것일까?

입장의 차이와 서로 다른 주장의 한가운데 놓여 있는 것이 은유이고,
은유에 대한 이해의 차이가 철학적 탐구 방향과 결과의 차이를 만들어 내고

---

48) 이 '힘'의 개념을 극단화할 경우 이황의 리 개념이 상제 개념에 근접해 간다는 것을
이종우는 이미 밝히고 있다. 이종우, 「退溪 李滉의 理와 上帝의 관계에 대한 연구」,
『철학』 82집, 7~22쪽 참조.

있기 때문이 아닌가? 이렇듯이 문제의 핵심에 은유가 자리 잡고 있다면 그 은유를 논의의 한가운데로 끌어들여 분석하는 어떤 방법론이 필요하지 않겠는가? 이 글은 체험주의가 바로 그런 성격의 철학이론이라고 약술하고 있다. 이것이 리발설에 대한 체험주의적 접근이 필요하고 가능한 이유이며, 성리학 일반에 대해서도 똑같이 주장할 수 있는 이유이다.

제2장 리발설의 은유적 해명

감정도 의지도 조작도 없다는 것은
리의 본래 그러한 본체이고,
발현하는 곳을 따라서 이르지 않는 곳이 없다는 것은
리의 지극히 신묘한 작용이다.

無情意造作者, 此理本然之體也;
其隨寓發見而無不到者, 此理至神之用也. 〈李滉〉

· ·

1.

나는 앞에서 리발설뿐만이 아니라 성리학 일반에 대해서 체험주의적 분석이라고 불리는 새로운 방법론에 근거한 탐구가 요청된다고 주장했다. 이제 이러한 주장을 정당화하는 당연한 이론적 절차로서, 체험주의 은유이론의 관점에서 이황의 리발설을 새롭게 해명하려고 한다. 체험주의적 해명은 리발설이 몇 가지 구조적인 은유들의 결합에 의해 이루어진 이론체계라는 점을 밝혀 줄 것이다. 이를 통해 구체적으로 다음과 같은 몇 가지 사실들이 밝혀질 것으로 기대한다.

첫째, 리발설은 주희의 '무조작無造作 무계탁無計度 무정의無情意'를 속성으로 하는 원리로서의 리라는 개념에서 '자기원인적 힘을 가지는 원인으로서의 리'라는 개념으로의 변형 과정을 배경으로 나타난 은유적 사고의 산물이라는 점이 드러날 것이다.

둘째, 호발설은 세 가지 상위 은유와 그와 정합성을 이루는 두 가지 하위 은유의 복합 구조로 해명할 수 있다는 점이 드러날 것이다. 즉 '리 = 체, 리 = 용'이라는 체용론적 구도의 도입은 '자기원인적 힘을 갖는 리'에 '발發'의 가능성을 부여했고, '리 = 강, 기 = 약'이라는 은유는 호발설 속에 포함된 리의 기에 대한 우월성을 주장하는 근거가 되었으며, 이 은유적 구도 아래에서 주희에 의해 제기된 '인승마' 은유는 '리승기理乘氣'에 포함된 '승乘'의 근거가 되었고, 이황 자신이 만들어 낸 '리 = 장군, 기 = 병사' 은유는 '기수지氣隨之'에 포함된 '수隨'의 근거가 되었다는 사실이 밝혀질 것이다.

셋째, 이상의 논의를 종합해서 리발설을 재구성하면, 그것은 오늘날 '양심'이라고 불리는 도덕적 사태의 가치를 실체화하고, 그것을 도덕성의 근원으로 자리매김하려는 철학적 의도에서 나온 이론체계라는 점이 밝혀질 것이다. 동시에 이황의 리 개념은 단순히 '자기원인적 힘'을 갖는 리라는 개념에 멈추지 않고, '최고의 자기원인적 힘을 갖는 인격적 존재'로서 상제 개념으로까지 확장될 수 있다는 점 역시 확인될 수 있을 것이다.

이러한 분석이 어느 정도 타당하다면 다른 모든 학문적 탐구가 그런 것처럼 하나의 종결이 아니라, 새로운 질문과 새로운 차원으로 전이해 가는 사유의 지평을 암시하는 결론이 도출될 것이다. 리발설이 '양심'의 가치에 대한 옹호라면 '양심'의 가치가 갖는 의의와 한계에 대한 질문이 뒤를 이을 텐데, 양심에 대한 질문이란 다름 아닌 도덕성의 본성과 양태에 관한 철학적 질문 가운데 하나이기 때문이다.

2.

나는 「리발설과 은유: 체험주의적 분석의 필요성」을 통해 이황의 리발설을 해명하는 자연주의적 방법론으로서의 체험주의의 은유이론을 도입할 것을 주장했다.[49] 철학적 사고를 분석하기 위해 자연주의적 방법을 도입해야 하는 이유는 듀이(J. Dewey)와 이황의 다음과 같은 말에서 잘 드러난다.

우리들에게 제공되는 어떤 철학의 가치에 대한 최선의 검증은 다음과 같은 질문으로 제출된다고 나는 생각한다. 그 철학은 그 철학이 갖는 결론들이 일상적인 생활 경험들과 그들의 곤경으로 조회될 때, 그 결론들이 우리들에게 더욱 의미 있고 더욱 빛을 발하고 우리들이 그 결론들을 취급할 때 더욱 결실 있게 해 주는 그러한 결론에 귀착하는가? 그렇지 않으면 철학이 일상 경험의 대상들이 이전보다 더욱 모호하게 되고 그것들이 이전에 가지고 있던 중요성까지도 '실제로' 갖지 못하게 하는 것으로 끝나는가?[50]

성인의 글을 읽고 자기를 돌이켜 보아서 깨닫지 못할 곳이 있거든, 모름지기 성인이 내리신 가르침이란 반드시 사람이 알 수 있고 행할 수 있는 것에 대해서 말을 하신 것임을 생각하라. 성현의 말씀과 나의 소견이 다르다면, 이것은 나의 힘씀이 정精하지 못한 까닭이다. 성현이 어찌 알기 어렵고 행하기 어려운 것으로 나를 속이겠는가. 성현의 말을 더욱 믿어서 딴 생각이 없이 간절히 찾으면, 장차 얻는 곳이 있을 것이다.[51]

---

49) 이향준, 「이발설과 은유: 체험주의적 분석의 필요성」, 『범한철학』 43집(범한철학회, 2006), 47~76쪽 참조.
50) 존 듀이, 신득렬 옮김, 『경험과 자연』(대구: 계명대출판부, 1982), 22쪽.
51) 이황, 「언행록」, 『국역 퇴계집』(제3판, 민족문화추진회 편, 서울: 민족문화문고간행회, 1982), 227쪽.

모든 성인의 가르침은 '사람이 알 수 있고 행할 수 있는 것'의 영역에 속하는 것이지, '알기 어렵고 행하기 어려운 것'을 말했을 이유가 없다고 강조하는 이황의 말은 철학이론의 가치가 우리가 알 수 있고 실천할 수 있는, 다시 말해 우리 경험의 영역으로 그 가치가 되물어져야 한다는 듀이의 말과 근원적으로 일치한다. 조선의 성리학자나 미국의 실용주의 철학자나 공통적으로 철학이론의 재귀성을 강조하고 있는 것이다. 즉 철학적 사유는 일상생활의 경험으로부터 출발해서, 사변을 통해 추상화되었다가, 다시 일상 경험의 대상들 속으로 돌이켜져 그 의미와 가치가 평가되어야 한다는 것이다. 경험적 혹은 자연주의적 방법이란 이런 일상 경험으로의 재귀성을 가능케 하는 철학적 방법론을 의미한다. 그렇지 않고 철학이 비경험적인 방법론에 근거할 경우 철학이론들은 현실로 귀환하지 못하게 되고, 결과적으로 다음과 같은 나쁜 결과들을 가져올 것이라고 듀이는 말하고 있다.

첫째, 증명이 없고 검증하고 점검하려는 노력조차 없다. 둘째, 더욱 나쁜 것은 일상적 경험의 사물들이 과학적 원리들과 추론들의 매개를 통하여 연구될 때와는 달리 의미의 확대와 풍부함을 갖지 못한다는 것이다. 셋째, 이러한 기능의 결여는 철학적 내용 그 자체에 영향을 미친다. 철학적 내용이 일상 경험에서 무엇을 인도하는지와 그것이 어떤 새로운 의미를 부여하는지를 봄으로써 검증되지 않는다면, 이 내용은 독단적이 되고 초연한 '추상적'이라고 불리는 것이 되어버린다. 이 경우 추상적이란 말은 일상생활의 대상들과 접촉함이 없이 그자신의 영역을 배타적으로 차지하는 어떤 것을 가리키는 나쁜 의미로 사용된다.[52]

---

52) 존 듀이, 『경험과 자연』, 21쪽.

듀이와 이황의 충고를 받아들인다면, 리발설에 대한 자연주의적 분석의 한 형태로서의 은유 분석은 리발설이 이러한 '재귀성'을 갖고 있는지에 대해 대답할 수 있어야 한다. 리발설에 대한 은유 분석이 독단적이고 '추상적'이어서 일상생활의 대상들과 아무런 연관이 없고 그 자신의 고고한 영역만을 배타적으로 차지하는 어떤 것이 아니라면, 그것은 경험 세계의 어떤 영역들과 관계를 맺어야 하고 그 영역들의 의미와 중요성에 대한 어떤 언급을 포함하고 있는 것이어야 하기 때문이다. 이렇게 볼 때 리발설이 가지는 '재귀적 의미'는 무엇인가?

나의 선행 연구는 바로 이 질문에 대답하려는 출발점을 함께 지적하고 있는데, 그 출발점은 윤사순이 이황의 리 개념 속에서 '원리 = 원인 = 힘'을 축으로 하는 사고의 전환을 지적했다는 사실이었다. 윤사순에 따르면, 이황의 리 개념은 주희의 '원리로서의 리'라는 개념에서 출발해서 '경험적 원인으로서의 리'라는 개념에 이르렀다는 것이었다. 그러므로 이러한 변환 과정에 대한 체험주의적 해명은 리발설을 탐구하는 출발점을 이루게 된다.

레이코프와 존슨은 이 문제와 긴밀하게 연관된 유사한 문제를 다루고 있다. 그들은 원리와 원인의 동일시와 극히 유사한 이유와 원인의 동일시 문제를 다루면서, 이유와 원인의 동일시를 매개하는 것이 다름 아닌 '힘'이란 개념이라고 주장하고 있다. 이러한 유사성은 이황의 리 개념에 대한 철학적 사고와 이에 대한 윤사순의 지적이 무작위적인 우연의 산물이 아니라는 점을 강력하게 암시한다. 그들은 비문자적이기는 하지만 분명히 실재한다고 인정할 만한 어떤 일반적인 사고의 고리를 공통적으로 환기시키고 있기 때문이다. 이 때문에 레이코프와 존슨이 '이유는 원인인가'라는 질문에 뒤이어 제시하는 다음 대답은 참고할 만한 가치가 있다.

이유는 은유적 혼성, 즉 '이유는 힘' 은유와 '원인은 힘' 은유의 자연적 합성에 의해 원인으로 개념화될 수 있다. 이것은 "원인은 이유인가"라는 물음이 왜 해결되지 않고 계속되는지 설명해 준다. 우리의 개념체계에서 이유는 원인이지만, 두 은유와 그 두 은유의 개념적 혼성에 의해 매우 간접적으로만 그렇다. 따라서 이유를 원인으로 범주화하는 것은 단순히 비문자적인 것이 아니라, 삼중으로 비문자적이다. 이 때문에 철학자들은 멈칫하게 된다. 연결고리가 존재하므로 그 명제는 옹호될 수 있다. 그러나 연결고리의 간접성과 비문자성 때문에 문자성 옹호자는 정반대로 주장할 수 있다. 물론 그 문제에 대해 간단한 문자적 답은 존재하지 않는다. 인지적 관점에서 볼 때, 우리는 그 두 은유의 혼성을 사용하느냐에 따라 이유를 원인으로 개념화하거나 그렇게 하지 않을 수 있다.[53]

성리학의 리라는 개념은 일반적으로는 '원리'로 이해되지만, '이유'로 이해되기도 하고,[54] 또 비슷한 의미에서 '일종의 자기원인'(causa sui)으로도 이해된다.[55] 리가 원리이고, 동시에 이유라고 해석 가능하다면, 원리와 이유 사이의 은유적 동일시는 그리 어려운 것이 아니다. 그리고 이것이 가능하다면 이유와 원인 사이의 은유적 동일시, 나아가 원리와 원인과의 동일시 역시 가능할 것이다. 즉 황준연의 태극에 대한 서술이 레이코프와 존슨의 주장을 확증이나 하는 것처럼 원리이자 원인으로서의 리 개념을 드러내고 있는 것은 어떻게 보면 자연스러운 일이다. 이것은 원리와 원인의 동일시가 얼마나 흔하게 일어날 수 있는가 하는 것과 동시에 이황의 리 개념 역시

---

53) G.레이코프 · M.존슨, 『몸의 철학』, 320쪽.
54) 송영배 · 금장태 외, 『한국 유학과 리기 철학』(서울: 예문서원, 2000), 7쪽.
55) "태극은 만물의 존립을 가능케 하는 원리로 간주되고, 일종의 자기원인(causa sui)이며, 스스로 동정하는 것이고, 무엇이 시켜서 그렇게 되는 것이 아니다." 황준연, 「조선후기 신학과 서학의 세계관에 대한 차이점」, 『범한철학』 42집(범한철학회, 2006), 16쪽.

이러한 인지적 기제를 통해 형성되었을 거라는 추론에 대한 중요한 단서를 제공한다.

한편, 인용문에서 드러나는 것은 첫째, 약한 은유적 연결이 가지는 양가성이다. 다시 말해 은유적 관점에서 보면 이유는 원인이라고 주장할 수도 있다. 그러나 그 연결 고리의 은유성이 가지는 간접성과 비문자성은 동시에 이유는 원인이 아니라고 주장하는 근거가 되기도 한다. 이 양가성은 이유와 원인의 동일시에 대한 약한 신념인 동시에 회의의 근거인 것이다. 둘째, 원리와 원인 관계에 대해서도 같은 것이 성립하려면 '원리는 힘'과 '원리는 이유'라는 은유가 전제되어야 한다. 앞에서 말한 것처럼 성리학의 리 개념은 '리 = 원리'이면서 '리 = 이유'라고 말할 수 있기 때문에 '원리는 이유'라는 은유가 불가능한 것이 아니다.

윤사순이 지적한 것처럼 '원리 = 원인 = 힘'이라는 사유가 리발설의 축이 되었고, 레이코프와 존슨의 이유와 원인 관계에 대한 논의가 타당성을 갖는다면, 이것은 결국 이황의 리 개념이 성립하기 위한 조건으로 '원리 = 힘'이라는 은유가 성립 가능한가를 묻는 것이 리발설을 해명하는 진정한 첫걸음이라는 것을 의미한다. 왜냐하면 '원리 = 힘'이고, '이유 = 힘'이라면, 이유와 원인의 관계가 그런 것처럼 원리와 이유에 대해서도 '힘'을 매개로 하는 은유적 동일시가 가능하다고 주장할 수 있기 때문이다. 그리고 이렇게 될 때 '원리 = 이유 = 원인'을 매개하는 필수적인 매개 고리가 공통적으로 '힘'이라는 사실이 드러날 것이기 때문이다.

그런데 '원리는 힘인가'라는 이 질문은 바로 주희의 리기관 속에 담겨진 딜레마를 폭로하는 핵심적인 질문이라는 것이 이미 밝혀졌다. 나는 주희의 '인승마' 은유를 둘러싼 이해 과정에서 원리로서의 리에 '힘'이 함축되어 있느냐 없느냐 하는 논란이 불가피하게 생겨날 수밖에 없었다는 점을 이미 지적했다. 나는 주희의 '인승마'에 대한 조단, 이황, 이진상의 비평을 인용하면서 어째서 '인승마'로 표현되는 리기 관계가 '힘'의 개념을 필요로 하는지에 대해 이렇게 말했다.

> 이황과 이진상은 리가 '죽은 물건'이 되어서는 안 된다고 경계한다.…… 이것은 다시 '인승마' 은유에 대한 조단의 비판으로 회귀하고, '인승마' 은유가 불가피하게 함축하는 문제 즉, 통제와 저항의 문제, 보다 일반화해서는 힘의 강약 문제를 포함한다. '죽은 물건'으로서의 리가 가지는 가장 큰 문제는 기를 통제할 힘이 없다는 것이다. 따라서 '인승마' 은유가 힘의 영역으로 사상되는 것은 사유의 순서상 당연한 귀결이다.[56]

주희는 '인승마' 은유를 통해 '리 = 기수, 기 = 말'이라는 관계를 설정했고, 이 설정을 통해 기수가 말을 통제하는 상황과 리가 기를 통제하는 상황을 은유적으로 연결시켰다. 그러나 조단은 말 위에 탄 사람이 살아 있는지 죽었는지 또는 말 위의 기수가 제대로 말 타는 훈련을 받았는지 그렇지 못했는지에 따라, 기수가 말을 잘 조종하거나 혹은 잘못 조종하는 은유적 상황이 발생할 수 있다고 주장했다. 리가 말을 잘못 조종한다는 은유적 상황은 리기론적 해석에 따르면 리가 기를 조종하지 못한다는 말이 되기 때문에, 이 질문은 '기수의 조종력'과 '말 자체의 운동력' 사이에 충돌이 발생할 수 있다는 것을 의미하는 것이었다. 문제는 이 은유적 충돌에 대해서 주희가 '리 = 약, 기 = 강'이라는 은유를 도입함으로써 리가 기를 통제하기에는

---

56) 이향준, 「인승마 은유의 형성과 변형 1」, 『철학』 79집, 39쪽.

힘이 약하다는 것을 인정해 버리고 말았다는 점이다. 결국 주희의 리기론적 은유인 '인승마'와 '리약기강'이 서로 비정합적이라는 점을 나는 이렇게 지적했다.

'형이상/형이하'라는 공간적 은유를 기초로 하는 '인승마'는 기수가 말을 통제하는 것처럼 리가 기를 통제해야 한다는 당위적 명제를 함축하는 데 반해, 이와 함께 공존하는 '리약기강'은 실제적으로 당위적인 리의 명령이 관철되지 않는 현실을 함축한다. 따라서 '인승마'와 '리약기강'은 주자 리기론의 이러한 딜레마가 리기에 대한 은유에 반영되어 있는 한 사례다.[57]

이 해석에 따르면, '원리는 힘인가'라는 질문에 대한 주희의 대답은 '원리는 힘이지만, 약한 힘'이라는 것이었고, 바로 이 은유와 '인승마' 은유와의 비정합성이 이황의 리기론이 극복하려던 주희 리기론의 약점이었다는 것이다. 이황은 이를 극복하기 위해 리기 관계 속에서 '리강기약'으로 해석할 수 있는 '명물자 = 리, 피명물자 = 기', '리 = 장수, 기 = 병사', '리 = 귀, 기 = 천' 등의 새로운 은유를 만들어 냈다. 그러나 이런 주장은 새로운 문제를 낳았다. 다시 말해 주희에게 없던 '리의 강함'이라는 은유적 속성을 도출해 낼 성리학적 근거가 무엇인지에 대한 의문이 제기되었기 때문이다.

3.

주희식의 '약한 리'와 자신의 리발설이 함축하는 '강한 리'라는 괴리를

---

57) 이향준, 「인승마 은유의 형성과 변형 1」, 『철학』 79집, 41쪽.

해결하기 위해 이황이 채택한 방법은 두 가지 위계를 달리하는 것으로 리 개념을 분리시키는 것이었다. 이를 위해 이황은 '체'와 '용'이라는 개념을 도입해서 호발설의 정당성을 체용론적 관점에서 정당화하려 시도했다. 먼저 그는 체용론적 구도에 따라 리의 두 측면을 설명했다.

> 감정도 의지도 조작도 없다는 것은 리의 본래 그러한 본체(本然之體)이고, 발현하는 곳을 따라서 이르지 않는 곳이 없다는 것은 리의 지극히 신묘한 작용(至神之用)임을 알았습니다. 과거에는 단지 본체에 아무런 작위가 없다는 것만을 알고 신묘한 작용이 드러나 실현될 수 있다는 것을 몰랐습니다. 이것은 거의 리를 죽은 물건으로 여기는 것이니 이만저만 도에서 벗어난 것이 아니었습니다.[58]

하지만 이황이 체용이란 개념을 리를 구분하기 위해 사용할 때 또 다른 심각한 문제가 발생했다. 통속적인 의미에서 체란 몸을 말하고, 용은 그 작용 혹은 기능을 가리킨다. 예를 들자면 손 자체와 손의 기능을 개념적으로 분리한 것이 곧 손의 체와 용이다. 그런데 리는 '무형상'으로 묘사되는데 어떻게 '몸'이라고 불리는 것이 존재한단 말인가? 그러므로 리에 체용론을 적용한다는 것은 문자 그대로의 의미를 따른다면 원천적으로 불가능한 것이다.

만일, 이런 구조를 벗어난 대상들에 체용론을 적용한다면 이것은 일종의 은유가 될 수밖에 없다. 몸이 존재하지 않는 어떤 대상을 설정하고, 그

---

58) 李滉, 「答奇明彦·別紙」, 『退溪集(Ⅰ)』(한국문집총간, vol.29, 서울: 경인문화사, 1996), 권18, 467쪽, "是知無情意造作者, 此理本然之體也, 其隨寓發見而無不到者, 此理至神之用也. 向也但有見於本體之無爲, 而不知妙用之能顯行. 殆若認理爲死物, 其去道不亦遠甚矣乎."

292   [제3부] 사유의 갈림길

대상에 대해 체용론을 적용한다는 것은 일종의 존재론적 은유, 즉 그 대상이 마치 몸을 갖고 있고, 그 몸이 일정한 기능을 한다고 가정하는 것이기 때문이다. 이황은 이러한 점을 분명히 자각하고 있었다.

> 체용이란 두 글자는 살아 있는 것이요, 죽은 법이 아니다. 원래부터 포괄하지 않는 것이 없고, 오묘하여 다 궁구할 수 없음이 이와 같다. 이로써 헤아려 본다면 어떻게 체란 글자가 (어떤 한) 형상(象) 위에서만 성립할 것이며, 형상의 이전에는 '체'란 것이 없겠는가? 어떻게 용이란 글자를 움직임(動)이란 측면에서만 말할 수 있을 뿐 움직임의 이전에는 용이 없다고 하겠는가?[59]

이황의 말은 역설적으로 체용의 원형과 그 은유적 확장의 차이를 말해 준다. 체용의 원형은 명백하게 하나의 형상(象)과 그 형상의 움직임(動)에서 도출된다. 즉 형상을 가지는 사물 그 자체와 그 사물이 기능을 발휘하는 움직임이 체용의 원형적 의미인 것이다. 그러나 이를 은유적으로 확장하게 되면, 체란 형상이 없는 것에 대해서도, 그리고 용이란 움직임 이전에 대해서도 성립할 수 있는 것이라고 이황은 주장한다. 따라서 체용론에는 두 가지 의미가 존재한다. 하나는 원형적 의미에서 대상과 대상의 움직임을 구분할 때의 체용이고, 다른 하나는 이로부터 확장된 체용의 개념이다. 첫 번째 체용 개념은 대상과 대상의 움직임이 명확하게 구분되는 데 비해서 후자의 체용 개념은 그렇지 못하다. 예를 들어 '체'라고 지적할 어떤 구체적 요소가 없는 리와 같은 대상에 체용론이 적용될 때, 원형적 의미에서 대상과 대상

---

59) 李滉, 「心無體用辯」, 『退溪集(Ⅱ)』(한국문집총간 vol.30, 서울: 경인문화사, 1996), 권41, 412쪽, "夫以體用二字, 活非死法. 元無不該, 妙不可窮如此. 以此揆之, 豈可徒以體字起於象上, 而象之前未嘗有體乎. 豈可便謂用字起於動上, 而動之前無用乎."

의 움직임이란 기준은 미묘한 변형을 일으킨다. 이황은 이 양자의 차이를 체용이 '도리'라는 관점에서 언급될 때와 '사물'이라는 관점에서 언급될 때의 차이라고 주장한다.[60] 게다가 그는 체용의 원형적 의미를 미묘하게 수정한다. "도리에 움직임(動)도 있고 고요함(靜)도 있기 때문에 고요한 면을 가리켜 체體라 여기고, 움직이는 면을 가리켜 용用이라 여깁니다"라고 이황이 말할 때 대상과 대상의 움직임이란 기준은 도리의 고요한 측면과 움직이는 측면으로 변경된다. 이런 변경에 나름의 근거가 없는 것은 아니다. 왜냐하면 '사물 자체'란 개념이 '사물의 움직임'과 대비될 때 이 대비 속에 포함된 '움직임'이라는 개념은 이미 그 반대편에 '정지'를 포함하고 있고, 그 '정지'는 '움직이는 사물'과 비교되는 '사물 자체'에 함축되어 있는 것으로 이해되기 쉽기 때문이다.

리 개념에 대한 체용론의 적용이 이렇게 은유적으로 확장된 것이라면, 이 확장이 의도하는 것은 무엇인가? 이것은 체용에 의해 구별되기 이전과 체용이란 개념이 적용된 이후의 리 개념에 나타난 의미 변화가 무엇인가를 물음으로써 드러난다.

> 감정도 의지도 조작도 없다는 것은 리의 본래 그러한 본체(本然之體)이고, 발현하는 곳을 따라서 이르지 않는 곳이 없다는 것은 리의 지극히 신묘한 작용(至神之用)임을 알았습니다.[61]

---

60) 李滉, 「心無體用辯」, 『退溪集(Ⅱ)』(한국문집총간 vol.30, 서울: 경인문화사, 1996), 권41, 412쪽, "滉謂體用有二, 有就道理而言者, 如沖漠無眹而萬象森然已具, 是也. 有就事物而言者, 如舟可行水, 車可行陸, 而舟車之行水行陸, 是也."

61) 제3부 각주 58) 참조.

감정도 의지도 없는 것이 본래 그러한 체이고, 발하고 생할 수 있는 것이 지극히 신묘한 용이다.[62]

체로서의 리는 주희의 무정의, 무조작, 무계탁이란 주장을 답습한다. 즉 리의 체에 해당하는 부분에 이황이 새롭게 구성한 내용이라고는 전혀 없다. 반면에 이황은 '리용理用'에 발현, 능발, 능생 등의 개념을 추가했다. 이와 같은 개념 변화의 축에 '리용'이란 개념이 놓여 있기 때문에, 그리고 이미 주희에 의해 '리필유용理必有用'이란 진술이 언급되었기 때문에, 배종호는 주희의 '리필유용'이란 말을 계기로 이황이 새롭게 구성해 낸 '리의 용'이 의미하는 것을 이렇게 정리했다.

리理를 다만 무형무위無形無爲로서 무정의無情意, 무계탁無計度, 무조작無造作으로서만 본다면 그것은 아무런 기능機能도 없는 불 꺼진 재(死灰)와도 같은 사물死物이 되고 만다는 것이다.…… 이러한 회의미결懷疑未決의 끝에 퇴계退溪는 기고봉奇高峯의 리자도설理自到說을 보고, 또 『주자어류朱子語類』에 나오는바 주자어朱子語로서의 '리필유용理必有用'이란 것을 심찰深察한 결과 드디어 리발理發 리도理到 즉 리동理動을 해오解悟한 것으로, 여기서 퇴계退溪의 리기호발理氣互發 리기호동理氣互動의 사상思想이 확정確定된 것인데, 이것이 그의 영오처領悟處라 할 것이다.[63]

배종호는 용으로서의 리 개념이 '리발', '리도'라는 주장을 정당화하는

---

62) 李滉, 「答李公浩」, 『退溪集(Ⅱ)』, 권39, 382쪽, "蓋無情意云云, 本然之體, 能發能生, 至妙之用也."
63) 배종호, 「退溪의 宇宙觀―理氣說을 중심으로」, 『退溪學研究』 1(서울: 단국대출판부, 1987), 26쪽.

이론적 기초이고, 그것은 곧 '리동'으로 해석할 수 있다는 점을 지적한다. '리체'라는 개념은 무조작, 무정의, 무계탁으로서의 주희의 리 개념을 보존하는 데 비해, '리용'은 리발설의 이론적 기초를 이루는 '리동'이란 개념을 창조했다는 것이다.

이상의 논의에 따르면 이황은 두 가지 점에서 은유적이었다. 첫째, 그는 원리로서의 리와 원인으로서의 리 개념으로의 변환 과정에 은유적인 '힘'이라는 매개 개념을 사용했다. 둘째, 그는 리의 약함이라는 주희식의 은유적 사고를 리의 강함으로 대체하려는 의도를 가지고 있었다. 이를 위해 그는 체용론을 통해 원리로서의 리 즉 약한 리를 체로서의 리로, 원인으로서의 리 즉 강한 리를 용으로서의 리로 분리하고 있다. 이어서 용으로서의 리가 갖는 강함의 구체적 내용에 어떤 동적인 요소를 부여함으로써 '리발', '리도', '리동' 등의 언표를 창조해 내었다. 결국 이황에게 원리로서의 리에서 원인으로서의 리로의 개념 전환은 은유적으로 약한 리에서 강한 리로의 전환을 의미한다. 결국 '힘'이란 은유적 연결 고리를 통해 원리로서의 리와 원인으로서의 리 개념이 통합될 뿐만 아니라, 리가 가지는 힘의 정도가 증대된 것이다. 그렇다면 이 강한 리는 리발설과 어떤 상관관계를 가지는가?

4.

전두하는 '리강기약'이란 은유적 구도가 리발설, 나아가 호발설과 얼마나 밀접한 상관성을 가지는지에 대해 다음과 같이 언급하고 있다.

퇴계의 학설을 천착하며, 우리는 퇴계 사상의 핵심 개념인 리발이기수지와 기발이리승지란 '규제하려는 리'와 '용사하려는 기'의 '승부' 즉 '리와 기의 강약'이라는 관점 없이는 설명되지 않는다 함을 파악할 수 있게 된다. 거듭 말하면, 여기서 필자가 이른바 리와 기의 강·약이란 '리의 규제력'의 '기의 용사력'에 대한 강·약이기에, 리와 기의 승부는 곧 '리의 규제력'과 '기의 용사력'의 승부라는 뜻이다.[64]

전두하의 핵심적 주장은 은유적으로 리와 기의 강약 관계가 가정되지 않으면 호발설을 설명하는 것이 불가능하다는 것이다. 그의 설명에서도 반복적으로 나타나는 것은 어떤 힘의 양태들이다. '규제력'이든, '용사력'이든 이들은 모두 일반적인 '힘'이라는 개념의 변형된 형태들이다. 다만 규제력과 용사력이라는 애매한 표현은 전두하가 리와 기의 은유적 힘을 동일시할 수 없다는 전제 때문에 고심했다는 것을 보여 준다. 그리고 그 고심은 본질적 질문을 함축하고 있다. 즉 리가 갖는 이 은유적 힘의 성격이 무엇인지에 대한 의문을 제기하기 때문이다. 이 의문은 중요한 질문으로 이어진다. 왜냐하면 전두하의 주장처럼 리발설이 은유적인 힘의 강약 관계에 기초를 두고 이해되어야 한다면, 이 리가 가지는 은유적 힘의 성격을 어떻게 이해할 것인가 하는 질문은 '리발'의 '발'을 해석하는 관건이 되기 때문이다. 이것은 '발'의 해석을 둘러싼 논의에서 필연적으로 다시 대두할 것이다.

현재의 논의에서 중요한 것은 배종호와 전두하의 선행 연구가 '리유체용'과 '리강기약'이 리발설을 근거 짓는 두 은유적 근거임을 이미 지적하고 있다는 사실이다. 리가 문자적 의미에서 체와 용을 가질 리가 없고, 리와

---

64) 전두하, 「理發而氣隨之에 관한 논의」 하, 『퇴계학보』 13집(서울: 퇴계학연구원, 1977), 127쪽.

기에 '강하다'거나 '약하다'는 경험적 개념을 적용할 아무런 논리적 근거가 없기 때문에, 이황의 두 가지 주장은 논리적이라기보다는 철저하게 은유적이다. 그리고 이것은 리발설이 논리적 구조를 따라서라기보다는 은유적 구도를 따라서 더 잘 해명될 가능성이 높다는 것을 의미한다. 체험주의적 표현을 따르자면 이 두 은유는 리발설을 구조 짓는 하위 은유들에 일정한 정합성을 부여하는 상위 은유로 기능한다. 이 말은 리발설을 특징짓는 구조화된 은유들이 있다면 그 하위 은유들은 이 두 가지 상위 은유와 정합적이어야 한다는 조건을 만족시켜야 한다는 뜻이다.

그런데 리발설을 특징짓는 상위 은유가 한 가지 더 존재한다. 용으로서의 리가 강한 힘을 가진다는 은유적 이해는 이 '힘'의 기원에 관한 질문을 포함하고 있기 때문이다. 용이 체에 근거를 두는 것처럼 용으로서의 리는 체로서의 리에 자신의 '힘'의 근거를 둘 것이다. 그렇다면 체로서의 리는 다시 그 힘을 어디로부터 부여받는가? 결론은 리가 가지는 힘은 자기원인적이라는 것이다. 이것은 간단한 두 가지 은유의 중첩에 의해 설명되는데 그것은 '리 = 명물자, 기 = 피명물자'라는 은유와 함께 '리의 위치 = 최고의 위'라는 공간지향적 은유의 결합을 의미한다. 이황에 따르면 리는 명물자이면서 동시에 최고의 명물자이다. 그것이 은유적으로 최고의 위치를 가지기 때문에 리의 위에는 더 이상 아무 것도 없다. 따라서 이 리가 힘을 갖는다면 그 힘은 자기 자신에게서 근원하지 않을 수 없다. 이렇게 해서 '자기원인적 힘을 갖는 리'라는 이황식의 은유적 리 개념이 형성되고, 리발설은 바로 이런 리 개념을 바탕으로 나타날 수 있었던 것이다.

5.

리발설의 근거는 '자기원인적 힘을 갖는 리', '체와 용을 갖는 리', '리는 강하고 기는 약하다'는 세 가지 은유적 사고이다. 한편, 호발설에 담긴 개념적 은유를 구체화시키는 언어적 표현은 세 가지인데, 그것은 각각 '발發', '승乘', '수隨'이다. 이 세 가지 언어 표현들은 각각 '리는 힘', '리는 사람, 기는 말', '리는 명령자, 기는 피명령자' 혹은 이 은유의 구체적 형태로서의 '리는 장군, 기는 병사'라는 세 가지 개념적 은유의 합성을 포함한다.

먼저 '발'의 경우를 살펴보자. '발'은 '동動'으로 해석하거나 '현현顯現'으로 해석되는 것이 일반적이다. 리는 '힘'을 가지고, 그 힘은 '자기원인적'이기 때문에, '리발'이 의미하는 것은 기본적으로 이 힘이 작용하는 것이다. 또 힘의 가장 일반적인 의미가 '상태의 변화를 야기하는 원인'이기 때문에, 사물의 상태 변화를 전형적으로 예시하는 '움직임'은 힘이 작용하는 대표적 사례에 해당한다. 이 말은 '발'을 해석하는 첫 번째 번역어는 바로 움직임을 의미하는 '동動'이고, 따라서 '리발'은 곧 '리동'을 의미한다는 뜻이다.

문제는 이런 주장을 반박하는 주장이 존재한다는 것이다. 이 주장의 '발'에 대한 대안적 해석은 '드러남'(顯現)이다. 송긍섭과 손영식은 여기에 대한 분명한 태도를 보여 준다. 송긍섭은 중국 고전들에 나타난 '발' 자의 용례를 11가지로 열거한 후 '움직임'으로 해석되는 경우는 없다고 단정한다.[65] 이 주장이 갖는 문제는 '발' 자의 의미를 확정하기 위해 고전의 용례를 조사하는 것이 성리학자들이 사용하는 '발' 자의 의미를 결정하는 데 필요충분

---

65) "以上 '發' 字의 11用例를 들었는데 '動한다'로서의 用例는 찾을 수 없다.…… 이런 까닭에 「癸丑四七記」에서의 '發'은 '나타남'·'顯現'의 意味로서 使用된 것이며 '動한다'는 관념은 긍정될 수 없다." 송긍섭, 「李退溪의 理氣互發說 研究」, 『퇴계학연구』 2(경북대 퇴계학연구소, 1974), 54쪽.

조건이 되지 못한다는 사실이다. 그 증거는 이미 주희가 자신의 저술 속에서 '발'과 '동'이 다른 의미를 갖지 않는다고 말할 때 드러나고 있다.

> 이천伊川 선생은 (「안자소호하학론」에서) "······ 형체가 이미 생겨나면 바깥의 사물이 그 형체에 닿아서 안을 움직인다. 그 안이 움직여서 일곱 가지 정情이 나오니······ "(形旣生矣, 外物觸其形而動於中矣, 其中動而七情出焉)라고 하였습니다. 제가 이 몇 마디를 상세히 음미해 보니······ '동動' 자는 『중용』의 '발發' 자와 다르지 않고(動字與中庸發字無異), 그 옳음과 그름, 참됨과 거짓됨은 특히 절도節度가 있느냐 없느냐와 절도에 맞느냐 맞지 않느냐에 따라 결정될 따름입니다.[66]

이 인용문이 '발'을 '동'으로만 해석해야 한다는 결정적인 증거는 되지 못하겠지만, 송긍섭의 주장에 반론을 제기하는 결정적인 사례라는 점은 분명하다.

한편 리발설을 옹호하면서 '발'을 '드러남'으로 해석해야 한다고 주장하는 사례는 손영식에게서 찾아볼 수 있다. 그는 리발설이 논리적으로 옹호 가능한 이론이라고 주장하면서도 "리발의 발은 운동을 뜻하는 것이 아니라, 리가 존재를 드러내 작용함을 뜻한다"고 주장한다.[67] 손영식의 주장이 갖는 예외성은 단순히 이것 때문이 아니다. 손영식은 '발'과 같은 개념이 은유적이기 때문에 철학적 사유의 도구로서 적합하지 않으며, 따라서 철학적

---

66) 朱熹, 「答胡廣仲」, 『朱子全書』 vol. 22(上海古籍出版社·安徽敎育出版社, 2002), 1899쪽, "伊川先生曰······形旣生矣, 外物觸其形而動於中矣, 其中動而七情出焉.······熹詳味此數語······動字與中庸發字無異. 而其是非眞妄特決於有節與無節·中節與不中節之間耳."

67) 손영식, 「理發과 氣發의 논리적 구조」, 『퇴계학보』 118집(서울: 퇴계학연구원, 2005), 58쪽.

사유에서 은유가 배제되어야 한다고 주장하면서 이러한 번역어를 선택했기 때문에 더욱 예외적이다.[68] 은유를 배제하려는 의도적 목적에서 '드러냄(혹은 드러남)'을 '발'의 해석어로 제시했다는 것은, 이때의 '드러남'은 은유적이 아니라 논리적이고 명제적인 의미로 사용되었다는 것을 의미할 것이다. 이것은 손영식이 '발'을 '드러나다'로 해석함으로써 은유적 사유의 문제를 비껴갈 수 있다고 가정했다는 의미도 함축한다. 그러나 이런 비껴가기는 불가능하다. 왜냐하면 이것은 하나의 은유를 또 다른 은유로 대치한다는 것을 의미할 뿐이기 때문이다.

우리는 '드러나다'라는 말의 의미를 알지 않고는 '이치가 드러난다'는 말의 의미를 알 수 없다. 그렇다면 우리가 사용하는 '드러남'의 의미는 무엇인가? 그것은 기본적으로 시각적인 '상태의 변화'를 묘사하는 표현이다. 다시말해 '드러남'은 은폐나 장애에 의한 비가시적 상태로부터 은폐나 장애가 극복되거나 제거된 가시적 상태로의 이행을 의미한다. 현대의 언어 철학은, 한 단어의 의미는 그 단어와 관련된 전체적인 구조와 함께 의미화된다고 주장한다. 체험주의식으로 말하자면 단어에 대한 우리의 개념은 한 단어의 개념체계 전체를 이루는 게슈탈트적인 구조에 의존한다는 것이다. 결국 어떤 단어의 의미를 우리가 이해하는 것은 필연적으로 그 단어와 연관된 구조들을 함께 이해할 때만 가능하다는 뜻이다.

'드러나다'의 의미를 결정하는 연관된 추상적 구조에서 먼저 눈에 띄는 것은 '드러나다'라는 말을 다르게 의미화하는 두 가지 구조가 존재한다는 것이다. 하나는 드러남을 자동사로 기능하게 만들고, 다른 하나는 타동사로

---

68) 손영식, 「존재 물음에 내몰린 '퇴계학', 겨우 존재하는 리」, 『오늘의 동양사상』 11호, 40~41쪽 참조.

기능하게 만든다. 첫 번째 구조는 은폐된 개체, 은폐 상황, 은폐에서 비은폐로의 이행의 시작, 이행, 이행의 완료, 개체의 드러남으로 구성된다. 이 구조에 따르면 은폐에서 비은폐로의 이행을 시작하는 원인은 개체 자체에 있다. 두 번째 구조는 이와 다른데, 그 차이는 두 번째 구조가 이행의 원인이 개체 자체에 있다고 가정하지 않고, 이행을 시작시켜 줄 외부적 요소를 첫 번째 구조 속에 포함시키기 때문이다. 다시 말해 두 구조의 차이는 이 '외부적 요소'가 드러남의 게슈탈트 구조 속에 포함되느냐 그렇지 않느냐에 달려 있다.

반면에 두 구조 모두에 공통적인 것은 은폐 상태에서 비은폐 상태로의 이행이 일종의 변화 혹은 운동의 관점에서 다루어진다는 점이다. 일반적으로 힘이란 개념이 바로 상태의 변화를 나타내는 원인으로 이해되기 때문에 '드러남'이 첫 번째 구조를 통해 이해되는가 두 번째 구조를 통해 이해되는가에 따라 은폐성을 극복하는 것은 은폐된 개체 그 자체의 내적 힘에 기인하는가 아니면 다른 외부로부터의 힘의 공급에 기인하는가 하는 해석의 차이가 생긴다. 말하자면 '드러남'의 의미는 드러남을 의미화하는 전체 구조 속에 '자기원인적 힘을 가지는 개체'를 가정하는가, 아니면 '타력에 의해 은폐성을 극복하는, 자기 자신은 그러한 힘을 갖지 못한 개체'를 가정하는가에 따라 달라진다는 뜻이다. 따라서 어떤 의미에서든 '드러나다'는 우리의 통속적인 의미 이해 속에서 '자기원인적 힘'이든지 '타자원인적 힘'이든지 둘 가운데 하나를 함축하는 것이다.

이 말이 의미하는 것은 두 가지이다. 첫째, '리발'을 '리의 움직임'이 아니라 '리의 드러남'이라고 번역할 경우 통상적으로 두 가지 해석 가능성밖에 없는데, 그 해석 가능성은 리의 어떤 속성 때문에 주어지는 것이 아니라,

리와 상관없이 '드러남'이란 술어를 이해하는 우리의 통속적인 개념체계가 그렇기 때문이다. 리든지 무엇이든지 어떤 것이 드러난다고 언표될 때, 그 사태를 자체원인적으로 간주하든지 아니면 타자원인적으로 간주하든지 둘 가운데 하나를 택하는 것이 가장 일반적인 이해 방식인 것이다. 둘째, '드러남'을 자동사로 이해할 경우 이 이해는 리 개념 자체에 '자기원인적 힘'을 포함시키는 결과를 가져온다. 그런데 이 자기원인적 힘이 리에 포함된다면 이 리는 그 힘에 의거해서 자기 자신을 운동시킬 수도 있다는 결론이 뒤따른다. 왜냐하면 자기원인적 힘에 근거할 경우 드러남이란 사실 운동의 한 가지 양상이기 때문이다. 따라서 '드러남'을 자동사로 이해하는 경우 '리발'을 '리동'이라고 번역하는 것과 차이가 없다. 그러므로 '발'을 '드러남'으로 해석하는 학자들은 일단 '발'을 '드러남'으로 번역하고, 또다시 그것을 부연 설명하는 과정에서 그 드러남을 타동사로 번역할 수밖에 없는 상황에 처하게 된다.

사태가 복잡해지는 것은 여기에 또다시 두 가지 사고가 포함되기 때문이다. 드러남이 타자원인적인 것이라면, 드러나는 것이 리인가 아니면 드러나게 하는 힘을 가지는 원인이 리인가? 타동사로서의 '드러남'은 드러나는 개체 A와 드러남을 강제하는 B를 포함하는 구성 요소에 의해 구조화된다. 따라서 이 '드러남'은 'A는 B에 의해 은폐된 C의 상태에서 비은폐된 D의 상태로 드러난다'고 언표되거나, 'B는 A를 은폐된 C의 상태에서 비은폐된 D의 상태로 드러나게 만든다'는 문장으로 표현된다. 해석자들은 두 가지 해석 가능성 가운데 하나를 선택해야 한다. '드러남'을 의미화하는 전체 구조 속에서 A와 B의 역할이 너무도 명확하게 다르기 때문에, 첫 번째 A를 리라고 가정하는 경우 '리는 B에 의해 상태 C에서 상태 D로 드러난다'로, 두 번째

B를 리라고 가정하는 경우 '리는 A를 상태 C에서 상태 D로 만든다'로 해석하지 않을 수 없게 된다. 리기론에 논의의 초점을 맞추는 경우 리와 상관관계를 가지는 개념이 기밖에 없기 때문에, 첫 문장의 B와 두 번째 문장의 A는 사실상 문장 형식상 표기만 다를 뿐 실제로는 기를 가리킨다. 그래서 기와의 관계에서 첫 번째 해석은 리를 수동적으로 만들고, 두 번째 해석은 리를 기에 대한 사역使役의 주체로 만든다. 손영식의 이해는 분명하게 이 두 가지 해석의 갈등 양상을 잘 보여 준다.

> 기가 리를 드러내 줄 때만 리가 드러난다(氣發理)는 주장은 물론 가능하다. 그러나 그것은 기 중심 이론이며, 성'리'학일 수는 없다. 성'리'학이라면, 리가 기를 드러내 준다고 해야 할 것이다. 성리학은 리와 기의 2원론이므로, 리가 기를 드러내 줄 뿐만 아니라, 기가 리를 드러내 줌, 이 둘을 다 인정한다.[69]

손영식은 '발'을 '드러남'으로 해석하는 경우 제기될 수 있는 두 가지 해석 가능성을 모두 확인시켜 준다. 그러나 그는 곧바로 '리가 기를 드러내 주는' 방식으로만 해석하는 것이 성리학적 사고방식이라고 못을 박는다. 비로소 여기에서 이황의 '리발'을 '리의 움직임'으로 해석하기를 반대하고 '리의 드러남'으로 번역했을 경우 귀결되는 최종적 결론이 제시된다. 이것은 3단계의 과정을 거쳐 도출된 것이다. 첫째, '발'에 대해 '움직임'과 '드러남'이라는 두 가지 해석 가능성이 존재할 때 먼저 후자가 긍정된다. 둘째, '발'을 '드러남'으로 해석하는 경우 이 '드러남'은 타동사의 구조를 갖는다. 셋째, '드러남'이 타동사의 구조를 갖는 두 가지 해석 가능성 속에서 기가 리

---

69) 손영식, 「이발과 기발의 논리적 구조」, 『퇴계학보』 118집, 58쪽.

를 드러나게 하는가 아니면 리가 기를 드러나게 하는가라고 질문할 때 후자가 긍정된다.

유명종이 "'리발理發'이란 리理의 단독자발單獨自發이 아니라 기氣를 타고, 소자所資로 해서 발현發顯, 현시顯示된다고 하겠다"라고 말할 때 이와 같은 견해가 표명되고 있다.[70] 그리고 송긍섭이 "'리동理動'은 리자체理自體가 동動하는 것이 아니라 소능연자所能然者로서 화육化育시킬려는 능력能力 또는 작용력作用力임을 알 수 있겠다"라고 말할 때 그들의 해석 속에서 '자신은 드러나지 않으면서 드러남의 원인이 되는' 리의 '힘'이라는 개념이 공통적으로 발견된다.[71]

결국 '움직임'과 '드러남'이란 해석의 유일한 차이는 전자가 '자기원인적 힘'의 존재를 명시적으로 드러내는 데 비해서, 후자는 그것을 '드러남'의 개념체계를 이루는 배후의 구조 속에 감추고 있다는 것뿐이다. 자기 스스로의 힘으로 스스로 움직이는 어떤 것과, 자기 자신에게 내재된 힘을 사용해 타자의 움직임을 가능케 하고 그렇게 통제된 타자의 움직임을 통해 자신을 드러내는 어떤 것이라는 서로 다른 두 가지 은유적 주체가 두 가지 해석의 근거이기 때문이다. 전자는 자기 운동하는 자기원인적 존재를 시사하고, 후자는 다른 것을 운동하게 만들면서 자기 자신은 운동하지 않는 아리스토텔레스식의 '부동不動의 동자動者'라는 개념에 근접해 간다. 후자의 해석에 포함된 '드러남'이 비록 명제적인 진술처럼 보인다고 할지라도, 그것은 은유적인 진술의 변형된 형태일 뿐이다. 왜냐하면 '움직임'과 '드러남' 양자 모두

---

70) 유명종, 「퇴계학의 기본 체계」, 『퇴계학연구』 3(단국대출판부, 1989), 48쪽.
71) 송긍섭, 「퇴계철학에서 리의 개념—주자설과의 비교」, 『한국의 철학』 7(경북대 퇴계학연구소, 1978), 48쪽.

'자기원인적'이거나 혹은 '타자원인적'인 힘의 개념에 근거해서만 의미화되기 때문이다. 은유적 사유와 명제적 사유의 갈림길은 이 '힘'의 개념을 은유적으로 볼 것인가 명제적으로 볼 것인가의 문제이지, '발'을 '움직임'이나 '드러남'으로 해석할 것인가의 문제가 아니다. 해석의 차이는 리가 힘을 갖는다는 것에 있지 않고 그 힘을 어떻게 해석할 것인가에 있을 뿐이기 때문이다.

6.

이제 이황의 리 개념에 힘이 포함되어 있고, 그 힘의 작용으로서의 '발'을 '움직임'이나 '드러남'으로 해석하는 것이 근본적으로 은유적이라는 점에서 공통적이라면, 보다 명료한 전자의 해석을 좇아서 나머지 호발설의 구조를 파악해 보기로 하자. 이 경우 '리발'은 '리가 자기원인적 힘에 의해 움직인다'는 의미가 된다. 그런데 이황은 리발과 함께 기발을 인정했기 때문에, 호발설은 리와 기에 똑같이 '자기원인적 힘'이라는 개념을 적용했다는 것을 뜻한다. 결국 호발설은 일차적으로 리와 기가 각각 자기원인적 힘을 행사할 때 그들 사이의 상호 연관이 필연적이라는 전제에서 양자의 상호 연관은 구체적으로 어떤 것인가에 대한 이론화이다.

먼저 '기발이리승지氣發而理乘之'의 경우를 살펴보자. 이 구절은 기가 자기원인적 힘에 의해 움직일 때 리의 역할이 무엇인지를 설명하고 있다. 여기에는 이미 두 가지 은유가 중첩되어 있다. 첫째는 '리 = 형이상, 기 = 형이하'라는 상하 영상도식에 근거한 공간 지향적 은유이다. 둘째는 '사람 = 기수, 말 = 탈것'으로 개념화되는 '인승마' 은유이다. 이황이 주희의 '인승마'

은유를 받아들였을 뿐만 아니라, 오히려 '인승마'라는 은유적 구도가 포함하는 잠재적 가능성 즉 '리약기강'을 '리강기약'으로 전환시키려 했다는 것은 이미 앞에서 지적했다. 따라서 이황이 리에 '탄다'라는 동작을 결부시키는 것은 단순히 주희의 '인승마'라는 은유적 구도를 받아들이는 것만을 의미하지 않는다. 거기에는 '리강기약'이라는 은유적 구도가 함께 부여된 것으로 이해해야 한다. 이렇게 해석할 때 '기발리승'은 송긍섭이 말하는 것처럼 '기지발氣之發 = 리승지理乘之 = 주기主氣 = 리은理隱 = 기강리약氣强理弱'이라는 구도로 해석해서는 안 된다.[72] 이 해석이 타당하다면 '기강리약'이라는 구도는 이황의 리 개념을 기를 통제하는 강한 힘을 갖지 못한 주희식의 리 개념으로 후퇴시킨다. 그 이론적 결과는 리가 기를 통제할 수 없는 것처럼, 칠정이 악으로 흐르는 경우 그것을 선으로 전환시키거나 방향 변화를 가져올 어떠한 힘이 리에게는 없다는 것이다. 그런데 바로 이 점이야말로 이황이 주희를 극복하고자 했던 점이었다. 따라서 '기발리승'은 칠정의 악을 설명하기 위한 것이 아니라, 그 악의 가능성을 어떻게 선의 방향으로 전환시킬 수 있는가의 가능성을 묘사하기 위한 것이다. 즉 그 가능성은 기발에 주어져 있는 것이 아니라, 기 위에 탄 리에게 주어져 있는 것이다. 따라서 송긍섭과는 달리 '기발리승'에서도 일관되게 유지되고 있는 것은 리의 기에 대한 우월성이고, 이것의 도덕론적 함축은 비록 우리가 비도덕적인 것에 동기화되어 행위를 시작했을지라도, 우리 속의 도덕성의 근원인 리는 이것을 교정할 능력이 충분하다는 것이고, 또 이 교정의 필요성이 이론적으로 언제나 리를 '리승'이란 형태로 기발에 불가분리적으로 결합시키고 있다는

---

72) 송긍섭, 「이퇴계의 이기호발설 연구」, 『퇴계학연구』 2, 95쪽.

것이다.

　반면에 '리발이기수지理發而氣隨之', 즉 리가 자신의 힘을 행사할 때 기는 어떻게 되는가? 리가 움직일 때의 기는 리의 통제하에 있는 기의 양상을 묘사한다. 이황에 의하면 리의 통제는 최고 명령자의 명령, 좀 더 현실적 은유로는 장군의 명령으로 묘사된다. 그러므로 기의 양상은 최고의 명령, 혹은 장군의 명령에 대한 복종을 의미한다. 이것이 '따른다'(隨)는 말의 의미이다. 이 말 속에서는 노골적으로 '탄다'는 표현에서 잘 드러나지 않는 힘의 강약 관계가 명확하게 드러나고 있다. 리기호발설에서 불가능한 표현이 있다면 그것은 기가 절대 리를 탈 수(氣乘) 없고, 리가 기를 따를 수(理隨) 없다는 것이다. 오직 이들만이 호발설에 대한 유일한 이론적 제약이고, 그것은 호발설에 포함된 은유적 구도의 전복이 일어나서는 안 된다는 뜻이기도 하다. 중요한 것은 은유적 구도 자체이지 그것의 언표가 아니라는 말이다. 사실상 이들 표현이 잠재적으로 의미하는 것 즉 기가 리를 통제한다는 가능성을 제외하면 기의 운동 양상은 어떻게 표현되어도 상관이 없다. '따른다'는 표현은 '리 = 장군, 기 = 병사'라는 은유적 구도의 연장선상에서 언표되었을 뿐, 이 은유가 다른 은유를 배격하지는 않기 때문이다. '리강기약'이라는 전제를 훼손하지 않는 한 '리발'에 따른 기의 운동 양상은 어떤 표현이든지 가능한 것이다.

　정리하자면 '리발'과 '기발'은 리와 기에 각각 '자기원인적 힘을 갖는 실체'라는 철학적 은유를 도입함으로써 가능해졌다. '기수지'라는 표현은 '리 = 사람, 기 = 말'이란 '인승마' 구도에서 나타난 '리약기강'을 대체하기 위해 이황이 창안한 '리 = 명물자, 기 = 피명물자' 혹은 '리 = 장군, 기 = 병사' 은유에 기반을 두고 있다. 다시 말해 '리발이기수지'의 '기수지'란 리의 명령에 기가 따르는 것이며, 장군의 명령에 병사가 복종하는 은유적 상황을 가리킨다. 따라서 기는 '따르는' 것이다. 반면에 '기발이리승지'는 이황이 보존하는 '인승마' 은유가 암시하는 '리승기'라는 전통적 구도를 답습한 것이다. 이때 주희의 인승마 은유와 다른 점은 주희의 '리승기'가 '리약기강'을 전제하는 데 반해서, 이황의 '리승기'는 '리강기약'을 전제한다는 점이다. 따라서 송긍섭의 이해와 달리 '기발이리승지'는 악을 설명하기 위한 것이 아니라, 그 악의 가능성을 어떻게 선으로 방향 전환 시킬 수 있는가의 가능성을 묘사하기 위한 것이다. 이황이 바로 그 가능성을 확보하기 위해 리를 체와 용으로 구분하고, 용으로서의 리에 기보다 강한 힘을 부여하려고 했기 때문이다. 송긍섭에 따르면, 이황은 주희의 '리약기강'을 '기발이리승지'를 통해 보존하면서 자신의 '리강기약'을 '리발이기승지'를 통해 주장했는데, 이럴 경우 칠정은 악 일변도로 규정되게 되고, 선으로 교정될 가능성은 봉쇄된다. 사단과 칠정의 일반적 구도는 사단 = 순선, 칠정 = 유선악이지, 칠정 = 악이 아니다. 이황의 구도는 송긍섭처럼 '기발이리승지'가 칠정이 악 일변도라는 경향을 설명하기 위한 것이 아니라, 전두하처럼 리와 기가 승부를 벌이는 은유적 상황으로 해석하는 것이 더 타당하다. 왜냐하면 바로 그 승부에서 리에 더 많은 힘을 부여하고 그럼으로써 도덕적 삶의 가능성이 확대되기를 원했던 것이 이황의 철학적 열망이었기 때문이다.

7.

이제 정말로 중요한 질문이 남아 있다. 그것은 이 글의 앞에서 말했던 자연주의적 방법론으로서의 체험주의적 분석이 가져야 하는 재귀성에 대한 것이다. 즉 리발설은 우리의 일상 경험 속에서 무엇을 말하고 있는가?

은유 분석의 결과는 리발설이 은유의 중첩이라는 사실을 밝혀 주었다. 이것은 동시에 이 은유들의 종합을 통해 그 속성이 묘사되는 '리'라는 개념 역시 은유적 개념이 아닌가 하는 추론을 불러일으킨다. 그렇다면 리는 '리 = X'라는 개념적 은유의 형태로 표현할 수 있는 어떤 경험적 영역의 사태 X에 대한 철학적 은유의 주어인 것은 아닐까? 이제 리라는 언표 대신에 X라는 단어를 사용해서, 다시 말해 지금까지 드러난 은유적 진술들의 주어를 이 X로 대체하고, 최종적으로 이 X에게 부여된 속성들과 부합하는 우리 경험 세계의 사태가 존재하는지 살펴보자. 만일 그런 것이 있다면 리가 경험적인 사태 X의 은유라고 판단할 수 있는 근거가 될 것이다.

리발설이 사단칠정에 대한 이론이고, 사단칠정론이 우리의 도덕성의 기원에 관한 이론이기 때문에, 도덕성이란 개념을 중심으로 이황의 리 개념을 재구성할 수 있다. 성리학의 리 개념에 대한 일반적 이해와 이황의 리발설에 나타난 고유한 은유들을 함께 고려하면 그 결과는 다음과 같다.

보이지 않는 X(리)가 인간의 내부에 존재한다. X는 선의 원리이자 원인이다. X는 활동적인 것이다. X는 (도덕적) 힘을 갖는다. X의 힘은 자기원인적이다. X는 Y(기)보다 강하다. Y는 비도덕적 요소를 포함한다. X는 Y를 통제할 수 있다. X는 (도덕적) 명령자이다. X는 최고의 도덕적 존재이다. (도덕적) X가 움직이면 (비도적적) Y가 따른다. 마치 병사들이 장군의 명령을 따르듯이. (비도덕적) Y가 움직이면 (도덕적) X는 Y를 통제한다. 마치 기수가 말을 조종하듯이.

이제 이것을 좀 더 일반화된 표현으로 바꾸면 개략적으로 다음과 같은 서술이 된다.

우리의 내부에는 어떤 것이 있다. 이것은 선의 원리이자 원인이다. 이것은 도덕적 힘을 갖는다. 이 힘은 그 자신으로부터 유래한다. 따라서 자기원인적이다. 이 힘의 세기는 우리 안의 어떤 비도덕적 요소들이 갖는 힘보다 크다. 따라서 이것은 우리 속의 비도덕적 요소들을 통제할 수 있다. (이것의 판단에 따르는 것은 도덕적이고, 그렇지 않을 경우 비도덕적이 된다.) 따라서 이것은 우리 내부의 도덕적 판단을 결정하는 것이다. (우리는 도덕적 판단을 위해 이것 이상의 것을 찾아야 할 필요가 없다.) 오직 이것만이 최고이고 최종적인 도덕적 판단과 행위의 근거이다. 이것의 판단이 구체적 행위에 선행할 경우 우리의 행위는 이 판단에 복종해야 한다. 선악이 불분명한 구체적 행위가 선행하는 경우 이 판단에 의해 우리의 행위는 악을 지향하는 것으로부터 방향을 전환하거나, 선을 지향하는 방향을 계속 유지해야 한다.

과연 이것은 무엇인가? 현대적인 관점에서 여기에 가장 어울리는 단어는 '양심'이라고 불리는 것이다. '양심'이 어떤 실체인지, 아니면 어떤 경험적 사태에 대한 추상화로 나타난 개념인지는 중요한 것이 아니다. 중요한 것은 우리가 양심을 경험하고 이해하는 방식이다. 우리는 양심을 개인의 도덕성의 최고이자 최종적 근거로 이해한다. 양심은 또 우리의 도덕적 행위를 강제하는 힘을 갖고 있고, 양심의 판단에 따라 우리의 행위는 동기화되거나 또는 변경되기도 한다. 때로 우리는 양심의 목소리에 귀를 기울이기도 하는 것처럼 마치 양심은 우리에게 대화를 건네는 인격적 존재로 간주되기도 한다. 그런데 이황의 리발설이 가정하는 은유적 개념으로서의 '리'의 속성은 어째서 우리가 '양심'의 속성이라고 통속적으로 이해하는 것과 많은 부분이 일치하는가? 사실상 이황의 '리' 개념은 '양심' 개념의 은유적 추상화의 결과인 것이 아닌가? 만일 이런 추론이 타당성이 있다면, 이황의 리발설이란 사실 양심의 가치와 의미들을 우리에게 호소하려는 이론체계라고 해석해야 한다. 다시 말해 리발설이란 우리의 심적 사태 가운데 양심으로 범주화되는 어떤 사태를 실체시하고, 그 실체성에 의해 도덕성의 근거를 발견하며, 그 실체의 활동에 의해 도덕적 행위를 설명하려는 이론인 것이다.

이런 주장에서 한 걸음 더 나아가게 되면 이황의 리 개념은 상제에 근접해 간다는 사실이 밝혀진다. 즉 성리학의 중요한 이상 가운데 하나는 주관적 도덕성을 객관적 도덕성과 일치시키는 것이었다. 그것은 일반적으로 '천인합일'이라는 이상으로 표현되는데, 이 속에 포함된 핵심 은유는 바로 '천지 = 인간'이라는 것이다. 이 은유의 하위 사상은 '천지의 구조 = 인간의 구조'를 가정하는데, 「천인심성합일지도」에서 성리학적 세계관의 구조가 인체의 외양 속에 담기는 이유는 바로 이 은유 때문이다. 여기에는 '복잡한 이론의 구조는 유기체의 구조'라는 일반적 은유의 한 형태로서의 '복잡한 이론의 구조는 인간 신체의 구조'라는 은유와 함께, '천지의 구조 = 인간의 구조'라는 은유가 함께 작용하고 있다. 엄격하게 얘기한다면 '천지 = 인간'이라는 은유는 인간이 천지의 일부분으로 존재한다는 사실 그 자체를 근거로 만들어진 포함 관계 도식에 기반을 둔 환유이다. 환유의 일반적 기제가 천지와 천지의 부분으로서의 인간관계에 적용되어 부분적인 인간과 천지의 동질성이 전체적인 동질성으로 은유적 확장된 것이다. 일단 이런 은유적 사유가 발생하면, 다시 이 은유를 여러 가지 하위 영역으로 사상할 수 있는데, 도덕의 영역으로 사상하는 경우 '자연의 도덕적 구조 = 인간의 도덕적 구조' 및 '우주의 도덕적 실체 = 인간의 도덕적 실체'와 같은 사유가 발생한다.

'리발'의 주체로서의 리가 '양심'이란 현대적 단어로 번역될 수 있다면, 위의 은유에 따라 '우주의 도덕적 실체로서의 X = 인간의 도덕적 실체로서의 양심'이라는 구도가 생기는데, 바로 여기에서 자연의 영역으로 투사되어 실체화된 양심의 우주적 형태라는 개념이 발생한다. 이것이 바로 '상제'인 것이다. 이황의 리가 성리학 일반이 그런 것처럼 리 개념의 인격성을 탈색시키는 방향이 아니라, 오히려 인격성을 강조하는 방향으로 나아가는 것은 바로 이런 은유적 구도 때문이다. 즉 이황의 리발설은 양심의 도덕성에 대한 정교한 철학적 은유이고, 이황의 상제는 이 양심의 우주적 확장 형태로 제시된 것이다. 리는 개인의 양심과 그 은유의 우주적 확장으로서의 상제라는 양 극단 그 자체를 포함해서 인간의 내면성과 상제 사이에 존재하는 기타 모든 다른 존재들이 가지는 것으로 가정된 도덕성을 대변하는 추상적 개념으로 사용된 것이다.

당연히 리는 인간 개인의 양심에 근거한 도덕성, 인간 이외의 존재들이 갖는다고 가정된 도덕성, 우주 자체의 도덕성을 포괄하는 개념이다. 이것이 이황의 리 개념을 개인의 내면성 속으로 근접시킬수록 양심의 의미에 근접해 가고, 우주적 도덕성의 근원이란 차원으로 잡아당길수록 상제 개념에 근접해 가는 이유이다.

8.

이 글은 윤사순의 이황 리 개념에 대한 이해에서 출발하여, 리발설의 전제가 되는 몇 가지 은유와 호발설의 언표들을 특징짓는 개념적 은유 및 그 재귀적 의미와 확장에 대한 일종의 자연주의적 해명을 시도했다. 모든 철학적 탐구가 그렇듯이 하나의 문제에 대한 해명은 연관된 문제들의 단초를 이루는 경우가 대부분이다. 무엇보다 체험주의적 방법론에 대한 논란을 비롯해서 그 타당성 및 이론적 함의 등에 대한 논의가 제기될 것이고, 한편으로는 이 글의 결론이 제시하는 이황의 리발설에 대한 해명을 둘러싸고 직간접적 문제들이 대두될 것이다. 이제 이 글의 결론으로부터 직접적으로 제기될 수 있는 세 가지 질문의 사례를 들어, 리발설에 대한 체험주의적 해명이 야기하는 논의의 지평이 어떻게 연관된 질문들로 확장 가능한지를 서술함으로써 리발설에 대한 논의를 끝맺으려 한다.

첫째, 리발설이 우리가 통속적으로 양심이라고 부르는 심적 사태에 대한 실체화와 그에 근거한 도덕성의 정당화라는 결론은 퇴계학을 어떻게 보아야 할 것인가에 대한 문제를 제기한다. 이 글은 '퇴계 심학'이라는 단어와 '리발설' 사이에 강력한 근친성이 존재한다는 것을 암시하고 있기 때문이다. 이에 대한 후속 탐구는 퇴계학의 지평을 새롭게 넓혀 가는 데 기여할 것이다.

둘째, 이황과 이이의 사상적 차이가 다시 논의되어야 한다. 이황의 리발설이 양심에 대한 이론화라면, 이이의 '기발리승일도설'은 우리 경험 세계의 어떤 사태 혹은 무엇을 설명하려는 이론인가? 두 사람의 성리학적 사유 양식이 다르다는 말은 과연 무엇을 의미하는가? 역설적으로 이황에 대한 새로운 이해는 이이에 대한 새로운 이해를 요구한다. 체험주의적 분석은 자신의 방법론적 정당화를 위해서도 이이에 대한 새로운 분석과 그 결론을 제시할 수 있어야 할 것이다.

셋째, 철학적으로 가장 중요한 질문은 '양심에 근거한 도덕성'이 현대의 도덕적 문제 상황에 얼마만큼 적용 가능하고, 그 한계는 무엇인가 하는 것이다. 리발설이나 성리학 일반이 가정하는 것처럼 '주관적 도덕성'의 근거로서의 양심의 도덕적 요구와 '객관적 도덕성'의 근거로서의 천리 혹은 상제의 도덕적 명령은 그렇게 잘 일치하는 것인가? 또 양심은 도덕성의 보편적 근거일 수 있는가? 이런 질문은 결국 인간의 삶에서 '도덕성'이 가지는 의미와 가치가 무엇인가에 대한 고전적인 질문을 다시 상기시킨다. 16세기 조선의 성리학적 주장 가운데 하나인 리발설은 21세기의 독자들에게 아주 오래된 어떤 것, 즉 도덕성의 기원과 본성에 관한 철학적 재검토의 필요성을 제기하고 있다.

제3장 이이의 기묘함(妙)에 대하여

> 무형무위하면서 유형유위한 것의 주인(主)이 되는 것은 리이고,
> 유형유위하면서 무형무위한 것의 그릇(器)이 되는 것은 기이다.
>
> 無形無爲而爲有形有爲之主者, 理也;
> 有形有爲而爲無形無爲之器者, 氣也. 〈李珥〉

· ·

1.

이이의 리기론을 가만히 들여다보면 그것을 형성하는 고유한 사고 양식
이 존재하는 것을 발견할 수 있다. 그 양식 속에는 근본적으로 상이한 두
종류의 철학적 관점이 빚어낸 이중성이 존재하고, 그 이중성은 기묘한(妙)
철학적 구도를 그의 리기론에 드리우고 있다. 이런 관점에서 파악하면 그의
리기론—구체적으로는 '리통기국'이란 주장—을 둘러싼 두 가지 혼란스러운 해석
은 바로 이런 기묘한 사고 양식으로부터 유도되는 자연스러운 결과임을 알
게 된다.

이이의 리기론을 형성시키는 철학적 관점이 서로 상이할 뿐만 아니라,
대립적인 두 가지 측면을 갖고 있다는 것은 '리는 무위'라는 진술과 '리는
주재'라는 진술의 대비를 통해 분명하게 드러난다. 이 두 진술의 외적인 모

순 속에 존재하는 두 가지 철학적 경향은 이이의 리기론 전반에 영향을 끼쳤고, 그 외적 결과 가운데 하나가 그의 리통기국이 '리일분수'만을 해명하려는 것인지, 아니면 '기일분수'마저 포함하지 않으면 안 되는 것인지를 둘러싼 해석상의 혼란이다. 이 글은 이 두 가지 논점을 관통하는 것이 첫째, 리 개념에 대한 이이의 이중적 이해 방식과 그 방식들 사이의 대립이며, 둘째, 이 방식들 사이의 대립을 해소하려는 충동이 이이 리기론 전반을 규정하는 기묘한 사유의 구도를 형성하고 있음을 논증하려는 것이다.

이상과 같은 주장들이 공통적으로 이이 리기론의 내적 구도로부터 필연적으로 나타나는 결론이라는 점에서, 이 글은 이이 리기론이 리기지묘理氣之妙라는 이름의 기묘함이 아니라, 리기론적 구도를 형성하고 조직하는 바로 그 사유 양식 자체 속에 은유적 사유의 기묘함을 함축하고 있다는 것을 보여 줄 것이다.

2.

이이의 리기론을 정초하는 철학적 진술은 두말할 것 없이 '리는 무위, 기는 유위'(理無爲 氣有爲)라는 대전제이다. 이 진술을 배경으로 하지 않는 리기론적 진술은 이이에게는 없다고 보아도 좋다. 이것은 이 말이 이이의 모든 리기론적 진술의 의미를 제한하는 공리의 역할을 담당하고 있다는 뜻이다. 문제는 '무위無爲'라는 표현에서 '위爲'라는 낱말이 어떤 종류이든지 '~하다'라는 동적 술어를 의미하는 한, '무無'는 그것의 부정을 의미할 수밖에 없다는 점에 놓여 있다. 이런 전제로부터 곧바로 두 가지 귀결이 뒤따른다. 첫째, 리의 속성은 그 자체로 어떠한 종류의 동적인 술어로 언급될 수 없다.

둘째, 리는 동적인 술어를 포함하는 진술들 속에서 주어로 간주될 수 없다.

그러나 이이의 리기론에는 이런 주장과 상반되는 것이 혼재해 있는 것처럼 보인다. 이이는 종종 '리는 기의 주재'라고 표현하기도 했는데, 이런 표현은 '리는 기를 주재한다'는 잠재적 진술을 함축한다. '주재한다'가 어떤 동적 술어 '~하다'의 한 사례라면 '리는 무위'라는 진술과 '리는 기를 주재한다'는 진술은 명백하게 서로 모순이다. 이 모순이 사실이라면 '기발리승'에 포함된 '리승理乘'이란 표현도 리가 기를 '탄다'라는 식으로 번역되는 한, '리는 무위'라는 진술과 원천적으로 모순이다. '탄다' 역시 '주재한다'와 마찬가지로 어떤 동적 술어이기 때문이다.

이렇게 외적으로 모순되게 보이는 리 개념의 이중성에 대한 이해 문제는 조선시대부터 해석자들을 곤혹스럽게 만들었다. 조남호는 이이의 후학들 사이에서도 김창협을 중심으로 하는 계열과 한원진을 중심으로 하는 계열 사이에 이미 '리의 무위'를 근거로 하는 '리의 주재'라는 진술을 둘러싼 해석이 엇갈리고 있음을 지적하고 있다.[73] 한편 이상익은 동일한 문제에 대한 이이, 임성주, 기정진, 이항로 등의 해석을 거론하면서, 이 문제가 이이 이후에 얼마나 다양한 리기론적 입장들의 갈림길을 제공했는지에 대한 구체적 실례들을 보여 준다.[74]

---

73) 조남호의 해석에 따르면, 김창협 계열은 이이의 리 개념이 주재성을 축소한다는 것에 반대하면서 이황식의 논지를 받아들여 주재성을 확장하는 방향으로 리기론적 사고를 진행하는 반면에, 한원진 계열은 리의 작용성이나 운동성을 인정하지 않고도, 다시 말해 이이의 '리는 무위'라는 전제를 유지하면서도 리의 주재성을 옹호하는 방향으로 사고를 진행시켜 나갔다. 조남호, 「율곡학파의 리기론과 리의 주재성」, '3) 율곡학파의 주재론', 『철학사상』 13집(서울대 철학사상연구소, 2001), 69~78쪽 참조.

74) 이상익은 성리학적인 리의 주재라는 진술을 자신이 고안한 리에 대한 이해의 세 가지 범주를 중심으로, 즉 리의 주재라는 진술 역시 '所以然과 所然이라는 맥락에서

논란과 해석의 차이는 비단 조선시대 성리학자들에게만 해당되는 것이 아니다. 현대의 해석자들 역시 리는 무위와 리는 주재라는 진술의 어긋남에 마주치게 되면 당황하기는 마찬가지다. 이 당황스러움에서 벗어나기 위해 해석자들이 취하는 방향은 대체적으로 두 가지이다. 한쪽에서는 이 두 진술이 그 자체로 모순적이기 때문에 어느 하나를 다른 하나에 적합하도록 변형시켜야만 모순으로부터 벗어날 수 있다고 여긴다.

> 그는 분명히 리理가 '기지주재氣之主宰'라고 하였다. 그런데 우리는 '주재'의 개념이 너무 강하다고 생각한다. 주재는 종속을 전제로 하는데, 율곡의 리기 철학에서는 리가 임금이고 기가 신하가 되는 그런 주종 관계가 성립되지 않는다.…… 그래서 우리는 리가 '기지주재'라는 표현을 다소 완화시키는 것이 율곡 철학의 전후에 맞을 것 같아서 '리는 기의 주체'라고 번역하였다.[75]

다른 한쪽에서는 어떤 식으로든지 두 진술들 사이에 그것의 모순성을 희석하거나 해소시키는 것으로 보이는 매개적인 진술들을 채워 넣음으로

는 理의 氣에 대한 必然的 主宰가 강조되며, 本과 具라는 맥락에서는 이념적 주재성은 理에 있지만 現實的 主導權은 氣에 있는 것으로 인식되고, 天理와 人欲이라는 맥락에서는 理의 氣에 대한 當爲的 主宰가 강조된다'는 세 가지 의미를 포함하는 것으로 받아들이면서 이런 세 가지 주재의 의미 가운데 "율곡의 성리학은 그 중심적 논리구조가 本과 具라는 체계에 있는 것이요, 그것은 氣의 現實的 主導權을 인정하는 것이었다. 이러한 논리가 洛論(李柬・金元行) 등에 계승되고, 任聖周에 의해 극단화되었다"고 해석한다. 이상익에 따르면, 임성주는 이이보다 더 극단적으로 나아가 '기의 현실적 주도권을 원리적 차원까지 소급시켰고', 기정진은 이이의 '機自爾說'이 리기의 주종관계를 전복시킨 것이라고 비판했으며, 이항로는 '리를 기 없이도 자족한 존재로 승격'시킴으로써 이이보다는 이황에 더 가깝게 되었다는 것이다. 이상익,「畿湖性理學에 있어서의 理의 主宰 問題」,『철학』55집(한국철학회, 1998), 35~36쪽 참조.
75) 김형효,『원효에서 다산까지』, 477쪽.

써, 다시 말해 이이의 리기론적 진술들을 재구성함으로써 두 진술 사이의
양립이 가능하다고 해석하려고 한다.

> 이이의 무위한 리가 기를 주재한다는 설은 납득하기 어려운 문제이다. 특히 오
> 늘날의 관점에서 본다면 무위인 리가 주재한다는 것은 이해할 수 없다.……
> 이이도 리는 본래 주재가 없으나 있는 것처럼 보인다고 한 것을 보면 무위의
> 주재가 가능하다는 것이 쉽지 않음을 보여 주는 것이다. 그가 생각했던 리무위
> 의 주재는 지도리와 리승기에서 찾을 수 있다. 지도리가 날개를 무위로서 주재
> 하고, 리가 기를 타고 무위로서 주재하는 것은 무동정의 주재를 의미한다. 그것
> 은 사람이 말을 무작위로서 주재하는 것에 비유된다.[76]

이종우는 현대의 학자들이 리는 무위와 리는 주재라는 진술을 동시에
고려할 때 마주치는 문제가 무엇인지를 분명하게 보여 준다. 그에 따르면
문자 그대로 그것은 이해할 수 없는 일이다. 하지만 이종우는 이런 주장들
이 양립 가능한 방식으로 해석될 수 있다고 주장한다. '무위의 주재' 혹은
'무작위의 주재'라는 표현들은 이를 실증한다. 그는, 이러한 뒤섞기는 '리는
무위'라는 진술과 모순적인 '리는 주재'라는 진술 사이에 '리는 지도리' '리
는 기를 탄다' 등의 진술을 개입시킴으로써 달성될 수 있다고 간주한다. 그
러나 그의 해결 방식은 진정한 해답이라고 간주하기가 곤란하다. 무위와
주재라는 진술이 상호 대립적이라는 것이 문제의 핵심인 데 반해서, 그는
다만 무위와 주재가 공존 가능한 진술이라는 점을 주장하고 있기 때문에,
이것은 문제의 해결이라기보다는 오히려 문제의 해결을 더욱 복잡하게 만

---

76) 이종우, 「栗谷 李珥에서 理無爲의 主宰」, 『동양철학연구』 제45집(동양철학연구회,
2005), 88쪽.

드는 새로운 논쟁거리를 생산할 뿐이다. 왜냐하면 과연 이이의 두 가지 주장이 서로 모순적인 것인지, 양립 가능한 종류의 것인지에 대한 엇갈리는 서로 다른 논점이 제기되었기 때문이다. 더구나 이런 해결 방식은 그와 같은 주장이 어떻게 해서 가능한 것인지에 대한 방법론적 통로에 대한 고찰이 부재하다는 점에서 결정적인 약점을 갖는다. '리는 지도리'라는 진술이 도대체 어떻게 해서 무위와 주재의 모순성을 해결하는 결정적 진술일 수 있단 말인가? 그가 문제를 해결하려는 방식 속에서 이이의 리기론을 정합적인 것으로 간주하고 그 정합성을 되찾으려는 철학적 열망이 포착되기는 한다. 하지만 '리는 무위'라는 주장은 단순히 '리는 주재'라는 진술과 모순될 뿐만 아니라, '리는 지도리'라거나 '리가 기를 탄다'는 표현과도 모순적이다. 여기에서 발견되는 것은 어떤 철학적 열망이 존재할 만한 이유가 있다고 해서 그 열망이 이론적 모순을 정당화시켜 주는 것은 아니라는 교훈이다.

  김형효와 이종우의 방식은 약간의 차이가 있지만, 이해 불가능한 진술들에 대한 재규정이나 보충 서술을 통해 문제를 해결하려는 발상의 공통점을 보여 준다. 그런데 어떤 진술들이 우리에게 이해 불가능한 것으로 보일 때 그것을 해소하기 위한 한 가지 방식은 그 진술들을 재규정하거나 변경하는 것이 아니라, 오히려 우리의 이해 방식을 바꾸는 것이다. 그래서 '리는 무위'와 '리는 주재'라는 진술을 해석하기 위해 실제로 필요한 질문은 이런 종류의 것이다. 두 진술은 모두 'A는 B다'라는 형태를 띤다. 그렇다면 이러한 외적 동일성은 두 철학적 진술이 동일한 질적 특징을 갖는 진술이라고 간주할 수 있게 하는 충분한 근거일 수 있는가? 만일 그렇다면, 이 두 진술은 '무위'와 '주재'라는 개념적 차이 그 자체로 인해 모순이 될 것이다. 그러나 만일 그렇지 않다면? 후자의 결과에 따르면 두 진술은 외적으로 동일하게 보일지 모르지만 내적인 의미에서는 전혀 의미의 층차를 달리하는 진술일 수 있다. 당연히 두 진술을 평면적으로 대조시켜 상호 모순적이라고 지적하는 것은 헛된 일이 될 것이다.

이종우는 리는 무위라는 진술과 조화되게 리의 주재를 설명하는 방식은 '리는 지도리', '리는 기를 탄다'는 진술들이라고 해석했다. 그러나 '리는 지도리'라는 표현과 '리는 무위'라는 표현은 전혀 성격이 다른 진술이다. 단적으로 '리는 무위'와 '리는 지도리', '리는 기를 탄다', '리는 기의 주재'라는 진술들은 동일한 층위의 의미를 갖는 명제적 진술이 아니다. 이것을 모두 동일한 층위의 의미로 여길 때 '리는 무위'와 '리는 주재'라는 진술은 모순적인 것처럼 간주되고, 심한 경우 이종우처럼 '리는 무위'라는 진술과 '리는 주재'라는 진술의 상호 모순성을 인정하면서도 '리는 지도리', '리는 기를 탄다'는 등의 진술을 개입시키면 문제가 해결될 것으로 간주된다. 그러나 '리는 무위'에서 '리는 주재'로 가기도 전에, '리는 지도리'라는 표현으로 넘어가자마자 이 진술은 어떤 문법적 틀을 이미 넘어선다.

리는 절대 문자적 의미의 '지도리'일 수 없다. 왜냐하면 또 다른 이이의 진술에 따르자면 '리는 형체가 없기'(無形) 때문이다. 만일 이 두 진술이 서로 명제적이고 참이라면, '리는 형체 없는 지도리'일 것이다. 그런데 '형체 없는 지도리'란 이 난데없는 낱말은 또 무엇을 의미하는가? 게다가 리는 형이상의 것이라고 가정된다. 따라서 이제 리는 '형이상의 형체 없는 지도리'이다. 누가 이러한 지도리에 대해 알고 있는가?

결국 주희나 이이, 심지어 이종우가 '리는 지도리'라고 말할 때 그들은 리가 정말로 지도리라고 말하고 있는 것이 아니다. 이 진술은 경험적 의미에서 명제적인 것이 아니다. 그러므로 이종우가 실제로 해명했어야 하는 것은 이 비명제적 의미에서의 '지도리'가 무엇인지, 이것이 어떻게 해서 이이 리기론의 외적 모순을 해명하는 특별한 역할을 수행하는 낱말일 수 있는지에 대한 것이어야 했다. 김형효가 '주재'라는 개념을 '주체'라는 개념으로 변경함으로써 문제를 해결할 수 있다고 할 때도 똑같은 문제가 발생한다. 리는 무위라는 주장은 주재라는 개념과 어긋나는 것처럼 주체라는 개념과도 어긋난다. 중요한 것은 리가 '주재'나 '주체'라고 말하는 것은 리가 '무위'라고 말하는 진술과 그 성격이 다르다는 점을 인식하는 것이다.

3.

논란의 소재가 어떤 언어의 사용 방식에 달려 있다는 점은 분명하다. 때문에 '주재'(主)라는 개념을 이이 리기론을 해석하는 중요한 낱말로 간주하려는 해석자들은 이 점에 유의해야 한다. '리는 무위'라거나, '리는 무형'이라는 말은 모두 리는 경험적인 속성의 부정이라는 점만을 우리에게 알려준다. 이것들은 리가 형이상학적 대상이라는 관념을 전제하는 순간 받아들이지 않으면 안 되는 논리적 진술이다. 이 때문에 그것은 논리적이고 명제적인 진술이다. 나아가 그것은 하나의 속성에 대한 진술이라기보다는 하나의 정의에 더 가깝다. 따라서 그것은 경험과 아무런 상관이 없는 선험적 진술이다. 나는 이러한 정의의 특성을 이렇게 설명했다.

리가 형이상학적인 것인 이상 그것은 언제나 구체적이고 경험적인 어떤 것의 부정으로 묘사되어야 한다. 문제는 이 부정이 리의 긍정적 속성에 대해서 어떤 것도 말해 주지 않는다는 점이다. 그것은 '사람은 개가 아니다'는 말이 사람과 개를 구별시켜 주기는 하겠지만, 사람의 구체적 특성이 무엇인지에 대해서는 아무 말도 하고 있지 않는 것과 같다.[77]

내가 말하는 것은 로티가 지적했던 것의 성리학적 재진술이다. 로티는 "자연 속에 있는 존재론적 종류들에 대해서 선험적으로 아는 어떤 다른 경우가 있는가?"라는 질문을 던진 후 "유일한 사례들은 유한과 무한, 인간과 하나님, 그리고 개별자와 보편자 사이의 구분"뿐이라고 대답한다. 로티의 말에서 중요한 것 중 하나는 이러한 것들에 대한 앎이 경험적이 아니라는 것이다. 즉 이런 종류의 진술은 경험적 진술이 아니다. 우리는 무한, 하나님, 보편자에 대한 경험을 토대로 이러한 진술을 하는 것이 아니다. 그것들은 오히려 경험을 필요로 하지 않는다. 기타 경험적인 것들에 대한 진술을 부정하기만 하면 되기 때문이다. 이렇게 경험을 필요로 하지 않는 선험적인 앎이 가능하다고 가정할 때 무한, 하나님, 보편자 등에 대한 앎의 내용은 구체적으로 어떤 것인가? 로티는 신성을 예로 들어 이렇게 설명했다.

> 만일 우리가 신성神性에 관련된 정통 교리를 명료화하려고 한다면, 단지 부정적인 개념이나 혹은 '무한'과 '비물질성' 등으로 설명되는 개념만을 얻게 될 것이다.[78]

두말할 나위 없이 무한은 한계의 부정이며, 비물질성은 물질성의 부정이라는 점에서 '부정적인 개념'에 속한다. 결국 로티와 내가 공통적으로 지

---

77) 이향준, 「『주자어류』의 해석을 위한 시론」, 『범한철학』 45집(범한철학회, 2007).
78) 리처드 로티, 박지수 옮김, 『철학 그리고 자연의 거울』, 28쪽.

적하고 있는 것은 이런 것이다. 이미 주희에게서 나타나는 리에 대한 무정의, 무조작, 무계탁이라는 진술과, 이이에게서 나타나는 리는 무위, 무형이라는 진술과, 신성에 대해 말할 수 있는 '무한'이라든지, '비물질적'이라는 진술들은 모두 필연적으로 경험적인 어떤 것의 부정이라는 공통된 형식을 띨 수밖에 없다는 것이다. 왜냐하면 그것들은 내용의 의미에 앞서 그렇게 서술되는 대상의 정의상 경험적인 것을 초월한 것으로 간주되기 때문이다. 이 때문에 이것은 리나 신성의 어떤 경험적이고 명제적 내용들에 대한 진술이 아니다. 이들은 단지 리나 신이란 경험적인 것의 부정이라는 사실만을 알려줄 뿐이다. 이런 의미에서 이 진술들은 경험적 대상과 형이상학적 대상에 대한 정의를 공리로 하는 명제적이고 논리적인 진술이다. 이들은 두 대상에 대한 정의를 유지한다는 조건에서는 언제든지 논리적으로 참이기 때문이다.

이런 진술들은 이론적으로 수없이 많이 만들어 낼 수 있다. 형이상학적인 리를 주어로 삼고 경험적인 어떤 내용을 서술하는 술어를 제시한 다음, 그것을 부정하기만 하면 되기 때문이다. '리는 말 위에 탄 사람이 아니다', '리는 지도리가 아니다', '리는 식물의 뿌리가 아니다', '리는 복숭아 씨앗이 아니다', '리는 장군이 아니다', '리는 임금이 아니다' 등등. 리가 형이상학적인 것이라는 전제를 유지하는 한 이 진술들은 언제나 논리적으로 참이다.

그렇다면 이제 '리는 기를 주재한다'는 표현은 무엇을 의미하는가? '주재한다'라는 낱말을 경험적인 영역에 한정해서 사용하려면 위에서 논의한 것처럼 '리는 기를 주재할 수 없다'고 말하는 것만이 유일하게 참이다. 이 말의 의미를 벗어나서 '주재한다'라는 낱말에 어떤 형이상학적 의미가 들어있다고 한다면, 다음 순간 우리가 말할 수 있는 것은 그런 '주재한다'라는 낱말의 의미를 우리는 지금껏 단 한 번도 겪어 본 적이 없고, 원리적으로 앞으로도 영원히 그럴 수 없다는 것이다. 왜냐하면 그럴 수 있다고 말하는 순간, 그렇게 말하는 사람은 자신이 경험적 세계에서 형이상학적 세계로 넘어가서 그 세계에서 사용하는 '주재한다'의 의미를 배운 후, 다시 경험적 세계로 돌아왔다고 말하는 격이 되기 때문이다.

이렇게 말하는 것이 불가능하다면 이이가 '리는 기를 주재한다'고 말하고 또 '리는 기를 탄다'고 말하는 것은 딱 한 가지 가능성을 포함할 수밖에 없다. 그 술어들은 경험적인 의미를 갖는다. 그런데 '리'라는 주어는 그 정의상 '경험적인 술어'들의 부정을 포함한다. 따라서 이 문장은 문자 그대로의 의미에서는 불가능한 문장이다.

문장을 이런 식으로 사용하는 것은 단 한 가지 종류밖에 없다. 개념 영역 A에 사용되는 용어를 개념 영역 B에 사용하는 것, 기본적으로 은유인 것이다. 이 진술을 명제적이라고 간주하는 사람은 다만 범주적 오류라고 불리는 것을 답습하는 것일 뿐이다. 이 때문에 "리는 기의 주인데, 이때의 '리'는 주재의 '주', 다시 말하면 실현시키는 주라는 의미를 가진다"[79], "리가 기의 주재라 하여 사역의 의미가 아니라, 리가 형이상자라는 점에서 논리적인 의미라고 하겠다"[80], "리의 기능은 비록 활동성이 없지만 기의 활동을 가능케 하는 주재임을 알 수 있다"라는 변형된 해석들은 사실상 명제적 차원에서는 무의미한 해석들이다.[81] 이들은 모두 '리의 무위'와 '기의 주재'가 상호 모순적이라는 점을 고려해서, 김형효나 이종우처럼 어떻게든 의미

---

79) 채무송, 『퇴계 · 율곡철학의 비교연구』, 130쪽.
80) 황의동, 『율곡철학연구』, 76쪽.
81) 송석구, 『율곡의 철학사상 연구』, 35쪽.

의 변경, 혹은 재진술을 통해 문제를 빠져 나가려고 애쓴다. 그러나 이들 모든 해석자들이 진지하게 고려해야 하는 결정적인 진술은 이미 이종우가 인용한 적이 있던 바로 그 진술이다.

천리란 진실하여 망녕됨이 없고 순선純善하여 악함이 없는 것입니다. 군자는 여기에 순응하여 길하고, 소인은 여기에 역행하여 흉한 것이니, 이는 모두 자연스러운 반응입니다. 어떤 물체가 있어 그 권한을 쥐고 화와 복을 조종하는 것이 아닙니다. 하늘의 하늘된 소이와 사람의 사람된 소이와 선의 길한 까닭과 악의 흉한 까닭이 모두 이 이치의 소위가 아닌 것이 없습니다. 본래 주재主宰가 없는데 마치 주재하는 바가 있는 것 같기 때문에 억지로 거기에 대해 이름을 붙여서 '제帝'라고 하는 것이니 '제'는 곧 리理인 것입니다.[82]

도대체 '주재'라는 낱말은 어디에서 왔는가? 이이는 분명하게 그 기원을 설명하고 있다. '주재'라는 단어는 존재론적 은유의 일종으로서 리의 의인화로부터 유래되는 것이다. 즉 '주재'는 '제'의 속성이고, '제'는 원천적으로 리를 의인화한 은유적 개념이다. '제'라는 낱말조차도 은유이고 보면, 그 제의 속성으로 제시되는 주재라는 낱말은 원천적으로 비은유적일 수가 없다. 주재는 리를 의인화하고, 이 의인화된 '제'에게 속성으로서 부여된다는 이중의 은유적 사고에 따라서 나타날 수 있는 것이다. 여기에 이르면 주재라는 낱말을 통해 이이의 리기 관계를 해석하려는 시도는 더 이상의 명제적 의미를 상실하게 된다. 당연히 리에 대한 명제적 이해를 대변하는 '리는 무위'라는 진술은 리에 대한 은유적 이해를 대표하는 '리는 주재'라는 진술과

---

82) 이이, 『국역 율곡전서』 vol.4, 365쪽.

동일한 차원에서 대비되어야 할 필요가 없다. 두 진술은, 하나는 리에 대한 명제적 이해의 차원에서 작동하고, 다른 하나는 은유적 이해의 차원에서 작동한다. 동질적인 것들이 비교될 수 있듯이, 비동질적인 이해는 서로 충돌하지 않는다.

정작 물어야 할 것은 이러한 상황이 가지는 기묘한 성격이다. 지금까지의 논의는 이이의 리기론이 서로 다를 뿐만 아니라, 외적으로 상호 모순적으로 보이는 두 가지 이론적 경향에 의해 추동되는 이중성을 갖고 있다는 것을 분명하게 보여 준다. 이 이중성의 존재는 '리는 무위'라는 주장과 '리는 주재'라는 주장을 대비시킴으로써 너무도 분명하게 드러났다. 이들은 각각 리에 대한 명제적 이해와 은유적 이해를 대변한다.

문제는 이들이 서로 대립하는 모순이 아니라고 하더라도 여전히 어떤 곤란이 남는다는 점이다. 가장 기묘한 사실은 이이가 명제적 이해의 측면에서 부정하는 것을 은유적 이해의 측면에서 수용했다는 점이다. 이것은 간단한 예를 들어 설명할 수 있다. 매우 뛰어난 플레이를 한 축구 선수에게 '어제 그는 운동장에서 사자나 다름없었다'라고 은유적으로 말하는 것은 자연스럽다. 하지만 가장 못난 플레이를 한 선수에게 '그는 굶주린 젊은 사자처럼 운동장을 지배하고 다니더군'이라고 은유적으로 말하지는 않는다. 왜냐하면 그의 플레이와 은유적 진술 사이에 존재하는 어떤 비정합성이 이 은유를 어색하게 들리도록 만들기 때문이다. 못난 선수에게는 '그는 비루먹은 망아지처럼 무기력하더군'이라는 은유가 더 어울린다. 그런데 이이가 하고 있는 것은 바로 이렇게 어색해 보이는 은유를 사용하는 것과 똑같다. 그는 명제적으로는 리가 무위라고 주장함으로써 리에 어떠한 동적 술어를 사용하는 것을 부정적인 것처럼 묘사하면서, 은유적으로는 리가 기를 주재하는 그래서 마치 어떤 동적 술어를 속성으로 가지는 것처럼 묘사하고 있기 때문이다.

이 때문에 설령 이 두 진술이 모순적이 아니라는 사실이 밝혀졌다고 해도 문제가 해결되는 것이 아니라 오히려 참된 문제가 시작된다고 할 수 있다. 바로 이러한 상반된 이해의 충돌을 그의 리기론적 논의의 출발점으로 간주하면, 아주 이상한 출발점이 마련되었다는 것을 알 수 있다. 그의 리기론 전반에는 서로 상반되는 경향이 포함되고, 이론의 정합성을 위해 이런 상반되는 경향성을 조화시키려는 은유적 사유의 기묘한 내적 구도가 일관되게 나타나게 되었기 때문이다.

그 출발을 이루는 질문은 이렇게 표현할 수 있다. "서로 상충하는 것처럼 보이는 명제적 이해와 은유적 이해를 동시에 포함하면서 어떻게 양자의 불일치를 조화롭게 공존시킬 수 있는가?" 이것은 이이의 리기론이 가지는 가장 원천적인 기묘함은 명제적 이해와 상반되는 것처럼 보이는 은유적 이해의 존재가 아니라, 이 양자를 함께 양립시켜야 한다는 이론적 요구 그 자체에서 비롯된다는 것을 의미한다. 이이의 리기론이 기묘한 것이 아니라, 그의 리기론을 배태시킨 철학적 충동 자체가 이중적이라는 점이 기묘한 것이다.

4.

이상의 고찰은 이이의 성리학적 문제의식 속에서 리가 명제적으로는 '무위'라는 진술과 은유적으로는 '주재'라는 진술 사이의 거리를 메꿔야 할 필요성이 일차적으로 내재하고 있다는 점을 알려 준다. 이런 상황이 이이 리기론에 끼친 영향은 무엇인가? 무엇보다 이런 문제를 해결하기 위한 어떤 사유 방식의 필요성이 제기된다는 점은 분명해 보인다. 그리고 그 사유 방식은 비명제적 사유를 의미할 수밖에 없다. '무위'와 '주재'를 명제적으로 대조시키는 것은 모순 이외에 아무런 대답도 나오지 않기 때문이다. 이 때문에 이이는 어떤 은유적 사유 방식을 택하게 되는데, 바로 여기에서 이이 리기론의 기묘함이 발생한다. 이 기묘함이 어떤 것인지를 단적으로 보여주는 다음 문장을 살펴보자.

사물(物) 가운데 그릇을 떠나지 못하고 쉬지 않고 유행流行하는 것은 오직 물(水)입니다. 그러므로 물만이 이치(理)에 비유할 수 있으니, 물이 본래 맑은 것은 성性이 본래 선한 것과 같고, (물을 담은) 그릇이 깨끗하고 더러움이 같지 않은 것은 기질氣質이 각각 다른 것과 같습니다. 그릇이 움직일 때 물이 움직임은 기가 발할 때 리가 타는 것이요, 그릇과 물이 함께 움직여 그릇이 움직이는 것과 물이 움직이는 것의 다름이 없는 것은 리가 발하는 것과 기과 발하는 것의 구분이 없는 것과 같습니다. 그릇이 움직이면 물이 반드시 움직이나 물이 스스로 움직이지 못함은 리는 무위無爲요, 기는 유위有爲인 것과 같습니다.[83]

이 인용문이 기묘한 이유는 서로 다른 두 가지 개념 영역이 뒤섞여 있기 때문이다. '리 = 물, 기(기질) = 그릇'이라는 '그릇 은유'는 이미 주회에게서 발견되는 것이고, 이이 자신에게서도 발견되는 것이다. 성혼에게 보내는 「리기영理氣詠」에서 이이가 "물은 그릇을 따라 모나고 둥글며, 허공은 병을 따라 작고 커진다"고 하면서 "리가 기를 타고 유행할 때 천태만상으로 고르지

---

83) 이이, 『국역 율곡전서』 vol.3, 67~68쪽.

못한 것이 이와 같습니다. 허공과 병에 대한 설은 불교에서 나온 것인데 그 비유가 절실하므로 여기에 인용한 것입니다"[84]라고 했을 때 이런 사실은 잘 드러난다. 문제는 이이가 이러한 '그릇 은유'에 근거한 리기의 관계가 '기발리승'과 동질적이라고 주장한다는 점이다. 이이는 분명히 "그릇이 움직일 때 물이 움직임은 기가 발할 때 리가 타는 것"이라고 말하고 있다. 바로 여기에서 어떤 기묘함이 발생한다.

'그릇 은유'는 일반적으로 포함 도식을 사용한다. 즉 '그릇 은유'를 사용하는 주된 이유는 내용물인 A가 그릇 B 속에 포함된다는 것을 언표하기 위해서이다. 그러므로 B를 언표하는 것만으로 A에 대한 언표가 함축적으로 표현되고, B를 전달하는 것만으로도 A를 전달할 수 있다고 가정하는 것이다. 이이의 독창적인 측면은 이러한 '그릇 은유'의 일반적 이해 방식을 변경해서 '움직임'을 설명하기 위해 '그릇 은유'를 이용한다는 점이다. 이것은 일반적인 '그릇 은유'의 사용방식을 확장함으로써 이루어진다. 즉 A는 내용물이고, 이 내용물은 그릇 B에 포함된다. 따라서 B를 움직이는 것은 A를 움직이는 것을 함축한다. 그러므로 'B가 움직일 때 A도 움직인다'고 말하는 것은 '그릇 은유'에서 자연스러운 일이다. 즉 이 자체로는 '그릇 은유'가 '기발리승'을 옹호하는 데 아무 문제가 없다.

문제는 이 '움직임'이 일종의 '인승마' 은유에 기반을 둔 것처럼 보이는 '기발리승'에 대한 이해와 겹칠 때 발생한다. 즉 '인승마' 은유는 애초부터 '리는 형이상이고 기는 형이하'라는 표현 속에 들어 있는 상·하 영상도식과 정합적이기 때문에 채택된 것이었다. 엄격한 의미에서 보자면, 상·하

---

84) 이이, 『국역 율곡전서』 vol.3, 77쪽.

영상도식을 이용한 은유적 투사 가운데 하나인 '위 = 통제, 아래 = 피통제'라는 구도를 채용한 것이다. 이제 리기 관계를 '인승마' 은유로 이해할 경우 '리 = 사람, 기 = 말'이 된다. 여기에서도 '기가 움직이면 사람도 움직인다'는 표현으로 나아가는 데는 문제가 없다. 하지만 '인승마' 은유에는 '그릇 은유'와 다른 한 가지 전제가 포함되어 있다. 위의 사람은 통제자이고, 아래의 말은 피통제자라는 은유적 가정이 그것이다. 즉 '그릇 은유'를 통해 내용물과 그릇의 불가분리적 '움직임'을 주장하는 것은 문제가 없고, '인승마' 은유를 통해 기수와 말의 불가분리적 '움직임'을 주장하는 데도 문제가 없지만, 통제－피통제 관계를 가정한 '인승마'의 '움직임'과 그렇지 못한 '그릇 은유'의 '움직임' 사이에는 의미론적으로 심각한 괴리가 존재한다.

'인승마'의 구도를 따르자면 이이의 '그릇 은유'에서 내용물인 리는 그릇인 기의 움직임을 통제해야만 한다. 그러나 과연 그런가? 이이의 깨끗한 물로서의 리는 어디에서 자신의 본연本然을 잃게 되는가? 그것은 더러운 그릇 때문이다. 즉 이이의 '그릇 은유'에서 리는 기로 인해 제약되기만 할 뿐 기를 제약하지 못한다. 그런데 바로 이이는 '그릇 은유'가 '인승마' 은유와 일치하는 것처럼 주장하고 있다.

주희의 '인승마' 은유의 진정한 철학적 문제는 '기가 잘못 움직일 경우' 기수로서의 리는 어떻게 할 것인가에 대한 의문이고, 이황이 주희의 리 개념을 변경한 것은 바로 이런 문제를 해결하기 위해서이다. 그러나 이이의 리 개념에서 리가 이미 '무위'라고 간주된 이상, 그의 '인승마' 은유에서 기수로서의 리는 직접적으로 아무런 역할을 하지 못한다. 그러니까 '움직임'을 해명하는 것이 문제가 아니라 '움직임'의 과정에서 통제－피통제 관계를 해명하는 것이 문제인 것이다. 결국 '리 = 내용물, 기 = 그릇'과 공존하는 '리

= 사람, 기 = 말'이라는 은유적 구도는 정합성을 갖지 못한다. 그런데도 이이의 주장은 바로 이 둘이 마치 정합적인 양 일치한다고 주장하는 것이었다. 도대체 이런 기묘한 주장을 어떻게 해석해야 하는 것일까?

5.

현대의 연구자들은 일반적으로 이이의 성리학이 리기 개념을 엄격히 적용해서 심성론적 난문들에 대해 명쾌한 대안을 제시했다고 평가한다.[85] 외면적으로 이것은 분명한 사실이다. 예를 들자면 아래와 같은 이이의 말을 단 한 번만 듣고 나면 다른 추가적인 진술들은 더 들을 필요도 없을 정도로 이이의 리기론적 입장은 분명하고 명쾌하게 전달된다.

리와 기는 원래 서로 떨어질 수 없는 것으로 마치 하나의 물건 같다. 그러나 서로 다른 이유는 리는 무형無形이고 기는 유형有形이며, 리는 무위無爲이고 기는 유위有爲이기 때문이다. 무형무위無形無爲하면서 유형유위有形有爲한 것의 주인 (主)이 되는 것은 리이고, 유형유위有形有爲하면서 무형무위無形無爲한 것의 그릇 (器)이 되는 것은 기이다. 리는 무형이고 기는 유형이기 때문에 리는 통하고 기는 국한된다(理通而氣局). 리는 무위이고 기는 유위이기 때문에 기가 발하고 리가 탄다(氣發而理乘).[86]

---

85) 김기현, 「성리학 논의의 독법」, 『오늘의 동양사상』 12호, 72쪽 참조.
86) 李珥, 「答成浩原」, 『栗谷集』(한국문집총간 vol.44), 권10, 210~211쪽, "理氣元不相離, 似是一物. 而其所以異者, 理無形也, 氣有形也, 理無爲也, 氣有爲也. 無形無爲而爲有形有爲之主者, 理也, 有形有爲而爲無形無爲之器者, 氣也. 理無形而氣有形, 故理通而氣局. 理無爲而氣有爲, 故氣發而理乘."

하지만 이 인용문 속에도 아주 사소해 보이고 너무 일상적이기 때문에 거의 주목을 받지 못하는 기묘한 요소가 포함되어 있다. 그것은 주인(主)과 그릇(器)이란 두 낱말이 한 문장 속에서 대비적으로 제시되고 있다는 데서 나타난다. 이 두 낱말이 개별적으로 무슨 뜻인지를 모르는 평균적인 한국 사람은 거의 없을 것이다. 하지만 이 두 낱말이 하나의 문장 속에서 대비적으로 제시될 때 그것의 의미론적 역할이 무엇인가를 묻게 되면 이제 상상 속의 한국인은 순간적인 당혹감에 휩싸이지 않을 수 없다. 도대체 주인과 그릇 사이에는 어떤 관계가 있는가? 바로 이것을 알 수 없기 때문에, 주인과 그릇 사이의 어떤 관계가 리와 기의 관계로 유비되어 전이되었는지에 대해 알 수 없게 된다. 이것은 무척이나 기묘한 현상이다. 만일 주인과 그릇이 따로따로의 개념적 영역으로 분리되면 이런 기묘함은 즉시 사라진다. 즉 주인과 손님이나 주인과 종과의 관계로 리기 관계를 묘사하는 것은 아무런 문제없이 잘 이해된다. 기정진이 "기의 발동과 유행은 실은 리의 명령을 받는다. 명령하는 자는 주인이요 명령을 받는 자는 종이니, 종은 그 노역을 맡고 주인은 그 공로를 차지하는 것이 천지의 떳떳한 이치이다"라고 말했을 때 이 말 속에 포함된 주인과 종의 관계가 리기론적으로 무엇을 의미하는지 이해하는 것은 쉽다.[87] 똑같은 의미에서 주희가 "하나의 보편적인 도리는 단지 하나의 도리일 뿐이다. 하늘에서 비가 내리는 것과 같다. 큰 웅덩이 굴은 큰 웅덩이에 담긴 물을 담게 되고, 작은 웅덩이는 작은 웅덩이의 물을 갖게 된다. 나무 위에는 나무 위의 물이 있고, 풀 위에는 풀 위의 물이 있다. 곳에 따라 각각 구별되지만 보편적인 하나의 물일 뿐이다"라고 한

---

87) 李珥, 「答成浩原」, 『栗谷集』(한국문집총간 vol.44), 권10, 323쪽.

것도 무슨 뜻인지 잘 이해된다.[88] 그렇지만 이것은 주인과 그릇이 그들과 일상적으로 결부되는 것들과 연결되고 있을 때의 이야기이다. 즉 주인은 종과, 그릇은 그 안의 내용물과 연결되었다는 전제하에서 이처럼 수월하게 이해될 수 있는 것이다. 그러나 이이의 문장이 과연 그런가? 이이의 문장에서 표명된 주인은 종과 대비되지 않고, 그릇과 대비된다. 그릇도 내용물과 대비를 이루는 것이 아니라 주인과 대비를 이룬다.

이 기묘함은 외적으로 명쾌하게 보이는 이이의 리기론적 진술에 모종의 껄끄러움을 생산한다. 혹시 이 주인과 그릇의 기묘해 보이는 동거가 무엇을 의미하는지가 해명되지 않고서는 이 구절에 대해 제대로 이해했다고 말해서는 안 되는 것이 아닌가 하는 불안을 야기하기 때문이다. 그리고 이 불안은 이 기묘한 구도를 가능하게 만드는 어떤 구조적 요소가 그의 다른 진술들까지도 관통하는 어떤 고유한 사유의 궤적을 암시하는 것은 아닌가 하는 의문을 함축하기 때문에 더 강화된다. 즉, 리와 기가 하나이면서 둘이고 둘이면서 하나라고 말하는 것도, 리통기국이라고 말하는 것도, 기발리승이라고 말하는 것도 모두 이 기묘한 주인-그릇 관계의 관점에서 읽혀야 하는 것은 아닌가?

바로 이렇게 따져 들 때 이것은 실제로 이이의 리기론적 진술을 일관된 논조로 생산해 내는 사유의 기제가 있음을 가정하고, 그 논리의 양식을 따라 그의 진술을 이해하는 내재적인 독해 방식이 가능하다는 것을 의미하고 있다. 이 같은 가정에 의하면 이이의 리기론적 진술들은 정말로 어떤 일관된 구조적 사유 방식을 전제해야 한다.

---

88) 『朱子語類』(권18) vol.2, 399쪽.

앞의 논의에 따르면 주인-종 관계와 그릇-내용 관계라는 이중의 관계가 있다. 이 두 영역은 전혀 다른 경험의 영역에 속한다. 즉 주인의 종에 대한 경험과, 그릇과 그 속에 담긴 내용물 사이의 관계에 대한 사고는 아직 연결의 고리가 존재하지 않는 따로따로의 영역에 속한다. 굳이 공통점을 찾으라면 그들이 우리의 일상적 경험 속에서 이해 가능한 경험적 사태로부터 유도된 어떤 이해의 구조물이라는 정도이다. 이제 이이처럼 주인-그릇이란 구도를 만들려면 선형적인 일련의 몇 가지 과정이 필수적이다. 첫째, 주인-종, 그릇-내용물처럼 서로 별개인 두 개념 영역들이 호출된다. 둘째, 개념 영역의 쌍을 이룬 각각의 구조로부터 어떤 이유로 인해 대응하는 한쪽 부분들이 제거된다. 즉 주인-종 관계에서는 종이 사라지고, 그릇-내용물 관계에서는 내용물이 사라진다. 셋째, 두 개념 영역의 잔여물들이 하나의 문장 속에서 통합된다. 이때 특징적인 것은 이 연결을 통해 서로 별개의 영역에 있던 것들이 하나의 영역으로 통합된다는 것이다. 즉 통합이란 주인-종의 관계 속에 끼어들 여지가 없었던 그릇이 종을 대신해서 종의 자리로 옮겨가거나 혹은 그 반대의 경우이거나 둘 중의 하나이다. 그런데 애초에 그들은 별개의 영역에 속하는 것들로 가정되어 따로따로 호출된 것들이다. 이제 주인과 종의 연결이 필요하다는 사실은 두 영역을 공통적으로 하나의 영역으로 합쳐야 한다는 것을 의미한다. 사실상 이것은 제3의 영역을 창조한다는 뜻이고, 이것은 이이의 리기론적 진술이 바로 이 제3의 영역을 기반으로 해서 형성되었다는 뜻이다. 그러므로 여기에서 이이 리기론의 기묘한 성격에 대한 이해의 단서가 마련되는데, 그것은 이이의 리기론적 진술이 우리에게 낯선 것은 바로 이 제3의 영역이란 논의의 영역 그 자체가 가지는 낯선 성격 때문이고, 그것의 구체적 형태는 주인과 그릇의 관계를 일상적으로 이해할 수 없기 때문에 도대체 어떤 관계를 리와 기의 관계로 투사해야 하는지를 이해할 수 없다는 사실에서 비롯된다.

6.

이러한 이이의 사유 방식은 무엇이라 불러야 하는가? 이전까지의 고찰을 따른다면 이이의 리기에 대한 사고는 배제와 선택, 해체와 재구조화라는 복잡한 구조를 갖는다. 이러한 사고를 일반화된 사유 기제로서 받아들일 수 있다면 바로 이런 전제에서 '리통기국'이나 '기발리승'조차 일관된 방식으로 새롭게 해석할 수 있을 것이다.

체험주의적 관점에 따르면, 이이가 하고 있는 방식은 서로 별개인 두 개의 개념적 은유를 창조적으로 해체하고 재구성함으로써 두 은유를 이루는 요소들의 부분적 결합에 근거한 새로운 은유를 창조하고, 이를 통해 리기론적 사고를 진행했다는 것이다. 이것은 이이의 리기론이 어째서 명료하면서도 이해하기 까다로운지를 설명해 준다. 즉 그의 리기론은 일상적인 두 개의 개념적 은유를 이용하기 때문에 명료하고 쉬운 것처럼 느껴진다. 그러나 그의 리기론의 다른 한 측면은 굉장히 생경한 느낌을 전해 준다. 왜냐하면 그가 비일상적인 방법으로 두 개의 은유를 합성했기 때문이다.

기본적으로 이이가 두 개의 은유 사이에서 행했던 이런 시도들은 철학적 사유에서 그리 낯선 것이 아니다. 주희는 '리일분수'를 주장하기 위해 최소한 네 개 이상의 은유를 복합적으로 사용했고, 이황은 리발설을 옹호하기 위해 다섯 개의 은유를 복합적으로 사용했다. 그런데 주희와 이황이 자신들의 철학적 진술을 옹호하기 위해 복합적인 은유를 사용하는 방식은 서로 유사하다. 그들은 자신들의 철학적 진술을 구조적으로 정합적이게 만드는 일련의 연관된 은유들을 정교하게 조합하는 방식을 취한다. 예를 들어 이황의 리발설은 '자기원인적 힘을 갖는 리'라는 개념적 은유에 기반을 둔 이해를 통해 원인과 힘이란 속성을 리에 부여하고, '리는 강하고 기는 약하다'는 은유를 통해 그 힘의 정도가 리와 기 사이에 차등이 있음을 제시하며, '리는 체와 용을 갖는다'는 은유를 통해 주희식의 리 개념과 자신의 리 개념 사이에 이론적 연관이 있음을 나타내고, '리는 사람, 기는 말'이란 은유를 통해 '기발리승'을, '리는 장군, 기는 병사'라는 은유를 통해 '리발기승'을 묘사한다.

이런 방식은 사용하는 모든 은유들을 하나의 구조로 매개시키는 요소가 포함되어 있다는 것을 보여 준다. 가령 '리는 사람, 기는 말'이나, '리는 장군 기는 병사' 은유는 피상적으로 보아도 말에 대한 사람의 우월성, 병사에 대한 장군의 우월성이라는 구조적 관계가 유사하다는 것을 금세 알아차릴 수 있다. 주희의 리일분수에 관한 은유에서도 '거울 은유'에서 '그릇 은유'를 거쳐 '여행 은유'로 이어지는 은유들의 확장에는 일련의 내적인 인과 관계가 존재한다. 즉 '거울 은유'는 동질적인 리가 같으면서도 다르게 이해될 수 있다는 가능성을 시사하고, '그릇 은유'는 어째서 하나의 리가 같으면서도 달라야 하는지를 설명하며, '여행 은유'는 같은 것과 다른 것들 사이에 일련의 연관 관계가 있다는 것을 주목하도록 만든다. 리에 동일성과 차이를 설정할 때, 그것이 어떻게 가능하며 그들 사이에 어떤 상호 연관이 있는지를 묻는 것은 철학적으로 연결된 일련의 질문이고, 주희의 은유들은 이 일련의 질문에 대응하는 사고의 결과물들이다.

그러나 이이는 자신의 리기론적 입장을 설명하기 위해 새로운 은유를 도입하기는 하지만 그것을 사유하는 방식은 이들 두 사람과 달랐다. 그는 기존에 존재하지 않았던 새로운 은유를 도입하는 대신에 오히려 기존에 존재하던 은유들을 재조합해서 새로운 은유를 창조해 냈다. 이를 통해 그는 이중적인 방식으로 은유 사용의 효과를 증대시킨다.

첫째, 외적으로 배제와 선택을 통해 두 개의 은유를 해체하고 이를 다시 하나의 은유로 재조합한다. '리는 주인, 기는 종'으로부터 '리는 주인'이라는 은유의 부분적 구성 요소만을, '리는 내용물, 기는 그릇'이라는 은유로부터 '기는 그릇'이라는 부분적 요소만을 택한다. 그리고 이 둘을 한데 묶어 '리는 주인, 기는 그릇'이라는 은유를 창조해 내는 식이다.

둘째, 이러한 새로운 은유의 사용을 통해 그는 은유의 형식과 내용 사이에 어떤 비대칭성을 창조해 냄으로써, 자신의 리기론에 독창적인 면모를 부여한다. 외적으로 그의 은유의 형식은 기존에 존재하던 두 은유의 부분적 요소들로 구성된 새로운 은유의 형태를 띠고 있다. 이것은 그가 기존의 이해로부터 벗어났다는 느낌을 전달하는 효과를 갖는다. 즉 실제로 리기 관계를 이런 은유를 통해 묘사한 사람은 이이 이전에는 없었다. 그러나 우리가 그의 은유를 통해 리기 관계를 사유하려 할 때 이러한 형식상의 새로움과는 정반대의 현상이 일어난다. 즉 '리는 주인'이라고 은유적으로 사고하는 순간, 이 사고는 주인의 의미를 구체화하기 위해 불가피하게 기를 손님이나 종으로 호출하는 연상 작용을 불러일으킨다. '기는 그릇'이라고 선언할 때도 동일한 현상이 벌어진다. 기가 그릇이라면 리는 내용물일 수밖에 없는 것이다. 결과적으로 이이의 독창적 은유는 기존의 은유가 포함하던 것들을 함축적으로 재호명하는 것이다. 그러나 이 은유는 형식적으로는 '기가 그릇'이라고 은유된다는 사실에 근거해서 리를 내용물로 호명하려는 순간에

'리는 주인'이라고 선언한다. 이 때문에 이이의 은유는 새로움과 진부함의 교묘한 결합이 되어 읽는 이들에게 낡은 것 같으면서도 새로운 사유라는 인상을 전달하는 것이다. 형식상의 새로움과 내용상의 진부함을 동시에 전달하는 이런 은유의 사용을 통해 이이의 리기론에는 기존의 리기론적 이해가 용해되어 있으면서도 남들에게서 찾아볼 수 없는 어떤 독창적인 측면이 새롭게 부여되어 있는 듯한 효과가 발생하는 것이다.

7.

이와 같은 독창적인 은유적 사고는 그의 리기론의 구성에 어떤 역할을 하는가? 만일 이런 사고를 통해 그의 리기론의 중요한 두 가지 주장, 즉 '기발리승일도설'과 '리통기국'이란 주장이 가능해졌다면, 그것들은 위에서 언급했던 요소들의 결합으로 재구성될 수 있다. 실제로 두 가지 은유의 해체와 재구성은 다음과 같이 도식화될 수 있다.

기존의 은유		부분적 선택	재조합
리는 주인(○)	기는 종(×)	리는 주인	리는 주인,
리는 내용물(×)	기는 그릇(○)	기는 그릇	기는 그릇

기존의 은유		부분적 선택	재조합
리는 발한다(×)	기는 따른다(×)		기는 발하고
리는 탄다(○)	기는 발한다(○)	기는 발하고 리는 탄다	리는 탄다

물론 기발리승일도설에 대한 도식 구조는 위의 도식과 정확하게 일치하지 않는다. 그러나 인위적으로 몇 가지 진술의 위치를 재조정하고 나면, 외적 형식의 일치까지도 유도할 수 있으리라는 것을 쉽게 짐작할 수 있다. 하지만 여기에서 중요한 것은 그런 형식적 일치가 아니다. 그와 상관없이 이들은 한 가지 점에서는 정확하게 일치하기 때문이다. 즉, 네 가지 구성 요소로 이루어진 부분 가운데서 절반이 탈락하고 절반만이 선택되었다는 점이다.[89] 그러므로 이러한 은유적 사유 양식에 일관성이 있다고 한다면, 리통기국에 대해서도 똑같은 구조적 이해가 가능하리라고 추론할 수 있다. 따라서 탈락했기 때문에 명시적으로 표명되지 않은 가설적 주장을 포함해서 리통기국에 대한 이이의 은유적 사고를 이렇게 재구성할 수 있다.

가설적인 두 개의 은유		부분적 선택	재조합
리는 통한다(○)	리는 국한된다(×)	리는 통한다	리는 통하고 기는 국한된다
기는 통한다(×)	기는 국한된다(○)	기는 국한된다	

왜 이런 도식적 이해가 필요한가? 앞에서 말한 것처럼 이이의 성리학적 사고는 기존의 은유를 해체하고 재구성하는 과정에서 기존의 이해와 새로

---

89) 제3부 각주 74)에서 이미 인용한 이상익의 주장은 이러한 이이 리기론의 근본 성격이 현대적 해석 속에서 재현되는 한 사례라고 할 수 있다. 그는 "율곡의 성리학은 그 중심적 논리구조가 本과 具라는 체계"라고 주장했는데, 이때 사용하는 본과 구라는 낱말의 일상적인 용법에 의하면 '本'이라는 낱말은 '末'이라는 낱말과 대비되고, '具'라는 낱말이 '갖추다'는 뜻으로 사용될 경우 '不具'라는 낱말과 대비되거나, 道具라는 의미로 사용될 경우 도구 사용자와 대비되는 것이 일반적이다. 다시 말해 '本'과 '具'를 대비시키는 언어적 조합은 비일상적인 것이고, 이런 비일상적인 조합이 일어나기 위해서는 본문에서 언급하는 일련의 과정이 있어야만 하는 것이다.

운 이해를 동시적으로 포함한다. 이것은 이이의 리기론적 주장에 대해 서로 상반된 두 가지 주장이 동시에 정당화될 수 있다는 것을 의미한다. 예를 들어 리통기국에 대한 위의 도식에는 가설적인 두 개의 은유 영역에서 '기통'이란 개념이 전제된다. 그러나 해체와 재구성을 거치고 나면 그것은 사라지고 '리통'만이 남겨진다. 이 때문에 새로운 은유의 조합에 초점을 맞추는 해석자는 '리통'의 개념만이 있고 '기통'의 개념이 없는 것이 이이 성리학의 특징이라고 주장하게 된다.

> 율곡栗谷의 리통기국설理通氣局說은 리일理一과 기분수氣分殊를 종합綜合하여 리일기분理一氣分 즉 소위所謂 리일분수理一分殊를 기분氣分과 잘 조화調和시켜 표현表現한 것이다. 그러나 율곡栗谷은 기국氣局의 사상思想 때문에 앞서 말한 것처럼 '담일청허湛一淸虛'란 '기지본氣之本' 즉 '기지본연氣之本然' 또는 '기지일본氣之一本'을 본체本體 위에서는 인정認定하고, 유행流行에 있어서는 '다유부재多有不在'라 함으로써 현상계現象界의 일부一部에서만 인정認定하고, 다부분多部分에 있어서는 부인否認해 버린다.…… 율곡栗谷의 이른바 리지통理之通(理通)이 그 '본연지묘本然之妙'를 '무호부재無乎不在'로 유지維持하자면 그 유행분수流行分殊(氣之局, 氣局)에 있어서도 그 의착처依着處로서의 '기지일본자氣之一本者'(氣之本, 氣之本然, 즉 湛一淸虛之氣)의 무호부재無乎不在까지도 인정認定해야 할 것으로 생각한다.[90]

90) 배종호,『한국유학사』(서울: 연세대 출판부, 1990), 112~113쪽. 송석구 역시 배종호의 이런 관점을 배경으로 "그런데 栗谷의 理通氣局에 있어서 氣一과 氣局(分殊)의 關係가 成立되지 않는다. 왜냐하면 氣之本인 氣一(理通의 依着處)이 氣의 局限性 때문에 그 本然의 氣가 無所不在한 것이 아니라 多有不在하게 되어 있다. 따라서 氣一分殊가 되려면 氣一인 本然之氣가 氣分殊 속에 固存되어야 하는데 分殊 속에 內在되어야 할 本然之氣가 多有不在하기 때문에 氣의 體用이 성립되지 않는다"고 주장한다. 송석구,『율곡의 철학사상 연구』, 64~65쪽.

그러나 리통이라는 개념이 기존의 은유적 구도에 대한 해체와 재구성의 과정을 통해 형성되었다고 가정할 경우, '리통'이라는 개념을 도출하기 위해서는 배제를 위해서일망정 사고 과정 속에 '기통'의 개념을 전제하지 않으면 안 된다고 말하는 것도 동시에 가능하다. 그리고 바로 이것이 황의동이 배종호와 송석구와는 달리 이이에게서 리일분수뿐만 아니라 기일분수의 사상이 이미 정립되었다고 해석하는 이유이다.[91] 그는 '리일분수는 리를 중심으로 리일과 리분수를 체용일원으로 본 것'이라 한다며, '기일분수 또한 기를 중심으로 기일과 기분수를 체용일원으로 본 것'이라고 주장한 후 '리일과 기일, 리분수와 기분수를 체용일원과 리기지묘의 논리로 창출한 것이 율곡의 이른바 리통기국'이라고 단정한다.[92]

배종호와 송석구도 이이가 리통기국을 주장한다면 가설적으로 기통리국의 가능성도 생각할 수밖에 없다는 것을 인정한다. 그러나 이이가 그것을 생각했다고 말하는 것과 이이가 그것을 주장했다고 말하는 것은 다르다. 두 사람을 망설이게 하는 것은 이이 자신이 말한 본원의 기는 대부분 존재하지 않는다는 주장이 외적으로 확고하다는 것이다. 그리고 이이의 다른 철학적 진술들 속에서도 이를 부정하는 견해들은 발견되지 않는다는 점이다. 이 때문에 그들은 이이의 리통기국을 기일분수를 부정하는 것으로 해석하지 않을 수 없었다. 사실 이들의 견해를 반대하는 황의동의 관점 역시 이들과 아주 작은 부분에서만 차이를 빚을 뿐이다. 황의동의 견해는 리일분수와 기일분수를 가정하지 않고서는 리통기국이란 주장이 제시될 수 없다는 사실에 중점을 두는 것이다. 이런 점에서 그의 주장이 갖는 근거는 배종

---

91) 황의동, 『율곡철학연구』, 87쪽.
92) 황의동, 『율곡철학연구』, 88쪽.

호나 송석구와 다르지 않다. 다만 그는 이렇게 일차적으로 가정되었던 것들이 부분적인 배제와 선택, 그리고 재조합의 과정을 통해 리통기국으로 귀결되었기 때문에 리통기국 자체가 리일분수와 기일분수를 함축한다고 주장하고 있을 뿐이다.

위의 도식 구조는 어째서 이들이 이렇게 주장할 수 있는지에 대한 해명을 포함한다. 리통기국의 해석자는 배종호처럼 해석할 수도 있다. 이때 그는 이이의 주장이 갖는 외적 형식의 정합성을 따라간다. 그가 이렇게 따라가는 것은 가능하다. 그러나 이것이 리통기국의 내적 함축을 따라가는 황의동의 관점을 배제하는 것은 아니다. 문제는 위의 도식 구조가 해석의 다양성을 가능하게 하는 원초적 요소들이 이이의 리통기국이란 사고 속에 이미 포함되어 있다는 점을 밝혀 준다는 점이다. 해석자들이 이 요소들 사이의 관계의 어떤 측면에 특별한 주목을 하는 것은 자유롭지만, 중요한 점은 그들이 이렇게 하기 위해서는 두 진영 모두 리통기국의 배후에 기통과 리국이라는 관점을 전제해야만 한다는 점이다.

8.

이 글은 이이의 리기론을 형성했던 고유한 사고 양식이 포함하는 기묘함이 그의 은유적 사유의 구도가 갖는 내적 구조로부터 연유한다는 것을 논증했다. 이를 위해 첫째, '리는 무위'라는 진술과 '리는 주재'라는 진술을 둘러싼 혼란스러운 해석들은 리에 대한 명제적 진술과 은유적 진술의 차이를 구분하지 못한 데에서 기인한다는 점을 밝혔다. 둘째, 이이의 리기론은 명제적 진술로서의 '무위'와 은유적 진술로서의 '주재'라는 개념을 양립시키려는 은유적 사유에 대한 내재적 필요성을 포함하고 있음을 밝혔다. 셋째, 이러한 필요성 때문에 이이의 은유적 사유는 서로 이질적인 두 가지 개념 영역을 선택해서, 그것을 해체, 부분적 선택 및 재구조화하는 독특한 구조를 가지게 되었음을 밝혔다. 넷째, 이와 같은 구조적인 성격 때문에 리통기 국은 '리일분수'의 관점에서도 '기일분수'의 관점에서도 이론적 해석이 가능한 이중성을 갖게 되었다는 점을 보여 주었다.

이이 리기론이 한편으로는 명료하면서도 모호하고, 진부하면서도 독창적인 근본적인 이유는 바로 이러한 은유적 사유가 갖는 기묘함으로부터 연유했던 것이다. 결국 이이 리기론이 그럴 수 있었던 이유는 리기지묘라는 낱말 때문이 아니라, 리기론적 구도를 형성하고 조직하는 바로 그 사유 양식 자체 속에 은유적 사유의 기묘함을 함축하고 있었기 때문이다.

물론 이 모든 것에도 불구하고 해명되지 않고 있는 가장 근원적인 질문은 여전히 남아 있다. 도대체 이이는 왜 명제적으로는 '리는 무위'라고 주장하면서, 은유적으로는 '리는 주재'라고 함으로써 자신의 명제적 이해를 배반하는가? 이 물음은 이 글의 탐구 범위를 벗어나지만, 여기에 대한 대답이 주어지지 않는 한 이 글의 결론이 어떤 근원적인 결함에 시달린다는 것은 자명한 것처럼 보인다. 따라서 이 글의 결점을 보충하는 이이 리기론에 대한 후속 연구는 바로 이 문제에 대해 대답할 수 있어야 할 것이다.

제4장 이이: 켄타우로스를 상상한 유학자

이이가 성리학에 대해 했던 작업은
예술적 비유를 사용하자면
성리학적 개념체계의 창조를 위한 일상적인 개념체계의 콜라주였고,
시각적 이미지의 언어를 사용하자면
창백한 켄타우로스의 발명이었다.

〈본문 중에서〉

1.

이이는 켄타우로스를 상상한 적이 있었던가? 이 질문은 외적으로 엉뚱해 보이기는 하지만 전혀 의미 없는 질문은 아니다. 이 글은 이이의 기발리승일도설이 창백한 켄타우로스의 이미지로 귀결된다는 주장과 이러한 주장이 포함하는 두 가지 철학적 질문에 대한 해명으로 구성되어 있다. 첫 번째 질문은 창백한 켄타우로스의 이미지가 어디에서 생겨났는가 하는 것이다. 두 번째 질문은 켄타우로스를 구성하는 대비되는 두 부분, 즉 네 발 짐승으로서의 말의 하반신과 창백한 얼굴을 한 인간의 상반신 가운데 특히 창백한 얼굴이 구체적으로 무엇을 말하는가 하는 것이다.

첫 번째 질문에 대해 이 글은 상상력에 기반을 둔 광범위한 가르기와 붙이기의 결과로 나타난 기존 개념체계의 변형이 야기한 결과라고 주장할 것이다. 두 번째 질문에 대해 이 글은 창백한 켄타우로스의 이미지의 핵심을 차지하는 인간의 얼굴은 기발리승일도설이 함축하는 이이의 리 개념으로서, 그것은 '이상화된 사회적 질서로서의 리'라는 은유적 개념이라고 주장할 것이다.

구체적으로 이 글은 먼저 기발리승일도설을 창백한 켄타우로스의 이미지로 연결시키는 데 밀접한 연관을 갖는 몇 편의 선행 연구의 내용을 개괄한 후 어떻게 해서 이러한 질문과 대답이 도출되었는지에 대해 서술할 것이다. 그 다음 이 글은 켄타우로스의 이미지를 생산하는 상상적 능력이 이이 자신만의 개별적인 특성이었다기보다는 보다 폭넓은 인간의 인지적 작용의 한 사례라는 점을 드러내기 위해 파블로 피카소(Pablo Ruiz Picasso, 1881~1973), 잉그마르 베르히만(Ingmar Bergman, 1918~2007)을 경유하게 될 것이다. 현대미술의 콜라주, 영화 속에 등장하는 죽음의 이미지가 동일한 인지적 작용에 의해 형성되었다고 지적함과 동시에 그와 똑같은 방식으로 이이 성리학의 내용이 구성되었다고 지적할 것이다.

마지막으로 이 글은 기발리승일도설이 가정하는 이이의 리 개념은 특정 공동체의 질서를 위한 사회적 규범체계의 개념을 이상적으로 추상화해서 절대 불변의 형이상학적 실체로 간주하는 은유적 사고를 통해 구축되었다고 주장할 것이다. 그 결과 '리무위 기유위'라는 리기론적 전제와 정합적인 '이상화된 사회적 질서로서의 리'라는 은유적 개념이 탄생하게 되었다고 주장할 것이다.

이상의 논의가 타당성이 있다면 이러한 주장은 이황의 리발설이 '추상화된 양심 개념으로서의 리'라는 개념을 바탕으로 한다는 선행 연구의 결론과 자연스럽게 대비된다는 사실이 밝혀질 것이다. 그리고 이러한 대비가 존재한다는 사실은 이황과 이이의 리 개념의 차이가 우리가 여태껏 가정했던 것과 다르다는 것을 보여 주고, 나아가 이런 리 개념의 차이에 근거를 두고 이황과 이이의 성리학 체계 전체에 대한 비교와 대조 작업이 이루어질 때 기존의 학술적 관행과 다른 결론을 가져올 수 있을 것이라는 이론적 확장의 가능성을 포함하고 있다.

2.

어떻게 반인반마의 신화적 존재인 켄타우로스가 이이의 기발리승일도설에 대한 시각적 이미지일 수 있는가? 이러한 질문은 선행하는 세 편의 연구와 직접적으로 연관을 맺고 있다. 왜냐하면 이 세 편의 선행 연구를 통해 상호 연관된 몇 가지 이론적 질문들이 순차적으로 제시되었기 때문이다.

첫 번째, 이황의 리발설에 대한 체험주의적 분석은 리발설이 함축하는 리 개념이 통속적인 양심 개념의 은유적 추상화라는 주장을 제시했다. 나아가 이러한 은유적 추상화의 결과를 가정할 때 다음과 같은 이론적 탐구가 진행되어야 할 필요성이 있다고 제안했다.

> 이황의 리발설이 양심에 대한 이론화라면 이이의 '기발리승일도설'은 우리 경험
> 세계의 어떤 사태, 혹은 무엇을 설명하려는 이론인가? 두 사람의 성리학적 사유
> 양식이 다르다는 말은 과연 무엇을 의미하는가? 역설적으로 이황에 대한 새로운
> 이해는 이이에 대한 새로운 이해를 요구한다.[93]

두 번째, 이러한 제안에 호응했던 후속 연구를 통해 다음의 두 가지가 밝혀졌다. 먼저 성리학의 '인승마' 은유가 사실은 문화적으로 편재하는 말타기에 대한 개념체계를 추상적 영역의 해명을 위해 근원 영역으로 사용하는 보편적인 개념적 은유의 한 양상이라는 점이 드러났다. 그리고 이이가 리와 기의 관계에 대해 직접적으로 '인승마' 은유의 도입을 꺼리는 내재적 이유는, '인승마' 은유가 기수와 말의 사이에 '힘'의 관계를 설정하는 원초적 특성을 갖는 반면에 이이의 리기론적 대전제인 '리무위 기유위'는 이런 관계를 근원적으로 부정한다는 사실로부터 유래한다는 점을 보여 주었다. 그 결과 다음과 같이 제안이 대두되었다.

이런 결론은 주희의 '인승마'를 리기론에서 수용한 이황과 동일한 것을 거부한 이이의 리 개념이 서로 다를 수 있다는 이론적 가능성을 함축한다. 그리고 선행 하는 체험주의적 분석에 의해 이황의 리 개념이 양심의 은유적 추상화의 결과라는 점과 대조할 때 이이의 그것은 양심이 아닌 다른 어떤 경험적 사태에 대한 은유적 추상화의 결과물이라는 가정을 포함한다.[94]

세 번째 선행 연구는 이이가 '인승마' 은유의 도입을 제한적으로 허용할 수밖에 없었던 이이 리기론의 대전제 즉, '리무위 기유위'에 대한 것이었다. 이 주제에 대한 탐구를 통해 선행 연구는 '이이의 리기론은 명제적 진술로서의 '무위'와 은유적 진술로서의 '주재'라는 이중적인 리에 대한 개념을 양립시키려는 은유적 사유에 대한 내재적 필요성을 포함'하고 있음을 밝혔다.

---

93) 이향준, 「理發說의 은유적 해명」, 『철학』 91집, 47~48쪽.
94) 이향준, 「말타기에 대하여: 인승마 은유와 이이의 리」, 『범한철학』 50집, 118쪽.

동시에 '이이의 은유적 사유는 서로 이질적인 두 가지 개념 영역을 선택해서, 그것을 해체, 부분적 선택 및 재구조화하는 독특한 구조적 특징을 갖고 있다'고 주장했다.[95] 그리고 최종적으로 선행 연구에서는 해결되지 않는 다음과 같은 의문을 제기했다.

> 이 모든 것에도 불구하고 해명되지 않고 있는 가장 근원적인 질문은 여전히 남아 있다. 도대체 이이는 왜 명제적으로 '리는 무위'라고 주장하면서, 은유적으로 '리는 주재'라고 함으로써 자신의 명제적 이해를 배반하는가?[96]

이 글은 선행 연구들이 암시하고 제안했던 바로 이 질문들에 호응하는 것이다. 다시 말해 논란이 많은 이이의 무위이자 주재라고 주장되는 리 개념의 의미는 무엇인가 하는 것이다. 기발리승일도설 역시 리발설이 그런 것처럼 은유적 사고의 결과물로 이해할 수 있는가? 그리고 은유적 사고의 결과물로서의 기발리승일도설은 우리 경험 세계의 어떤 사태에 대한 이론적 구성화의 결과인가?

선행 연구가 이미 예시하고 있는 것처럼, 이 글은 그 대답이 형이상학적이라기보다는 우리에게 아주 친숙하고 일상생활에서 자주 되풀이되는 어떤 개념이라는 점을 암시하고 있다. 즉 이이의 기발리승일도설은 도덕적 선으로 간주되는 '이상화된 사회적 질서'에 대한 추상적 실체화로서의 '리'라는 은유적 개념에 의존한다는 결론에 이르게 될 것이다. 결국 이 글은 기발리승일도설이 어떻게 '이상화된 사회적 질서'에 대한 추상적 실체화에 기반을

---

95) 이향준, 「이이의 기묘함(妙)에 대하여」, 『범한철학』 51집, 49쪽.
96) 이향준, 「이이의 기묘함(妙)에 대하여」, 『범한철학』 51집, 49쪽.

둔 성리학적 주장으로 나타날 수 있었는지를 탐구하는 것임과 동시에, 이러한 리 개념에 기반을 둔 기발리승일도설의 이미지가 필연적으로 켄타우로스의 원형적 이미지를 함축한다는 것, 그리고 어떻게 그런 것들이 가능한 것인지에 대한 인지적 사례들에 대한 증명으로 구성될 것이다.

3.

그리스 사람들은 켄타우로스를 반인반마半人半馬의 존재로 상상했다. 간단하게 말해서 그것은 말과 사람이 상상적으로 결합한 것이다. 성리학에도 이와 극히 유사한 생각이 담겨 있다. 주희가 리와 기의 관계를 이해하기 위해 제기했던 '인승마' 은유는 말과 사람의 긴밀한 연관을 강조하고 있다. 물론 켄타우로스와 이 은유는 비슷하기는 하지만, 꼭 같은 것은 아니다. 하지만 바로 그 이유 때문에 인승마 은유는 조금의 변형만 거치면 필연적으로 켄타우로스라는 이미지를 생산하게 된다. 성리학의 이론 전개 과정에서 실제로 이런 일이 일어났고, 이 일을 해낸 사람은 이이였다.

알려진 것처럼 이황의 리발설에 함축된 리 개념은 주희의 리 개념과 '인승마' 은유를 공유한다. 반면에 이이의 리 개념은 이런 식의 '인승마' 은유를 함축하지 않는다. '인승마' 은유에 기반을 둔 리기론적 이해가 이황에게는 가능한 반면에 이이에게는 불가능한 것이다. 반면에 이이에게 '인승마' 은유는 '인기질因氣質'의 관점에서 정의되는 성性과 기질의 관계 속에서 성립하는 것이다. 이이가 '인승마' 은유를 리기론적 사유에 도입하지 않은 이유는 무엇이었는가?

이이는 리기론에서 '인승마' 은유를 배제했는데, 그 이유는 두 가지이다.

하나는 리기불상리의 원칙에 위배된다는 것이고, 다른 하나는 일종의 '힘'의 결여라고 해석할 수 있는 '리는 무위'라는 전제 때문이었다. 여기에서 알 수 있는 것은 '인승마' 은유를 이이가 고려하고 있는 리 개념의 측면과 결합시키는 경우, 주희나 이황의 경우와는 다른 어떤 기묘한 변형이 일어난다는 점이다. 그런데 이러한 변형은 이이의 리 개념의 주된 특징을 '인승마' 은유에 적용함으로써 나타나는 것이기 때문에, 어떤 의미에서는 이이의 리 개념 속에서 '인승마' 은유가 필연적으로 변형을 겪게 되는 것이고, 나아가 여기에서 나타나는 변형을 이이가 받아들일 수 없었다면 그는 아예 이런 변형의 가능성을 염두에 두고서 '인승마' 은유 자체를 거부했을 것이라는 추론이 가능할 것이다. 우리는 이이가 상상하기를 거부했던 리기론에 대한 '인승마' 은유의 수용을 이이의 리기론적 이해를 따라 구성해 봄으로써 이 질문에 대한 실마리를 찾을 수 있다. 이이의 '인승마' 은유에 대한 비판을 염두에 두고서, '인승마' 은유 자체를 이이의 리기론에 맞춰 재구성함으로써 거기에서 어떤 모습이 발견되는지를 통해 이이의 '인승마' 은유에 대한 거부가 정확하게 무엇을 회피하려는 것인지, 그리고 그런 시도는 정말로 성공적이었는지를 살펴볼 수 있다.

이이의 비판대로 리기불상리理氣不相離라는 원칙에 근거하여 '인승마' 은유에서 사람과 말의 분리 가능성을 없애 보자. 이를 위해서는 말에 단단히 묶인 사람의 이미지를 상상하면 된다. 그런데 이 사람은 애초부터 말과 분리되지 않기 때문에 그는 말에 올라타고 내리는 동작 자체의 가능성을 사전에 봉쇄당하고 있다. 게다가 그는 '리무위'의 의인화로서 움직이지 않고 활동하지 않는 존재로 가정된다. 이 경우 '사람 = 위, 말 = 아래'라는 상—하 관계는 유지되는 대신 그들 사이의 불가분리적 연결 속에서 사람의 동적인 움직임은 원천적으로 제거된다. 한편 '인승마'란 용어 속에는 이미 '승乘'이라는 외적으로 동사처럼 보이는 술어가 포함되어 있다. 그래서 '리는 무위'이자 '리기불상리'라는 주장은 리의 운동 불가능성을 주장하는 데 비해서, '인승마' 은유는 '탄다'(乘)는 동작을 허용하고 있기 때문에 서로 모순적으로 보이는 것이다. 이이는 이런 모순 때문에 '인승마' 은유를 배격했지만, 다행스럽게도 이런 외적 모순을 해결하면서 '인승마' 은유를 보존할 수 있는 한 가지 방식이 존재한다. 그것은 '승乘'이란 낱말이 애초부터 동사로 결정되어야 한다는 법칙이 존재하지 않는다는 사실이다. 그것이 동사처럼 이해된 것은 주희와 이황이 '인승마' 은유 속에 포함된 '승乘'의 의미를 그런 방식으로 이해했고, 후대의 해석자들이 거기에 동의했기 때문이다. 따라서 이미 이이가 리에 대한 자신만의 이해 방식을 고집하고 '인승마' 은유를 거부하는 순간 더 이상 그런 이해 방식에 국한될 필요는 없는 셈이다. 이렇게 해석할 경우 이이식의 리기론적 전제와 '인승마' 은유를 정합적으로 만드는 해석은 '인승마'의 '승'을 '탄다'라는 동사의 의미로 말할 수 없게 만든다. 왜냐하면 '타는' 순간을 가정하자마자, 그 이전에 그들이 분리되어 있었다는 점을 인정해야만 하고, 이렇게 하는 순간 이이 자신이 주장하고자 하는 '리기불상리'의 원칙이 파괴되며, 나아가 자신이 이황의 호발설에 제기했던 것과 똑같은 비판에 직면하게 되기 때문이다. 그러므로 이이가 '리승'이라고 할 때의 '승乘'은 '탄다'가 아니라, '타 있는 혹은 탄 상태'를 의미하는 것이어야만 한다. 즉, 그것은 상태를 의미하는 형용사로 번역되어야지, 동사로 번역되어서는 안 된다. 거꾸로 이렇게 해석함으로써 '인승마' 은유를 보존할 수 있게 된다고도 말할 수 있을 것이다.

'인승마' 은유가 기묘한 변형을 일으키는 것은 바로 이 지점에서이다.

이렇게 '승'이 형용사로 번역된다면, '인승마'는 '사람이 말을 탄다'가 아니라, '사람이 말에 타 있는' 이미지를 구체화한다. 게다가 '리기불상리'라는 원칙에 따르면 리는 절대 기와 분리되지 않기 때문에 이 상태는 영구적이다. 동시에 '리기불상잡理氣不相雜'이라는 또 다른 원칙을 고려하면 리와 기의 뒤섞임이 불가능한 것처럼 이 은유적인 사람과 말이 뒤섞이지 않는다는 것도 알 수 있다. 사람이 말을 타고 있지만 사람은 여전히 사람이고, 말은 여전히 말인 것이다.

여기에서 정말로 기묘한 이미지가 떠오른다. 말 등에 영원히 결박된 인간, 불가분리적으로 말과 결합되어 있으면서도 서로 뒤섞이지도 않고, 요동하는 말 위에서 절대 내릴 수 없는 사람의 이미지가 구체화되기 때문이다. 이러한 사람－말의 결합체는 어디에도 존재하지 않는다. 다만 이와 유사한 사람－말의 결합체가 있을 뿐이다. 이것을 상상할 때 위로 가면 우리는 사람의 모습을 만나고, 아래로 가면 말의 몸통과 다리를 만나게 된다. 이러한 이미지는 고대 그리스신화 속에서 나타난 켄타우로스라는 반인반마의 존재 속에서 가장 유사한 형태로 발견된다.

이 이미지의 기묘함이 여기에서만 그치는 것은 아니다. '리는 무위'와 '리는 무형상', 특히 '리는 형이상'이라는 조건을 추가하면 이제 이 켄타우로스는 정말로 이상하게 변형된다. 왜냐하면 반인반마이기는 하되, 말의 형상은 '형이하'이기 때문에 가시적으로 포착되는 데 비해서 사람의 형상은 보이지 않고, 그 사람이 심지어 아무런 작용도 하지 않는 이상한 켄타우로스이기 때문이다. 가시적인 면에서 이것은 그저 몸만 있는 움직이는 말의 이미지이지만, 이 위에는 보이지 않는 아무 것도 하지 않는 기수의 상반신이 단단하게 말에 결박된 채 타고 있다고 가정된다. 이 무형의 기수를 최대한으로 시각화해 보았자, 기껏 우리가 만날 수 있는 것은 시체처럼 아무 동작도 하지 않는 창백한 켄타우로스의 이미지일 뿐이다.

나아가 더 이상한 점도 있다. 이 창백한 켄타우로스는 비록 전혀 어떠한 동작의 주체일 수 없지만, 은유적인 의미에서는 '주재'(主)라고 주장되기 때문이다. 자신은 아무런 움직임이 없으면서 주재일 수 있는 이런 보이지 않는 인간과 불가분리적으로 결합된 말의 이미지는 과연 이이에게 무엇이었을까? 아니 이이는 실제로 이러한 이미지에 도달했던 것일까? 다음과 같은 호라티우스의 말은 이이가 실제로 그런 이미지를 상상했더라도, 이것을 자신의 리기론적 체계 안에서 명시적으로 표현하는 데 곤란을 겪었을 것이라는 추론의 가능성을 시사한다.

> 가령 어떤 화가가 머리에다 말의 목을 이어 붙이고 몸통은 다채로운 깃털로 장식하는 등 온갖 동물에서 그 지체(肢體)를 빌려 온 결과 위쪽은 아름다운 여인이지만 맨 아래쪽은 보기 흉한 잿빛 물고기가 되어 버린 괴상한 그림을 그려 놓고 그대들을 자신의 화실로 불렀다고 한다면, 친구들이여, 그대들은 과연 이런 그림을 보고도 폭소를 금할 수 있을까요?[97)]

호라티우스의 『시학』의 첫 구절이 분명하게 보여 주는 것처럼 이이 자신뿐만 아니라 조선의 성리학자들에게 그것은 너무도 기괴하고 우스꽝스러웠거나, 혹은 불경스러운 이미지였을 것이다. 하지만 이렇게 인간과 말이란 이질적 개념체계를 선택해서 그들의 물리적 신체를 상상적으로 절단하고 다시 재조립하는 것은 앞서의 선행 연구가 보여 주었던 이이의 은유적 사고

---

97) 아리스토텔레스 외, 천병희 옮김, 『시학』(서울: 문예출판사, 2006), 171쪽.

와 그 구도가 일치한다.

4.

이이의 창백한 켄타우로스는 정말로 호라티우스가 말하는 것처럼 그렇게 웃음을 참을 수 없는 기괴한 것에 불과할 뿐일까? 이제 아래의 사례들은 호라티우스의 비평을 문자 그대로 믿는 것이 상당히 성급한 판단이라는 점을 보여 준다. 왜냐하면 그것은 상당히 일반적인 어떤 것의 특수한 양상일 확률이 높기 때문이다.

레이코프와 존슨은 『삶으로서의 은유』의 수정판에서 기존에 존재하지 않았던 '은유 합성'이란 개념을 추가했다. 이것은 은유들이 개체적으로 복합적 구조를 이룰 뿐만 아니라, 은유들 자체의 결합에 의해 하나의 사물이나 사태를 묘사하는 인지적 기제로 동원된다는 사실을 설명하는 개념이다.

> 새로운 은유적 개념―경험을 조직화하고 이해하는 새로운 방식―이 단순한 개념적 은유를 조합해서 복합적 은유를 형성함으로써 발생한다는 것을 보여 주었다. 결과적으로 혁신이나 참신성은 기적적인 것이 아니며, 뿌리 없이 나오는 것도 아니다. 그것들은 다른 평범한 개념적 기제와 함께 일상적인 은유적 사고의 도구를 사용함으로써 구성된다.[98]

기존에 존재하지 않는 것을 만들어 낸다는 점에서 기본적으로 상상력이라고 부를 수밖에 없는 능력을 통한 은유 합성의 결과는 존재하지 않았던

---

98) G.레이코프 · M.존슨, 『삶으로서의 은유(수정판)』, 386쪽.

상태로부터 인공적 제조물이라고 할 수 있는 이론의 존립으로 이어진다. 그것은 비단 이론의 존립에만 관계하는 것이 아니다. 그것은 기존에 존재하지 않았던 새로운 예술 양식의 탄생과도, 그리고 막연한 추상적 개념인 '죽음'의 의인화된 시각적 이미지의 형성에도 기여하고 있기 때문이다. 콜라주라는 미술 양식의 창조자인 피카소와 영화 「제7의 봉인」에서 죽음을 의인화해 표현한 베르히만의 경우를 통해 우리는 서로 다른 분야에서 동일한 인지적 작용이 어떻게 나타나고 있는지를 파악할 수 있다. 먼저 베르히만이 형상화한 죽음은 어떻게 이루어졌는지에 대해 살펴보자.

「제7의 봉인」에 등장하는 죽음은 일반적인 하나의 양상과 특징적인 세 가지 양상을 갖고 있다. 가장 먼저 그는 일단 사람이다. 즉, 그는 '의인화된 죽음'인 것이다. 여기에는 하나의 '사건은 행위'라는 개념적 은유가 결부되어 있다. 우리는 일상적으로 하나의 사건을 어떤 동작주가 일으키는 행위로 인식하는데, 이런 동작주가 전제되고 그 동작주가 인간으로 의인화될 때 죽음 같은 사건은 죽음이라는 동작주가 일으키는 사건으로 이해될 수 있는 것이다. 즉 죽음이 의인화되는 것은 '사건은 행위'라는 광범위한 개념적 은유의 개별적인 한 양상이다. 한편 의인화된 죽음의 외양을 이루는 것은 세 가지 특징적인 모습으로 구체화되어 있다. 첫째, 죽음은 낫을 들고 있다. 둘째, 죽음은 후드가 달린 수도사들의 복장을 하고 있고 그 색깔은 검은색 혹은 어두운 색이다. 셋째, 죽음은 핏기 없는 창백한 얼굴을 하고 있다. 이러한 세 가지 특징적인 모습들은 각각 거기에 어울리는 은유적 기반을 가지고 있다.

첫째, 낫을 든 죽음이라는 이미지는 베르히만의 영화에서뿐만 아니라, 타로카드와 같은 문화적 산물들 속에서도 전형적으로 발견되는 것이다. 레이코프와 터너는 그 이유가 다름 아닌 '인간은 식물'이라는 개념적 은유에 있다고 풀이하고 있다. 인간과 식물의 동일시를 포함하는 이런 은유는 성리학에서 식물의 '생장수장生長收藏'이 인간의 '인의예지仁義禮智'와 병치되는 데서도 쉽게 발견할 수 있다. 이 은유가 파생시키는 즉각적인 하위 은유 가운데 하나는 '인간의 삶은 식물의 삶'이라는 것이다. 여기에서 한 걸음 더 나아가면 죽음은 삶이 정지하는 것이기 때문에, 식물의 삶을 정지시키는 행위는 죽음의 은유적 표현이 될 수 있다. 이렇게 이해할 때 식물의 죽음을 야기하는 행위의 한 유형으로서의 식물을 수확하는 활동, 나아가 그 활동의 동작주는 곧 죽음 자체의 의인화된 표현으로 간주되고, 수확의 도구들은 죽음의 도구들로 간주되는 것이다. 식물을 수확하는 대표적인 도구인 낫은 죽음의 대표적인 도구가 되고, '낫을 든 인간'은 죽음의 의인화된 표현이라는 근거를 획득한다.

두 번째 의인화된 죽음이 입고 있는 후드가 달린 검은색의 복장은 전형적인 중세시대 수도사들의 복장이다. 중세 수도사들과 죽음 사이의 은유적 연결은 '인간은 식물' 은유와는 다른 문화적 배경을 갖고 있다. 일단 여기에는 두 가지 개념적 은유가 작용하고 있다. 하나는 '인생은 낮, 죽음은 밤' 은유로, 이 은유에 의해 복장의 색깔이 결정되고 있다. 검은색은 밤의 어두움이며, 밤의 어두움은 '죽음은 밤'이라는 은유에 의해 죽음의 이미지에 결합된다. 다른 하나는 '죽음은 여행' 은유이고, 이 은유의 보다 특수한 형태는 '죽음은 최종 목적지로의 여행'이라는 은유다. 이 은유에 따르면 죽음은 우리가 이 세상에서 다른 세상으로 아직 가본 적 없는 목적지를 여행하는 출발점이다. 우리는 출발점에 서 있는 여행에서 종종 안내자의 도움을 받는데 이런 경우에 안내자는 죽음의 이미지를 대신할 수 있게 된다. 그리스신화에서 나오는 뱃사공 카론이나, 동양의 설화에 등장하는 저승사자는 모두 이러한 안내자들이다. 중세시대에 수도자는 실제로 그들이 죽은 이들의 장 례식을 주관한다는 점에서 죽은 사람을 저 세계로 안내하는 문화적 역할을 맡고 있었다. 이러한 문화적 양상이 '죽음은 미지의 여행의 안내자'라는 은 유가 '수도자는 안내자'라는 은유와 결합하면 '죽음은 수도자', 그리고 그 특수한 하위 은유로서의 '죽음의 의상은 수도자의 의상'이라는 은유가 발생 하는 것이다.

마지막으로 광범위하게 죽음을 묘사하는 가장 일반적인 상징물은 뼈만 남은 두상, 즉 해골이다. 이것은 그 자체로 인간의 죽음과 인과적으로 연결 된 물건이다. 즉, 인간의 시체에서 살이 제거되고 골격만 남은 부분이기 때 문이다. 비교적 장기간에 걸쳐 유지되는 해골의 형태는 죽음의 직접적인 이미지로 간주되기에 충분한 근거를 갖고 있다. 그런데 '사건은 행위' 은유 에 기반을 둔 의인화에 의해서 이미 죽음이 인간으로 가정되었기 때문에, '죽음은 해골'이라는 은유는 약간의 변형을 거친다. 즉 해골의 비인간적 모 습이 사라지는 대신에, 해골과 가장 유사한 형태의 얼굴을 하게 되는 것이 다. 이에 따라 혈액순환이 사라진 시체의 얼굴이 죽음의 얼굴로 묘사되고, 결국 죽음은 무표정하고 창백한 얼굴에 수도사의 검은 후드 복장을 하고 낫을 든 사람으로 의인화되는 것이다.

특징적인 점은 죽음의 의인화를 위해, 죽은 시체와 같은 사람의 얼굴, 수도사의 의상, 수확의 도구로서의 낫이 결합하는 방식이다. 즉 죽음은 세 가지 각기 다른 개념체계들이 원래의 맥락에서 해체되어, 부분적으로 선택 된 후 재조합된 것이다. 이것은 선행 연구에서 이미 대표적인 두 가지 성리 학적 주장 즉, 리통기국설과 기발리승일도설이 서로 다른 두 가지 개념체계로부터 해체되고, 부분적으로 선택되어 재구성되었다는 것과 일치한다. 이러한 인지적 방식의 일치는 우리에게 무엇을 말해 주는가? 나아가 철학적 사고의 분석에서 이러한 인지적 과정에 대한 주목이 의미하는 것은 무엇일까?

5.

철학적 탐구를 위해서 일련의 선행하는 요소에 대한 탐구의 필요성을 담고 있는 성찰들에 대해 주목해 보자. 메를로 퐁티(Maurice Merleau-Ponty)는 현상학의 순수기술의 의미를 설명하는 절에서 이렇게 말하고 있다.

> 모든 학문의 세계는 직접 체험된 세계 위에 세워지고, 만일 우리가 학문 그 자체를 엄밀하게 사유하고 그 의미와 범위를 정확하게 평가하기를 원한다면, 우리는 우선 학문이 2차적 표현이 되는 세계의 경험을 일깨우지 않을 수 없다.[99]

퐁티의 말속에서 발견되는 것은 학문을 2차적인 것으로 만드는 세계의 경험의 특성에 대한 이해가 없이는 학문―물론 철학을 포함해서― 그 자체에 대한 이해와 평가가 불가능하다는 주장이다. 퐁티는 우리가 철학 텍스트의 표면이 아니라, 그 아래에서 철학적 진술들의 구성에 관여하는 세계 경험의 내용에까지 파고들어야 할 필요성에 대해 언급하고 있는 것이다. 유사한 내용을 루돌프 아른하임(Rudolf Arnheim)은 시지각을 예로 들어 사고 그 자체의 피와 살이 어떻게 일상생활의 영역에서 예술작품에 대한 해석을 담고

---

99) 메를로 퐁티, 류의근 옮김, 『지각의 현상학』(서울: 문학과지성사, 2002), 15쪽.

있는 전문적인 영역에까지 일관될 수 있는지를 설명한다.

> 우리가 인정할 필요가 있는 사실은 지각의 그리고 회화의 형체들은 사고思考의
> 산물産物의 번역일 뿐만 아니라 사고 바로 그 자체의 피와 살이며, 시각적 해석
> 의 단절되지 않은 영역이 일상 의사소통의 겸손한 몸짓으로부터 위대한 예술의
> 진술문에까지 이른다는 것이다.[100]

풍티와 아른하임은 서로 다른 학문 영역에서 활동했음에도 불구하고 그
들이 말하는 '세계의 경험', '사고 그 자체의 피와 살'이라는 개념들은 현대
적인 해석에 의해서 인지적 무의식이라는 범주로 개념화할 수 있는 것들에
대한 선행적 전조를 이루고 있다.

20세기에 그 이름을 얻게 된 비교적 새로운 학문이면서 이미 성서 해석
학으로까지 그 기원을 쉽게 소급할 수 있는 기호학의 근본 구조에 대한 새
로운 해명을 시도하면서, 노양진은 '기호적 경험의 본성을 해명하기 위해
기호화라는 인지작용에 대한 새로운 탐색이 필요한' 이유에 대해 이렇게
설명한다.

> 필자가 주목하는 것은 기호의 본성이 그 자체의 작용 방식을 통해 해명될 문제
> 가 아니라 기호 사용자인 우리의 경험의 방식을 통해 해명되어야 할 문제라는
> 점이다. 다시 말해서 존재하는 모든 것은 비기호적으로도, 기호적으로도 경험될
> 수 있는데, 그 경험의 방식은 세계의 문제가 아니라 우리 자신의 문제다. 이러한
> 관점에서 기호 또는 기호화의 본성에 대한 해명은 세계의 사실에 대한 해명이

---

100) 루돌프 아른하임, 김정오 옮김, 『시각적 사고』(서울: 이화여자대학교출판부, 1995),
193쪽.

아니라 우리의 경험의 구조에 대한 해명의 일부가 되어야 한다.[101]

이제 퐁티가 말하는 세계의 경험은 노양진의 해석에 의하면 '세계의 사실에 대한 해명이 아니라, 우리의 경험의 구조에 대한 해명'이고, 나아가 이것은 '사고 그 자체의 피와 살'이 세계의 사실이라기보다는 우리가 세계를 경험하는 방식과 구조에 대한 인지적 해명을 바탕으로 해야 한다는 것을 한결 명확한 어조로 보여 주고 있다.

이상과 같은 진술들이 함축하는 주장에 따르면, 성리학이라는 2차적인 표현의 세계가 존재한다면, 우리는 그와 같은 2차적인 표현의 세계를 가능하게 만들었던 '세계 경험'에 대한 탐구를 가정할 수 있으며, 그것은 아른하임의 표현에 따른다면 우리 '사고의 피와 살'에 대한 탐구이고, 노양진의 표현을 빌리자면 '우리의 경험의 구조에 대한 해명'이어야 한다. 그리고 그것들의 핵심에는 바로 우리 인지작용의 특성 그 자체가 뿌리를 내리고 있는 것이다. 우리가 어떤 성리학 이론을 가진다면 거기에는 반드시 우리의 인지작용의 특성과 부합하는 사고의 피와 살이 존재해야 하는 것이다.

그것들은 이론의 표면 아래에서 이론적 구조화와 정합적인 일관성을 보장하기도 하고, 때로는 이론의 내적 모순을 드러냄으로써 자신들의 인지적 불완전성을 드러내기도 한다. 그리고 바로 이런 이유 때문에, 즉 이러한 인지적 과정들이 선행하는 철학자들과 우리들 자신에게 이해 가능하고 공유 가능한 여지를 충분히 확보하고 있기 때문에, 우리는 후행적으로 선행하는 철학 텍스트들의 내용과 의미에 대해 비판적으로 고찰할 수 있는 것이다.

---

101) 노양진, 『몸·언어·철학』, 「기호적 경험의 체험주의적 해명」(파주: 서광사, 2009), 158쪽.

이런 점에서 볼 때 이이와 베르히만은 서로 다른 분야에서 동일한 인지적 능력을 사용했다. 즉 그들은 상상력에 기인해서 서로 다른 개념체계의 요소들을 잘라내고 다시 붙이는, 즉 일종의 가르기-붙이기라는 연쇄 과정을 거쳐서 자신들의 철학적, 영화적 작업을 수행했던 것이다. 그리고 그들의 인지적 과정을 이처럼 개념체계에 대한 가르기-붙이기라는 연쇄 과정으로 묘사할 때, 이와 극히 유사한 또 다른 분야의 작업을 떠올릴 수 있는데, 그것은 바로 피카소의 콜라주다.

6.

베르히만과 이이의 방식은 피카소가 콜라주를 위해 오브제들을 원래의 맥락에서 분리해 예술적 목적을 위해 재결합한 것과 원리적으로 어떠한 차이도 없다. 피카소와 그의 동료 브라크가 창안했다는 콜라주는 일반적으로 이렇게 이해된다.

> 이 기법은 콜라주(collage)인데, 그 이름은 프랑스어로 '풀'을 뜻하는 'colle'에서 파생했다. 콜라주는 보통 '발견된' 다채로운 종이와 인쇄물과 같은 이질적인 요소들을 캔버스 위에 풀로 붙여 혼성물을 만들어 내는데, 이때 붙여지고 채색된 요소들은 뚜렷하게 남는다. 콜라주는 '파피에콜레'(papiers collés)로 알려진 더욱 미묘한 과정으로 이어지는데, 이는 채색되고 인쇄된 종잇조각들을 잘라서 더 큰 종이 위에 붙이고 목탄, 연필, 잉크 등으로 그린 드로잉을 의미한다.[102]

---

102) 닐 콕스 지음, 천수원 옮김, 『입체주의』(파주: 한길아트, 2003), 152쪽.

즉 콜라주는 베르히만의 죽음이 구성되는 방법처럼, 이이의 리통기국설이 구성되는 방법처럼, 기발리승일도설이 반인반마의 방식으로 은유적으로 구성되는 방법처럼, 기존 체계의 해체, 부분적 선택, 재조립이라는 과정을 거친다. 그러나 도대체 그렇게 하는 목적은 무엇인가? 직접적으로 콜라주를 언급했다기보다는, 입체파를 염두에 두고 곰브리치가 피카소가 했던 작업에 대해 해석하는 대목은 우리의 논의에 시사점을 던져 준다.

오래전부터 우리는 사물을 눈에 보이는 그대로 재현하기를 포기했다. 그것은 추구할 가치가 없는 도깨비불과 같은 것이다. 우리는 순간순간 변해 가는 가상적인 인상을 캔버스에 고정하기를 원치 않는다. 세잔처럼 가능한 한 소재가 가진 확고하고 변함없는 모습을 포착하여 그려 보자. 우리의 진정한 목표가 어떤 것을 모사하는 것이 아니라 구축하는 것이라는 사실을 철저하게 받아들이지 못할 이유가 어디 있겠는가? 가령 우리가 어떤 물건, 예를 들어 바이올린을 생각할 때 신체의 눈으로 본 바이올린과 마음의 눈으로 본 바이올린은 서로 다르게 나타난다. 우리는 여러 각도에서 본 바이올린의 형태를 한순간에 생각할 수도 있고, 또 사실 그렇게 한다. 그 형태들 가운데 어떤 것은 마치 손으로 만질 수 있는 것처럼 분명하게 떠오르고 어떤 것은 흐릿하다. 그러나 단 한순간의 스냅 사진이나 꼼꼼하게 묘사된 종래의 그림보다 이상스럽게 뒤죽박죽된 형상들이 '실재實在'의 바이올린을 더 잘 재현할 수 있다.[103]

다시 말해 곰브리치는 가상의 피카소의 입을 빌려 이렇게 말한다. "우리의 진정한 목표가 어떤 것을 모사하는 것이 아니라 구축하는 것이라는 사실을 철저하게 받아들이지 못할 이유가 어디 있겠는가?" 입체파의 화법

---

103) E.H.곰브리치, 백승길 · 이종승 옮김, 『서양미술사』(서울: 예경, 2005), 573쪽.

이 대상에 대한 여러 가지 종류의 시점을 한 캔버스에 한꺼번에 구축하는 것 역시, 각각의 시점을 그 시점을 포함하여 발생한 시공간의 배경으로부터 해체시켜, 한 시간과 공간의 배경 속에 응집시키는 방식으로 전체를 재조립하는 것이다. 그리고 곰브리치의 비평에서 주목할 만한 점은 이것이 인공적으로 구축된 것이라는 점이다. 레이코프가 은유 합성의 결과가 새로운 혁신이나 참신성으로 귀결된다고 말하는 것 속에서 드러나는 것처럼, 이러한 작업을 거친 후 우리는 이전의 상태 속에서 발견할 수 없는 것을 목격하게 된다. 왜냐하면 이것들은 기본적으로 개념체계 수준에서 작동하는 은유적 사고의 과정을 거쳐 인공적으로 구축된 것들이기 때문이다.

그 개념들은 이차적인 것이고, 이러한 이차적인 기호적 대상들의 창조, 사용, 향유는 우리 인간의 경험이 이러한 기호적 대상들을 필요로 하는 방식으로 구조화되고, 정교화되고, 복잡해졌다는 것을 의미한다. 우리는 자연적인 개인의 죽음이라는 사태에 만족하지 않고, 죽음을 의인화시켜 눈앞에 구체화시키고, 그에게 삶과 죽음, 구원과 신의 침묵에 관해 묻는다. 기존의 관습적 맥락에 묶여 있는 오브제들을 파편적으로 떼어 내서, 다른 오브제들과—자동적으로 다른 관습적 맥락들과— 뒤섞고, 아예 기존에는 존재하지 않았던 '콜라주'라는 이름의 예술적 양식을 창조하면서 그것들의 의미에 관해 묻는다. 주인과 종, 그릇과 내용물이라는 평범한 개념체계의 쌍들을 일부러 뜯어내고 재조립해서 주인과 그릇으로 이루어진 관계의 망을 만들고 그 관계의 망을 통해서 리기 관계를 사고한다. 기본적으로 이러한 관계, 의미, 대상들은 체계들의 이차적인 합성이고, 따라서 합성된 것으로서의 그것들은 원천적으로 기호적이며, 그러한 기호의 근원에 대해 질문할 때 우리는 그것들을 탄생시키는 우리 자신의 경험의 구조, 인지적 활동의 내용을 비판적 탐구의 대상으로 눈앞에 불러온다.

이렇게 볼 때 이이의 기발리승일도설, 피카소의 콜라주, 베르히만의 죽음은 모두 동일한 종류의 가르기-붙이기라는 인지적 과정을 거친 결과물로 해석할 수 있다. 이런 점에서는 호라티우스의 잿빛 물고기 역시 마찬가지다. 사람과 물고기의 신체에 대한 개념체계를 상상적으로 절단하고 재조합하는 이런 사유가 아니라면 인어공주는 어디에서 나타날 수 있었겠는가? 따라서 호라티우스의 비평은 나타난 이미지의 기괴함에 주목한 결과이기는 하지만, 그 이미지를 제작했던 방식 자체에 주목했더라면 그는 그것이 거의 모든 새로운 것이 파생되는 전형적인 방식이라는 점에 동의했을 것이다. 즉 그것은 상상적 사고를 통한 두 가지 혹은 그 이상의 이질적인 개념체계의 합성이라는 공통된 인지적 기제의 작동 결과였던 것이다.

7.

이이가 성리학에 대해 했던 작업은 예술적 비유를 사용하자면 성리학적 개념체계의 창조를 위한 일상적인 개념체계의 콜라주였고, 시각적 이미지의 언어를 사용하자면 창백한 켄타우로스의 발명이었다. 그렇다면 이러한 개념적 발명, 은유 합성, 혹은 개념 혼성이라고 부를 수 있는 것들의 최종 목적은 무엇인가? 보다 쉽게 말해서 이이의 기발리승일도설이 창백한 켄타우로스의 모습으로 하고 있다고 가정할 때, 이 창백한 켄타우로스의 얼굴은 우리에게 도대체 무엇을 말하고 있는 것인가? 이 질문에 대답하기 위해 우리가 주목해야 하는 것은 '리는 무위이면서 주재이다'라는 바로 그 이이의 진술이다.

이이에 따르면 명제적인 의미에서 '리는 무위'이다. 그것은 어떤 동작주로서의 힘을 결여하고 있다. 반면에 리는 불변성과 보편성이라는 특징을 획득한다. 왜냐하면 리는 형이상과 무위라는 그 자체의 본질적 속성으로 인해 기의 작용에 의해 어떠한 변화도 겪지 않기 때문이다. 유일한 가변적 요소는 오로지 기뿐이다. 심지어 기가 끊임없이 리를 제약하고 있는 순간에도 리 그 자체의 성격은 언제나 '리통'으로 불변이라고 주장된다. 이런 점에서 이이의 리는 그 자체의 힘이 없는 불변하는 보편적인 원리이다.

은유적인 의미에서 리는 주재로서 동작주인 듯이 보인다. 그러나 이것은 사실이 아니다. 명제적인 의미에서는 그 자체로 아무 것도 하지 않으면서(無爲) 은유적인 의미에서는 행위의 동작주(宰)라는 표현 속에서 묘사되는 이이의 리 개념은 '그 자체로는 아무런 행위 가능성이 없으면서도 실제로는 사회적 존재들의 행위와 사고에 대한 규범적 정당성과 기준의 역할을 수행함으로써 일종의 통제를 달성하는' 그런 개념이라는 뜻이다. 즉, 리의 통제는 그 자신의 직접적인 개입의 불가능성으로 인해 무위라고 표현되지만, 실제로 개인들에게 내재화되어 개별적인 사유와 행위에 영향을 끼친다는 점에서 은유적으로 주재처럼 이해할 수 있다는 뜻이다. 그래서 이이는 "기발리승이란 한 가지 방식이 아니라 리에 따로 작용이 있다면 리는 무위라고 말할 수 없다. 그렇다면 공자는 어째서 '도가 사람을 크게 하는 것이 아니라, 사람이 도를 크게 할 수 있다'고 말했단 말인가?"라고 확신할 수 있었다.[104] 그에 의하면 구체적 행위의 동작주는 리에 영향 받은, 혹은 그의 사유와 행동이 리의 확산에 영향을 미치는 개별 인간이지, 리 그 자체가 아닌

---

104) 李珥, 「答成浩原」, 『栗谷全書(Ⅰ)』(한국문집총간 vol.44), 권10, 211쪽.

368 [제3부] 사유의 갈림길

것이다.

이 요약을 통해서 내릴 수 있는 결론은, 이이의 리가 무위이면서 주재라고 진술되는 근본적인 이유는 이이가 우리의 경험 세계 속에서 이런 방식으로 진술될 수 있는 소지를 가진 어떤 개념을 추상화했기 때문이라는 것이다. 이이 이후로 지금까지 이이의 리 개념에 대한 해석자들의 이해가 많은 논란과 해석의 혼선을 빚어 온 이유는 그들이 모두 이론의 표면에서 이러한 대상을 발견하려고 노력했기 때문이었다. 그러한 노력은 일종의 은유 합성을 통해 만들어진 기호적 대상을 마치 경험 세계 속에서와 동일한 방식으로 실재하는 어떤 것으로 간주하고 그런 대상을 찾으려고 했기 때문에 적절한 대상을 찾기에 불가능했던 것이다. 이제 그러한 이론의 표면이 아니라 퐁티의 말처럼 그 이전의 세계 경험 속에서 성립된 어떤 개념이 이런 식으로 추상화되었다고 가정한다면, 다음과 같은 질문이 가능할 것이다.

즉 '원리이면서, 그 자체로 아무 것도 행하지 않으면서, 실제로는 사회적 존재들의 행위와 사고에 대한 규범적 정당성과 기준의 역할을 수행함으로써 일종의 통제를 달성하는' 그런 경험적인 개념은 무엇인가? 그것을 극단화시키면 우리는 보편적이고 불변이자 형이상이며 절대적인 선이라고 간주할 수 있는 그런 대상으로 이끌린다. 그러나 경험 세계 속에서 그 대상을 찾자면 마치 이이 자신이 「자경문」을 썼지만 그 「자경문」에서 '삶의 준칙'으로 삼고자 했던 그 규범을 이이 자신이 만들지 않았던 것과 똑같이, 그것은 개인의 외부에 존재하는 그런 규범 혹은 정당성의 근거들이다.

평이하게 생각해 보면 이것은 일간지의 사회면을 장식하는 수많은 범죄 행위들이 짓밟고 있는 것이 무엇인가를 생각해 보는 데에서 실마리를 얻을 수 있다. 살인, 약탈, 강도, 성폭행 등이 짓밟고 있는 것은 무엇인가? 나아가 범죄와는 다른 범주에 속함에도 불구하고 동성애자들이나 에이즈 감염 환자들이 일반인들에게 마치 범죄자를 보는 듯한 거부감을 불러일으키는 이유는 무엇인가? 게다가 양심적 병역거부를 범죄 행위로 간주하는 법원의 판단이 추구하고자 하는 것은 무엇인가? 우리는 공동체의 안녕과 질서라는 이름으로 그렇게 한다.

여기에서 발견되는 것은 하나의 공동체, 혹은 사회를 유지하기 위한 규범적 질서라는 개념이다. 이 질서는 그 자체로 규범의 위반을 억제할 정도의 충분한 힘이 없다. 그것이 실제로 힘이 있다면 그것은 위반되지 않을 것이기 때문이다. 때문에 규범은 늘 실제로 위반되기도 하고 준수되기도 한다. 위반이 존재하지 않을 때, 공동체는 언제나 위반이 일어나서는 안 된다는 당위를 정당화하는 담론을 개발하는 데 몰두하고, 그것을 사회적으로 확산시키는 데 골몰한다. 위반이 발생할 때 공동체는 위반자를 처벌하거나, 위반 행위를 교정하는 조치를 통해서 자신의 정당성과 힘을 과시한다. 이때 위반에 대한 처벌을 행사하는 것은 개별 집단이나 기관이면서 그들은 언제나 질서, 규범, 예의나 도덕, 법과 같은 공동체의 가치체계라는 명목 아래서 처벌을 행사한다.

이렇게 본다면 이이가 주장하는 리가 형이상이라는 것은 이 규범을 추상화하고 절대화한다는 뜻일 뿐만 아니라, 특정 공동체의 이상과 가치체계를 토대로 성립된 규범 체계를 전시대를 통관하는 보편적이고 객관적인 것으로 격상시키려 한다는 뜻이기도 하다. 이런 철학적 열망 속에서 형이상의 보편적이고 절대적인 리가 탄생할 수 있고, 이 리가 모든 경험 사태의 은유적인 윗면에 철저하게 내재하면서 경험 세계의 나아갈 방향을 지시하고 있음을 가정한다.

8.

이제 여기에까지 이르는 과정을 간단하게 재구성해 보자. 즉 리기의 불상리·불상잡, 리무위와 기유위, '인승마', 기발리승일도설, 리는 무위이면서 주재라는 진술, 창백한 켄타우로스의 이미지 등이 상호 연관되어 있는 이이 성리학의 내적 구도는 어떤 모습인가?

이이의 리는 '이상화된 사회적 질서로서의 리'라는 은유적 개념이다. 그렇다면 이 리는 어째서 창백한 켄타우로스의 얼굴이라는 이미지로 귀결되는가? 창백한 켄타우로스는 성과 기질에 대한 이이의 '인승마' 은유를 시각화시킨 것이고 이것은 곧 그의 기발리승일도설의 시각적 이미지이기도 한 것이다. 나아가 창백한 인간의 얼굴은 이이의 리 개념의 시각적 이미지인 것이다.

이러한 것이 가능하려면 먼저 어떤 매개적 과정이 필요하다는 것을 알수 있다. 즉 이상화되기 이전의 사회적 질서라는 개념은 그 자체로 개인에 대해 외재적이다. 이것은 이이가 성인을 준칙으로 삼았지만, 그 '삶의 준칙'으로서의 성인들이 대표하는 규범 체계를 자신이 만든 것은 아니라는 것만 생각해 보면 쉽게 알 수 있다. 먼저 필요한 것은 이러한 외재적 규범이 내재화되어야만 이이의 리 개념이 성과 기질의 관계에 도입된 '인승마' 은유와 연관되고, 사단과 칠정의 양상을 묘사하기 위한 기발리승일도설과 연관될수 있는 이론적 실마리가 마련된다는 점이다. 이러한 외재적 규범과 내재적 규범의 일치에 대한 필요성은 성리학 일반이 전제하던 천인합일天人合一이란 이상 속에 표현되어 있는데 이이 역시 이와 동일한 관점을 이렇게 표명한다.

사람이란 천지를 이끌어 가는 것을 품부받아 본성으로 삼고, 천지를 가득 채우고 있는 것을 나누어 받아 형체로 삼는다. 그러므로 내 마음의 작용은 곧 천지의 조화이다. 천지의 조화에 두 가지 근본이 없기 때문에 내 마음의 발용에도 두 가지 근원이란 있을 수 없다.[105]

이렇게 외재적 규범이 내재화되는 과정으로 천인의 구조를 일치시키고 나면, 여기에서 이이의 기발리승일도설로 나아가는 과정은 너무 손쉽다. 왜냐하면 위의 인용문에서 이이가 '내 마음의 발용'(吾心之發)이라고 말하는 것은 실제로 곧바로 기발리승일도설로 이어지기 때문이다.

천지의 조화와 내 마음의 발용 어느 것이나 기발리승이 아닌 것이 없다. '기발리승'이란 기가 리에 앞선다는 것이 아니다. 기는 유위이고 리는 무위이기 때문에 어쩔 수 없이 그렇게 말하는 것일 뿐이다.[106]

이렇게 해서 이이에게 외재적 규범이 내재화되고, 그것이 성과 기질의 관계에 적용되어 '인승마' 은유의 구조에 기댄 기발리승이란 이론체계로 구축되며, 이러한 기발리승의 구도를 리무위와 기유위라는 리기론적 전제와 연결시키는 것이 가능해졌다. 여기에 잠재적으로 함축된 '인승마'의 이미지를 리기불상리·불상잡이라는 이이 리기론의 원칙과 정합적인 방식으로 결합시키면 켄타우로스라는 이미지가 얻어진다는 것은 이미 앞에서 언급했다.

따라서 마지막으로 이러한 켄타우로스가 어째서 '창백한' 얼굴을 하고 있는가 하는 질문은 두 가지 대답을 갖는다. 첫째, 그 자체로 아무 것도 하

---

105) 李珥, 「答成浩原」, 『栗谷全書(Ⅰ)』(한국문집총간 vol.44), 권10, 199~200쪽.
106) 李珥, 「答成浩原」, 『栗谷全書(Ⅰ)』(한국문집총간 vol.44), 권10, 211쪽.

지 않는 무위라는 의미에서 발생하는 무표정 때문에 야기되는 것이다. 둘째, 그것은 비록 개인에게 내재화된 도덕적 규범의 형태로 나타나기는 하지만 근원적인 면에서 '이상화된 사회적 질서로서의 리'라는 개념이 가지는 외재적이고, 몰개성적인 속성 때문이기도 한 것이다.

요약하자면 이이는 먼저 그의 '이상화된 사회적 질서로서의 리'라는 은유적 개념을 설정한 다음 이를 내재화한다. 이를 위해서 천지의 구조와 인간의 구조를 동일시했고, 이 구조적 동일시에 근거를 두고 성과 기질 사이에 '인승마'의 개념체계에 기댄 기발리승일도의 관계를 설정했는데, 이 기발리승일도설에 포함된 원초적으로 외재적인 리의 성격이 창백한 켄타우로스의 얼굴로 나타난 것이다. 다시 말해 창백한 켄타우로스의 얼굴은 이이의 리 개념이 갖고 있는 근본적 특성의 은유적 이미지임과 동시에, '우리'라는 이름으로 공동체의 안녕과 질서를 위해 구성했다는 규범체계의 얼굴이기도 한 것이다.

9.

이이의 기발리승일도설을 구성하는 인지적 과정 속에는 창백한 켄타우로스의 이미지가 배어 있고, 이 켄타우로스의 상층부를 이루는 것은 '이상화된 사회적 질서로서의 리'라는 창백한 얼굴이다. 과연 이러한 얼굴을 가진 상반신과 네 발 짐승의 하반신과의 기묘한 결합이 세계와 인간에 대한 이이의 성리학적 사고 속에 내재한 살과 피라면, 이러한 살과 피는 오늘날의 우리에게 무엇을 알려 주는가?

먼저 그것은 이황의 리 개념과 분명한 차이를 보인다. 우리는 이황에 대한 선행 연구를 통해 얻어진 '추상화된 양심으로서의 리'라는 개념과 대조함으로써 이이의 '이상화된 사회적 질서로서의 리'라는 개념이 차이를 빚는다는 것을 알 수 있다. 이러한 차이의 철학적 의의는 무엇인가? 이이의 리가 갖는 창백한 얼굴은 우리에게 어떤 점에서 유용하고, 또 어떤 점에서 위험한가? 똑같은 의미에서 이황의 리가 가진다고 가정된 그 힘은 과연 우리에게 얼마만큼 유용하고 또 얼마만큼 위험한가? 한국 성리학은 이런 질문에 마주친 적이 있었는가?

이 질문들은 그들 두 사람이 공통적으로 성리학자라는 점에서 성리학적 사유 그 자체의 어떤 고유한 궤적에 관해 묻고 있다. 이 사유의 궤적은 주희를 중심으로 하는 성리학의 형성기뿐만 아니라, 내적으로 성리학이라는 새로운 학술적 조류를 낳을 수밖에 없었던 유가 사상의 철학적 전개 그 자체에 내재한 구조적인 문제로 비화될 것이다.

어떤 의미에서 이이와 이황의 리 개념의 차이는 유가 사상 자체의 발전사 속에 내재한 어떤 원형적 요소의 재서술일 확률이 높다. 비록 이 글에서는 이것을 암시할 수밖에 없지만 후속 연구가 이러한 원형적 요소를 발견하고 개념화하며 비판적으로 다룰 수 있을 때, 이이의 기발리승일도설에 대한 인지적 무의식의 이미지로서의 창백한 켄타우로스는 그 진정한 철학적 의미를 드러낼 수 있을 것이다.

마치면서

그들은 누구인가? 성리학을 이끌었던, 은유의 발명을 스스로 떠맡았던 도저한 상상력의 소유자들! 켄타우로스를 상상한 것은 고대 그리스인만이 아니었다. 이 은유의 발명자들은 우리들에게 반인반마에 대한 상상이 어떤 한 문화의 배타적 권리에 의해 독점될 수 없는 것이라는 진실을 가르쳐 준다. 나아가 그들의 다른 이름은 김유신, 주희, 이황, 이이, 비트겐슈타인, 프로이트라고 부를 수 있다. 그러니 여기에서 말의 목을 벤 김유신을 말고삐를 놓아 버리려는 니체의 기사에 대비시킨다고 한들 이상할 것은 없다.

우리의 욕망은 바로 무한한 것, 끝이 없는 것을 향한 욕망이다. 우리는 숨 가쁘게 앞으로 달리는 말 위에 탄 기사처럼 무한한 것 앞에서 고삐를 놓아 버리자.[1]

우리는 말의 목을 베는 자와 고삐를 놓아 버리는 자 사이에서 도덕의 불꽃이 튀는 대립을 직관적으로 알아차린다. 개념적 은유의 결과는 이렇게 즉각적인 이해를 낳는 반면에, 그 사이에서 말을 타는 사람의 평범함과 일상성이 겹쳐진 채로 둘의 차이를 가르고 있다는 사실은 좀처럼 자각되지

---

1) 프리드리히 니체, 김정현 옮김, 『선악의 저편』(니체전집 vol.14, 서울: 책세상, 2009), 208쪽.

않는다.

켄타우로스를 상상한 것이 고대 그리스인만이 아니었듯이, 성리학의 역사 속에서도 그것은 이이만의 상상이 아니었다. 오히려 이 호칭은 이이보다 이황에게 더욱 어울리고, 나아가 계보학적으로는 주희에게로 소급된다. 더 나아가면 우리는 '마음은 원숭이요 애욕은 말'(心猿愛馬)이라는 불교적인 상투어를 만날 수 있다. 다시 말해 우리는 어딜 가든지 말과 말 탄 사람의 이미지를 만난다.

그러므로 중요한 통찰이 우리를 이끈다. 말 탄 사람의 이미지는 신체를 통해 얻어진 경험을 인지적으로 구조화하고, 이미지화시킨 것의 일부분이다. 하지만, 어째서 그 말은 니체에게서 고삐를 놓아 버려야 할 무한한 욕망이 되고, 김유신에게서는 목을 베어야 할 날뛰는 본능이 되는가? 우리는 무한한 욕망을 어떻게 경험할 수 있는가? 자신의 욕망은 도대체 언제 날개를 달고 말의 몸통으로 전이되었는가? '말＝욕망'이라는 이 단순해 보이는 개념적 은유는 경험세계의 말 탄 사람의 이미지 및 이와 연결된 말 타는 사건의 구조화된 개념체계가 원리적으로 무한대의 사용을 위해 개방되어 있다는 것을 의미한다.

그러므로 비트겐슈타인의 고전적인 표현을 빌려 우리는 이렇게 말할 수 있을 것이다. '언어의 의미는 대상과의 지칭 관계에서가 아니라 그것의 사용에서 찾아져야 한다. 또한 그러한 사용의 중첩 전부가 언어의 의미 다양성을 이루듯—결국 같은 말이지만 언어의 사용이 언어의 발생을 넘어서듯—, 개념체계는 경험 세계를 넘어 그것의 사용을 위해 열려 있다'고 말이다. 결국 개념적 은유의 의미는 개념체계의 각기 다른 사용이라는 지평에서 그 보편성과 다양성이 갈리고 변형된다.

결국 약간 묘한 결론에 이르게 된다. 개념체계가 자신을 낳았던 경험 세계의 영역을 벗어나 다른 영역과 융합될 수 있다는 뜻이기 때문이다. 이로써 개념적 은유는 경험으로부터 출발하지만, 경험을 넘어서는 영역을 서술하는 언어 표현으로 확장된다. 우리는 경험할 수 없는 것을 상상하고 묘사하기 위해 경험할 수 없는 세계의 경험을 필요로 하는 것이 아니다. 오히려 이런 주장이야말로 경험할 수 없는 세계의 묘사를 위해 '경험할 수 없는 세계 경험'이라는 형용모순적인 상황을 요구한다. 자가당착적인 이런 자기모순 대신에 우리가 실제로 선택하는 것은 경험 세계에서 발생한 개념체계의 다양한 사용을 통해 그것을 달성한다는 것이다.

이런 점에서 개념적 은유가 개념체계의 다중 융합을 함축한다는 것은 당연한 귀결이다. 실제로 포코니에(G. Fauconnier)와 터너(M. Turner)는 개념적 은유를 공간횡단사상으로 함축하는 개념 혼성(conceptual blending)의 과정을 더 포괄적인 '우리가 생각하는 방식'으로 제안하고 있다.[2] 이러한 개념 혼성 혹은 개념체계의 다중 융합이 가능하다면 융합의 결과로 나타나는 새로이 형성된 개념체계의 내용은 아주 기묘한 것이 될 것이다. 용이 그런 것처럼, 여러 마리 동물의 개념체계를 해체하고 재조직화하는 과정을 통해 탄생한 것들은 부분적으로는 경험세계의 영역에 속하는 것들로 구성되어 있음에도 전체적으로는 이 경험 세계에 없는 것을 묘사하게 될 것이기 때문이다. 이런 점에서 용龍은 드래곤(Dragon)과 얼마나 같고 또 다른가? 천사(Angel)는 선녀仙女와 얼마나 같고 또 다른가? 페가소스(Pegasus)는 천마天馬와 얼마나 같고 또 다른가?[3] 이러한 대상을 산출하는 것은 일반적으로 상상력에 기초한

---

2) 질 포코니에 · 마크 터너, 김동환 · 최영호 옮김, 『우리는 어떻게 생각하는가』(고양: 지호, 2009).

창조적인 행위라고 알려져 있다. 우리는 이이와 피카소, 베르히만에게서 그러한 상상력이 사실상 동일한 인지적 작용의 귀결이라는 점을 발견할 수 있었다. 이제 독자들이 모두 알아차렸겠지만, 인지적 작용이 몇몇 비범한 인물들의 특수한 능력이 아니라는 것은 너무나 분명하다.

켄타우로스를 상상한 유학자들은 우리와 똑같은 능력을 성리학적 세계관의 진술을 위해 사용했을 뿐이었다. 그들은 형이상학적인 대상들을 상상했고, 그들 사이의 관계를 상상했으며, 그것을 서술할 언어 표현들을 자신들의 주변에서 찾았다. 적절한 것이 나타났을 때 그들은 주희와 이황이 그런 것처럼 말 탄 사람의 이미지를 빌려 리와 기의 관계를 서술했다. 그와 같은 시도가 불충분하다는 자각이 들자 이이는 주인과 종, 그릇과 그릇의 내용물을 짝으로 갖는 일상적 개념체계를 재조직화해서 주인—그릇으로 연결되는 비일상적인 개념체계를 리와 기의 관계에 적용시켰다. 리와 기를 설명하는 말과 말 탄 사람, 주인, 그릇 등의 개념체계는 평범한 것이다. 비범함은 이러한 평범한 개념체계의 낱말들을 리와 기에 적용하는 능력과 그 귀결로서 나타나는 이론적 구성물의 내용 자체에서 드러난다.

「서명」도 마찬가지고 「천인심성합일지도」도 마찬가지이며, 『논어집주』의 첫 구절도 마찬가지다. 피카소와 브라크의 콜라주도 베르히만의 저승사자도 마찬가지다. 아직 전면적으로 확인되지는 않았지만, 사실상 우리가 문화라고 부르는 거의 모든 현상이 바로 이러한 능력의 정신적 소산물들을 물리적으로 구체화시킨 것으로 이루어졌다고 단언해도 좋을 정도다.[4] 반복

---

3) 이향준, 「수퍼맨의 망토」(미발표 논문).
4) 커베체쉬의 『은유와 문화의 만남』은 바로 이 주제, 다시 말해 개념적 은유의 보편성과 다양성의 문제를 문화와의 연관성 속에서 다루고 있다. Zoltán Kövecses, 김동환 옮김, 『은유와 문화의 만남』(서울: 연세대 출판부, 2009).

해서 확인되는 사실은, 그들이 그렇게 한 것을 우리가 이해할 수 있는 것은 근본적으로 이론적 구성화와 해석에 동원된 능력이 같은 종류의 것이기 때문이다. 즉 그들과 우리의 인지적 작용은 동일하다. 결과적으로 고대 그리스의 켄타우로스와 성리학의 '인승마' 은유는 동일한 인지적 능력이 역사와 문화적 조건의 차이에 따라 분화된 것이다.

이것은 성리학의 탐구에 앞서 그 이론체계를 형성하는 일반적인 인지 능력과 그에 기반을 둔 인지적 과정에 대한 탐구가 필수적이라는 점을 시사한다. 다시 말해, 우리가 어떻게 해서 지금 우리가 보는 것과 같은 성리학 이론체계들을 가지게 되었는지에 대해 그 인지적 조건과 과정들을 비판적으로 분석할 수 있어야 한다. 역사적, 사회적, 문화적 조건들에 대한 탐구와 발맞추어 이론의 형성 조건에 대한 이러한 탐구를 진행할 때, 우리는 '우리의 앎'의 내용을 무조건적으로 신뢰하는 대신에 '우리 앎의 조건'에 대한 이해를 근거로 비판적으로 분석하게 될 것이다. 이 앎의 조건이 우리 앞에 명료해질수록, 우리는 이를 근거로 형성된 이론의 성격과 내용 및 그 한계에 대해서도 한층 더 분명한 이해에 도달할 것이다. 이런 의미에서 체험주의적 분석은 성리학에 대한 충분한 분석은 아니지만, 적어도 필수적인 분석이라고 단언할 수 있다.

후기

이 책은 의도적으로 어떤 일관성을 기대하고 계획적으로 저술된 것이 아니었다. 일관성은 시간이 흐르면서 발견되고 구축되었다. 현대 인지과학의 성과에 기반을 둔 인지언어학적 견해와 언어철학적 전통이 결합한 체험주의가 성리학의 분석 방법론일 수 있다는 가능성이 누구에게서도 떠오르지 않았기 때문이다. 때문에 이 책은 처음부터 어떤 방향을 정할 수 없었다. 그저 그때그때 가능한 것을 추적해 나가면서 그것들이 이루게 될 전체적 그림이 어떤 것이 될지를 기다릴 수밖에 없었고, 결국은 독자들이 본문에서 목격한 것과 같은 것이 되었다.

나는 이것들이 좋은 것인지, 어떤 것인지를 알지 못한다. 왜냐하면 설정한 방법론에 따른 사유가 가져다준 결론에 떠밀려서 어쩔 수 없이 쓴 것들로 내용이 이루어져 있기 때문이다. 그러므로 이러한 방법론의 미래에 대해서도 예측할 수 없다. 물론 아주 사소하게 덧붙일 수 있는 몇 마디를 제외한다면 말이다.

간단하게 요약하자면 최초의 가능성은 『삶으로서의 은유』에 대한 발견에서 시작되었다. 그 책을 알게 되었을 때, 학문적 탐구의 방향에 어떤 전환이 왔다는 것은 확실했다. 리기론을 중심으로 하는 성리학 담론의 난해함에 수반되는 모호함, 알 것 같은 느낌의 일시적인 흥분 상태, 반복되는 거북함은 근원적인 측면에서 뒤집힌 회화의 감상자가 당연히 느낄 수밖에 없는 일이었다. 오히려 그러한 불편을 느끼지 못하는 것이 이상한 일에 속한다는 사실이 나중에는 분명해졌다.

얼마 후에 이 책의 지적 배경을 더 잘 이해하기 위해서 비트겐슈타인의 『철학적 탐구』를 읽었을 때, 무엇이 벌어지고 있었는지에 대해서는 더 이상 질문할 필요가 없다는 것이 드러났다. 망치를 거꾸로 쥔 상태에서 손잡이로 못을 박으려는 서툰 목수는 필연적으로 못의 머리가 손잡이를 찍는 사태를 만나게 마련인 법이었다.

개념적 은유가 사고의 일반적 기제라는 점이 납득되고, 개념적 은유의 본질이란 사실상 비트겐슈타인이 말했던 언어의 사용이론의 연장선상에서 이해되어야 한다는 것이 받아들여지자, 텍스트가 어떻게 분석되어야 하는가에 대한 시각도 안정되었다. 우리들이 철학적 담론의 대상들을 어떻게 구성하고 설명하는지 그 사다리에 대한 실마리가 나름대로 이해되는 순간, 거꾸로 잡힌 것이었을망정 망치는 언제나 내 손안에 있었고, 나는 그저 손잡이와 망치의 머리를 구분하는 데 서툴렀을 뿐이라는 사실이 드러났기 때문이었다.

이성적 사유로부터 이성적 사유를 부분적인 사유 작용으로 포함하는 상상적 합리성으로의 개념적 전환은 더욱 많은 것을 바꾸어 놓았다. 순수하게 이성적이라거나, 논리적 혹은 합리적인 어떤 사유의 내용이라는 것이 원리적으로 불가능하다는 사실의 자각은 기존의 성리학에 대한 이해와 해석의 한계가 어디에 있는지를 가르쳐 주었다. 성리학 이론이 어떻게 구성되었는지에 관한 과정에 대한 비판적 검토가 없이는 그것의 내용들이 용이하게 이해되고, 수용되어서는 안 된다는 것도 분명해졌다. 그리고 그런 전제하에서 탐구를 진행했을 때, 내가 상상했던 것은 아니었지만, 지금까지 존재하지 않았던 분석과 그 결과물들이 눈앞에 기이한 형태로 나타나기 시작했다. 「서명」의 체계가 개념적 은유의 중층 구조라는 사실에서부터 16세기 조선의 성리학자인 이이의 성리학을 형성시킨 리기론적 사유가 20세기 파블로 피카소의 콜라주를 만들어 낸 미학적 사유와 기본적으로 동일한 인지적 작용을 배경으로 한다는 것 등이 모두 그런 것이었다.

이 책은 겨우 존재하는 이러한 자각과 분석의 결과물 11편의 합집합일 뿐이다. 앞에서 말한 것처럼 이것의 바깥에 있는 여집합의 모양이 어떨지, 그리고 전체집합으로서의 체험주의적 분석의 최종적인 양상이 어떻게 될지 나는 아직 모른다. 아니, 모른다기보다는 아직 그것을 상상할 수 없다. 증거가 충분치 않기 때문이다. 그러나 누군가 말한 것처럼 증명의 부재가 부재 증명을 의미하는 것은 아닐 것이다. 혹 누군가는 아직 드러나지 않은 증거의 조각을 들고 꿰맞춰지지 않은 이론의 구조를 고민하고 있을 것이다. 그들이 이 책에서 보잘 것 없으나마 일련의 연관을 찾아내기를 바랄 뿐이다.

2011. 11월

龍鳳洞 持敬齋에서

全州 後學 李向俊은 쓰다.

참고문헌

·

·

『논어』.
『도덕경』.
『맹자』.
『주역』.

한글대장경 『대반야경』 vol.1, 서울: 동국역경원, 1987.
한글대장경 『대방광불화엄경(80권본)』, 서울: 동국역경원, 1987.
한글대장경 『유마힐소설경』 상, 서울: 동국역경원, 1987.

覺羅·石麟 외, 『山西通志』(문연각사고전서 vol.547), 臺北: 商務印書館, 1988.
權　近, 『入學圖說』(전남대학교 도서관 소장 필사본), 1909.
奇正鎭, 『蘆沙先生文集』(한국역대문집총간 vols.285~287), 서울: 경인문화사, 1988.
明　皇(唐 玄宗) 注, 邢昺 疏, 『孝經注疏』(문연각사고전서 vol.182), 臺北: 商務印書館, 1988.
司馬遷, 『史記』 vols.1~10, 北京: 中華書局, 1987.
成　渾, 『牛溪集』(한국문집총간 vol.43).
宋　純, 『俛仰集』(한국문집총간 vol.26).
黎靖德 編, 『朱子語類』 vols.1~8, 臺北: 中華書局, 1983.
劉子翬, 『屏山集』(문연각사고전서 vol.1134), 臺北: 商務印書館, 1988.
陸九淵, 『象山集』(문연각사고전서 vol.1156), 臺北: 商務印書館, 1988.
李　翶, 『李文公集』(문연각사고전서 vol.1078), 臺北: 商務印書館, 1988.
李　珥, 『栗谷集』(한국문집총간 vols.44~45).
李仁老, 구인환 엮음, 『파한집』, 서울: 신원문화사, 2002.
李震相, (영인본)『寒洲全書』 vols.1~5, 서울: 아세아문화사, 1980.
李　恒, 『一齋集』(한국문집총간 vol.28).
李　滉, 민족문화추진회 편, 『국역 퇴계집』(제3판), 서울: 민족문화문고간행회, 1982.

_____, 『退溪先生文集』vols.29~31, 서울: 경인문화사, 1996.

任聖周, 『鹿門集』(표점영인 한국문집총간 vol.228).

張 載, 『張子全書』(문연각사고전서 vol.697).

_____, 『張載集』, 臺北: 漢京文化事業有限公司, 간행년도 미상.

張顯光, 『旅軒先生全書』, 인동장씨남산파종친회 간.

丁時翰, 『愚潭集』(한국문집총간 vol.126).

鄭 玄 注, 孔穎達 疏, 『禮記注疏』(문연각사고전서 vol.116), 臺北: 商務印書館, 1988.

程顥·程頤, 『二程集』, 臺北: 漢京文化事業有限公司, 1984.

趙 岐, 『孟子注疏』(문연각사고전서 vol.195).

曹 端, 『太極圖說述解』(문연각사고전서 vol.697).

_____, 『通書述解』(문연각사고전서 vol.697).

朱 熹, 『朱子全書』vols.1~27, 上海古籍出版社·安徽教育出版社, 2002.

_____, 성백효 역주, 『논어집주』, 서울: 전통문화연구회, 1991.

_____, 『맹자집주』, 서울: 전통문화연구회, 1992.

陳 淵, 『黙堂集』(문연각사고전서 vol.1139).

何 晏 注, 邢昺 疏, 『論語注疏』vol.23(『十三經注疏』本), 北京: 北京大學出版部, 2000.

韓元震, 『南塘集』(표점영인 한국문집총간 vols.201~202).

_____, 곽신환 역주, 『주자언론동이고』, 서울: 소명출판, 2002.

許 愼 著, 段玉裁 注, 『說文解字注』, 臺北: 黎明文化事業公司, 1989.

김형효, 『원효에서 다산까지』, 성남: 청계, 2000.

노양진, 『몸·언어·철학』, 파주: 서광사, 2009.

도광순 편, 『權陽村思想의 硏究』, 서울: 교문사, 1989.

배종호, 『한국유학사』, 서울: 연세대 출판부, 1990.

송석구, 『율곡의 철학사상 연구』, 서울: 형설출판사, 1987.

송영배·금장태 외, 『한국 유학과 리기 철학』, 서울: 예문서원, 2000.

윤사순, 『퇴계철학의 연구』, 서울: 고려대 출판부, 1993.

이종열, 『비유와 인지』, 서울: 한국문화사, 2003.

채무송, 『퇴계·율곡철학의 비교연구』, 서울: 성균관대출판부, 1985.

한국사상사연구회, 『도설로 보는 한국유학』, 서울: 예문서원, 2000.

한국철학사상연구회, 『우리들의 동양철학』, 서울: 동녘, 1997.

황의동, 『율곡철학연구』, 서울: 경문사, 1987.

황준연, 『이이철학연구』, 광주: 전남대 출판부, 1989.

張立文, 『宋明理學硏究』, 北京: 中國人民大學出版社, 1987.
陳 來, 『朱熹哲學硏究』, 北京: 中國社會科學出版社, 1988.
Donald Munro, *Images of Human Nature*, Princeton: Princeton University Press, 1988.

가노우 요시미츠, 동의과학연구소 옮김, 『몸으로 본 중국 사상』, 서울: 소나무, 1999.
길버트 라일, 이한우 옮김, 『마음의 개념』, 서울: 문예출판사, 1994.
닐 콕스 지음, 천수원 옮김, 『입체주의』, 파주: 한길아트, 2003.
루돌프 아른하임, 김정오 옮김, 『시각적 사고』, 서울: 이화여자대학교출판부, 1995.
루트비히 비트겐슈타인, 이영철 옮김, 『철학적 탐구』, 서울: 책세상, 2006.
_____, G.H.폰리히트 엮음, 이영철 옮김, 『문화와 가치』, 서울: 천지, 1998.
리처드 로티, 박지수 옮김, 『철학 그리고 자연의 거울』, 서울: 까치, 1998.
메를로 퐁티, 류의근 옮김, 『지각의 현상학』, 서울: 문학과지성사, 2002.
수전 손택, 이재원 옮김, 『은유로서의 질병』, 서울: 이후, 1998.
아리스토텔레스 외, 천병희 옮김, 『시학』, 서울: 문예출판사, 2006.
오비디우스, 이윤기 옮김, 『변신 이야기』 1, 서울: 민음사, 2005.
지그문트 프로이트, 윤희기·박찬부 옮김, 『정신분석학의 근본개념』(프로이트 전집 vol.11),
　　서울: 열린책들, 2003.
_____, 정장진 옮김, 『예술·문학·정신분석』(프로이트 전집 vol.14), 서울: 열린책들,
　　2004.
프리드리히 니체, 이진우 옮김, 『유고(1870년~1873년)』(니체전집 vol.3), 서울: 책세상, 2001.
플라톤, 박종현 역주, 『에우티프론, 소크라테스의 변론, 크리톤, 파이돈—플라톤의 네 대
　　화편』, 서울: 서광사, 2003.
勞思光, 정인재 옮김, 『중국철학사(송명편)』, 서울: 탐구당, 1991.
蔡仁厚, 천병돈 옮김, 『공자의 철학』, 서울: 예문서원, 2000.
E.H.곰브리치, 백승길·이종승 옮김, 『서양미술사』, 서울: 예경, 2005.
G.레이코프, 이기우 옮김, 『인지의미론』, 서울: 한국문화사, 1994.
G.레이코프·M.존슨, 노양진·나익주 옮김, 『삶으로서의 은유』, 서울: 서광사, 1995.
_____, 『삶으로서의 은유(수정판)』, 서울: 박이정, 2006.
_____, 임지룡 외 옮김, 『몸의 철학: 신체화된 마음의 서구 사상에 대한 도전』, 서울: 박
　　이정, 2002.

G.레이코프・M.터너, 이기우・양병호 옮김, 『시와 인지』, 서울: 한국문화사, 1996.

J.듀이, 신득렬 옮김, 『경험과 자연』, 대구: 계명대출판부, 1982.

M.존슨, 노양진 옮김, 『마음 속의 몸: 의미, 상상력, 이성의 신체적 근거』, 서울: 철학과 현실사, 2000.

_____, 『도덕적 상상력: 체험주의 윤리학의 새로운 도전』, 파주: 서광사, 2008.

S.알란, 오만종 옮김, 『공자와 노자 그들은 물에서 무엇을 보았는가』, 서울: 예문서원, 2001.

W.V.O.콰인, 허라금 옮김, 『논리적 관점에서』, 서울: 서광사, 1993.

Z.커베체쉬, 이정화 외 옮김, 『은유: 실용입문서』, 서울: 한국문화사, 2003.

강대걸, 「한주 이진상의 이기설 소고」, 『북악논총』 5, 국민대, 1987.

고영진, 「16세기 호남사림의 활동과 학문」, 『남명학연구』, 진주: 경상대 남명학연구소, 1993.

김기현, 「성리학 논의의 독법」, 『오늘의 동양사상』 12호, 서울: 예문동양사상연구원, 2005.

김미영, 「'음'에 부과된 사적 특성에 대한 여성주의적 접근」, 『철학』 72집, 한국철학회, 2002.

김홍경, 「주희 理一分殊說의 두 가지 이론적 원천」, 『동양철학연구』 제10집, 동양철학연구회, 1989.

나익주, 「한국어에서의 성욕의 은유적 개념화」, 『담화와 인지』 제10권, 담화・인지 언어학회, 2003.

노양진, 「체험주의의 철학적 전개」, 『범한철학』 제10집, 범한철학회, 1995.

_____, 「체험주의의 은유이론」, 한국분석철학회 엮음, 『언어・표상・세계』, 서울: 철학과 현실사, 1999.

_____, 「가르기와 경험의 구조」, 『범한철학』 24집, 범한철학회, 2001 가을.

_____, 「기호적 경험과 체험주의적 해명」, 『담화와 인지』 제15권, 담화・인지 언어학회, 2008.

노양진・김양현, 「존슨의 칸트 해석: 상상력 이론을 중심으로」, 한국칸트학회 편, 『칸트와 현대 영미철학』, 서울: 철학과 현실사, 2001.

배종호, 「退溪의 宇宙觀—理氣說을 중심으로」, 『退溪學硏究』 1, 서울: 단국대, 1987.

서경요, 「한국 성리학의 도설학적 이해」, 『유교사상연구』 vol.24, 한국유교학회, 2005.

손영식, 「존재 물음에 내몰린 퇴계학, 겨우 존재하는 리」, 『오늘의 동양사상』 11호, 서울: 예문동양사상연구원, 2004.

_____, 「理發과 氣發의 논리적 구조」, 『퇴계학보』 118집, 서울: 퇴계학연구원, 2005.

송긍섭, 「李退溪의 理氣互發說 硏究」, 『퇴계학연구』 2, 경북대 퇴계학연구소, 1974.

_____, 「퇴계철학에서 리의 개념―주자설과의 비교」, 『한국의 철학』 7, 경북대 퇴계학연구소, 1978.

송찬식, 「한주 이진상선생의 학문과 사상」, 『담수』 13, 1984.

_____, 「조선조말 주리파의 인식논리」, 『동방학지』 18, 1987.

유권종, 「『입학도설』과 조선 유학 도설」, 『철학탐구』 21집, 중앙철학연구소, 2007.

유명종, 「張旅軒 思想의 硏究―性理說을 中心으로」, 『경북대논문집』 5, 1962.

_____, 「퇴계학의 기본 체계」, 『퇴계학연구』 3, 단국대, 1989.

윤사순, 「조선말기 주리파 사상」, 『퇴계학보』 42집, 퇴계학연구원, 1984.

이동희, 「주자이기론의 형이상학적 함의와 그 전개 양상」, 『동양철학연구』 제25집, 동양철학연구회, 2001.

_____, 「퇴계 연구의 성과와 반성」, 『동양철학연구』 제30집, 동양철학연구회, 2002.

이상성, 「양촌 권근의 심성론」, 『유교사상연구』 vol.27, 한국유교학회, 2006.

이상은, 「四七論辯과 對說・因說의 의의―退高論爭의 초점을 찾아서」, 『아세아연구』 vol.16, 고려대 아세아문제연구소, 1973.

이상익, 「畿湖性理學에 있어서의 理의 主宰 問題」, 『철학』 55집, 한국철학회, 1998.

이종우, 「栗谷 李珥에서 理無爲의 主宰」, 『동양철학연구』 제45집, 동양철학연구회, 2005.

이향준, 「인승마 은유의 형성과 변형 1」, 『철학』 79집, 한국철학회, 2004.

_____, 「주자 理一分殊의 은유 분석」, 『동양철학』 24집, 동양철학회, 2005.

_____, 「이발설과 은유: 체험주의적 분석의 필요성」, 『범한철학』 43집, 범한철학회, 2006.

_____, 「인승마 은유의 형성과 변형 2」, 『동양철학』 27집, 동양철학회, 2007.

_____, 「『朱子語類』의 해석을 위한 시론」, 『범한철학』 45집, 범한철학회, 2007.

_____, 「理發說의 은유적 해명」, 『철학』 91집, 한국철학회, 2007.

_____, 「말타기에 대하여: 인승마 은유와 李珥의 理」, 『범한철학』 50집, 범한철학회, 2008.

_____, 「이이의 기묘함(妙)에 대하여」, 『범한철학』 51집, 범한철학회, 2008.

_____, 「구석진 여백」, 『범한철학』 53집, 범한철학회, 2009.

임지룡, 「'미움'의 개념화 양상」, 『어문학』 제73호, 한국어문학회, 2001.

전두하, 「理發而氣隨之에 관한 논의」 상, 『퇴계학보』 11권, 서울: 퇴계학연구원, 1976.

정대환, 「『入學圖說』을 통해본 權近의 性理學」, 『범한철학』 26집, 범한철학회, 2002.

조남호, 「율곡학파의 이기론과 리의 주재성」, 『철학사상』 13집, 서울대 철학사상연구소, 2001.

조이옥, 「『論語』에 나타난 孔子의 歷史意識」, 『이화사학연구』, 이화사학연구소, 2003.
황준연, 「조선후기 신유학과 서학의 세계관에 대한 차이점」, 『범한철학』 42집, 범한철학
　　회, 2006.

George Lakoff, "The Contemporary Theory of Metaphor", In Andrew Ortony ed., *Metaphor and
　　Thought*(2nd ed.), Cambridge: Cambridge University Press, 1993.

찾아보기

•

•

인명

서명 및 편명

개념어구

저자소개

이향준李向俊

전남대 철학과를 졸업하고 동대학원에서 「南塘 韓元震의 性論 연구」로 철학박사 학위를 취득하였다. 현재 전남대 BK21사업단 박사후 연구원으로 재직 중이다. 『朱子大全』과 『朱子大全箚疑輯補』 및 『朱子語類』의 우리말 번역 작업에 참여했고, 번역물의 출판을 위한 후반부 작업을 수행 중이다. 인지언어학과 분석철학의 결합으로 탄생한 체험주의적 시각에서 성리학적 사유를 자연주의적으로 분석 비평하는 데 관심을 집중하고 있다. 논문으로는 「『주자어류』의 해석을 위한 시론: 비트겐슈타인(Wittgenstein)의 관점에서」, 「恕: 도덕적 상상력」, 「타카하시의 고약한 은유」, 「성리학적 초월의 탄생」 등이 있다.

◀ 예문서원의 책들 ▶

원전총서

박세당의 노자 (新註道德經) 박세당 지음, 김학목 옮김, 312쪽, 13,000원
율곡 이이의 노자 (醇言) 이이 지음, 김학목 옮김, 152쪽, 8,000원
홍석주의 노자 (訂老) 홍석주 지음, 김학목 옮김, 320쪽, 14,000원
북계자의 (北溪字義) 陳淳 지음, 김충열 감수, 김영민 옮김, 295쪽, 12,000원
주자가례 (朱子家禮) 朱熹 지음, 임민혁 옮김, 496쪽, 20,000원
서경잡기 (西京雜記) 劉歆 지음, 葛洪 엮음, 김장환 옮김, 416쪽, 18,000원
고사전 (高士傳) 皇甫謐 지음, 김장환 옮김, 368쪽, 16,000원
열선전 (列仙傳) 劉向 지음, 김장환 옮김, 392쪽, 15,000원
열녀전 (列女傳) 劉向 지음, 이숙인 옮김, 447쪽, 16,000원
선가귀감 (禪家龜鑑) 청허휴정 지음, 박재양・배규범 옮김, 584쪽, 23,000원
공자성적도 (孔子聖蹟圖) 김기주・황지원・이기훈 역주, 254쪽, 10,000원
공자세가・중니제자열전 (孔子世家・仲尼弟子列傳) 司馬遷 지음, 김기주・황지원・이기훈 역주, 224쪽, 12,000원
천지서상지 (天地瑞祥志) 김용천・최현화 역주, 384쪽, 20,000원
도덕지귀 (道德指歸) 徐命庸 지음, 조민환・장원목・김경수 역주, 544쪽, 27,000원
참동고 (參同攷) 徐命庸 지음, 이봉호 역주, 384쪽, 23,000원

성리총서

송명성리학 (宋明理學) 陳來 지음, 안재호 옮김, 590쪽, 17,000원
주희의 철학 (朱熹哲學研究) 陳來 지음, 이종란 외 옮김, 544쪽, 22,000원
양명 철학 (有無之境―王陽明哲學的精神) 陳來 지음, 전병욱 옮김, 752쪽, 30,000원
주자와 기 그리고 몸 (朱子と氣と身體) 미우라 구니오 지음, 이승연 옮김, 416쪽, 20,000원
정명도의 철학 (程明道思想研究) 張德麟 지음, 박상리・이경남・정성희 옮김, 272쪽, 15,000원
주희의 자연철학 김영식 지음, 576쪽, 29,000원
송명유학사상사 (宋明時代儒學思想の研究) 구스모토 마사쓰구 (楠本正繼) 지음, 김병화・이혜경 옮김, 602쪽, 30,000원
북송도학사 (道學の形成) 쓰치다 겐지로(土田健次郞) 지음, 성현창 옮김, 640쪽, 32,000원
성리학의 개념들 (理學範疇系統) 蒙培元 지음, 홍원식・황지원・이기훈・이상호 옮김, 880쪽, 45,000원
역사 속의 성리학 (Neo-Confucianism in History) Peter K. Bol 지음, 김영민 옮김, 488쪽, 28,000원

불교(카르마)총서

학파로 보는 인도 사상 S. C. Chatterjee・D. M. Datta 지음, 김형준 옮김, 424쪽, 13,000원
불교와 유교 ― 성리학, 유교의 옷을 입은 불교 아라키 겐고 지음, 심경호 옮김, 526쪽, 18,000원
유식무경, 유식 불교에서의 인식과 존재 한자경 지음, 208쪽, 7,000원
박성배 교수의 불교철학강의: 깨침과 깨달음 박성배 지음, 윤원철 옮김, 313쪽, 9,800원
불교 철학의 전개, 인도에서 한국까지 한자경 지음, 252쪽, 9,000원
인물로 보는 한국의 불교사상 한국불교원전연구회 지음, 388쪽, 20,000원
은정희 교수의 대승기신론 강의 은정희 지음, 184쪽, 10,000원
비구니와 한국 문학 이향순 지음, 320쪽, 16,000원
불교철학과 현대윤리의 만남 한자경 지음, 304쪽, 18,000원
유식삼십송과 유식불교 김명우 지음, 280쪽, 17,000원
유식불교, 『유식이십론』을 읽다 효도 가즈오 지음, 김명우・이상우 옮김, 288쪽, 18,000원

노장총서

유학자들이 보는 노장 철학 조민환 지음, 407쪽, 12,000원
노자에서 데리다까지 ― 도가 철학과 서양 철학의 만남 한국도가철학회 엮음, 440쪽, 15,000원
不二 사상으로 읽는 노자 ― 서양철학자의 노자 읽기 이찬훈 지음, 304쪽, 12,000원
김항배 교수의 노자철학 이해 김항배 지음, 280쪽, 15,000원

강의총서

김충열 교수의 노자강의 김충열 지음, 434쪽, 20,000원
김충열 교수의 중용대학강의 김충열 지음, 448쪽, 23,000원
모종삼 교수의 중국철학강의 牟宗三 지음, 김병채 외 옮김, 320쪽, 19,000원

한국철학총서

조선 유학의 학파들 한국사상사연구회 편저, 688쪽, 24,000원
실학의 철학 한국사상사연구회 편저, 576쪽, 17,000원
퇴계의 생애와 학문 이상은 지음, 248쪽, 7,800원
율곡학의 선구와 후예 황의동 지음, 480쪽, 16,000원
조선유학의 개념들 한국사상사연구회 지음, 648쪽, 26,000원
성리학자 기대승, 프로이트를 만나다 김용신 지음, 188쪽, 7,000원
유교개혁사상과 이병헌 금장태 지음, 336쪽, 17,000원
남명학파와 영남우도의 사림 박병련 외 지음, 464쪽, 23,000원
쉽게 읽는 퇴계의 성학십도 최재목 지음, 152쪽, 7,000원
홍대용의 실학과 18세기 북학사상 김문용 지음, 288쪽, 12,000원
남명 조식의 학문과 선비정신 김충열 지음, 512쪽, 26,000원
명재 윤증의 학문연원과 가학 충남대학교 유학연구소 편, 320쪽, 17,000원
조선유학의 주역사상 금장태 지음, 320쪽, 16,000원
율곡학과 한국유학 충남대학교 유학연구소 편, 464쪽, 23,000원
한국유학의 악론 금장태 지음, 240쪽, 13,000원
심경부주와 조선유학 홍원식 외 지음, 328쪽, 20,000원
퇴계가 우리에게 이윤희 지음, 368쪽, 18,000원

연구총서

논쟁으로 보는 중국철학 중국철학연구회 지음, 352쪽, 8,000원
논쟁으로 보는 한국철학 한국철학사상연구회 지음, 326쪽, 10,000원
반논어(論語新探) 趙紀彬 지음, 조남호·신정근 옮김, 768쪽, 25,000원
중국철학과 인식의 문제(中國古代哲學問題發展史) 方立天 지음, 이기훈 옮김, 208쪽, 6,000원
중국철학과 인성의 문제(中國古代哲學問題發展史) 方立天 지음, 박경환 옮김, 191쪽, 6,800원
현대의 위기 동양 철학의 모색 중국철학회 지음, 340쪽, 10,000원
역사 속의 중국철학 중국철학회 지음, 448쪽, 15,000원
중국철학의 이단자들 중국철학회 지음, 240쪽, 8,200원
공자의 철학(孔孟荀哲學) 蔡仁厚 지음, 천병돈 옮김, 240쪽, 8,500원
맹자의 철학(孔孟荀哲學) 蔡仁厚 지음, 천병돈 옮김, 224쪽, 8,000원
순자의 철학(孔孟荀哲學) 蔡仁厚 지음, 천병돈 옮김, 272쪽, 10,000원
유학은 어떻게 현실과 만났는가 — 선진 유학과 한대 경학 박원재 지음, 218쪽, 7,500원
유교와 현대의 대화 황의동 지음, 236쪽, 7,500원
동아시아의 사상 오이환 지음, 200쪽, 7,000원
역사 속에 살아있는 중국 사상(中國歷史に生きる思想) 시게자와 도시로 지음, 이혜경 옮김, 272쪽, 10,000원
덕치, 인치, 법치 — 노자, 공자, 한비자의 정치 사상 신동준 지음, 488쪽, 20,000원
육경과 공자 인학 남상호 지음, 312쪽, 15,000원
리의 철학(中國哲學範疇精髓叢書 — 理) 張立文 주편, 안유경 옮김, 524쪽, 25,000원
기의 철학(中國哲學範疇精髓叢書 — 氣) 張立文 주편, 김교빈 외 옮김, 572쪽, 27,000원
동양 천문사상, 하늘의 역사 김일권 지음, 480쪽, 24,000원
동양 천문사상, 인간의 역사 김일권 지음, 544쪽, 27,000원
공부론 임수무 외 지음, 544쪽, 27,000원
유학사상과 생태학(Confucianism and Ecology) Mary Evelyn Tucker·John Berthrong 엮음, 오정선 옮김, 448쪽, 27,000원
공자曰, 공자는 이렇게 말했다 안재호 지음, 232쪽, 12,000원

역학총서

주역철학사(周易硏究史) 廖名春·康學偉·梁韋弦 지음, 심경호 옮김, 944쪽, 30,000원
송재국 교수의 주역 풀이 송재국 지음, 380쪽, 10,000원

퇴계원전총서

고경중마방古鏡重磨方 — 퇴계 선생의 마음공부 이황 편저, 박상주 역해, 204쪽, 12,000원
활인심방活人心方 — 퇴계 선생의 마음으로 하는 몸공부 이황 편저, 이윤희 역해, 308쪽, 16,000원
이자수어李子粹語 퇴계 이황 지음, 성호 이익·순암 안정복 엮음, 이광호 옮김, 512쪽, 30,000원

한의학총서

한의학, 보약을 말하다 — 이론과 활용의 비밀 김광중·하근호 지음, 280쪽, 15,000원

인물사상총서

한주 이진상의 생애와 사상 홍원식 지음, 288쪽, 15,000원

일본사상총서

도쿠가와 시대의 철학사상(德川思想小史) 미나모토 료엔 지음, 박규태 · 이용수 옮김, 260쪽, 8,500원
일본인은 왜 종교가 없다고 말하는가(日本人はなぜ 無宗教のか) 아마 도시마로 지음, 정형 옮김, 208쪽, 6,500원
일본사상이야기 40(日本がわかる思想入門) 나가오 다케시 지음, 박규태 옮김, 312쪽, 9,500원
사상으로 보는 일본문화사(日本文化の歷史) 비토 마사히데 지음, 엄석인 옮김, 252쪽, 10,000원
일본도덕사상사(日本道德思想史) 이에나가 사부로 지음, 세키네 히데유키 · 윤종갑 옮김, 328쪽, 13,000원
천황의 나라 일본 — 일본의 역사와 천황제(天皇制と民衆) 고토 야스시 지음, 이남희 옮김, 312쪽, 13,000원
주자학과 근세일본사회(近世日本社會と宋學) 와타나베 히로시 지음, 박홍규 옮김, 304쪽, 16,000원

예술철학총서

중국철학과 예술정신 조민환 지음, 464쪽, 17,000원
풍류정신으로 보는 중국문학사 최병규 지음, 400쪽, 15,000원

동양문화산책

공자와 노자, 그들은 물에서 무엇을 보았는가 사라 알란 지음, 오만종 옮김, 248쪽, 8,000원
주역산책(易學漫步) 朱伯崑 외 지음, 김학권 옮김, 260쪽, 7,800원
동양을 위하여, 동양을 넘어서 홍원식 외 지음, 264쪽, 8,000원
서원, 한국사상의 숨결을 찾아서 안동대학교 안동문화연구소 지음, 344쪽, 10,000원
녹차문화 홍차문화 츠노야마 사가에 지음, 서은미 옮김, 232쪽, 7,000원
류짜이푸의 얼굴 찌푸리게 하는 25가지 인간유형 류짜이푸(劉再復) 지음, 이기면 · 문성자 옮김, 320쪽, 10,000원
안동 금계마을 — 천년불패의 땅 안동대학교 안동문화연구소 지음, 272쪽, 8,500원
안동 풍수 기행, 와혈의 땅과 인물 이완규 지음, 256쪽, 7,500원
안동 풍수 기행, 돌혈의 땅과 인물 이완규 지음, 328쪽, 9,500원
영양 주실마을 안동대학교 안동문화연구소 지음, 332쪽, 9,800원
예천 금당실 · 맛질 마을 — 정감록이 꼽은 길지 안동대학교 안동문화연구소 지음, 284쪽, 10,000원
터를 안고 仁을 펴다 — 퇴계가 굽어보는 하계마을 안동대학교 안동문화연구소 지음, 360쪽, 13,000원
안동 가일 마을 — 풍산들가에 의연히 서다 안동대학교 안동문화연구소 지음, 344쪽, 13,000원
중국 속에 일떠서는 한민족 — 한겨레신문 차한필 기자의 중국 동포사회 리포트 차한필 지음, 336쪽, 15,000원
신간도견문록 박진관 글 · 사진, 504쪽, 20,000원
안동 무실 마을 — 문헌의 향기로 남다 안동대학교 안동문화연구소 지음, 464쪽, 18,000원
선양과 세습 사라 알란 지음, 오만종 옮김, 318쪽, 17,000원
문경 산북의 마을들 — 서중리, 대상리, 대하리, 김룡리 안동대학교 안동문화연구소 지음, 376쪽, 18,000원
안동 원촌마을 — 선비들의 이상향 안동대학교 안동문화연구소 지음, 288쪽, 16,000원

민연총서 — 한국사상

자료와 해설, 한국의 철학사상 고려대 민족문화연구원 한국사상연구소 편, 880쪽, 34,000원
여헌 장현광의 학문 세계, 우주와 인간 고려대 민족문화연구원 한국사상연구소 편, 424쪽, 20,000원
퇴옹 성철의 깨달음과 수행 — 성철의 선사상과 불교사적 위치 조성택 편, 432쪽, 23,000원
여헌 장현광의 학문 세계 2, 자연과 인간 고려대 민족문화연구원 한국사상연구소 편, 432쪽, 25,000원
여헌 장현광의 학문 세계 3. 태극론의 전개 고려대 민족문화연구원 한국사상연구소 편, 400쪽, 24,000원
역주와 해설 성학십도 고려대 민족문화연구원 한국사상연구소 편, 328쪽, 20,000원

예문동양사상연구원총서

한국의 사상가 10人 — 원효 예문동양사상연구원/고영섭 편저, 572쪽, 23,000원
한국의 사상가 10人 — 의천 예문동양사상연구원/이병욱 편저, 464쪽, 20,000원
한국의 사상가 10人 — 지눌 예문동양사상연구원/이덕진 편저, 644쪽, 26,000원
한국의 사상가 10人 — 퇴계 이황 예문동양사상연구원/윤사순 편저, 464쪽, 20,000원
한국의 사상가 10人 — 남명 조식 예문동양사상연구원/오이환 편저, 576쪽, 23,000원
한국의 사상가 10人 — 율곡 이이 예문동양사상연구원/황의동 편저, 600쪽, 25,000원
한국의 사상가 10人 — 하곡 정제두 예문동양사상연구원/김교빈 편저, 432쪽, 22,000원
한국의 사상가 10人 — 다산 정약용 예문동양사상연구원/박홍식 편저, 572쪽, 29,000원
한국의 사상가 10人 — 혜강 최한기 예문동양사상연구원/김용헌 편저, 520쪽, 26,000원
한국의 사상가 10人 — 수운 최제우 예문동양사상연구원/오문환 편저, 464쪽, 23,000원